图书馆统一业务规范研究

徐志熹 著

四川大学出版社

项目策划：曾　鑫
责任编辑：曾　鑫
责任校对：孙滨蓉
封面设计：墨创文化
责任印制：王　炜

图书在版编目（CIP）数据

图书馆统一业务规范研究 / 徐志熹著．— 成都：四川大学出版社，2021.1
ISBN 978-7-5690-2415-9

Ⅰ．①图… Ⅱ．①徐… Ⅲ．①图书馆业务—研究 Ⅳ．①G251.5

中国版本图书馆 CIP 数据核字（2021）第 043747 号

书名	图书馆统一业务规范研究
著　者	徐志熹
出　版	四川大学出版社
地　址	成都市一环路南一段 24 号（610065）
发　行	四川大学出版社
书　号	ISBN 978-7-5690-2415-9
印前制作	四川胜翔数码印务设计有限公司
印　刷	成都金龙印务有限责任公司
成品尺寸	185mm×260mm
印　张	21.75
字　数	526 千字
版　次	2021 年 3 月第 1 版
印　次	2021 年 3 月第 1 次印刷
定　价	79.00 元

◆版权所有　◆侵权必究

- 读者邮购本书，请与本社发行科联系。
  电话：(028)85408408/(028)85401670/(028)86408023　邮政编码：610065
- 本社图书如有印装质量问题，请寄回出版社调换。
- 网址：http://press.scu.edu.cn

扫码加入读者圈

四川大学出版社
微信公众号

前　言

图书馆规范管理工作是贯穿图书馆全局的关键业务工作，它在很大程度上决定图书馆的现代化水平。众多的图书馆都制订了大量的规章制度和部分的业务规范，并且编制了规章制度汇编，其中包含了部分业务规范内容，即以规章制度引领业务规范。但本书的构思截然不同。

本书既不是特定图书馆的业务规范汇编，也不是业务标准研究，更不是规章制度汇编。本书探讨了一般化的业务规范及其本质特征、实现形式、管理方法、可能的演化方向，本书对业务规范管理进行了理论和技术的创新探索，同时以业务规范为切入点对图书馆管理进行了创新探索。

业务规范管理是现代图书馆的一个高级管理课题，旨在使图书馆的所有业务工作有章可循。为了提升业务工作的现代化水平，增强服务能力，图书馆有必要实施业务规范管理。实施业务规范管理是传统图书馆通向现代化图书馆的必由之路，是图书馆进化道路上的一个关键台阶。业务规范管理的核心是制订各种业务规范。业务规范不同于业务标准和规章制度，有其内在的系统性、科学性、逻辑性。不同的图书馆具有不同程度的共性，其部分业务规范是可以统一起来的，这需要全行业在同一个基准上达成共识，即统一的元规范和联盟或行业统一的业务规范。而统一业务规范的出发点是具有科学性的统一业务规范目录。

本书探讨了图书馆业务规范管理的基本面貌，提出了一套适应绝大多数图书馆实施业务规范管理的技术方案，解决了业务规范本身的管理问题，研究了所有图书馆可能会有的所有业务规范的目录体系，并试图将图书馆业务进行抽象，提出统一业务概念和元业务管理的理论问题，最后探讨了成熟度模型在图书馆的应用和其他一些高级管理课题。

第一章引出业务规范问题，讨论什么是业务规范、业务规范的意义、业务标准和业务规范的比较，以及规章制度和业务规范的比较。另外还通过业务规范的问题导向引入了业务规范的统一性。

第二章讨论业务规范的一般问题，也就是业务规范的管理。包括业务规范的范围、业务规范的形式、业务规范的制订、业务规范的实施和业务规范的管理原则。本章是《业务规范管理规范》的相关内容。

第三章讨论业务规范的技术性管理。包括的内容有：业务规范的技术属性，业务规范的目录和标识，业务规范的关联，业务规范的引用，业务规范的批准和发布，业务规范修订版和修正案，以及业务规范的解释等。为了避免重复，本章采取对业务规范进行解读的方式行文，不再分节。

第四章讨论业务规范的审核。包括的内容有：审核条件，审核方法，审核流程，表决，审核后事项，修订版和修正案的审核，以及其他形式的审核等。同第三章一样，本章也采取对业务规范进行解读的方式，不分节。

第五章列举并简单分析业务规范目录。包括范畴和顶级大类，简表包含的二级大类的简要说明，详表和业务规范的标识。同时还初步探讨了统一业务规范目录。

第六章初步探讨和技术无关的基础业务规范的内容纲要，并以其作为业务规范试点的推荐。包括采访工作基础规范、编目工作基础规范、流通工作基础规范、报刊工作基础规范、典藏工作基础规范和参考工作基础规范。

第七章简单分析或解读几部重要的或有特色的业务规范。包括项目管理规范、应急预案、培训大纲、自动化系统基本工作规范、自动化系统典藏工作基本规范和数字图书馆能力提升规范。

第八章汇集主要业务规范的篇章目录，既把业务规范目录表中的二级大类和少数三级类作为主要业务规范，又通过本章表明它们应该包括哪些主要内容，可以作为全面制订业务规范的一个指引或提示。

第九章将培训计划纳入业务规范的范围进行探讨，这是本书的一个关键思想：即培训计划应该不依赖于时间、地点和人员，将其业务和技术的实质成分抽象出来，成为可以反复执行和持久管理的目标。这是培训活动规范化的基本保证。本章还初步建立了培训计划的目录表并给出一部培训计划的实例，可供制订培训计划时作为指引或提示。

第十章研究统一业务管理和相关的规范。包括：统一业务活动和服务、业务要素管理、业务活动管理、业务流程管理、业务配置管理、业务重组，以及联盟统一业务规范。本章是业务规范的精深研究内容，许多问题尚待进一步深入研究，所以本章基本上只是提出问题，至多有解决问题的可能方法的简单思路。

第十一章探讨成熟度模型在图书馆的运用和相应的业务规范。包括：能力成熟度模型，编目成熟度，文献加工成熟度，数字图书馆能力成熟度，知识管理成熟度，业务规范成熟度以及成熟度评估。对业务规范成熟度的探讨可以解释为什么业务规范如此复杂并且包含多种高端技术。

第十二章继续探讨一些高端论题。包括：业务要素类型，业务规范知识表示，业务概念主题图，业务概念本体以及业务规范知识库。对这些问题的探讨解决，将使对业务规范的管理强化演进为对业务知识的管理，大幅提升图书馆的业务能力和服务能力。

本书附录将提供若干重要规范或规范化文件的部分样板文本，作为蓝本供图书馆参考利用。

本书的主要创新有下列几点：（一）全面研究了关于业务规范的规范，即元规范，提出了业务规范管理规范、业务规范技术性管理规范、业务规范内部审核指南、业务规范同行评审指南等；（二）梳理了所有图书馆可能有的所有业务规范，对其进行分类，建立了业务规范的层次等级目录表，为任何特定图书馆的业务规范管理和全行业统一业务规范的管理提供指引和参考；（三）尝试将图书馆业务的技术架构进行抽象，提出统一业务概念和元业务管理的理论问题，为下一代图书馆的精细化业务管理提供技术支持；（四）提出了业务要素管理的概念，为彻底解决图书馆的所有业务要素的描述和规范化管理提供清晰的思路；（五）研究了几种关键的成熟度模型在图书馆的应用及其相关的业务规范的配置，为图书馆的全面的成熟度评估建立基本的理论框架。

本书汇集了图书馆业务规范化的观念、理论、技术、管理、样本、系统支持和战略，在一定的程度上适应多种读者类型或角色。作者希望本书对行业内的任何读者都具有启发作用，无论是图书馆的管理者、业务负责人、技术支持专家还是普通职工，或者整个行业的上层管理者甚至相关学术研究人员均可从本书获取相应的灵感，运用于实际的工作或研究中并从中获益。

图书馆的管理者可重点关注第一章至第五章，从行政和制度上支持图书馆业务的规范化管理；核心业务人员可重点关注第五章至第九章，引导对基础业务规范和关键业务规范的科学制订；信息技术支持人员或开发人员可重点关注第七章和第十章，尤其是第十章，对未来的业务系统如何适应业务规范化管理形成清晰的概念；战略规划人员可重点关注第五章业务规范目录中的高级业务范畴内容和第十一章成熟度模型，为远景战略规划的制订提供思路；学术研究人员可重点关注第十章至第十二章，从中发现众多有待研究和解决的学术问题；行业的上层管理者则应该考虑推动建立行业的业务规范统一推广服务机构和同行评审协调机构（第二章第五节），积极参与制订全行业的业务规范实施评估指南并积极推动全行业的业务规范实施评估（类似于公共图书馆评估定级一样）。

就图书馆行业而论，本书只是一个推荐性质的研究成果。无论是不同类型的图书馆，还是同类型的甚或同类型同等规模的各个不同的图书馆，都可以在本书中找到不适合、不适应或无法接受之论断，这合乎情理。规范不是标准，不具有跨机构的强制性，本书无法也无意成为图书馆行业的标准。即使本书标榜为对统一业务规范的研究，仍然只是针对图书馆业务工作的共性问题进行的一点初步的探索，如果能够启发同行对图书馆业务规范问题进行进一步的深入研究，本书的写作就达到了目的。当然，若有任何图书馆愿意以本书为蓝本，展开自己的业务规范研究甚至具体实施，那么笔者也乐见其成。

笔者在图书馆领域工作超过三十五年，在自动化方面做过一些初创性的工作，曾参与开发早期的系统并得到广泛应用，在数字图书馆方向也做过一些有益的研究，并参与数字图书馆建设的实际运作，对图书馆的业务了解相对全面。笔者强烈感受到，对基础业务的透彻研究是图书馆现代化发展的根基，本书正是在业务规范的途径上对基础业务做的一次技术性梳理。在业界众多研究者均追求高端、大气、上档次研究课题的风气之下，本书或可成为对现代图书馆大厦的强化地基之作。

徐志熹
2019 年 6 月

扫码查阅本书索引

目 录

第一章 导 论 …………………………………………………… (1)
  第一节 什么是业务规范 ……………………………………… (1)
  第二节 业务规范的意义 ……………………………………… (3)
  第三节 业务标准和业务规范 ………………………………… (6)
  第四节 规章制度和业务规范 ………………………………… (8)
  第五节 业务规范的问题导向 ………………………………… (10)

第二章 业务规范的一般问题 …………………………………… (13)
  第一节 业务规范的范围 ……………………………………… (13)
  第二节 业务规范的形式 ……………………………………… (15)
  第三节 业务规范的制订 ……………………………………… (18)
  第四节 业务规范的实施 ……………………………………… (20)
  第五节 业务规范的管理 ……………………………………… (22)

第三章 业务规范的技术性管理 ………………………………… (26)

第四章 业务规范的审核 ………………………………………… (50)

第五章 业务规范目录 …………………………………………… (73)
  第一节 范畴和顶级大类 ……………………………………… (73)
  第二节 简表 …………………………………………………… (75)
  第三节 详表 …………………………………………………… (81)
  第四节 业务规范标识 ………………………………………… (94)
  第五节 统一业务规范目录 …………………………………… (102)

第六章 基础规范内容纲要 ……………………………………… (106)
  第一节 采访工作基础规范 …………………………………… (106)
  第二节 编目工作基础规范 …………………………………… (110)
  第三节 流通工作基础规范 …………………………………… (113)
  第四节 报刊工作基础规范 …………………………………… (115)
  第五节 典藏工作基础规范 …………………………………… (116)
  第六节 参考工作基础规范 …………………………………… (118)

第七章 几部重要规范初探 ……………………………………… (121)
  第一节 项目管理规范 ………………………………………… (121)
  第二节 应急预案 ……………………………………………… (125)
  第三节 培训大纲 ……………………………………………… (127)
  第四节 自动化系统基本工作规范 …………………………… (135)

第五节　自动化系统典藏工作基本规范 (141)
　　第六节　数字图书馆能力提升规范 (150)
第八章　主要业务规范篇章目录 (153)
　　第一节　元规范范畴 (153)
　　第二节　基础范畴 (154)
　　第三节　自动化范畴 (164)
　　第四节　数字图书馆范畴 (168)
　　第五节　高级业务范畴 (172)
第九章　作为业务规范的培训计划 (180)
　　第一节　不同等级的培训计划 (180)
　　第二节　不同业务角色的培训计划 (183)
　　第三节　培训计划的目录 (186)
　　第四节　培训计划和课程实例 (188)
　　第五节　培训课程目录 (189)
第十章　统一业务管理 (193)
　　第一节　统一业务活动和服务 (193)
　　第二节　业务要素管理 (201)
　　第三节　业务活动管理 (208)
　　第四节　业务流程管理 (214)
　　第五节　业务配置管理 (221)
　　第六节　业务重组 (224)
　　第七节　联盟统一业务管理 (226)
第十一章　成熟度模型和业务规范 (231)
　　第一节　能力成熟度模型 (231)
　　第二节　文献编目成熟度 (236)
　　第三节　文献加工成熟度 (238)
　　第四节　数字图书馆能力成熟度 (240)
　　第五节　知识管理成熟度 (243)
　　第六节　业务规范成熟度 (247)
　　第七节　成熟度评估 (250)
第十二章　若干高级论题 (256)
　　第一节　业务要素类型 (256)
　　第二节　业务规范知识表示 (262)
　　第三节　业务概念主题图 (265)
　　第四节　业务概念本体 (269)
　　第五节　业务规范知识库 (274)
后　　记 (280)
附　　录 (282)
参考文献 (337)

第一章 导 论

不以规矩，不能成方圆。

——《孟子·离娄章句上》

第一节 什么是业务规范

本书的论域是图书馆的业务规范，其核心概念包括"业务规范""业务规范化""业务规范管理"或"业务的规范化管理"以及"业务规范的规范化管理"。本书将逐次阐述这些概念并引申出相关的技术和管理问题。

首先，业务规范的概念早就存在并且一直是很多行业孜孜以求的目标。两百多年前，工业革命使现代化企业崛起，手工作坊时代结束。其他社会团体和机构在工业革命中发展壮大，它们的工作方法和运作机制同样深受工业化的影响，逐渐成为严格按照一定规范运作的机构，即逐渐拥有了特定形式的业务规范。对图书馆行业来说，业务规范是一个传统话题。二十世纪三十年代，我国近代图书馆事业和图书馆学的奠基人之一杜定友先生提出图书馆的三要素说，即"书""人""法"，其中的"法"就是图书馆工作方法，或者图书馆业务工作的客观规律（方法之所以科学合理有效，正是因为它遵循了客观规律），这是图书馆业务规范的雏形。到了二十世纪八九十年代，有研究者提出了图书馆业务规范问题（莫如定，1992），个别图书馆也制订了比较简陋的业务规范（北京图书馆，1985）。但限于当时条件，业界并没有对业务规范问题进行更深入一步的研究，成果有限。

今天，图书馆面临信息技术大潮的推动或冲击，扮演着信息社会中为读者提供优质文献信息和知识服务的重要角色，图书馆正在努力成为现代化的图书馆、现代化的文化信息服务中心和现代化的知识中心。图书馆需要在业务工作方面更上一层楼，业务规范化管理就成为传统图书馆走向现代化图书馆的一个基础台阶。

一些具有先进管理理念的图书馆开始制订成套的业务规范（毛雅君，2017；东莞图书馆，2016），但限于对业务规范本身的研究工作不够深入，目前还没有图书馆对业务规范本身进行了规范化管理。现有的业务规范尚存在诸多问题，体系不成熟，简略或者抽象空洞的原则性声明多于实际可操作的规程。

那么，到底什么是业务规范？

我们先考虑业务规范不是什么。

首先，业务规范不是业务标准。业务规范和业务标准有不同的目的、范围、作用和表现形式，本章第三节将进行详细的比较和分析。

其次，业务规范不是规章制度。业务规范和规章制度也有完全不同的目的、范围、作用和表现形式，本章第四节将进行详细的比较和分析。

业务规范不是业务工作计划。工作计划关注的是要完成哪些工作，而不包括如何完成，即使包括如何完成的方法，也不属于业务规范。

业务规范不是业务工作的数量指标。业务工作的数量指标是量化管理的指标，例如编目员每天应完成40种图书的编目，等等，这种规定不是业务规范。

业务规范不是业务人员个人的经验总结。业务人员个人的经验总结仅仅适用于个人，如果没有上升到机构的经验和知识，成为严格准确的业务工作规定，就不是业务规范。

业务规范不是管理层对业务工作的规定。对于特定的业务工作来说，业务规范是该特定业务工作的客观规律的反映，绝不是由管理层或其他任何人员来随意规定、强迫业务人员遵照办理的规定。

业务规范不是设备或软件的操作手册，至少不完全是。设备或软件的操作手册是对业务工作中需要利用设备或软件时应该如何操作的最低层次的规定，它甚至可能是由设备或软件商家提供的。

业务规范不是业务工作日志或总结。业务工作的日志或总结对于业务经验的总结有重要的意义，它对业务工作的管理和改进都可能会有良好的促进作用，但它仍然不是业务规范。

弄清楚了业务规范不是什么，也就容易理解业务规范应该是什么。我们可以从几个方面来分析，得到业务规范的四个不同的定义。

第一，描述性定义。描述性定义是适当地描述被界说的对象或使用该术语的方法。业务规范的描述性定义是：

> 业务规范是针对业务活动过程中那些大量存在、反复出现，又能摸索出科学处理方法的事物所制定的作业处理规定。

这个定义抓住了业务规范的本质，准确描述了业务规范应该是什么，确立了业务规范概念的内涵。

第二，技术性定义。技术性定义也可以称为规定性定义，规定性定义是定义者所下的特定定义，要求这个被界说的术语在后面的讨论中始终表示这种规定的意义。业务规范的规定性定义是：

> 业务规范是用以指导业务工作的标准文件，它用严格的语言描述业务需求、业务规则、业务逻辑和业务过程，是业务工作的全面、完整、准确和细致的说明。

这个定义从技术的角度规定了业务规范的技术特性，限定了业务规范概念的外延。

第三，价值性定义。价值性定义规定被界说的术语所指的事物在特定领域的意义和价值。业务规范的价值性定义是：

> 业务规范是业务人员业务经验和知识的总结,是机构共享知识库的重要组成部分,是机构的无形资产和机构文化传承的核心。

这个定义可以看成是规定了业务规范的意义和价值。

第四,功能作用性定义。功能作用性定义规定被界说的术语在特定领域的功能、作用和性质。业务规范的功能作用性定义是:

> 业务规范是图书馆专门机构制订并发布,馆内所有业务工作都必须遵循的法规,它约束业务活动的进行,是所有业务人员对业务工作流程和方法达成的共识。

这个定义可以看成规定了业务规范的作用和在本馆范围内的强制性质。

业务规范的四种定义表明了业务规范具有下列特性:

① 它是业务工作方法的规定;
② 严格、准确、标准化的描述;
③ 具有重大的业务价值和知识价值;
④ 对馆内业务工作是共识性的和强制性的。

有了"业务规范"的定义,其他相关概念的含义就明确了。"业务规范化"就是图书馆的所有业务均受业务规范的约束,在业务规范的指导之下开展。"业务规范管理"(业务—规范管理)就是依据业务规范对业务工作进行的规范化的科学管理,"业务规范管理"的另一个意思(业务规范—管理)是对业务规范本身的管理,这种管理也需要规范化地进行。

因此,业务的规范化管理和业务规范的规范化管理的核心就是业务规范,也就是本书的中心论题。本书的相关章节将详细展开讨论上述概念与相关技术以及管理课题。

对于一个现代化图书馆来说,业务规范类似于现代化企业的生产管理规范或工程蓝图,具有特别重要的技术和管理的意义。

第二节 业务规范的意义

我们先来读一个庄子寓言——"轮扁议书"。

《庄子·天道》记载,齐桓公坐在堂上读书,堂下有一位名叫轮扁的工匠正在砍着木头做车轮。轮扁看见齐桓公正在那里专心读书,好奇心动,放下斧头,走上前去问齐桓公:"请问主公读的是什么书?"

"寡人读的是圣人的书。"齐桓公答道。

"圣人还活着吗?"

"早不在人世了。"

"那么,"轮扁说,"主公所读的书,不过是古人的糟粕罢了。"

桓公突然变脸:"国君读书,你这个低贱的工匠怎么能妄加议论呢!你有道理可讲出来，有道理我可以放过你；讲不出道理来，绝不饶你的性命！"

"好的，"轮扁从容地答道，"就拿我制造车轮这行手艺来看，斫木为轮，要把轮子做得又牢固结实，又圆转灵活，就得有种极熟练的技巧。比如辐条和车毂之间的榫接，宽了虽然容易插入，但松而不固；紧了虽然坚固，但无法插入，因此榫眼必须斫得不差分毫，要有这种功夫，只能靠长期的工作实践，才能养成应之于手的习惯。

"这种功夫，我不能用单纯口授的方法传给我的儿子，我的儿子也不能不经过实习而把它承接下来。因此，我今年七十岁了，还得在这里做车轮。由此类推，圣人已死，留下几本书，也已成为过去的东西，他们关于治国乃至关于道的一切不可言传的诀窍也一起死掉了。难道主公所读的，还不是古人的糟粕么？"

这个故事多半是庄子杜撰的，但不影响我们从中理解庄子的思想脉络。

在手工作坊时代，轮扁的看法（或庄子的看法）的确还是有一些道理的。没有现代化的机械工业，手工做车轮的方法不容易传递给后人。一代又一代的工匠重新从头开始总结制作车轮的经验，制作车轮的方法也难有根本的进步，宋元明清的车轮和春秋战国的车轮在产品质量上也没有什么本质的区别。

庄子借轮扁的口，一口就彻底否定了技术传承的可能性。这种思想深刻地影响了中国文化的发展进程，形成中国人的非逻辑性、模糊性和顿悟式思维方式，并最终造成了令人痛心的结果，那就是现代科学技术没有在中国自然地产生并发展起来。试想，如果我们坚信一切经验和诀窍都无法毫不走样地传授给后人，那么探索技术传承的希望之火都被浇灭了，两千多年的技术进步自然就微乎其微，科学原理的探索和总结更是不可能的事。

我们知道，自工业文明勃兴以来，技术发生了革命性的进步，技术本身爆炸式地增长，技术的精密化、规范化、标准化等方面也发生了翻天覆地的变化，而由此造就的科学体系更是成为现代文明的核心组成部分，并且深刻影响社会发展的方方面面（包括图书馆行业）。现代化的企业，遵循各种技术标准，以各种规范化的方法进行管理和流水线的方式生产，大批量地生产出一模一样的车轮，乃是一件简单的任务。将这套生产体系迁移或传递给其他企业也是一件并不复杂的任务。这就是现代化的技术标准和技术规范对现代化企业的重要作用。

那么现代化的图书馆又是怎样的呢？我们从什么是现代化图书馆开始讨论。

显然，一个图书馆必须具备一系列条件，方可称为现代化图书馆。例如：

　　　　现代化的组织结构
　　　　现代化的资源建设
　　　　现代化的馆舍和设备
　　　　现代化的管理和服务
　　　　高水平和高素质的馆员
　　　　业务工作有系统的、成文的规范
　　　　遵循国际标准、国家标准和行业标准
　　　　满足不同层次读者的知识需求

> 一流的服务水平，可控的服务质量，等等

这其中，系统的、成文的规范是一个重要方面。没有这一条，很难说是一个现代化图书馆。

北京大学信息管理系教授刘兹恒从信息技术的发展、政策环境及其他人文因素方面对我国图书馆的发展趋势进行预测与展望，总结归纳出图书馆未来发展的十大趋势（刘兹恒 2016）：

> 服务泛在化
> 工作网络化
> 资源数字化
> 功能智慧化
> 阅读移动化
> 空间创意化
> 用户自主化
> 工作规范化
> 馆藏仓储化
> 事业社会化

其中，工作规范化是一个重要的大趋势。

业务工作的规范化为什么如此重要并且具有趋势性的意义？我们只需要反向考察，来看看没有规范的业务工作是怎样进行的。

那么，没有业务规范的业务工作是什么样的呢？这就像是手工制作车轮！这种生产方式无法保证车轮的质量，无法保证制作出一模一样的车轮，无法保证技术的传承。

对于现代化图书馆来说，业务规范的意义如同现代化企业中的生产管理规范和工程蓝图。没有规范的业务工作就像手工作坊一样，连生产图纸都没有。业务过程是无序的，一般不能提供优质服务的稳定环境；管理是应急式的，不能产生良好的服务效果，读者的良好体验依赖于个别优秀馆员。内部的业务工作经常被随意变更，没有成文的规矩，即使有成文的规矩，也经常不被遵守，遇到困难就被抛弃。业务工作的重大决策是随意做出的，不经过充分的论证和试验。各个业务部门之间相似的业务工作，缺乏统一的业务规则和逻辑，各部门之间的交接工作也缺乏严格的约束和规范程序。业务工作的质量依赖于业务馆员的专业精神、个人能力和喜好，当业务人员离开原来的业务岗位时，同时也带走了业务经验、工作方法甚至业务资源。新员工则需要从头开始总结业务工作经验，对新员工的培训靠老员工口耳相传（没有正式的培训材料），新员工得到的培训是不统一不标准的。

现代化图书馆必须抛弃这种模糊混乱的手工作坊方式，实施业务规范化管理，制订出覆盖所有业务工作的、全面的、系统的业务规范来指导业务工作实践。

实施业务规范管理就是要使业务规范化运行、服务规范化提供。对于企业来说，规范化是保障现代化企业科学运行的重要手段和必要条件，是提供优质产品或服务的前提，是实现科学管理和现代化管理的基础，是提高产品或服务质量的技术保证。对图书

馆来说，规范化的作用体现在以下五个方面：

规范化为图书馆的科学管理奠定基础。各种科学管理制度，都以规范化为表现形式。

规范化应用于业务活动，可使业务在科学的和有秩序的基础上进行；应用于管理，可促进统一、协调、高效率等；应用于服务，可使读者获得一致的优良体验。

随着图书馆行业的发展，图书馆的业务越来越复杂，分工越来越细，部门的协作越来越广泛，这就必须通过制订和使用业务规范，来保证各部门的活动，在技术上保持高度的统一和协调，以使各种复杂的业务和服务正常进行。

合理发展创新业务和服务，提高图书馆的应变能力，以更好地满足不断发展和深化的读者需求。新的业务和服务必须在规范化的管理之下开展。

保证服务质量，提升读者的良好阅读体验，维护读者利益。

业务规范管理是现代社会发展的需要，是图书馆提高服务质量和效率的重要手段，是使读者更加有效地利用文献资源并对图书馆进行监督的有效途径，是图书馆对业务进行科学管理和业绩评估的前提，也是图书馆之间业务交流和协作的前提。

图书馆的评估定级也要求图书馆的业务工作必须有系统的规范（张海燕，2005）。图书馆评估定级的一些定性的指标对业务工作的标准化、规范化提出了具有导向性的要求，各种量化指标也指明了非常具体的规范要求，特别是对量化指标的统计方法和规范，应该纳入图书馆的业务统计的总体规范之中。另外，评估定级对评估材料的规范化也有明确的要求。

在进行图书馆的评估定级工作时，系统性地实施业务规范化管理，有利于克服图书馆管理的随意性，提高业务工作的科学性和一致性。同时，努力达到评估定级的各项要求，提升图书馆的等级、地位和社会影响力。

第三节　业务标准和业务规范

读者可能有一个疑问，前面所说，难道不就是业务标准的作用吗？有了业务标准，按标准制作车轮不就行了吗？

一个现代化的企业，仅有标准当然是不行的，从设计到制作模具到最后生产，所有的活动，都需要进行规范化管理。这对一个生产最终消费产品的企业来说更是如此。例如，一个生产汽车的企业，遵循关于汽车的所有国际标准和国家标准，但生产活动却是无序的，各方面的工作没有规范，那么它能生产出高质量的、性能优越的汽车吗？显然是不行的。

规范和标准，是密切关联的一对，是同一个事物的两面，所谓同一个事物，就是业务活动。业务活动是业务要素的重要组成部分。对于企业来说，业务要素就是企业的生产要素。对图书馆而言，按照图书馆学的要素学派，图书馆的业务要素包括人、对象、规则、活动等方面内容。业务规范和业务标准分别约束不同的业务要素或业务要素的不同方面。

什么是业务标准？

首先说"标准"，通俗地讲，就是经过总结归纳后的"成熟的技能和经验"，这些技能和经验是在行业的一定范围内被一致认可和普遍认同的。标准作为标准化的核心，其定义和解释经历了一个较长的发展时期，最有影响的有三个：

一是 1934 年盖拉德（C. J. Gaillard）在其《工业标准化原理与应用》一书中对标准所作的定义，这也是世界上最早给出的标准的定义，即："标准是对计量单位或基准、物体、动作、过程、方式、常用方法、容量、功能、性能、办法、配置、状态、义务权限、责任、行为、态度、概念或想法的某些特征，给出定义、做出规定和详细说明。它以语言、文件、图样等方式或利用模型、样本及其他具体表现方法，并在一定时期内适用"。

二是国际标准化组织（ISO）给标准所作的定义，即："标准是由各方根据科学技术成就与先进经验，共同合作起草、一致或基本上同意的技术规范或其他公开文件，其目的在于促进最佳的公众利益，并由标准化团体批准"。

三是 1983 年我国对标准的定义，即："标准是对重复性的事物和概念所做的统一规定。它以科学、技术和实践经验的综合成果为基础，经有关各方协商一致，由主管机构批准，以特定形式发布，作为共同遵守的准则和依据"。

目前，我国对标准概念的定义和解释，以 1996 年修订的国家标准《标准化和有关领域的通用术语 第一部分：基本术语》（GB3935.1）给出的标准定义为准，即："为在一定的范围内获得最佳秩序，对活动或其结果规定共同的和重复使用的规则、导则或特性的文件，该文件经协商一致制定并经一个公认机构批准，以科学、技术和实践经验的综合成果为基础，以促进最佳社会效益为目的"。

显然，业务规范不同于业务标准，它具有更多的具体机构的针对性和灵活性。

我们来看业务标准和业务规范的区别：

> 标准是宏观的，规范是微观的；
> 标准是行业全局的，规范是机构局部的；
> 标准是行业共性化的，规范是机构个性化的；
> 标准是行业强制性的，规范是机构强制性的；
> 标准是服务于业务基础的，规范是服务于业务提升的；
> 标准是能力保障性的，规范是能力增强性的；
> 标准针对业务对象，规范针对业务活动。

标准分为四个级别：国际标准、地区标准、国家标准和行业标准。即使最低级别行业标准也是针对整个行业，是宏观层面的，是同行业的所有机构都必须遵循的；而业务规范只在特定机构内部有效，是微观层面的。虽然我们可以努力寻求各个图书馆共性的业务规范，但却无法将业务规范作为标准推行到所有图书馆（包括同类型同规模的图书馆）。

标准服务于业务基础，指的是建立基础业务需要遵循标准，无论业务水平如何，业务标准是开展业务工作的必备条件。规范服务于业务提升，指的是规范所起的作用不是业务工作的建立，而是业务工作提档升级和规范化。标准可以保障图书馆具备服务能力却不能保证服务质量，规范可以增强图书馆的服务能力并且提高服务质量。

以上两者一个重大的区别是，标准通常针对业务对象，规范通常针对业务活动。打个比方，标准是"车同轨，书同文"，规范是"怎样驾车，怎样书写"，在对业务要素进行研究分析和管理的过程中，这种区分具有重大的技术意义。本书第十章第二节和第十二章第一节将对业务要素详细展开论述。

标准的表现形式不同于规范。标准本身有统一的格式，有编写标准，就是成套的《标准编写规则》（GB/T 20001）及《标准化工作导则》（GB/T 1）。而规范有更丰富的格式和表现形式。从国家的宏观层面上看，除了图书馆相关法律法规而外，尚有一些称为规范的国家标准，例如《公共图书馆服务规范》（GB/T 28220-2011），作为国家标准和馆内的业务规范仍有很大的不同，其关注**原则和目标远多于方法和手段**，甚至仅仅是目标，不能代替可操作的业务规范。在图书馆的业务规范体系中应该有一部总体的业务规范，它专门描述国家层面的一些法律法规和行业层面的标准规范的遵循和实施原则，例如《中华人民共和国公共图书馆法》和《公共图书馆服务规范》等，也可包括与图书馆行业挂钩的一些国际条约、宣言和公约等的遵循原则（王珊，2013）。这就是这些法律法规或标准与具体业务规范的关系。

由于这种区分性，在标准体系中是难以容纳规范体系的，但**规范不违标准**。业务规范除了遵循国家的图书馆相关法律而外，还应该不违反图书馆行业的各种标准，包括国际标准、地区标准、国家标准和行业标准。规范和标准应该是协调一致的，而不是矛盾的。

第四节　规章制度和业务规范

图书馆一般都制订有很多规章制度，但业务规范并不只是部分规章制度或者是规章制度的延伸。业务规范不同于规章制度，它针对业务工作而制订，具有更多的科学性、专业性和逻辑性，而规章制度一般针对行政管理而制订，具有更多的灵活性、人为性和随意性。简单地说，规章制度是"需要怎样规定就怎样规定"甚至可以是"想怎样规定就怎样规定"，但业务规范必须是"应该怎样规定就怎样规定"，这个"应该"就是要遵循业务工作的客观规律，要遵循图书馆行业的科学性和专业性。

从图书馆业务规范的视角来看，一部分规章制度具备业务规范的特性，能够归入业务规范的范畴，例如，项目管理制度、危机管理办法、岗位责任规范，等等。

由此可见，业务规范可以包含部分规章制度，而规章制度却无法包含业务规范。作者不赞同一些图书馆将业务规范编入规章制度汇编中的做法，这种做法混淆了两种不同事物的本质特征，也混淆了业务和行政两种不同的管理体系。

通常情况下，对业务规范的研究局限于业务规范的制订和管理，并不关心对规章制度的管理。但是本书要探讨的是一套业务规范管理体系和方法一般化，本质上不排斥对规章制度的管理，例如，审核和技术性管理等。

概而言之，规范化地制订规章制度和管理规章制度是业务规范化的一个重要方面。规章制度本身的内容可以具备很大的灵活性、人为性和随意性，但对规章制度的管理应遵循一定的科学原则，例如，规章制度的起草、规范化表述、审核、技术性管理，等等，和业务规范的科学管理并无二致。由业务规范来引领规章制度，使规章制度的制订过程和管理过程规范化，不失为图书馆另一种科学管理的新颖思路。

依照这种思路，我们可能会有《组织结构规范》，但并不规定具体的组织结构，而只规定组织结构的建立、变更、关系和管理原则，等等；我们可能会有《规章制度规范》，但并不规定具体的规章制度，而只规定规章制度的建立、变更、审核和技术性管理，等等。我们可以将这种对规章制度的规定称为"**元规章制度**"，这种新颖思路也使得业务规范体系更加统一、协调、一致和完善。

我们用图1-1来表示：

图1-1 业务规范和规章制度的关系

业务规范包括了元规章制度，元规章制度指导规章制度的制订，也可以认为它属于规章制度。

规章制度约束图书馆的行政活动，业务规范约束图书馆的业务活动。随着图书馆业务往纵深发展，各种高级业务活动（例如全面质量管理）和增值服务〔例如新近成为行业热点的智库服务（曾建勋，2016）〕不断进入图书馆界的视野，图书馆的业务活动将会有一个持续增长和深化的过程，因此图书馆业务活动的复杂性远超行政活动。

我们可以看到，约束业务活动的业务规范将会是一个形式多样、表现丰富、规模庞大、管理复杂的体系，这些方面都远超规章制度。并且业务规范还包括业务知识，是业务知识的体现，对业务知识的管理还将引出业务规范管理的高深理论课题，这一切都远非规章制度可以相较。因此，对业务规范进行深入研究，探索其客观规律，对图书馆来说具有不可替代的业务和学术价值。

本书不会贬低规章制度的重要意义和作用，本书从专业的角度出发研究业务规范，将其从规章制度中剥离出来，深度挖掘业务规范的重要价值和一系列理论和技术问题，以此作为图书馆通向现代化的关键支撑和基础保障机制。

因此，**规范不违制度**。

总结：业务规范和规章制度一起，以元规章制度为桥梁相互关联，共同约束图书馆的所有业务和行政活动。这就是本书希望贯彻的管理思想。

第五节 业务规范的问题导向

无论是"业务规范化"或"业务的规范化管理",都要解决业务的规范化问题,对此需要更多的分析。

一方面,业务规范应客观反映业务工作实践,尤其是一些经过长期业务工作实践检验过的经验方法和规则,应该在业务规范中体现出来;另一方面,业务规范是用来规范业务工作的,业务工作一定存在问题才需要规范化,业务规范必然要求业务工作有所改变。就是说,业务规范一方面要反映业务工作的实际,另一方面要为业务工作的完善和提升创造条件。因此,业务规范化需要首先面对的是业务问题。业务管理者和业务规范的制订者需要对业务本质能透彻理解、精准把握,对业务问题能敏感认知与深刻洞察。

我们把这种思想称为业务规范的**问题导向**,即:事实和问题将主导业务的规范化管理。简单地说,就是业务规范除了反映业务事实,还必须解决业务问题。

任何图书馆的业务都存在问题,没有例外。即使一个图书馆已经制订并实施了成套的业务规范,业务规范本身也还有一个不断完善发展的过程,图书馆也存在不断拓展新业务领域的过程。优秀的管理者善于发现业务问题并解决问题,卓越的管理者更善于拓展业务领域或制订发展战略。

一些业务问题是特定图书馆特有的问题,另一些问题是图书馆普遍存在的共性问题,还有一些问题是图书馆行业存在的宏观问题。本书名为《图书馆统一业务规范研究》,就是不仅要研究具体图书馆的业务规范问题,而且试图探索一个行业的业务规范的统一性问题。作者从业务规范的微观到宏观的大尺度观察中发现了业务规范的一个本质性的特性,就是统一性。本书第十章将从技术上更详细地探讨统一性问题。

图书馆行业的宏观问题和普遍共性问题有哪些呢?这本身也是一个极难回答的问题,全面而客观的研究也是一个艰难的挑战,作者相信无数的研究者会有无数种不同的回答。笔者也不揣浅陋,以有限的视野对此进行了一些管中窥豹式的观察和分析,得到了一些并不一定确切的粗浅结论,在此与读者分享,也期待方家的斧正。

图书馆行业的现状,我们从业务范围、管理和技术等方面来分析,可知存在多方面的"事实"和"问题",其中"事实"是业务规范需要反映的,"问题"是业务规范需要解决的。

首先,随着社会的发展,图书馆的业务范围不断扩展,高级业务和服务进入图书馆界的视野。例如,知识管理、质量管理、研究开发、立法决策服务,等等,这些传统业务中没有的业务内容,它们的规范化是全新的研究课题。此外,图书馆也开始采纳管理领域的一些先进理念(例如成熟度模型)。业务规范化管理不可忽视这些创新的业务工作和创新的理念。

其次,知识社会的来临使图书馆的业务和服务不断深化,业务对象突破文献结构深入知识结构之中,所采取的业务工作方法或技术手段进入知识工程领域,为读者提供更精准更直接的知识服务。这要求业务规范深入关注技术并将部分技术管理提升到业务管理的层面并给予严格的表达。

以上两点是图书馆行业良好的、正面的"事实",我们再看"问题":

(1) 高级业务和增值服务工作仍然少见,一方面是业务水平的原因,另一方面是业务规范化的原因。

(2) 数字图书馆停滞于数字化资源,知识管理和服务并未深入知识核心,读者尚不能全面地直接获取知识。

(3) 受制于技术和管理,虚拟数字图书馆联盟无法建立,读者仍然面对网络上的各个分立的图书馆。

(4) 信息技术的支持远远落后于IT行业的前沿,臃肿的单一应用拖累系统进步,但却没有任何研究支持抛弃复杂单体应用。

(5) 业务要素从未受到重视,也从未得到系统地研究,甚至直到今天业界对此仍未有基本的认识。

(6) 馆内业务和外界的交互尚未建立,业务流程尤其是采访流程残缺不全,读者参与业务程度低下。

(7) 一馆内部也存在大量不同类型业务流程相互交织,业务变得极端复杂,管理却并没有紧密跟随。

(8) 很多关键的管理过程具有很强的随意性,例如培训活动,偶然想起了才举办一次,又例如项目管理,从来没有采纳国际先进技术。

(9) 业务的管理是笼统的、粗放式的,从未关注技术,也缺乏从战略、计划到运作直到工艺的精细控制。

(10) 基本的业务规范化尚未成为行业共识甚至尚未基本觉醒,遑论高级业务规范。

这些问题既有行业宏观的问题,也有不同图书馆的普遍共性问题;既有依赖于技术的问题,也有纯粹的规范化管理问题。业务规范化要达到它真正全面规范化的目标就必须长久关注这些问题并竭力解决这些问题。我们可以预期的是,业务规范化要彻底解决这些问题也需要一个相当漫长的过程。伴随图书馆业务的发展和技术的进步,业务规范化在解决业务问题方面将发挥核心的推动作用。对业务规范本身的理论和实践方面的透彻研究有助于催化并加速这个过程。

从理论上说,问题导向的业务规范化管理有助于解决业务问题,它具有如下几方面的重要作用:

规范化改进业务工作
规范化完善业务流程
规范化创造业务需求
规范化提升业务价值
规范化支持业务战略
规范化创造新业务项目

规范化支持图书馆联盟

这里和本章第二节的归纳具有一致性的内涵。深入规范化运作的本质和技术细节，我们就能发现它们都具有丰富的内涵，绝不仅仅是一句句的口号。

规范化改进业务工作是规范化的基本诉求，业务工作一定存在问题，需要改进才需要规范化。规范化完善业务流程是规范业务活动的自然结果，业务流程不完善，业务活动就不具备科学性与合理性。规范化创造业务需求，是指业务需求不仅按照业务逻辑自然形成，而且按照规范化的要求，保证其完整性、一致性和关联性等技术特性，使之全面覆盖规范化的业务目标，从而产生新的业务需求。规范化之后，业务质量提升，服务效果优化，业务和服务的价值自然得到提升。规范化之所以支持业务战略和创造新的业务项目，是因为所有的业务战略目标和可能的新业务项目都在规范化的业务目录体系之中，如果欠缺某种业务战略目标或新业务项目，首先会在规范化业务目录中被发现。因此一套全面完整的规范化业务目录具有非常关键的作用。规范化支持图书馆联盟的建设，包括技术上的支持和管理上的支持，没有这两方面的支持，联盟业务实难有效开展，而这两方面的支持都离不开规范化的支持。

这些作用具有精细化高级业务管理的鲜明特征，它们在不同的层面上强化业务，使规范化本身和业务密不可分，不仅和一馆内部业务密不可分，而且和图书馆之间的协作业务密不可分，更和图书馆联盟业务密不可分。这就是统一业务规范的核心意义，统一性体现于图书馆业务从微观到宏观的不同层次之中。不同的层次可以粗略地划分为操作工艺层、活动执行层、资源计划层、战略规划层和馆际联盟层。

在操作工艺层，会有统一的业务处理方法，这是基本的业务规范所追求的目标；在活动执行层，会有统一的业务活动管理，从业务规范的视角打破传统的单一应用体系，创造更加科学的业务需求；在计划层，会有统一的资源计划，业务规范支持优化管理并提升业务价值；在战略规划层，会有统一的业务规划和战略，业务规范将支持新的业务项目；在馆际联盟层，会有统一的宏观业务服务，它将提供读者最终需要的统一的虚拟图书馆服务。

综上所述，在业务规范化管理的发展演进道路上，统一性将贯穿始终。对统一性的不懈追求将伴随业务规范的全面系统的制订过程，包括对业务规范体系和相关业务规范之间关系的系统性理解。这是本书从理论和实践两个方面不懈追求的目标。

第二章 业务规范的一般问题

第一节 业务规范的范围

图书馆的业务规范整体构成一个有机的业务规范体系，业务规范体系应该包括图书馆的所有业务工作的规范，即：所有业务工作均有规范。本书从研究出发，提出业务规范范围超过任何具体图书馆的业务规范范围，应该将其看成是所有图书馆业务规范的并集，甚至包括未来才可能需要的业务规范。这并不意味着本书所描述的范围就是绝对完善和全面的，存在一些遗漏也在所难免。

业务规范包括传统图书馆业务工作的规范，这里是指传统图书馆的六大部分业务工作：文献采访、文献编目、流通管理、报刊管理、典藏管理和参考咨询。

传统业务工作是图书馆的基础业务工作，传统业务工作的规范就是图书馆的基础业务规范，是建立业务规范体系的基础设施。基础业务规范规定基础业务的基本原理、基础原则和基础方法，它不依赖于技术，无论采用什么技术手段和什么样的信息系统，基础业务规范是不变的。

业务规范包括图书馆自动化系统的规范，包括传统图书馆六大部分业务工作的自动化实现。利用自动化系统开展的传统业务工作具备一定的特点和新的业务要素、业务活动，有很多内容需要特别规定，因此有别于基础业务规范。

业务规范除了包括传统图书馆六大部分业务工作的自动化实现而外，还包括联机检索（OPAC）、网络流通、馆际互借、联合编目、网络咨询以及移动图书馆业务的规范，这些是在自动化方面对基础业务的扩展。

业务规范包括数字图书馆建设工作的规范，包括数字图书馆的标准建设、实施规划、系统部署、资源建设、运行管理、服务提供、推广培训，以及项目开发等方面。

数字图书馆是传统图书馆进入现代化图书馆的重大步骤。数字图书馆不是要取代传统图书馆，而是应该被传统图书馆纳入核心业务之中，数字图书馆相关的规范也将成为图书馆的核心业务规范。

业务规范包括数字图书馆各种产品的运维规范。所谓数字图书馆产品，就是以成熟产品的形式提供数字图书馆各种服务的系统，如：资源发现与获取系统、学术资源门户系统、开放链接系统、学术推荐服务系统、电子资源管理系统、数字资产管理系统、数字资产保存系统，以及数字出版系统，等等。

资源发现与获取系统实现图书馆各类印刷型、电子型、数字型资源的一站式发现与获取，方便读者快速、准确、有效地在海量学术资源中查找和获取相关信息并提供学术研究的辅助。学术资源门户系统为读者提供一个统一而友好的整合检索环境——从统一的界面可同时检索多个异构远程资源。开放链接系统为读者提供上下文敏感链接，可直接连接到全文和其他图书馆定义的资源，包括联机公共查询目录（OPAC）的本地馆藏、文献传递供应商、相关网络资源和服务、本地信息资料库以及其他信息服务。学术推荐服务利用网络化学术社区的力量，基于全文使用，提供学术推荐。它代表了对用户驱动内容重要性的认知，是 Web 2.0 与学术领域结合的重要一步。

电子资源日益成为图书馆馆藏的重要组成部分，因此需要一个可以妥善管理这些电子资源的工具。电子资源管理系统对所有的电子资源工作流程进行管理，包括采访、试用、使用、成本、访问和其他管理的功能。

数字资产已快速成为图书馆馆藏的重要组成部分，包括图像、音频/视频资料、数字化文本。数字资产管理系统可以有效地组织、管理以及与读者共享这些数字资产。数字资产保存系统也是一个重要的系统。今天的图书馆承担着保护人类共同记忆和文化遗产的责任，对于数字信息，图书馆也逐渐采取积极的方式进行保存。数字资产保存系统提供具有高度扩展性、安全、易于管理的数字资产永久保存解决方案。

数字出版系统支持数字图书馆参与学术数字出版，提供机构知识库、OA 期刊、OA 图书、开放科学，以及倡导 OA 活动等。

业务规范包括图书馆高级业务管理工作的规范。高级业务管理工作是指超越日常的、常规的业务工作而进行的强化业务管理工作，它不仅超越了传统的基础业务工作，而且超越了自动化甚至数字图书馆工作的范畴。高级业务管理工作有业务规范管理、知识资源管理、战略规划管理、全面质量管理、公共关系管理和研究开发管理等。本书还引入了统一业务管理和业务成熟度管理。

知识资源管理着眼于图书馆所拥有的行业知识资源（非服务于读者的知识资源）、技术文档和业务档案的管理，同时也包括知识管理成熟度模型相关的业务规范。战略规划管理着眼于图书馆远景战略规划的制订和管理，包括制订的方法和流程、审核或评审的过程、战略规划文本的管理、战略规划的实施，等等。全面质量管理着眼于图书馆实施全面质量管理，推行 ISO9000 质量管理标准的可能性和必要性，以及可操作性方法。公共关系管理着眼于图书馆的公共关系，包括读者关系、媒体关系、行业关系、政府关系和国际关系的管理。研究开发管理着眼于图书馆的科研职能，聚焦行业科学研究和技术开发的管理。

业务规范还包括图书馆增值服务工作的规范。增值服务是深层次的或高级的信息、知识服务，它将深度介入用户获取知识的过程之中，提供深度的优质信息和知识服务，目的在于为用户创造价值。高级业务管理工作是对图书馆自身增值的，增值服务工作是对图书馆的用户增值的。增值服务工作的服务对象除了一般读者而外，更多的是各种机构，因此将其称之为用户。增值服务工作有定题情报服务、情报分析服务、综合数据服务、高级知识服务、专业智库服务、教育培训服务、立法咨询服务，以及决策支持服务等。

定题情报服务是情报检索服务的延伸，是一种特殊形式的检索服务。网络技术赋予定题情报服务以主动活跃的动态信息服务功能。情报分析服务是通过对文献情报进行综合、评估、分析和解读，以满足已知或预期用户需求的过程。综合数据服务是为读者直接提供各种学科综合数据的服务，包括学科基础数据、社会发展数据和科学研究数据，是知识服务的前期阶段或基础阶段。知识服务是指从各种显性和隐性知识资源中按照人们的需要有针对性地提炼知识，并用来解决用户问题的高级阶段的信息服务过程。高级知识服务是智能化的知识服务，可为用户辅助实现知识创新、协同工作、问题解决和决策支持。

专业智库服务，一般专注于某一领域，以专业知识为背景，致力于该领域的政策研究，提供客观的分析和具体的解决方案。教育培训服务着眼于图书馆的教育职能，提供主动型的社会化教育培训服务的管理。立法咨询服务主要承接地方性法规、地方政府规章和规范性文件的调研、起草、论证以及地方性法规的立法评估等事务性工作。决策支持服务着眼于图书馆的决策支持职能，提供主动型的大机构和政府决策支持服务的管理。

综上所述，业务规范既包括图书馆正在实施的所有实际业务工作的规范，也包括未来可能会实施的业务工作的规范。所有的业务规范组成图书馆的业务规范体系，其中的业务规范具有从宏观到微观、从顶层到底层的不同类型或地位，也就是具有层次等级关系，这种层次等级关系非常类似于图书分类法中不同类目的层次等级关系。因此不排除采用分类法的有关方法对业务规范体系进行科学管理，于是我们将得到一部所有业务规范的层次等级目录表，其中会有大类、小类、上位类和下位类等概念。第五章将详细列举出业务规范目录。

第二节　业务规范的形式

业务规范的形式，就是业务规范的表现形式。一般来说，内容决定形式，形式为内容服务。业务规范的内容既然是对业务工作的规定，那么这些规定就应该表现为非常具体的对业务工作的一项一项地规范性描述，因此业务规范应该以类似于法律条款的形式进行规定，即以条款式为主，辅以其他形式。

条款式业务规范适用于可预见的、不易分割、自成体系的连续性业务工作，如采访、编目等传统业务。条款式业务规范也适用于宏观层面或者至少是一个方面的大类别的业务工作规定，因此也包括图书馆自动化管理、数字图书馆业务、高级业务管理工作，等等。

一部条款式业务规范通常会包括：

　　第一章　总则
　　第二章　业务定义
　　第三章　业务原则

第四章　业务方法
第五章　业务过程
第六章　实施细则
第七章　附则

但每一章的名称根据具体的业务规范可以完全不同，业务规范的规模也可以有巨大的差异，一些简单的业务规范可能只有三四章甚至可以不分章，而最复杂的业务规范的篇章数量是没有上限的。当然，过于庞大复杂的业务规范并不妥当，应该有所划分。

除了可预见的、不易分割、自成体系的连续性业务工作而外，其他不可预见的、容易分割、离散的、偶然性业务工作（如系统维护、应急响应、例外情况处置等），适用的规范形式就不是条款式，而是类似某种指南或手册的形式，它将用不超过一页纸的篇幅描述如何解决一个细小的业务问题。本书将这种业务规范称为活页式业务规范。

活页式业务规范以页为单位，持续地补充有关细小业务问题的描述和解决方法，使相关业务规范的制订成为持续进行的增量过程。活页式业务规范永远保持活页状态，除非需要出版才将其合并成册。当活页式业务规范需要修订时，也仅仅针对具体的一页进行，十分便捷。

活页式业务规范是一个优雅的创新，它提供了一种简单灵活、不断增长积累的方式来描述细小业务问题的工具，可以避免不断修订大部头业务规范的复杂性和高成本流程，使业务工作的提升成为一个持续的、循序渐进的敏捷过程。

活页式业务规范有下列类型：

（一）维护手册
（二）应急响应程序
（三）例外业务活动指南
（四）非常规业务事务流程

维护手册用于指导信息系统的维护工作。维护手册不是操作手册，它是对维护任务或解决故障问题的方法的描述。维护手册的内容可能包括下列项目：

（一）范围（系统和子系统名称、设备名称、日常任务等）
（二）问题（问题描述，通常是故障）
（三）诊断（对问题的初步诊断）
（四）任务（要完成的维护任务，通常不是故障）
（五）资源（所需要的资源，如软件包）
（六）解决（解决方法和步骤）
（七）备注（注释、参见、引用等）

应急响应程序用于指导对突发事件的应急响应。应急响应程序不是应急预案，只是一个简单的对特定事件的应急响应办法和流程，作为活页式业务规范的一个类型，每一项特定事件也应该在一页纸内完整描述，而应急预案要复杂得多。在业务规范体系中的应急响应程序一般也应专注于和业务相关的应急响应。

应急响应程序的内容可能包括下列项目：

（一）事件范围
（二）事件描述
（三）事件类型
（四）事件级别
（五）处置方法
（六）资源保障

例外业务活动指南用于指导关联例外业务要素的业务活动。针对一般业务要素的业务活动已经在相关的业务规范中明确规定，未加以明确规定的业务要素就是例外业务要素。例外业务活动还包括非日常的、相对少见的业务活动。例如，读者丢失所借图书之后，购买相同图书进行赔偿的处理；赔书之后又找到所丢失之书并要求返还的是更少见的业务活动。

例外业务活动指南的内容可能包括下列项目：

（一）范围
（二）业务要素
（三）例外原因
（四）解决方法
（五）量化分析
（六）影响后果

非常规业务事务流程用于指导非常规业务事务的处置方法。非常规业务事务是指由于某种特殊原因不按照常规业务事务的处置方法进行处置的业务事务。例如，为赠送交换而专门采购并简化采购流程，对特定读者临时开放特定流通权限等。

非常规业务事务流程的内容可能包括下列项目：

（一）范围
（二）事务描述
（三）常规处置分析
（四）非常规处置原因
（五）非常规处置方法
（六）影响后果

活页式业务规范可能还会有其他类型，有待于将来进行研究补充。

另外一种重要的业务规范形式是表格式，用于描述业务要素和业务要素类型。

什么是业务要素？

我们知道图书馆学里有一个要素学派。陶述先生说，图书馆要素有书籍、馆员与读者；杜定友先生说，图书馆要素有书、人和法；刘国钧先生说，图书馆要素有图书、人员、方法和设备，他还明确认为"图书馆学所研究的对象就是图书馆事业及其各个组成要素"（刘国钧，2013）。在前现代化时代，要素学派并没有产生特别大的影响，因为它可能忽略了图书馆的性质和矛盾。但今天情况有所不同。

今天是自动化和数字图书馆时代，我们知道，一个自动化系统或数字图书馆系统，它关注的焦点不会是图书馆的性质、图书馆的特殊矛盾等理论方面，而是会关注图书馆业务工作的要素，如何表达那些要素，如何处理那些要素。对业务要素的关注正如同现代化企业关注生产要素的管理一样。所以，要素在今天可能被赋予全新的内涵：图书馆的业务要素就是可以明确识别和描述的、构成图书馆业务工作过程的各种组成成分。要素分为几大范畴：人、对象、规则与活动。人按照业务规则处理业务对象，产生业务活动，这是对业务要素的最一般化的抽象描述，也是表格式业务规范要处理的问题。

所有的业务要素都应该以多种不同的表格来进行描述，这些不同的表格需要精心设计，使之不仅能准确反映业务要素的基本特征，而且能反映不同业务要素的关联关系。

对业务要素的描述和管理，还可以参照资源描述框架（RDF）和相关技术进行，便于通过网络访问业务要素。资源描述框架（Resource Description Framework，RDF）是一个使用 XML 语法来表示的数据模型，用来描述 Web 资源（或其他资源）的特性及资源与资源之间的关系。这是一个成熟的语义技术，在业务规范中借用 RDF 来描述业务要素，使业务要素可以通过网络加以管理。

将业务要素进行一般化的抽象，以表格式的业务规范来表达并进一步采用一些先进技术进行管理，将会是图书馆业务规范的一个重要理论创新，无论是对于业务水平的提升还是业务规范本身的规范化都具有重大的理论意义。彻底弄清图书馆所有业务的所有要素，对业务规范化管理也会产生巨大的推动作用。对业务要素的详细分类也是一个有待研究的重大理论问题。对此尚有待同行专家学者们进行深入研究。

第三节　业务规范的制订

业务规范的制订应注重理论联系实际，着眼于规范和改进业务工作，梳理业务工作的模糊混乱状态，厘清业务工作的关键实践。业务工作的所有方面均应该加以明确的规定，使业务规范成为图书馆的所有业务工作人员都必须遵循的强制性法规。

业务规范的制订是业务规范化的起点，也是关键的一环，必须遵循业务规范化的一些理论原则，本书尝试对这些理论原则归纳整理如下。

（1）科学性原则。业务规范表现业务工作的客观规律，因此具有科学性。业务规范不是随意规定的，必须符合业务工作的本质特征和内在要求，也就是具有科学性。业务规范本身就应该是业务工作客观规律的科学体现。不科学的业务规范规定不仅不能起到规范化业务工作的目的，反而会成为科学管理业务工作的羁绊和阻碍。

（2）系统性原则。图书馆的所有业务规范构成一个完整复杂但又是有序的体系。在实施业务规范化战略之前，按照宏观业务流程的构成，从基础业务到自动化和数字图书馆，再到高级业务的顺序系统性地梳理所有的业务工作，构建起业务规范体系的概览（表现为业务规范目录），对于宏观把握业务规范具有非常重要且明显的作用。无论图书馆是否实施了某些高级业务工作，先建立起包括所有高级业务工作的业务规范目录体系，对于将来实施新的高级业务战略都具有明显的指导和引领作用。

（3）协调性原则。图书馆的业务工作是一个有机的整体，各个部分具有密切的联系，共同支撑起服务读者的目标。因此各个部分的业务规范具有协调一致的关系。具体地说，包括一致性、完整性和关联性。一致性要求所有业务规范的所有内容或条款均不存在矛盾。完整性要求所有业务规范覆盖图书馆的所有业务工作，特定业务规范覆盖相关业务工作的所有方面。关联性要求不同业务规范的不同部分内容应体现出业务工作客观存在的逻辑上的关联，它客观地反映不同部分业务工作的内在联系。

（4）稳定继承原则。有意识地控制业务工作的混乱是业务规范化的核心目标，为了使业务工作不断有序化以减少混乱，应该贯彻稳定继承的原则。稳定是指业务规范一旦制订，就应该长期稳定地执行，不宜轻易变更，重大的修订必须慎重从事。继承是指业务规范应该从现实考虑，在适当的程度上遵从传统惯例，对于长期形成的业务工作习惯应吸取其合理的成分，不宜全盘否定。

（5）精细化原则。业务规范化要求对业务工作的各个方面进行深入精细的刻画，全面掌握所有细节，因此业务规范一定是对业务工作所有细节的精细描述，囊括所有可能包括的精细的需求、规则、逻辑和过程，不可忽视任何细小问题。业务规范化还要求对所有的业务要素有精准的描述和掌控，全面厘清所有的业务要素并对业务要素进行精密的分类和属性分析，以先进的语义技术形成业务要素和业务要素类型的规范化描述。这种思路就是精细化原则贯彻到全面规范化中的自然结果。

（6）统一性原则。统一性具有从微观到宏观的多方面的丰富含义。业务规范化管理本身就是追求统一的业务管理，在业务的微观工艺层面不同的业务人员以统一的方法完成同一项细小的业务工作。在整个图书馆业务控制的层面上，对所有业务项目以统一的方式进行构建和管理，这需要相关技术和架构的支持。在图书馆联盟的层面上，统一性追求联盟统一的业务和服务在统一的技术支持下的运行和交流（见第十章）。本书之所以名为《图书馆统一业务规范研究》，也正是竭力追求统一性原则，试图达到初步构建起行业的"统一业务规范图景"这样一个困难的目标。

在这六项原则的指导之下，业务规范的制订就是实施业务规范化战略的一个可控可管理可重复的高级业务管理过程，同时也是一个对业务精细化研究的过程。具体来说，业务规范的制订首先应有系统性、及时性和针对性。图书馆的管理部门应提供业务规范的制订规划、年度制订计划以及按照系统性原则整理一份业务规范的总目录，用以指导短、中、长期的业务规范制订工作。整理目录并非只是对已经存在的业务规范编制目录而是要列出所有可能的业务规范条目，这个过程也就是对图书馆所有业务工作的一个梳理过程。有了详细的目录，业务规范的制订工作将有具体明确的目标，有助于确立业务规范的长远制订计划和规划。

业务规范的制订过程包括草创、测试、修改、审核、批准、发布等六个阶段。一般来说，业务规范相关的业务部门应该承担业务规范草创的责任，涉及多个业务部门的业务规范则应该由相关的业务部门共同承担，其中一个主要部门或重点部门主要承担，其他相关部门积极配合，而全局性的业务规范应该由管理部门承担起草的责任。

业务规范中涉及不确定的技术性问题时，可能就需要测试。测试是对未知问题的试探性处理，测试要解决的问题是：具体的业务规范规定是否在原则上和技术上都符合业务工作的需求？测试暴露出的问题应及时回馈到业务规范草案的修改过程中，使之不断完善。倘若遇到无法解决的难题，就应该采取多种不同的方式来处理，例如，咨询并借鉴其他图书馆的解决方案，请教同行业的资深专家甚至立项进行科学研究等。

　　业务规范的审核是另一个十分重要的环节。为了保证制订出科学可行的业务规范，需要对业务规范进行全面、详细、严格的审核。审核的目的是针对提交批准的业务规范草案进行全面的核查，为其发现矛盾、消除缺陷、解决争议、提高质量并补充完善。审核应该采用相关行业成熟的方法和流程进行。

　　审核的一个自然拓展就是同行评审（Peer Review）。同行评审为一种审查程序，即一位作者的学术著作或作品让同一领域的其他专家学者来进行评审，在可能的情况下还要保持审阅人和被审阅人身份的独立和双向隐秘（也可以称为双盲）。同行评审在软件开发领域广泛运用，也是国际流行的学术期刊论文审查程序。因此它的原则和原理也适用于其他文化的、学术的、创造性的作品的审核，例如业务规范。

　　同行评审使业务规范除了能够经受内部规范管理理念的检验而外，还能经受更大范围的同行专家的检验，从而为业务规范赋予更多的科学性和专业性。同行评审还可以带来同行专家在相同业务工作领域的经验和智慧，使业务规范遵循普遍的行业惯例或采纳行业先进技术和经验。

　　业务规范的同行评审是一个有待研究的重要课题，对于如何建立同行评审的条件，如何确定同行评审的技术性细节，如何具体实施同行评审并与审核密切结合以及如何评价同行评审的结果，等等，都需要深入的研究。本书附录四提供了笔者的一个初步研究成果。

第四节　业务规范的实施

　　业务规范的实施分为培训、考核、执行、检查等方面的工作。

　　业务规范的培训工作包括针对业务人员的定期或不定期培训，业务规范本身应该成为业务培训的基本要求材料。对于新进入的员工，也应该通过业务规范的培训迅速掌握相关业务工作的方法，从而排除由老员工对新员工口耳相传的模糊性、不确定性。业务规范的考核在培训后进行或者不定期进行，目的在于随时促进员工全面地掌握业务规范并运用于业务工作实践之中。

　　业务规范的培训工作是业务规范管理工作非常重要的一个方面，应该按照图书馆培训大纲的要求严格地执行，在图书馆整体的培训计划中应该包括所有重要业务规范的培训计划。业务规范最重要的意义就在于实施，最重要的价值也在于实施，而实施业务规范离不开持续的培训。培训之所以重要，是因为科学的培训是业务规范有效实施的基础保障，是使业务人员持续提高业务水平和业务能力的基本保障，是图书馆整体业务能力提升的核心保障。培训大纲从技术上严格准确地规定培训活动将怎样进行和管理，是现代化图书馆知识管理的一个关键过程域。本书第七章第三节将详细讨论培训大纲。

业务规范的执行过程需要全馆统一思想，既要严格按照业务规范的具体规定开展业务工作，避免对业务规范敷衍应付，也要避免将业务规范束之高阁。为此，需要经常进行业务规范执行情况的检查。检查的结果可以和业务部门的绩效和目标奖励挂钩，以便加强业务工作效能监督和业务规范实施过程的管理。

为了达成业务规范管理的目标，图书馆的所有员工都需要转变观念，把业务规范当成开展业务工作的头等大事来对待。一切业务活动均以业务工作的客观要素为依据，以成文的业务规范为准绳，有规范必须遵循，违反规范必须纠正。具体业务的负责人和业务骨干应该自觉维护业务规范的严肃性和权威性，起到模范带头作用。业务规范管理机构也应该定期或不定期地开展业务规范的解释、宣讲和讨论活动，以便在图书馆的所有职工中普及并强化对业务规范的正确认识。

业务规范的实施过程当中，可能还涉及业务规范的自我评估和第三方的评估。评估既是绩效管理的关键环节，也是规范管理的关键环节。评估要解决业务规范实施效果的问题，对各种效益和存在的问题分析。对业务规范执行情况的内部检查不一定能够发现所有问题，第三方评估就会发挥重要的作用。第三方评估是机构管理的重要形式之一，通常包括独立第三方评估和委托第三方评估。第三方评估作为一种必要而有效的外部制衡机制，弥补了传统的机构自我评估的缺陷，在促进服务型机构建设方面可以发挥不可替代的促进作用，在提升图书馆服务质量方面也可以发挥重要的推动作用。

针对图书馆业务规范实施的第三方评估的模式一般有：专家评估模式、专业机构评估模式、读者评议模式。

专家评估模式是由行业内的专家学者作为"第三方"接受图书馆委托的评估模式，专家来源于其他图书馆的研究馆员或高校相关专业的资深教授，这种评估有助于改进图书馆的业务工作并完善相关的业务规范。专业机构评估模式是由专业机构组织（公司）作为"第三方"参与图书馆评估的模式，这种由商业公司来进行评估的举措完全不同于图书馆自己进行的内部检查的模式，能够在更大的程度上保证独立和客观。读者评议模式是普通读者随机或自由参与评议图书馆相关业务或服务的模式，依据读者参与途径的不同，在具体形式上还可以细分为三种：第一种是图书馆随机抽访读者作为"第三方"，如在馆内随机发放读者问卷（调查表），或者采用计算机辅助电话访问系统进行电话调查等；第二种是随机拦截进出图书馆的读者作为"第三方"，被拦截读者的评议方式主要是现场填写问卷或测评表，评议图书馆的服务工作；第三种就是网上评议，这是指读者自觉接受图书馆的网上问卷调查（包括官方网站、微信公众号等），而不是自由发帖评议。

第三方评估的具体方法有待研究。一般应该以业务规范文本对照业务规范实施情况进行核查，发现问题并记录在案，最后形成评估报告。如果是读者对服务进行评议，应该事先让读者知晓相关的服务规范。对评估或评议的结果，图书馆应认真对待，对其中的问题进行仔细研究并提出解决或改进的具体方法。相关业务规范需要修订的，相关业务部门或管理部门应制定出修订计划并按计划进行修订。

第三方评估对图书馆业务工作的改善和业务规范的完善具有不可替代的重要作用，我们期待业界对此有更多的研究成果并且有更多的图书馆大胆实施。

第五节　业务规范的管理

业务规范的管理应由专门的管理机构负责进行，整个业务规范化的推行过程涉及大量专业化的管理工作，非专门的和专业的机构无法胜任和承担相应的重大职责。图书馆应积极培养或引进业务规范管理方面的人才，充实业务规范管理机构。

业务规范的管理除了前面几节已经阐述的内容而外，还包括多方面的工作，例如，解释、宣讲、修订、废止、推广，等等。

业务规范的解释，就是针对业务规范的含义、内容、概念、术语以及适用条件等所做的说明。解释和规范本身是具有同等效力的，但解释也不同于规范本身，它可以进一步说明业务规范的意义。

业务规范的修订和业务规范的制订是类似的过程。如果发现业务规范存在问题或不够完善，就应当进行修订。当业务工作发生变更时，业务规范也必须进行修订。无论是制订还是修订，对业务规范都应该进行严格仔细的审核。业务规范管理机构也应该制订出业务规范的审核指南，用以指导业务规范的审核工作。管理机构还应该对业务规范的版本进行管理，包括保留重要的中间版本，记录业务规范的修订史，等等。

业务规范的废止应在业务工作发生了重大变化，并且已经根据新的业务工作制订出了新的业务规范之后，才能将旧的业务规范废止。废止业务规范应该特别慎重，需要对废止之后的影响进行全面的评估。废止之后的业务规范还应该封存而不是删除或销毁。

业务规范的管理还包括其他一些技术性工作，例如，对所有业务规范进行编号、标识、编辑、归档，以及维护业务规范之间的关联关系，等等。第三章将详细探讨业务规范的技术性管理问题。

业务规范不是静止的事物，它是一个不断发展的、进化的系统。一个图书馆制订了基础的业务规范并且按照业务规范对基础业务进行管理，就算是在业务规范化管理的发展路径上迈出了第一步，也是最重要的一步。但业务规范化管理的发展路径还有很多重要的步骤，它自然地或者说必然地会在理论和实践的两个方面无法阻挡地往纵深发展。由于业务规范一旦制订出来，就作为客观对象进入了图书馆的业务工作体系之中，成了规范化的业务工作不可分割的组成部分，因此本身就需要规范化地管理，即业务规范的规范化管理，这也是业务规范管理的题中应有之义。应该有一部《业务规范管理规范》，它是一部**元规范**，即对业务规范本身的规范，它将对本章探讨的业务规范管理的一般性问题和第一章的基本问题进行原则性的规定。

业务规范管理的进一步深化发展，将会面临一些高级研究课题，例如，本章第二节中提到的业务要素的管理，本书第十章将要讨论的统一业务管理、业务活动管理、业务流程管理和业务配置管理，以及将来可能进行的在知识工程技术支撑下的业务知识管理

（第十二章），等等。这些高级研究课题的突破将对图书馆的业务规范管理工作带来颠覆性的变革，其中每个高级研究课题的重大进步都将成为图书馆现代化道路上醒目的路标。

业务规范的管理还有一个宏观层面的问题，那就是基于业务规范统一性的行业业务规范管理。本书第一章第五节提到，业务规范不仅是问题导向的，也是统一的，本章第三节也提到，业务规范制订的原则之一是统一性原则，统一性原则体现在业务规范的各个层面上。这种思想的一个自然延伸就是：图书馆行业是否存在完全统一的业务规范？

我们知道图书馆有多种不同的类型，也有不同的规模，其业务自然也千差万别，所有业务工作的规范要全面统一，当然是不可能做到的。但是，图书馆的本质是相同的，任何图书馆都应该有图书馆的共性，不同类型不同规模的图书馆在业务和管理方面有共同的交集，它们面对共同的业务问题。因此，部分业务规范成为图书馆行业统一的业务规范，是可以合理期待的一个目标，例如抽象到脱离具体业务特性的元规范。其他的一些特定的业务规范在全行业内统一也是有可能的，例如培训大纲（见第七章第三节）。业务规范要统一，就必须足够精炼和抽象并具有足够的普遍性。抓住了它的抽象本质，就能使之超越具体的业务工作的区分，成为共性的业务规范，统一就水到渠成。

我们可以考虑不同级别或层级的统一业务规范。第一个层级，同类型同规模的图书馆，例如不同的省级公共图书馆（或211、985高校的图书馆），它们的业务具有非常多的共性，其业务规范统一的可能性最大，统一的范围也可能最多。第二个层级，同类型的所有图书馆，例如公共图书馆，它们的业务也具有较多的共性，其业务规范统一的范围也会很多。第三个层级，不同类型相同规模的图书馆，例如大型公共图书馆和重点高校图书馆，它们的业务仍然有一些共性，它们也会有一定范围的业务规范可以统一，例如典藏工作相关的规范。第四个层级，就是所有的图书馆，其业务共性虽然会很少，但不会完全没有，少数业务规范还是有可能统一的。本书引入的元规范，显然是能够在第四个层级上统一的业务规范。作者相信，除了元规范，还存在其他一些业务规范是可以在所有图书馆这个层级上统一的，例如项目管理规范、培训大纲、全面质量管理规范等。至少这可以作为我们未来追求的一个目标，比单独一家图书馆业务规范化更高的追求目标，将使整个图书馆行业受益。

然而这并不意味着统一业务规范可以脱离具体图书馆的业务实践，成为一种概略性的、笼统的、指导性的、从上到下推行的推荐规范（实际成了标准或业务目标），还需要各馆制订实施细则，实则是还需要各馆有具体可操作的业务规范。这不是本书主张的行业管理思路。业务规范的制订应该从下至上，首先符合特定图书馆的业务实际，满足其特定的业务需求，在此基础上追求不同层级和各种联盟业务规范的统一性，最终追求全行业的统一。

统一业务规范在技术上会引导出另一个全新的研究领域，就是统一业务视图（Unified Business View，UBV）。视图针对业务要素，由信息系统架构和数据库决定，就是图书馆的关键业务要素，看上去是什么样的组织方式和架构的图景。基于统一业务规范在技术上所需要的支持，业务视图的统一就成了一个重大的技术课题。这个课题超出了本书的论题范围，这里只是从管理和技术协调的视角出发做一个大胆的假设，未来的信息系统可能对此会有强力的支持。这也是业务规范化产生新的业务需求的鲜活实例。

统一业务规范可以带来目前还无法全面阐述和评估的诸多管理上的好处，至少有助于图书馆间进行业务规范的交流，统一业务视图有助于图书馆间进行业务活动和业务流程的交流。在此基础上，业务规范的统一有可能为各种图书馆联盟的业务一体化创造条件，甚至为统一的虚拟图书馆创造条件。

这就产生了一个新的问题，就是业务规范本身的规范化管理将从一个特定图书馆的管理上升到图书馆联盟甚至全行业统一的业务规范管理。从最高层面说，需要有一个全行业认可的机构来承担行业统一的业务规范的管理职责，它的任务包括：

（1）研究确定哪些业务规范可以统一或在不同的层级上的统一，制定统一业务规范的目录。

（2）针对统一业务规范进行统一化制订、统一化发布和实施以及统一化修订。

（3）协调各图书馆在统一业务规范的初步制订和修订方面的分工和协作。

（4）对于不能完全统一的业务规范，首先制订并推荐其可以统一的主要内容，其他留待各图书馆自行补充规定。

（5）依据业务规范实施评估指南对图书馆业务规范的实施效果进行评估，包括全行业整体的评估。

（6）针对所有的业务规范提供统一化的同行评审服务。

考虑不同级别或层级的统一业务规范，我们会有不同层级的统一业务规范目录，我们也可以考虑不同图书馆联盟的统一业务规范目录，当然，最高层级的统一业务规范目录才是我们最终的追求目标。最高层级的统一业务规范目录将小于任何图书馆的业务规范目录，因为它是所有图书馆业务规范的交集，是业务规范核心中的核心，是所有图书馆都必须遵循的规范。尽管如此，我们认为，它们仍然是业务规范而不是业务标准，因为它们约束的是业务活动而不是业务对象，它们完全符合业务规范的定义而不符合业务标准的定义。

制订统一业务规范可以节省全行业总体的资源，使业务规范可以共享。部分统一的业务规范是一种折中的考虑，便于使不同图书馆的相似业务最大限度地统一起来，更加有助于馆际业务交流。由全行业的统一业务规范管理机构对特定图书馆业务规范的实施效果进行评估是第三方评估，将有助于特定图书馆业务规范的完善和规范化业务工作的完善，如同图书馆的评估定级一样，可以推动图书馆业务规范化的进程往纵深发展，并推动图书馆行业业务规范化的全面发展。统一化的同行评审使业务规范获得全行业内顶级专家的认可，增强其科学性和专业性，并且吸收行业最先进的管理经验和业务技术，从而更加完善。统一化的同行评审还可以做到双向匿名（双盲），即评审人员（行业专家）不知道评审哪家图书馆提交的业务规范，提交业务规范的图书馆不知道业务规范将被谁评审。如此，评审将完全建立在客观性、专业性和科学性的基础之上。

因此，未来应该有图书馆行业的业务规范统一推广服务机构，为行业统一业务规范的制订和实施提供统一的服务。包括同行评审协调机构，为业务规范的同行评审提供服务。

这才是统一业务规范管理欲达成的最终目标！

第三章　业务规范的技术性管理

业务规范的技术性管理要解决的是业务规范的技术性问题，而不是原则性问题，原则性问题应该已经在《业务规范管理规范》中作出了详细的规定，见附录一。

业务规范的技术性问题不是第一章第一节所阐述的业务规范的内涵、性质、作用和价值或其他本质特性，而是它的形式、构造、关联、版本和解释，等等。

业务规范的技术性问题包括：

（一）业务规范的技术属性
（二）业务规范的目录和标识
（三）业务规范的关联
（四）业务规范的引用
（五）业务规范的批准和发布
（六）业务规范修订版和修正案
（七）业务规范的解释
（八）其他技术性问题

为了规范化管理业务规范本身，笔者对主要元规范进行了初步的拟订，除了核心元规范——《业务规范管理规范》而外，还包括《业务规范技术性管理规范》《业务规范内部审核指南》和《业务规范同行评审指南》。

为使读者透彻理解业务规范的技术性管理问题，本章不分节，将对《业务规范技术性管理规范》进行逐条详细解读。

业务规范技术性管理规范

目录

第一章　总则
第二章　业务规范的技术属性
第三章　业务规范的目录和标识
第四章　业务规范的关联
第五章　业务规范的引用
第六章　业务规范的批准和发布
第七章　业务规范修订版和修正案
第八章　业务规范的解释
第九章　其他技术性管理
第十章　附则

第一章 总则

第一条 为了科学管理和高效实施图书馆的业务规范，需要对业务规范运用过程的相关技术进行标准化的管理，为此，根据《业务规范管理规范》第九十九条，特制订本规范。

第一条阐述制订本规范的目的，这里引用了元规范《业务规范管理规范》第九十九条，见附录一。

第二条 本规范规定业务规范的技术性管理工作的各个方面，包括业务规范的技术属性、业务规范目录、业务规范的关联和引用、业务规范的批准程序和发布形式、业务规范的修订版和修正案，等等。

第二条阐述本规范的基本内容。

第三条 本规范是《业务规范管理规范》的技术性补充，同样具有元规范的性质。本馆所有业务规范的所有技术性管理工作，均适用本规范。

第三条说明本规范和《业务规范管理规范》的关系、性质和适用范围。

第四条 本规范包含的原则性条款（非技术性条款），视为《业务规范管理规范》的原则性补充。

第四条说明本规范的条款的性质，包括技术性条款和原则性条款。原则性条款规定业务活动的抽象的原则性方针，技术性条款规定业务活动的具体的措施和方法。对于业务规范本身的管理活动同样如此。

在一部技术性管理规范中，原则性条款也是不可避免的。

第二章 业务规范的技术属性

第五条 图书馆的所有业务工作是一个有机的整体，所有业务规范也是一个有机的整体，它们在逻辑上满足一致性、完整性、关联性和非冗余性的要求。

第五条阐述业务规范的技术或逻辑属性。目前的研究，这四种属性是最重要的，也应该基本能概括业务规范的技术属性。将来如果发现有其他的重要属性，应对本条款进行修订并在后面补充相应的条款描述。

第六条 一致性要求所有业务规范的所有内容或条款均不存在矛盾，也不存在矛盾的书面解释。

不仅仅是同一部业务规范的全部内容不存在矛盾，所有业务规范的全部内容汇总在一起也不应该存在矛盾，也不存在矛盾的书面解释。

发现矛盾需要仔细地审核，做一系列技术手段的支持。《业务规范内部审核指南》将解决这个问题。

第七条 任何时候发现不同的业务规范中有矛盾的阐述或因歧义而造成或可能造成同一事物的不同解释或处置的，相关业务规范必须进行修订以保持严格的一致。

这一条比较抽象。矛盾的阐述当然是必须修订的，有歧义的阐述也是必须修订的。无论是有可能造成或者是已经造成对同一事物的不同解释或处置，都属于有歧义。这里所说的事物，泛指业务规范中能够涉及的任何事物、任何主观或客观对象，例如，业务要素、业务活动、业务规范本身，等等。

第八条　任何时候发现不同的业务规范的书面解释中有矛盾的阐述或因歧义而造成或可能造成同一事物的不同解释或处置的，相关业务规范的书面解释必须进行修订或者重新解释以保持严格的一致。

这一条针对业务规范的书面解释，性质和前一条完全相同。

书面解释和业务规范条款本身具有同等效力，因此也需要相同的管理和控制，包括修订、技术性管理和审核。参见本书第四章的相关内容。

第九条　完整性要求所有业务规范覆盖图书馆的所有业务工作，特定业务规范覆盖相关业务工作的所有方面。

所有业务工作均有规范，特定业务工作的所有方面均完整记载于相应的业务规范中。不允许没有规范的业务工作长久持续下去，这就是业务规范化管理的基本目标。

第十条　任何时候发现某一项业务工作缺少业务规范时，相关业务部门应尽快提请制订对应的业务规范或者要求将对应业务规范的制订纳入业务规范管理机构的近期业务规范制订计划之中。

业务工作如果有动态的变化，这一条非常重要。新的业务工作开展之前，就应该首先制订出相应的业务规范。

在全馆实施业务规范的初始阶段，本条款的可行性是存在问题的，因为尚有大量的业务规范等待制订，而业务规范的制订计划需按部进行，需要时间。因此本条款一般只适用于全馆的业务规范制订工作已经基本完成之后的常规运行状态。

第十一条　业务规范管理机构参考业务规范层次等级目录表系统性地制定业务规范的制订计划或规划。

按照业务规范层次等级目录表来制订业务规范，可以避免业务规范的遗漏。

制定的含义不同于制订，制订通常只用于业务规范的制订，"订"有"拟"的意思，即一般需要审核和批准。制定用于其他文件的制定，"定"指确定、决定，一般不需要经过复杂的审核和批准流程。

至少在本书中，制定和制订的概念是这样来区分的。

第十二条　任何时候发现特定业务规范没有覆盖相关业务工作的所有方面，存在重大遗漏时，相关业务部门必须对相关业务规范进行修订，补充完善其遗漏内容以保持其完整性。

重大遗漏在审核时就应该发现并解决，如果审核时没有发现而在实施过程中发现，那么必须尽快对业务规范进行修订。

《业务规范内部审核指南》将更进一步严格界定什么是"重大遗漏"。见本书第四章。

第十三条 关联性要求不同业务规范的不同部分内容应体现出业务工作客观存在的逻辑上的关联，它客观地反映不同部分业务工作的内在联系。

不存在完全孤立的业务工作。所有的业务工作既是一个整体，它的各个部分就存在关联关系，业务规范应体现出这种关联关系。

第十四条 任何时候发现不同的业务规范存在之前未认识到的关联关系时，业务规范管理机构应对相关业务规范进行仔细核查，以确定相关业务规范是否需要修订或技术性修订。

关联关系可能是隐藏的、不易被发现的。一旦发现就需要核查并确认哪些业务规范需要修订。

技术性修订并不改变业务规范的实质内容，而仅仅是关联关系或技术属性的修正。

第十五条 业务规范管理机构应优先将关联的业务规范纳入业务规范制订计划之中，避免特定业务规范已经制订但与其关联的业务规范长期空缺的状况。

不仅按照业务规范目录的体系制订业务规范，而且按照业务规范的关联关系制订业务规范，使业务规范化管理的长期实践过程也能保持业务规范体系的协调性。

第十六条 非冗余性要求不同的业务规范没有大量相同的冗余内容描述，也没有大量的极度相似从而可以抽象归纳合并描述的内容。

所谓冗余，就是相同或极度相似的业务规范规定出现在相似的业务工作相关的业务规范之中，例如，中文采访规范和西文采访规范、中文编目规范和西文编目规范等，它们代表了不同业务工作领域中所包含的部分共性，这些部分共性是无法完全避免的（不限于采编）。这种包括或可能包括过多相同内容的业务规范应进行规范化的技术处理，分割成不同的业务规范并分别描述它们的相同内容和区分内容。当它们的相同内容需要修订时，也就只需要修订一部基本的或主要的业务规范，避免多处修订。

非冗余性是业务规范本身规范化管理的自然要求。在业务规范体系中充斥着很多相同或极度相似的冗余内容不是一个良好的业务规范体系，它将导致复杂的管理问题、维持一致性的困难和修订的麻烦。

第十七条 业务规范的个别条款或极少量条款在不同的业务规范中重申或者从不同的角度重申，不认为是冗余内容。

冗余内容一定是大量的或至少是较多的条款，体现在业务规范中就是一些完整的章节，代表了业务工作的一个细分领域或一个小的方面。它不是个别条款。个别条款或极少量条款的重申或者以不同角度重申不算冗余，应排除在外。

第十八条 业务规范管理机构在制订业务规范目录时应该回避可能具有冗余内

容描述的业务规范，尽可能将相同或极度相似的内容提取作为基本的或主要的业务规范并以另外的业务规范描述其具有区分的部分。

在制定业务规范目录表时就不支持包含冗余内容的业务规范，可避免制订出这种业务规范，然后又以非冗余性原则进行修订。

因此，在业务规范目录表中，不应该同时出现下列业务规范（以采访和编目为例）：
第一组实例：

《中文图书采访规范》
《西文图书采访规范》
《日文图书采访规范》
《俄文图书采访规范》
……

第二组实例：

《中文图书编目规范》
《西文图书编目规范》
《日文图书编目规范》
《俄文图书编目规范》
……

而应该将这些规范的核心内容和不同语种的特定内容分离，分别以一部《采访/编目工作基础规范》加上一部《多语种采访/编目特别规范》来进行描述。

这样一来，当采访/编目工作基础规范需要修订时，其他多语种采访/编目的规范不需要修订，可方便地保持业务规范体系的一致性并简化管理和维护工作。

第十九条　业务规范制订或修订过程中发现冗余内容应该对业务规范的地位进行重新评估，去掉其冗余内容而仅仅描述其区分的部分，对冗余内容应加以引用或声明遵循。

若业务规范目录表中未能全部避免冗余业务规范，则在业务规范的制订或修订过程中应有解决办法，其中可能包括对已经存在的关联业务规范的修订。

第二十条　声明遵循就是声明的业务规范遵照执行相关业务规范的规定，等同于在声明的位置重复阐述所遵循的业务规范的相关内容。声明遵循仅限条款式业务规范，但可以声明遵循相关业务规范的任何章节或条款范围。

声明遵循是一种避免冗余，避免重复阐述的技术，是一种具有特定指向性的"调用"，它的表述是"本规范在此遵循……业务规范的……章节［或条款范围］"，本质上是一种关联关系，但又和普通的引用有所不同，更不同于普通业务规范之共同性声明"本规范……服从业务规范的管理规范"。

第三章　业务规范的目录和标识

第二十一条　业务规范层次等级目录表包含所有业务规范的层次分类排列。每项业务规范的记载包括但不限于下列内容：编号、题名、标识和可能需要的说明。

业务规范的目录是统领图书馆所有业务规范的一个核心分类体系，该体系借鉴图书分类的层累制标记法，对业务规范进行分类和编号。

对业务规范进行分类、编号、标识是业务规范本身规范化管理的重大成果之一，它使所有业务规范的整体本身有序化，相近的业务规范排列在一起，体现出相邻业务规范的内在联系或递进关系，也体现出业务规范从宏观到微观的层次等级关系。第五章将详细探讨业务规范的目录。

第二十二条　所有条款式业务规范都有一个唯一的编号，编号由四位数字组成，编号的规则匹配业务规范的层次等级关系。

编号的规则本身就是层次等级关系的体现。

四位数字目前看来已经足以敷用，将来如果不够，可以考虑修订为五位数字。

第二十三条　为了便于业务规范的引用尤其是在表格中的引用，所有条款式业务规范都给予一个唯一的标识，标识由一到四个大写英文字母组成，所有标识不重复。

标识便于引用，不仅便于在其他业务规范中引用，也便于在非业务规范的其他文件中引用，甚至在公开发布的文件中引用，只要声明解释权在图书馆，这种引用方式也可以公开，可为图书馆营造十分规范和严肃的印象。例如，在读者使用的某种文件中声明："根据本馆业务规范 NC25 条款……"，这部业务规范也许是比较专业的规范，隐藏其名称对读者反而更加友好。

第二十四条　顶层业务规范代表业务规范的一个范畴或者概括性的大类，其标识由一个大写英文字母组成。

第二十五条　上层的业务规范代表具体一方面的业务工作类型，其标识由两个大写英文字母组成。

第二十六条　下层的业务规范代表重要的细分业务项目，其标识由三个大写英文字母组成，部分标识如果不产生冲突，也可以由两个大写英文字母组成。

目前有两部下层的业务规范的标识是两个字母，即《安全保密规范》（SS）和《应急预案》（EP）。

最底层的业务规范的标识一般也由三个字母组成。

对业务规范的分类，一般四层足以表达所有的业务规范，因此编号也就采用四位数字。更细的划分没有实际意义，其相关内容应该合并到上一层的业务规范之中。

第二十七条　个别底层业务规范的标识因冲突或需要符合业务常规可采用四个大写英文字母，但应该尽量避免此种情况的出现。

事实上，以本书的研究来看，尚未出现必须用四个字母的情况，见本书第五章第三节。

第二十八条　其他形式的业务规范如有可能，也应尽量给予编号和标识。

活页式和表格式业务规范的编号和标识法需要另行制定，但其模板应在业务规范目录表之中。

第二十九条　业务规范管理机构维护全馆业务规范的所有标识。

保证其全局唯一性并符合本规范前述条款的相关规定。

第三十条　为体现业务规范体系的系统性、科学性和逻辑性，业务规范的编号和标识可以变更，业务规范管理机构维护所有这种变更。

变更的需求一般是源于新增加了业务规范，原来的分类变得不太合适，需要调整。这种维护工作类似于对图书分类法的修订，修订的原则可以借鉴图书分类法。

第四章　业务规范的关联

第三十一条　业务规范的关联有结合关联、依赖关联和交叉引用三种。

目前仅考虑这三种关联，当业务规范最终进入到业务知识库中，由于知识库的复杂性，可能会产生另外的关联。

业务规范关联的实例有：

报刊工作基础规范　关联　采访工作基础规范　→　报刊采访工作规范
报刊工作基础规范　关联　编目工作基础规范　→　报刊编目工作规范
少儿读者工作基础规范　关联　流通工作基础规范　→　少儿流通工作规范
自动化系统采访工作基本规范　关联　采访工作基础规范
自动化系统编目工作基本规范　关联　编目工作基础规范
自动化系统流通工作基本规范　关联　流通工作基础规范
自动化系统报刊工作基本规范　关联　报刊工作基础规范
自动化系统典藏工作基本规范　关联　典藏工作基础规范
自动化系统参考工作基本规范　关联　参考工作基础规范
自动化系统网络咨询工作基本规范　关联　自动化系统参考工作基本规范
自动化系统联合编目工作基本规范　关联　自动化系统编目工作基本规范
自动化系统网络流通工作基本规范　关联　自动化系统流通工作基本规范
自动化系统馆际互借工作基本规范　关联　自动化系统流通工作基本规范
自动化系统移动图书馆系统规范　关联　自动化系统流通工作基本规范

第三十二条　结合关联是两部或多部业务规范结合在一起共同构成某项业务工作的完整规范。这些业务规范一般是从不同的角度描述同一业务工作的不同方面。

任何业务工作都可以从不同的角度进行考察，因此会产生不同的业务规范。

显然，所有的基础业务至少都包括两方面的业务规范：基础规范和自动化系统规范。是否采用自动化系统处理基础业务是有很大差异的，例如典藏剔旧。

另外一个重要实例是培训。培训在图书馆的能力提升上具有举足轻重的地位。对培训的考察会产生多方面的规范，例如，培训辅导基础规范、培训大纲、培训活动管理规范。

第三十三条　业务规范的结合关联也视为一种松散的一般依赖关联。

关联其实就是广义的依赖，但依赖的程度低于高密度的引用。

第三十四条　业务规范的结合关联应在关联的业务规范中明确声明。

明确的声明使人能全面了解相关业务工作的完整规范。

声明遵循（见第二十条）也是一种结合关联。

第三十五条　依赖关联是一部业务规范密切依赖于另一部业务规范，多方面受其影响，并且在技术上必须跟随变动的情况。依赖可以是双向的依赖，就是两者必须联动的情况。

这就是密切依赖关联，它体现业务工作的内在联系。

第三十六条　密切依赖关联取决于业务工作的内在逻辑，因此是业务规范的内秉性质，不一定有明确的指称或引用。

业务工作的联系是业务工作的内秉性质，因此业务规范的密切依赖关联也是业务规范的内秉性质。

第三十七条　业务规范管理机构应建立科学的方法或流程用以识别业务规范的依赖关联并维护全馆的业务规范依赖表。

识别依赖关联是一种有待研究的技术。业务规范依赖表将全面记录所有业务规范的依赖关联，便于指导业务规范的技术性管理。

第三十八条　业务规范制订部门可以主动声明业务规范的依赖关联，业务规范管理机构应在经过审核后作如实的记录。

制订部门当然最清楚依赖关联，主动声明是最有价值的，但无法保证完整性。

第三十九条　当被依赖的业务规范发生变更时，依赖它的业务规范应该进行技术性修订。技术性修订不是普通修订，它对业务规范没有实质性的改变而仅仅是调整正确的关联关系，因此一般不需要经过审核和批准。但业务规范管理机构应仔细核查所有依赖关联，以判定或权衡这种技术性修订是否需要升级为普通修订。

此种情况下一般是进行技术性修订，但和其他事件导致的技术性修订不同，对依赖关联应该仔细核查。只要超出技术性修订的范围就应该进行普通的修订。

判定为需要普通修订就是非如此不可。权衡是否需要普通修订是较弱一些的条件，即权衡的结果可以是不需要普通修订。

第五章　业务规范的引用

第四十条　业务规范的交叉引用是各部业务规范在其行文内容中相互整体引用另一部业务规范或其个别条款，以此阐明**依据**、**参考**、**解释**、**使用**、**扩展**或**替代**之目的、作用或效果。

这是对引用的最具有学术意义的抽象解释。引用的作用类似于叙词表中的参照项，所以有"用、代、属、分、参"等类型。

大范围内的"使用"性质的引用基本上就等同于声明遵循了。

第四十一条 业务规范的交叉引用也是一种依赖关联，是明确指称的依赖关联。

和第三十三条的解读一样，引用也是广义的依赖。

第四十二条 业务规范的交叉引用包括业务规范的相互引用和业务规范对自身条款的引用。

一部业务规范对自身条款的引用往往还多于对其他业务规范的引用，因为同一部业务规范的不同条款描述同一项业务工作的不同方面内容甚至是同一方面的内容，具有高内聚的特征。

所谓内聚，就是一部业务规范的不同内容彼此关联的紧密程度的一种定性度量。

第四十三条 为了简洁地表达业务规范的交叉引用并使所有引用保持永久一致，需要对引用的方式进行标准化管理。

引用的方式如果混乱，引用的效果就会混乱，使人找不到所引内容。

第四十四条 业务规范的引用方式有编号引用法、题名引用法、条款序号引用法和标识引用法。

不同的引用法有不同的用处。

第四十五条 整体引用一部业务规范时采用编号或题名引用法，分别引用业务规范的特定条款内容时采用条款序号引用法或标识引用法。

编号是业务规范整体的编号，标识只用于业务规范条款的引用。

第四十六条 对条款式业务规范的特定条款内容的引用一般采用业务规范题名加条款序号的方式，如"《某某规范》第二十三条"或"《某某规范》第二十三条第二款"。

这是常规的引用方式，借鉴于法律条款的引用。

第四十七条 为了在注释或表格中简洁地引用条款式业务规范，可以采用规范标识加条款序号数字的方式，如果有款和项的序号则用点分隔。例如本条款就是"业务规范TMN47条款"，可以简写为TMN47。

TMN就是《业务规范技术性管理规范》的标识。如此，所有业务规范的所有条款都拥有一个全局唯一的字母数字串的标识。这对于业务规范进入知识库中是一个有利的条件，应该也是必要的条件。

第四十八条 条款式业务规范引用其自身条款时，不允许向下引用，即不允许引用截止到引用条款时尚未阐述的被引用条款。

向下引用会严重干扰阅读和理解，也不符合业务规范的内在逻辑，因此在引用时被引用条款（按照书写顺序）必须已经存在。

事实上，向下引用是完全可以避免的。

第四十九条 对活页式业务规范的引用是完整引用一项业务规范。

一项活页式业务规范仅仅包括一页纸的内容，无论其为何种类型，都不支持引用其内容中的一部分。

第五十条 对活页式业务规范的引用采用规范标识加序列号的方式，例如对维护手册中的《盘点》的引用就是"业务规范 MM3512"，可以简写为 MM3512。

MM 是维护手册（模板）的标识，模板在业务规范目录表中，但具体的活页如《盘点》不在业务规范目录表中。

第五十一条 活页式业务规范的序列号由业务规范制订部门按照一定的规则编制，并且应该尽量匹配业务规范层次等级目录表的编号规则。

匹配的目的：达到从序列号就能看出是针对哪个系统或哪一项基础业务。

第五十二条 活页式和表格式业务规范不允许整体引用自身，也不允许通过连续的"引用链"回到自身，即不允许构成引用环。

引用链就是引用关系的依次链接，如 A 引用 B，B 引用 C，C 引用 D。引用环就是引用循环，如 D 再引用 A，B，C，D，引用自身也是循环。对于业务规范整体来说，引用循环没有业务意义，甚至没有逻辑意义。

第五十三条 对表格式业务规范内容的引用是引用表格中的一个元素，该元素是业务要素的组成部分。

对表格式业务规范可以整体引用，也可以引用其内容元素。

第五十四条 对表格式业务规范元素的引用采用规范标识加元素行列地址的方式。例如 XY13F 表示表格 XY 的 13 行 F 列。

地址中行号在前列号在后，保证排除歧义。

第五十五条 表格式业务规范可以在表格元素中引用自身有意义的任意元素，只要符合表格本身的逻辑性要求并且具有确定的业务意义。

在表格元素中引用元素是有技术意义的，引用其他表格的元素也有业务意义。

第五十六条 表格式业务规范的元素引用也不允许构成引用环。

这一条和第五十二条的原理是一样的。

第五十七条 若有其他无法给予标识的业务规范，被引用时采用编号引用法或题名引用法。

所有业务规范都应该尽量给予标识，无标识只能是临时状态。

第五十八条　业务规范管理机构维护全馆的业务规范交叉引用表。

业务规范交叉引用表记录所有业务规范的所有引用，在业务规范的技术性管理中十分重要，只有维护好了这张表才能保证业务规范的引用是有意义的，从而避免错误引用、不合逻辑引用、无意义引用和空引用。

第五十九条　当有任何业务规范发生变更时（包括技术性修订），业务规范管理机构应在第一时间重新清理业务规范交叉引用表，修改所有需要修改的关联交叉引用并同时通告全馆关注所有修改。

当需要修改业务规范交叉引用表时，相关的业务规范也需要做技术性修订。

第六十条　非业务规范的其他文件需要引用业务规范的，适用本规范的相关规定，但首次引用或可能造成歧义或理解障碍时应加以注释。当被引用的业务规范发生变更时，引用者或责任人有责任自行修改引用文本所指的位置。

任何文件都可以引用业务规范，发起引用的文件不在业务规范的范围内，所以引用者需要自行管理这种引用。

第六章　业务规范的批准和发布

第六十一条　业务规范的批准流程包括内部审核或同行评审、表决通过、批准发布和归档。

这几个步骤包括技术和管理，缺一不可。

第六十二条　业务规范管理机构对所有提交批准的业务规范进行技术性初审，符合《业务规范管理规范》（0000）和本规范的规定并且质量达到或基本达到工作级的予以通过，通过后提交审核会议进行正式审核或提交评审会议进行正式评审。

技术性初审的目的是淘汰不合规范的业务规范草稿文本。其编辑质量也应达到工作级，见第七十条，但这里不能向下引用第七十条！

第六十三条　对于活页式和表格式业务规范，一般可以由业务规范制订部门负责人批准，业务规范管理机构备案。业务规范制订部门或业务规范管理机构认为确有必要审核的，应提交审核。

活页式和表格式业务规范过于专业，一般由其制订部门掌握即可。

第六十四条　若有新的活页式业务规范类型应首先批准其模板，然后将首部新类型的活页式业务规范提交审核。若有新的业务要素类型，应提交审核。

任何新的活页式业务规范类型都需要审核。

业务要素类型是高度抽象的业务定义机制，新的业务要素类型来自新的表格式业务规范，必须仔细审核。

第六十五条　若有新的业务规范形式，应首先批准新的形式，然后将首部新形式的业务规范提交审核或评审。

任何新形式的业务规范都需要审核。确实有很简单的新形式，以后可以省略审核，但第一次也必须审核。

  第六十六条 审核会议或评审会议应按照业务规范内部审核指南或业务规范同行评审指南的规定对业务规范条款进行逐条的核查并通过。

不能笼统地审读之后就通过，逐条核查才能真正起到审核或评审的作用。
两个指南需要另行制订。第四章将讨论业务规范内部审核指南。

  第六十七条 业务规范审核结束后提交馆领导批准，批准后连同批准单一并发布。

批准单用于发布时描述业务规范。
业务规范审核通过后，作为馆领导必须批准。不批准就失去了开展业务规范工作的意义。

  第六十八条 业务规范批准单包括下列项目内容：审核会议、批准文号、业务规范名称、范畴、质量等级、保密级别、编号、标识、版本号、发行号、起草人、部门、日期、修改者、标准化、技术审核、批准人、备注。

部分项目是可以空缺的。

  第六十九条 业务规范的范畴是业务规范的概括性大类，分为元规范范畴、基础范畴、自动化范畴、数字图书馆范畴和高级业务范畴。

第二十四条第一次提到范畴概念。范畴的划分见本书第五章。

  第七十条 业务规范的质量等级是指业务规范的编辑质量等级，分为预备级、工作级和出版级。预备级是草稿，工作级是业务规范管理机构认可的标准化文本，出版级是可以出版的编辑质量等级。

第六十二条提到了质量。

  第七十一条 业务规范的标准化是指编辑整理业务规范使之符合业务规范管理机构认可的标准业务规范形式的过程，批准单中的标准化项目特指为标准化承担责任的人员。

一般是业务规范管理机构的人员。

  第七十二条 业务规范的技术审核人员是指业务规范管理机构中为业务规范进行技术性初审的人员。

技术性初审一般不承担任何责任，这里只作一个记录。

  第七十三条 业务规范的批准人应为图书馆的主要馆领导。

主要馆领导是唯一承担法人代表责任的馆领导，他/她应该为业务规范承担永久的责任并在批准单上留下签名。

第七十四条　业务规范的行文和编辑格式应该统一。业务规范管理机构可以制定推荐性质的业务规范用语规范，用以指导业务规范的书写风格。

统一格式和用语风格有利于增加业务规范本身的规范性。业务规范整体一致，也更加便于技术性管理。

第七十五条　业务规范可以以白皮书的形式发布，发布时须遵循图书馆有关白皮书的运用规范或指南。

白皮书原本是一国政府或议会正式发表的以白色封面装帧的重要文件或报告书的别称，这里援用作为图书馆官方制定发布的权威业务阐明及活动执行的规范报告。

第七十六条　业务规范可以进入图书馆的业务档案中，并按照业务档案管理规范进行管理和使用。

业务规范无论是否正在实施，还是已经被废止，均应该归入业务档案中，永久保留。

第七章　业务规范修订版和修正案

第七十七条　业务规范的修订适用本规范规定的批准和发布流程。

全面的修订和新制订是同等重要的管理活动。

第七十八条　全馆任何职工发现任何业务规范存在问题或不够完善均可向业务规范管理机构提出书面的修订建议，业务规范管理机构应当会同业务规范制订部门进行检查研究，确定是否采纳修订建议。

充分发挥全馆职工的能动性和主人翁精神，积极鼓励全馆职工的参与感和责任感，无论特定职工的工作和特定的业务规范是否有关，均可提出修订建议。

第七十九条　业务规范制订部门发现相关业务规范存在问题或不够完善，应向业务规范管理机构提出修订请求，业务规范管理机构无条件启动审核批准和发布流程。

业务规范制订部门自己发现问题，当然应该全面支持其解决问题。

第八十条　因业务工作的变动，业务规范制订部门可以提出相关业务规范的详细修订计划，以使业务规范适应新的业务工作。

这是全面修订业务规范的条件。修订计划的具体内容另有规范规定。

第八十一条　业务规范管理机构发现业务规范存在问题或不够完善，应书面告知业务规范制订部门，若能取得业务规范制订部门的一致意见，则可以由业务规范制订部门提出业务规范的修订请求。业务规范制订部门另有不同看法的，应提交相关业务规范条款的书面解释。

业务规范管理机构发现问题，按程序要求业务规范制订部门提出修订请求。如果业务规范制订部门不认为是问题，那么应该有合理的解释。

第八十二条　当业务规范进行了较大程度的修订或者条款数量发生变化时，应整体发布业务规范的修订版本，原版本同时废止。

条款数量增减一条也必须是修订版本。

第八十三条　如果需要，业务规范管理机构应保留业务规范的重要中间版本而非仅仅保留最终版本。

中间版本就是重要阶段的版本，不仅需要作为档案保留，而且需要不时查看，和最终版本进行对照。

第八十四条　结合关联的业务规范可以在修订中合并成单一的业务规范。新的业务规范替代原来的所有关联业务规范，原来的所有关联业务规范均同时废止。

第八十五条　一部业务规范的某方面内容过于庞大时，可以在修订中将其分割独立出来作为结合关联的另一部业务规范。两者均应以适当的条款互相声明结合关联的关系。

这两条分别指导特定业务规范的规模增减。大而全的业务规范好，还是细分多部业务规范好，不同的图书馆需要自己权衡。应该遵循的一般原则是**高内聚**和**低耦合**。高内聚是指一部业务规范是由相关性很强的条款组成，低耦合是指两部业务规范是由相关性很弱的条款组成。规模过大的业务规范可能会有低内聚问题，即前面部分和后面部分相关性较弱；而划分过细的业务规范可能会有高耦合问题，即相关的两部或多部业务规范相关性过强，相互交叉引用过多。低内聚和高耦合都会带来管理上的麻烦，应尽量避免。

第八十六条　业务规范在修订时如果有修订到被其他业务规范声明遵循的章节或条款范围（TMN20），应将所有声明遵循的业务规范进行全面考查，维持整体的一致性并尽可能保持声明遵循不受影响。

被声明遵循的章节或条款可以修订，但要保持一致性，使声明遵循它的业务规范不需要修订。TMN 就是本规范，第二十条定义了声明遵循。

第八十七条　业务规范被废止时应该核查下列事项并解决相关的问题：
（一）和它有结合关联关系的业务规范必须按照 TMN84 条款进行修订；
（二）和它有依赖关联关系的业务规范必须仔细核查依赖关系可能导致的一切业务和技术问题并进行必要的修订或修正；
（三）引用它的业务规范必须进行适当的修订或修正。

业务规范被废止时，需要修订它的所有关联关系，避免和废止的业务规范关联，保持业务规范体系的一致性。

第八十八条　业务规范被废止时，如果有针对它的声明遵循的业务规范（TMN20），应该针对所有声明遵循的业务规范进行逐一检查，对每一项声明遵循在相同声明遵循的业务规范中选择一部具有代表性或引领作用的业务规范进行修订，将声明遵循的章节或条款范围转移至所选声明遵循的业务规范中，同时修改其他所有的关联声明遵循。

业务规范被废止时，有其他业务规范遵循它的那部分不能丢失，需要转移到另外的某一部业务规范中。此时如果有修正案，可以合并融入其中，参见下面第一百零三条。

第八十九条 当业务规范只有少量修改并且没有增加和删除条款时，可以单独发布业务规范的修正案。修正案仍须经过审核和批准的流程。

业务规范修正案是借用法律概念，有利于业务规范的稳定性，避免修订版的复杂过程，节省管理资源。

修正案的审核和批准流程可能是形式上的，也可能是实质上的，见本书第四章《业务规范的审核》。

第九十条 业务规范修正案中仅包括对业务规范特定条款内容的修改，它替代原业务规范的对应条款，构成业务规范的当前版本。一份修正案可以就一项或多项条款进行修正。

修正案的定义，基本是完全借鉴法律修正案。但略有不同的是，业务规范修正案只修正存在的条款，不增加或删除条款。

第九十一条 业务规范修正案的条款应当是完整的条款描述，即针对整个原条款进行修正。被修正的原条款包含款或项的，修正条款允许只对原条款的部分款或项进行修正，也允许增删款和项。

允许部分款项修正案并不会增加管理的复杂度，却可以缩小修正案的规模和简化修正案的发布。条款内增删"款"视为条款整体的修正，款中增删"项"视为仅对款的修正。

第九十二条 对业务规范修正案的管理，遵循《业务规范管理规范》（0000）的规定，技术性管理遵循本规范的规定，审核或评审遵循相关指南的规定。

这是一般化的、原则性的规定。

第九十三条 业务规范修正案优先于业务规范修订版，即能采用修正案解决的修改问题就用修正案而不用修订版。

这就是推行修正案的原因，避免改一个字都会导致修订版的情况。

第九十四条 业务规范修正案不是独立的业务规范，它在逻辑上完全隶属于对应的业务规范文本，在任何情况下都应该将其视为一个整体。

事实上，修正案就是对应业务规范修改过后的部分条款内容，只不过是独立发布的。

第九十五条 任何时候需要以任何方式发布业务规范时，均应同时发布业务规范及其所有修正案。

它们是不可分割的整体。

第三章 业务规范的技术性管理

　　第九十六条 业务规范修正案单独发布时应声明发布的是所属业务规范第几版的第几修正案。发布时可以省略批准单，也不以白皮书的方式发布，但必须和对应业务规范一起归档。

简化管理，提高效率。

　　第九十七条 业务规范在制订修正案时如果有修正到被其他业务规范声明遵循的章节或条款范围（TMN20），应将所有声明遵循的业务规范进行全面考查，维持整体的一致性并尽可能保持声明遵循不受影响。

和第八十六条的原理一样。

　　第九十八条 业务规范的技术性修订（TMN39）不产生修正案，更不产生修订版，无论其是否经过审核和批准，均视为原业务规范的合乎逻辑的等同表述。但业务规范的技术性修订仍然需要通告全馆。

技术性修订不需要批准，但必须通告，不允许秘密进行。已经发布的业务规范，其中一个字一个标点符号都不允许修改，连字体大小、版面格式也不允许随意修改！

　　第九十九条 业务规范的技术性修订包括并且仅仅包括处理以下情况：
　　（一）业务规范自身或者被依赖的业务规范的编号或标识发生了变化；
　　（二）被依赖的业务规范产生了修订版或修正案，部分或全部引用条款的引用位置（条款序号）发生了变化；
　　（三）被依赖的业务规范因合并结合关联而废止（TMN84），声明的结合关联重新声明，部分或全部引用条款的引用位置变更为新的业务规范；
　　（四）被依赖的业务规范因分割成结合关联而转移（TMN85），声明的结合关联重新声明，部分或全部引用条款的引用位置变更为新的业务规范；
　　（五）声明遵循（TMN20）的业务规范被废止，声明遵循的章节或条款范围被转移到其他业务规范（TMN88），声明遵循重新声明。

第一款，业务规范自身的编号发生了变化，就是对业务规范目录表进行维护造成的业务规范的分类位置发生了变化，标识发生变化是新的业务规范标识加入可能造成重复的情况下的协调性修改。被依赖的业务规范发生这样的变化，原因相同，引用文本应跟随变化。

第二款，引用文本跟随被引用目标而变化。
第三款，减少了业务规范，引用需要跟随变更。
第四款，增加了业务规范，引用需要跟随变更。
第五款，声明遵循改为遵循另一部业务规范。

　　第一百条 业务规范的技术性修订由业务规范管理机构独立完成。当发现业务规范的技术性修订必须超越技术性范围时，业务规范管理机构应放弃技术性修订并提交业务规范修订版或修正案。

严格约束技术性修订为：不改变业务规范条款实质内容的表述修订。

第一百〇一条 业务规范修正案需要修改的，应提交新的修正案代替旧的修正案，同时废止旧的修正案。不允许提交和审核修正案的修正案。

这是为了简化问题，简化管理。新的修正案将带来难以处理的链式修正和无休止的一致性维护工作。

链式修正如同这样：

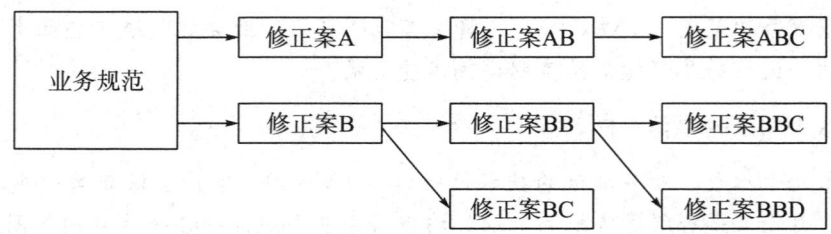

具有复杂的树状结构，最终完全无法管理。

第一百〇二条 当一部业务规范的修正案达到一定数量时，业务规范制订部门可以根据各方面的实际情况研究决定是否启动业务规范的全面修订工作，以便发布完整的业务规范修订版。

当业务规范积累了很多份修正案之后，应该考虑发布完整的修订版。

第一百〇三条 当发布完整的业务规范修订版时，应将先前所有的修正案合并融入其中，并同时撤消该业务规范的所有修正案。

保证新版本发布后没有任何修正案。

这里的概念是撤消，不是废止，因为修正案的条款还继续有效。

第一百〇四条 业务规范修正案的撤消和废止是有所区别的管理活动。

（一）修正案的撤消包括并且仅仅包括以下情况：

（1）修正案被合并或被拆分（IAG123）；

（2）被转移合并到新的声明遵循的业务规范中（TMN88）；

（3）业务规范发布了新的修订版。

（二）修正案的废止包括并且仅仅包括以下情况：

（1）被新的修正案代替；

（2）修正案的条款被恢复成修正前的原始条款；

（3）业务规范被废止。

撤消的修正案条款还存在，废止的修正案条款不存在了。

本条款出现了款中有项的情况，这是比较少见的，一般不支持项再划分子项（这种条款太复杂，应该分割成多个条款）。

第一款第一项引用了《业务规范内部审核指南》，见本书第四章。这不是向下引用。

第一百〇五条 业务规范管理机构维护所有业务规范的所有修正案。

维护就是使其和业务规范本身保持一致和协调，基本都是技术性管理工作。

第一百〇六条　业务规范或其部分条款被冻结时，已经存在的业务规范或业务规范修正案关联于被冻结的业务规范或其部分条款范围的，不进行任何变更，但其关联的有效性受限制。

业务规范被冻结是暂时失效，见附录一《业务规范管理规范》第八十八条、第八十九条。冻结后关联的业务规范其关联有效性也受不同程度的影响，但需要具体分析。

第一百〇七条　新制订的业务规范或修订、修正业务规范关联于被冻结的业务规范或其部分条款的，受冻结的限制，不允许下列行为：

（一）合并结合关联（TMN84）被冻结的业务规范；

（二）引用被冻结的业务规范或被冻结的业务规范条款；

（三）声明遵循（TMN20）被冻结的业务规范条款；

（四）触发被冻结的业务规范条款的修正案（IAG57）。

新制订或修订业务规范应避免和被冻结的业务规范产生关联。

第四款引用《业务规范内部审核指南》第五十七条，见本书第四章。

第一百〇八条　整体被冻结的业务规范，其技术性修订和其他管理活动一样暂停进行，待解冻时再核查进行。

整体冻结不限于修订和其他管理性活动，也包括技术性修订。但是"需要技术性修订"这件事情应该有记录，便于解冻时进行核查。

第一百〇九条　部分被冻结的业务规范，其冻结部分不受技术性修订的限制，但冻结部分的技术性修订不是必须的，可以留待解冻时再进行。

不受限制的意思就是可以进行技术性修订，因为未冻结部分会进行，为保持一致性，冻结部分也可以进行。

这是对部分冻结的业务规范的技术性修订的灵活规定，因为技术性修订不改变其实质。

第一百一十条　业务规范修订版或修正案一旦发布，立即生效。

不再需要培训考核等过程。

第八章　业务规范的解释

第一百一十一条　业务规范的书面解释具有和业务规范同等重要的性质、地位、作用和价值。

《业务规范管理规范》第四条至第六条（见附录一）规定了业务规范的内涵、性质、作用和价值，业务规范的书面解释具有相同的地位。

第一百一十二条　业务规范书面解释的形式由解释条款文本和解释内容文本构成。解释条款本身包含分款和项的，在解释条款文本中可以不包含分款和项的文本，除非解释内容文本需要指明相关款或项。

就是这种形式：

第 N 条　{条款内容}
{解释内容}

本章对业务规范的解读也是这种形式，但解读不是解释，解释需要严谨，并且和业务规范条款本身具有同等效力；而解读更加灵活自由，对业务工作不具有指导意义。

第一百一十三条　业务规范的书面解释由业务规范制订部门或业务规范管理机构提供。业务规范管理机构首先提出书面解释时应取得业务规范制订部门的认可。

书面解释的来源，虽然解释权在业务规范管理机构，但解释的来源一般还是在业务规范制订部门。

第一百一十四条　业务规范制订部门在任何时候都可以向业务规范管理机构提供相关业务规范的任何条款的书面解释。如果相关条款已经有书面解释，则作为对已有书面解释的修订处理。

承接上一条，对第三方提供解释的权力属于业务规范管理机构，但解释的来源是业务规范制订部门。

第一百一十五条　业务规范条款有下列情形之一的，应该提供书面解释：
（一）它是业务规范的核心原则或关键思想；
（二）它的规定影响深远但不是一目了然；
（三）它的描述无法避免地具有一定的抽象性；
（四）它描述的事物的内涵或外延需要更加具体的规定；
（五）它拥有在条款中不便表述的默认意义；
（六）它引入了一个新的概念，但定义中的描述并不完全；
（七）它借用了同行可能不熟悉的其他领域的概念；
（八）它建议或拟定采用一种非众所周知的专业技术；
（九）它产生了和其他业务规范的依赖关系；
（十）它依赖于非业务规范的其他文件；
（十一）它产生了新的业务要素类型；
（十二）它包含和业务活动匹配的测试项目；
（十三）它需要引用参考文献；
（十四）它需要向下引用所属业务规范的自身条款；
（十五）它是经过审核的业务规范修正案条款并且原条款有书面解释；
（十六）它是业务规范修订版条款并且存在对应的原条款有书面解释；
（十七）它在具体实施的过程中有不明确的事项需要说明；
（十八）它援引了尚未实施的业务标准；
（十九）它援引了尚未实施的高级业务管理工作或者新的战略规划；
（二十）业务规范制订部门认为需要解释的其他情况。

为了使各方对业务规范条款是否需要书面解释的问题达成共识，这里应尽可能列举所有情况；但在业务规范体系没有基本建成的情况下，又不可能穷举所有情况，因此需要留待将来补充完善。就是说，随着业务规范的制订和完善，这项条款可能需要经常补充修正。

对于需要解释的情形，应进行分析、归纳和抽象，以一般性的语言描述出来以适应普遍情况。

第一百一十六条　业务规范修正案的解释权属于业务规范管理机构。

因为批准之后的业务规范的解释权属于业务规范管理机构。

第一百一十七条　业务规范管理机构维护所有业务规范及其所有修正案的所有书面解释。

和第一百零五条一样，主要是技术性维护工作。

第一百一十八条　业务规范的书面解释由业务规范管理机构审核批准。

和修正案类似，书面解释的审核和批准流程可能是形式上的，也可能是实质上的，见本书第四章《业务规范的审核》。

第一百一十九条　业务规范管理机构有权修改业务规范的书面解释，但修改时应该征询业务规范制订部门的意见。

第一百二十条　业务规范制订部门有权要求修改业务规范的书面解释，业务规范管理机构原则上应无条件支持业务规范制订部门的要求。

业务规范制订部门和业务规范管理机构应该互相制约、互相监督，共同维护好业务规范及其书面解释。参见第一百一十三条和第一百一十四条。

第一百二十一条　对业务规范书面解释的修改或修订，参考业务规范修正案的批准和发布流程进行，是否需要审核由业务规范管理机构决定。

业务规范附带着修正案，附带着书面解释，其技术性质基本是一致的。

第一百二十二条　当发布业务规范修正案时，若被修正的原条款有书面解释，则修正案的新条款应该重新解释。

第一百二十三条　当发布业务规范修订版时，其修订版的书面解释可以参考以前的书面解释重新解释。如果对应的条款没有任何变化，则修订版的书面解释可以完全继承以前的书面解释。

这个意思一目了然。

第一百二十四条　当发布业务规范修订版时，若有业务规范修正案的书面解释，应跟随修正案合并融合到修订版中（TMN103），成为修订版的书面解释。

修订版发布时，修正案已经不存在了，修正案的书面解释成为新的修订版的书面解释。

第一百二十五条　业务规范或业务规范修正案的书面解释永远依附对应的业务规范而存在，除非它在审核时被吸收为业务规范或业务规范修正案条款（IAG140），或者对应的业务规范被废止。

引用《业务规范内部审核指南》第一百四十条，见第四章。这不是向下引用。

第一百二十六条　业务规范被废止后，其所有的修正案和所有的书面解释同时废止。业务规范修正案被废止（TMN104.2）后，其书面解释同时废止。

皮之不存，毛将焉附？

第一百二十七条　业务规范被废止后，所有与之关联的业务规范和业务规范修正案均需要仔细核查，以确定其是否需要修订或技术性修订。

第一百二十八条　业务规范被废止后，所有与之关联的业务规范的书面解释均需要仔细核查，以确定其是否需要修订或重新解释。

避免空的引用，保持一致性，保持有意义的关联。

第一百二十九条　当业务规范制订部门认为业务规范的书面解释已经没有存在的必要或意义时，可以请求将书面解释撤消。撤消由业务规范管理机构批准。业务规范管理机构保留被撤消的书面解释版本。

这里的撤消，和删除是近似的意思，但业务规范管理机构还保留，因此也不是完全删除。

第一百三十条　撤消书面解释时应保留存根，以表明对应条款曾经有书面解释。存根的形式为不含解释文本的孤立的业务规范条款。

存根就是这种形式：

第 N 条　{条款内容}
{已删除解释内容}

无论纸质文件还是电子文件，均可加盖档案章"撤消"。

第一百三十一条　撤消书面解释的条款将来也允许重新解释。

似乎没有理由不允许重新解释。

第一百三十二条　业务规范的书面解释发生变更时，应通告全馆。

业务规范的任何变更都应该通告。书面解释的变更还包括技术性修订。

第九章　其他技术性管理

第一百三十三条　条款式业务规范可以根据业务规范层次等级目录表提取一个类别及其所有下位类别的业务规范合并发布或出版。

同一类和所有下位类是密切相关的，可以作为一个整体来看待。

第一百三十四条　活页式业务规范积累到一定程度时可以装订成册，以便以其他形式发布。发布时同类活页式业务规范应该全部包括在内作为整体发布，或者以业务规范的范畴或大类进行划分。

活页式业务规范本来就应该看成是活页册，整体发布才完整，最多划分到范畴或大类为止。

第一百三十五条　表格式业务规范可以通过两条技术路径的高级管理工作提升其业务和学术价值。

（一）以资源描述框架（RDF）构造业务要素的属性表，为网络化访问和管理业务要素奠定基础；

（二）以数据库管理系统管理业务要素，建立业务要素的科学管理体系，并为业务要素的灵活配置管理提供强大的数据库支持。

这是业务规范中最具有创新意义的发展方向和最具有学术价值的研究课题。对于业务要素的配置管理能给业务工作带来什么样的改变是一个重大的学术和业务实践问题，目前还无法进行全面的评估。

第一百三十六条　业务规范管理机构可以编制业务规范的参考文献。所有业务规范的所有参考文献统一合并编制。

参考文献有重要的参考意义，将所有参考文献汇总使有关人员能够对业务规范体系有更可靠的理解和更本质的把握。

第一百三十七条　条款式业务规范或业务规范修正案不允许直接引用业务规范的参考文献。只有下列范围的文件可以引用业务规范的参考文献：

（一）业务规范的审核说明文件；

（二）业务规范的书面解释；

（三）业务规范的修订计划；

（四）业务规范测试项目的说明；

（五）业务规范的审核总结报告；

（六）业务规范的培训考核计划；

（七）活页式或表格式业务规范中的备注；

（八）其他针对业务规范的非业务规范文件。

业务规范条款由于其在一馆内的强制性质不宜直接引用参考文献，否则削弱了权威性，表述也会变得臃肿、不自然，实施过程中又不可能去对照参考文献，实在是自找麻烦。

第一百三十八条　为了方便通过特定概念查找所有业务规范的规定，业务规范管理机构可以编制业务规范的概念索引。

业务规范的索引和学术著作的索引一样，可以起到快速检索的作用。

第一百三十九条　概念索引对业务规范的引用采用标识引用法。但概念索引不是业务规范，因此不进入业务规范的交叉引用表中。

概念索引的片段，例如：

概念索引　　TMN138，TMN139

这不是交叉引用。

第一百四十条　业务规范管理机构可以编制业务规范概念的主题图（Topic Maps），并且由此进一步发现和识别业务规范的依赖关系。

主题图是一个信息管理和交流的国际行业标准（ISO/IEC13250），是一种用于描述信息资源的知识结构的元数据格式，它可以定位某一知识概念所在的资源位置，也可以表示知识概念间的相互联系，是一种类似于语义网络的知识表示模式。一个主题图就是一个由主题（Topic）、关联（Association）以及资源出处（Occurrences）组成的集合体（TAO），它可以被借用来表示业务规范的依赖关联。

第一百四十一条　业务规范管理机构可以编制业务规范概念的知识本体（ontology）描述，并且由此进一步研究业务规范的形式化说明和知识表示，为业务规范真正成为机构知识库的核心构件奠定基础。

知识本体（ontology）是对概念体系明确的、形式化的、可共享的规范，是语义网的核心技术，也是知识库的核心技术。图书馆领域知识本体（Domain ontology）是对图书馆领域知识的抽象，概念明确，容易形式化和共享。这是业务规范未来需要突破的高级研究课题，也就是通过知识库访问业务规范。

第一百四十二条　概念主题图和知识本体均可以概念索引为基础而编制。

概念索引是基础，三者统一概念范围也便于管理。

第十章　附则

第一百四十三条　本规范未尽事宜，由业务规范管理机构制定相关指南或工作手册予以具体规定。

技术性规范难免有未尽事宜，在不影响业务规范管理原则的前提下是允许存在的，其他普通业务规范一般不允许有未尽事宜。

第一百四十四条　本规范的解释权属于业务规范管理机构。

这是不言而喻的。

第一百四十五条　本规范经馆领导批准后实施。

当然是在审核之后。

元规范是否需要审核，这是一个重大的管理问题。本书支持需要审核，笔者认为按照本书的原理和原则制订的元规范也是经得起审核的。

小结

以上就是对《业务规范技术性管理规范》的详细解读。梳理一下思路，对业务规范本身的管理，仅仅有一部元规范《业务规范管理规范》还不够，存在大量的技术性管理工作，需要明确的规定。对业务规范需要分类、编号、标识，建立起业务规范的体系，以其层次等级关系客观上反映业务工作的层次等级关系。业务规范存在的关联关系需要明确说明，引用的方式需要规范化的规定。业务规范的批准发布流程需要明确，修订和修正的方式方法也需要详细规定，还有书面解释也需要管理，等等。因此本规范作为《业务规范管理规范》的技术性补充，其必要性是不言而喻的。

对业务规范管理的另一个重要方面问题，就是审核，接下来的第四章将详细解读《业务规范内部审核指南》。

第四章 业务规范的审核

业务规范的审核是业务规范批准过程中的一个重要环节,其目的是针对提交批准的业务规范草案进行全面的核查,为其发现矛盾、消除缺陷、解决争议、提高质量并补充完善。

业务规范审核是图书馆内部的审核,在图书馆内部进行。与之相对的是同行评审,由图书馆外部的同行专家主导进行评审。内部审核要关注的问题包括:

(一)审核条件
(二)审核方法
(三)审核流程
(四)表决和征求意见
(五)审核后事项
(六)修订版和修正案的审核
(七)其他形式的审核

同第三章一样,本章也不分节,将对《业务规范内部审核指南》进行逐条详细解读。

业务规范内部审核指南

目录

第一章　总则
第二章　审核条件
第三章　审核方法
第四章　审核流程
第五章　表决和征求意见
第六章　审核后事项
第七章　修订版和修正案的审核
第八章　其他形式的审核
第九章　附则

第一章　总则

第一条　为了规范化地管理图书馆业务工作,需要制订一系列业务规范。为了保证制订出科学可行的业务规范,需要对业务规范进行全面、详细、严格的审核。为此,根据业务规范 N95 条款,特制订本指南。

第四章 业务规范的审核

第一条阐述制订本指南的目的，这里引用元规范《业务规范管理规范》的第九十五条，见附录一。引用的方法在《业务规范技术性管理规范》中已有规定，采用标识引用法。

第二条 本指南规定业务规范的内部审核流程和方法及其他相关事项。

第二条说明本指南的内容，不仅包含流程和方法，还包含其他相关事项。

第三条 本指南是图书馆业务规范的组成部分，服从业务规范的管理规范。

第三条说明本指南的性质，指南也是业务规范。本指南针对业务规范的审核，其实也有部分元规范的性质，也属于元规范的范畴。

第四条 内部审核是业务规范批准过程中的一个环节，其目的是针对提交批准的业务规范草案进行全面的核查，为其发现矛盾、消除缺陷、解决争议、提高质量并补充完善。

第四条说明内部审核的性质和作用。

第五条 内部审核由内部审核会议负责进行，内部审核会议由业务规范管理机构组织召开。

第五条规定内部审核工作的组织。

第六条 内部审核会议根据业务规范管理机构的统筹不定期召开。当有业务规范的审核需求并且具备审核条件时，业务规范管理机构就组织召开一届内部审核会议。

第六条规定内部审核会议召开的条件。

第七条 内部审核会议由下列人员组成：
（一）主要馆领导和分管相关业务的馆领导；
（二）业务规范管理机构的所有人员；
（三）业务规范制订部门的人员，包括负责人和起草人；
（四）如果有相关的业务部门，则包括相关业务部门的负责人；
（五）如果图书馆有学术委员会，则包括相关的学术委员；
（六）如果图书馆有业务研究委员会，则包括相关的业务专家委员；
（七）主要馆领导指定的其他有关人员。

第七条规定内部审核会议的人员组成。主要馆领导应该出席，学术委员和业务专家委员应该发挥积极的、关键的作用。

第八条 内部审核会议由业务规范管理机构负责人召集并主持，负责人因故无法主持的，由主要馆领导指定其他人员主持。

内部审核会议的主持人起协调作用，保证审核过程的公正性。

第二章 审核条件

第九条 业务规范草案提交批准时,应同时提交草案文本及其说明和解释,并提供必要的参考资料。修订或修正业务规范的,还应当提交业务规范修改前后的对照文本。

提交审核的材料,除了业务规范本身的文本,附加材料也非常重要。

第十条 业务规范草案的说明应当包括制订或修订业务规范的基本思想、总体原则、必要性、可行性和业务规范的主要内容以及可能存在的测试项目情况或者解决业务技术难题的过程情况。

一些业务规范具有一定的抽象性,需要说明其基本思想、总体原则、主要内容和相关业务的可行性,等等。

部分业务规范需要测试,可能包含业务技术难题但已经被解决,见附录一《业务规范管理规范》。

第十一条 业务规范草案的说明还包括业务规范制订部门主动声明的业务规范依赖关系和业务规范交叉引用关系以及可能产生的新的业务要素类型。

业务规范制订部门主动声明胜过业务规范管理机构的发现。

业务要素类型极端重要,必须在新的业务规范的说明材料中进行说明。参见本书第十章第二节和第十二章第一节有关业务要素的研究。

第十二条 当业务规范制订部门或业务规范管理机构认为必要时,业务规范制订部门应对拟提交批准的业务规范提供书面的解释。这种书面解释是业务规范审核过程中的重要参考,业务规范管理机构可以在业务规范审核通过并批准之后将其接纳为管理机构的书面解释。

书面解释十分重要,业务规范管理机构的解释也需要业务规范制订部门的支持。这些书面解释将同时被审核,见本指南第一百三十六条。

第十三条 提交批准的业务规范必须满足下列全部条件才能提交内部审核:

(一)必须是在全馆的业务规范制订计划中待制订的业务规范;

(二)它所描述的业务工作是正在进行中或者即将实施的业务工作而非远景规划;

(三)它所依赖的业务规范已经制订出来或者正在制订的过程中;

(四)它所需要的任意测试项目均已通过测试,并且不存在任何有待解决的业务技术难题;

(五)它在业务规范的制订部门内部已经表决通过;

(六)通过了业务规范管理机构的技术性初审,排除了技术性缺陷并编辑到工作级质量。

这是业务规范草案应该满足的条件,体现现实性的原则。远景规划的业务规范待实施之前制订并审核。有所依赖的业务规范不能空缺。

所有的条款式业务规范应该有相同的书面形式和格式，这是技术性初审应核查的内容。

第十四条 提交批准的业务规范应当客观描述相关业务工作，保证内容真实、准确、完整，避免任何虚假记载、误导性陈述或重大遗漏。

这是一条根本性的原则规定，保证业务规范对业务工作的指导作用。

这条显然是借鉴于法律条文，表明业务规范在图书馆内具有类似于法律的强制约束作用。

第十五条 虚假记载是指业务规范中描述记载了并未实施并且短期内也无计划实施的业务工作内容。这种内容应该在将来预备实施之前记载于相关业务规范的修订版本中。

既未实施就暂不描述，将来需要实施之前对相关业务规范进行修订。

第十六条 如果业务规范中记载的事项是当前业务体系所包含的细节性的、偶然的、非常规业务事项，只要它在当前业务体系中有可能发生，就不认为是虚假记载。即使这种事项从来没有发生过，也不认为是虚假记载。

排除应该记载的细微事项，使虚假记载仅限于重大业务问题。

第十七条 误导性陈述是指业务规范的陈述和相关的实际业务工作内容有较大的差异，为使业务规范本身看上去更完善而超越了业务工作实际水平的陈述。

业务规范未密切结合相关业务工作，夸大其词，对使用者起误导作用。

第十八条 业务规范工作的目的之一是提升业务工作的水平，如果业务部门计划短期内按照提交审核批准的业务规范来改善业务工作并且也有切实可行的实施办法，则相关业务规范的更完善的相关陈述就不认为是误导性陈述。

即将整改的业务工作需要的规范描述不是误导。

第十九条 重大遗漏是指相关业务工作的部分重要内容或重要方面在业务规范中未加描述而被忽略的情况，并且被忽略的事项具备足够的重要性和足够的预估规模。无论什么原因造成的重大遗漏，业务规范制订部门都应该尽快将业务规范补充完善，并重新提交本届审核会议进行审核。

重大遗漏一般应该能估计出规模（就是倘若未遗漏，写出来的规模），例如，遗漏一节和遗漏一章其规模显然是不同的。少量条款的遗漏不是重大遗漏。

第二十条 如果业务规范制订部门认为相关业务工作的某些重要内容或重要方面无法在所提交的业务规范中全面描述，必须另外制订一部业务规范来描述，则此种情况属于业务规范的结合关联（TMN32），不认为是重大遗漏。

TMN是《业务规范技术性管理规范》，见第三章。分别以多部业务规范来描述同一项业务工作的多个方面有时具有更多的好处，使业务规范更加平衡，便于使用。

第二十一条 结合关联的业务规范提交批准时，所关联的业务规范须当作一般依赖关联并符合本指南第十三条第三款的规定，或者关联的业务规范已经被业务规范管理机构纳入业务规范的制订计划中。

结合关联的业务规范同时制订或者紧随而制订。

第三章 审核方法

第二十二条 内部审核会议应该召开一次或多次工作会议对提交审核的业务规范进行全面的审核。

内部审核会议可以认为是一个临时机构，工作会议才是真正的会议。一般都需要召开多次工作会议才能完成审核。

第二十三条 首次召开工作会议之前，审核会议的所有审核人员均应提前阅读提交审核的业务规范文本和相关说明材料并准备好自己所关注的和将要提出的问题，包括必须修改的问题和轻度疑问问题。

提前阅读并准备问题可以大幅度提高审核的效率。轻度疑问是指理解上有疑问但尚未确信需要修改。

第二十四条 业务规范的审核工作需要首先从总体上查证如下事项：

（一）业务规范是否是相关业务工作的客观描述，是否真实、准确、完整，不存在任何虚假记载、误导性陈述或重大遗漏；

（二）业务规范是否符合《业务规范管理规范》(0000) 的相关规定；

（三）业务规范和已有的业务规范是否存在矛盾条款或歧义条款；

（四）业务规范自身是否存在矛盾条款或歧义条款；

（五）业务规范和其他业务规范的依赖关系，包括结合关联关系；

（六）业务规范 N48 条款规定的其他事项。

首先进行总体核查，先解决总体上的问题，当然前提还是通读了整个业务规范。

第六款包括了 N48 条款（《业务规范管理规范》第四十八条，见附录一）规定的其他事项，无论 N48 怎样修订或修正，这里的引用不变，都包括其他所有方面。

第二十五条 业务规范的详细审核过程应针对提交审核的业务规范进行逐条地解释、分析、研究、推敲和讨论，并决定是否通过。

必须逐条逐字审核，否则不能起到审核的作用。问题经常会隐藏在细节中。

第二十六条 具有适当性描述的业务规范条款应当满足下列条件：

（一）对业务工作的描述准确、细致；

（二）没有矛盾和歧义；

（三）用词严谨，语句规范，表述完整，避免省略；

（四）使用标准的书面语言，不用口语、俗语、俚语和方言；

（五）使用专业术语或借用法律用语，不用夸张的修辞手法；
（六）可以适度抽象，但不存在理解障碍。

既然要逐条审核条款，对条款就有技术性的要求。这条定义了业务规范条款叙述的适当性，即不论内容如何，条款本身是否为适当的叙述。

业务规范条款需要时可以借用法律用语，但不使用修辞手法。

第二十七条　业务规范条款有原则性条款和技术性条款的区分。
（一）原则性条款规定业务活动的抽象的原则性方针；
（二）技术性条款规定业务活动的具体的措施和方法。

并没有绝对的界线来划定两类条款，一些条款可能是混合型的。

第二十八条　业务规范的条款应该划分清晰、含义明确、条理分明、层层递进，采取自顶向下、由纲及目的路径，从抽象到具体、从原则到措施、从方针到方法循序展开描述相关业务工作。

条款的书写顺序是有意义的。自顶向下（top-down）的模式适用于任何类似的复杂问题描述。

第二十九条　业务规范的一项条款应明确描述一项业务工作规定，多项业务工作规定应采用多项条款描述。密切相关的多项规定可以一条多款描述，这种多款描述应该是并立的关系而不是层层递进的关系。

细分业务规范条款是科学管理的前提，笼统地把大体量的业务规范规定合并（或不加划分）为一项条款是一种粗放的思维方式，不利于细化管理。

层层递进的关系应该划分为多项条款描述，而不是合并为一条多款描述。

第三十条　同一部业务规范的不同条款应避免对同一事物进行重复或部分重复的描述。关联的不同业务规范可以对同一事物进行不同程度的描述，必要的话，可以加以引用。

不同程度和不同角度的描述是可以存在的，有时还无法避免。但几乎相同的描述不应该出现。

第三十一条　业务规范审核时应完整记录所有问题，形成问题清单。

记录问题是形成报告和工作文档的前提。问题清单是审核过程的基本工作文档。

第三十二条　问题清单的条目包括但不限于下列内容：
（一）条款号：某些问题可能无条款号，例如重大遗漏；
（二）条款表述：照原样记载；
（三）问题性质：包括微小错误表述、待修改事项、一般性遗漏、虚假记载、误导性陈述、重大遗漏等；
（四）问题原因：自由描述问题原因，例如矛盾性、歧义性、用语不当、条理不清、不合实际，等等；

（五）处理方法：包括修改、补充、删除；
（六）处理结果：新的条款表述。

问题清单应该有标准模板，业务规范管理机构确定该模板。处理结果在审核后补充。

第三十三条 审核会议应首先汇总审核人员提前准备好的问题，将其中审核人员认为必须修改的问题（非一般轻度疑问性质的问题）汇总到问题清单并作为审核工作文档保留。

轻度疑问不进入问题清单中，除非业务规范制订部门不能给出合理解释。见本指南第七十八条。

第三十四条 问题清单按业务规范条款的顺序排列，以便按顺序进行审核。

审核是解决业务规范的科学性问题，不是解决审核人员的问题，因此不按提出问题的审核人员的任何顺序进行。

第三十五条 如果需要，业务规范管理机构可以划分或提取特定性质问题的清单，例如微错清单（Typo List）、待修改事项清单，等等。

微错清单是软件同行评审过程中的标准概念，在业务规范内部审核中用来表述业务规范条款的微小错误。

第三十六条 审核会议应首先核查业务规范的重大遗漏事项，若存在重大遗漏事项应当由业务规范管理机构责成业务规范制订部门尽快补充完善，并在本届审核会议中补充提交审核或者等待下届审核会议进行审核。

首先核查重大遗漏是为了有可能在短期内补充完善，避免无法在本届审核会议中完成审核的情况。审核会议不能无限期搁置等待。

第三十七条 业务规范制订部门若能在本届审核会议终止之前将重大遗漏事项补充完善，则可以统一在本届审核会议中进行审核，无须等待下一届审核会议。

避免本届审核会议成为无效审核。

第三十八条 能够在审核会议现场确定修改结果的问题，均记入微错清单。微错清单包含的问题不需要再次审核。

无论多么微小的错误，均应作客观如实的记录。而微小错误修改后就是审核会议一致认可的最终表述。

第三十九条 一般性遗漏清单也就是补充条款清单，应在下次审核工作会议中进行审核。

少量的补充条款应该尽快完成并在下次工作会议中进行审核。

第四十条 当出现连续不间断的补充条款清单达到或超过一定数量时，审核会议或业务规范管理机构有权决定将此种情况视为重大遗漏。

这是从量变到质变。连续过多需要补充的条款有可能就是重大遗漏。具体数量当可根据业务工作的性质灵活掌握。

第四十一条　待修改事项清单包括广义的其他问题性质所形成的所有待修改问题清单。

所有需要修改的问题都属于待修改事项清单。

第四十二条　当出现下列情况之一时，审核会议或业务规范管理机构有权决定将业务规范驳回：

（一）业务规范的重大遗漏事项超过一定数量或者超过业务规范总篇章数量的一定比例；

（二）除重大遗漏事项外的问题清单超过一定数量或者超过业务规范总条款数量的一定比例。

这是业务规范草案质量太差的两种情况。不区分是否能够在审核会议期间补充完善，可以直接驳回。

具体比例可以另行规定，甚至对不同的业务规范分别规定。

第四十三条　业务规范被驳回后，内部审核会议自然终止。

驳回是一种非常严厉的管理措施，应该慎重从事，不得已才驳回，因而一般不容许业务规范制订部门进行辩驳。

当然，可以先建议业务规范制订部门撤回，参见第九十六条。

第四十四条　业务规范制订部门应对被驳回的业务规范进行全面的修改和补充完善，待修改完成后重新提交审核。

业务规范制订部门应从自身进行深刻反省，是否全面掌握了自身承担的业务工作。业务规范也应该在反复斟酌改进之后再提交审核。

第四十五条　对业务规范条款的审核，应视条款的性质决定是否需要和具体业务工作进行严格的匹配对照检查。需要在业务工作场所进行核查的应尽量通过现场核查。

这是比较关键的一条。要保证业务规范的规定和具体业务工作的一致，通常都需要仔细核查。

第四十六条　业务规范包含测试项目的，应同时核查测试项目材料。任何审核人员对测试项目材料有疑问都可以要求业务规范制订部门在业务工作现场再现测试项目。因技术原因无法再现的测试项目或因安全原因不能再现的测试项目则不要求再现测试。

测试是保证某些特定情况的业务处理是科学合理的，业务规范的规定也是科学合理的。未经测试的某些规定可能就会隐藏问题。不能再现的测试项目必须是先前曾经测试过的，业务规范制订部门应对此负责。

第四十七条　为了简化审核流程，业务规范制订部门可以通过移动设备将业务规范、业务工作的匹配对照检查、业务规范测试项目的再现测试带到审核会议现场进行演示。

不一定要到业务工作现场进行。

移动设备包括但不限于笔记本电脑、各种手持设备和其他移动终端设备。

　　第四十八条　无法带到审核会议现场的对照检查和再现测试应在业务工作现场进行，业务规范制订部门应事先预计到此种情况并为此准备好必要的业务技术条件。需要业务规范管理机构提供协助的，应提前提出要求并在业务规范管理机构的协助下配置完成所需的业务技术条件。

无法移动的，应该在业务工作现场进行。

第四章　审核流程

　　第四十九条　对业务规范条款的审核按照业务规范条款的顺序依次进行。

按条款顺序进行才能保证审核的科学性，参见第三十四条。

　　第五十条　不在必须修改的问题清单中的条款，如果审核人员有轻度疑问问题，也必须进行审核。

轻度疑问需要解释。

　　第五十一条　所有审核人员均无异议也无疑问的条款可以直接通过。

如果审核人员临时发现有问题，也需要审核。因此不是忽略而是快速通过。

　　第五十二条　审核业务规范的具体条款时，应从下列几个方面进行核查：

（一）条款叙述的适当性，即是否符合本指南第二十六条的规定；

（二）条款是否存在矛盾或缺陷；

（三）条款是否有歧义从而引起不同审核人员的争议；

（四）条款是否被审核人员以不同的观点否定；

（五）条款规定的业务工作内容是否是完整的规定，有没有一般性细节的遗漏（非重大遗漏）；

（六）条款是否有重复或部分重复的描述；

（七）条款是否产生了对其他业务规范的依赖关系；

（八）条款是否产生了新的业务要素类型；

（九）条款内容和实际业务工作的匹配是否存在问题；

（十）条款的顺序是否符合逻辑。

对条款具体审核方法的归纳总结，包括但不限于这十种情况。

　　第五十三条　审核发现业务规范条款叙述不适当的，应现场修改成适当的叙述并记入微错清单。

仅仅是叙述的问题就现场解决。

第五十四条　审核发现业务规范的条款存在矛盾或缺陷的，由审核会议责成业务规范制订部门进行修改。能够现场提出修改意见的，业务规范制订部门应现场记录修改意见。

这是一般化的问题。现场记录修改意见不一定现场修改，但下次审核工作会议应完成修改。

第五十五条　对于业务规范条款与其他业务规范的相关规定不一致的，业务规范制订部门应当予以说明并提出处理意见。

其他业务规范包括其他所有的业务规范。显然这要求审核人员对全馆所有的业务规范都有全面而精准的把握。

审核会议或业务规范管理机构应提供方便的检索工具，以便快速查询其他业务规范的规定。这种检索工具可以是简单的文本检索工具或复杂的业务规范技术性管理平台。

第五十六条　为避免矛盾，业务规范制订部门可以针对其他业务规范提出修改相关条款的提议，业务规范管理机构决定是否同意这种提议并在本次审核会议中或者另外召开审核会议对这种提议的具体内容进行审核。

就是"我"和其他业务规范有矛盾，但"我"认为应该修改其他业务规范，"我"的规定更加科学合理。这是一个很强的权利主张，本书称为要求触发其他业务规范的修正案，本书并不绝对反对这种权利主张，认为经过审核是可以通行的。

为什么要允许这种事情发生？因为首先制订出来的业务规范不可能在所有细节上都考虑得十分完善，后来制订的规范完全有可能发现在相关问题上需要调整已有规范的细节。

第五十七条　依据前述条款最终决定修改其他业务规范的，应发布对应目标业务规范的修正案，该修正案仍须经审核和馆领导批准。

这就是在审核过程中触发了其他业务规范的修正案，原则上这是允许的，但还是应该尽量避免，毕竟还是有一个先入为主的原则。

第五十八条　审核时如果出现不同的审核人员对业务规范条款有争议或不同的理解，表明业务规范描述的事项未排除歧义，应该进行修改。不同的意义可以分割成两条或多条分别予以阐述。

根据不同审核人员的不同理解分别进行阐述。

第五十九条　审核时如果审核人员对业务规范条款的规定另有不同看法的，业务规范制订部门可以进行解释或争辩，分歧太大的应留待进一步研究确定，或者启动同行评审。

另有不同看法就是审核人员认为应该另作不同的规定。一般下次审核工作会议应予确定。当争议无法解决时，应该启动同行评审。

第六十条　审核发现业务规范的条款没有完整地阐述业务工作内容（非重大遗

漏事项）的，审核人员可以提出补充条款的建议。业务规范制订部门应及时将补充条款增加到相关条款的前面或后面。

少量的遗漏可以很快补充完善。

  第六十一条 审核发现业务规范条款有重复或部分重复描述的，应该删除重复或部分重复的描述。包括在其他关联业务规范中已经存在的描述，也不应该完全重复进行描述。

发现重复可以删除，或者修改为引用，并且补充细节，深化描述。

关联业务规范中已经存在的描述可以重申其规定，或从不同的角度重申，但不能完全重复。如果有大量的重复就是冗余，应修改成声明遵循，见 TMN19 和 TMN20。

  第六十二条 若审核人员认为业务规范条款是多余的描述，删除它并不影响前后条款和业务规范整体的一致性和完整性，则应该在经过全体审核人员认可之后将其删除。

业务规范不能包含无意义的描述，多余的东西应该删除。

  第六十三条 审核发现业务规范条款只是对上一条款的补充规定，应酌情考虑将其合并到上一条款，必要的话，改写成一条多款描述。

  第六十四条 审核发现相邻的两条业务规范条款所描述的是同一事物的两个方面，可酌情考虑将其合并成一条两款描述。

这两条的情况非常相似但也有区别，处理方法都是合并条款。

  第六十五条 审核发现业务规范条款过于庞大，规定或描述了多个事项，应酌情考虑将其拆分成多项条款，便于管理和引用。

对应于前两条，这条是拆分条款。业务规范条款不宜太长，包含过多的规定事项，导致难以管理且无法引用。

  第六十六条 审核发现业务规范条款和其他业务规范条款具有确定的依赖关系的，应仔细核查这种依赖关系是否是业务工作内在的、固有的特性，即依赖关系是不可排除的。

对依赖关系的识别和掌握需要深刻透彻地理解业务。业务规范制订部门应该尽量主动声明，见本指南第十一条。

  第六十七条 审核发现业务规范条款产生了新的业务要素类型的，应首先审核新的业务要素类型，重点核查其科学性、逻辑性、抽象性和普遍适用性。

新的业务要素（例如增加新的业务角色）不是新的业务要素类型，新的业务要素类型是之前完全不存在同类型的业务要素。新的业务要素不需要审核，新的业务要素类型必须经过审核。

  第六十八条 审核发现业务规范条款内容和实际业务工作的匹配存在问题的，

业务规范制订部门应提出解决方案，或者修改业务规范条款，或者按照业务规范条款对业务工作进行整改。

遵循科学性原则，保持业务规范的规定和实际业务工作的一致性。

第六十九条　审核还包括核查业务规范条款的顺序关系，若有不合逻辑或条理不清的，应作适当的调整。

条款的书写顺序是有意义的，参见本指南第二十八条。

第七十条　审核还需要核查业务规范的规定是否符合业务工作的技术性、逻辑性、科学性要求以及是否符合图书馆的行业惯例。

业务工作本身的技术性、逻辑性、科学性要求是必须遵循的，行业惯例也是在这些要求的基础之上总结出来的，也需要遵循。

本条款是一般化的描述，可以概括很多未知情况。

第七十一条　审核过程中若出现新的对业务规范修改的情况（不属于本指南第五十二条的各款），审核应按前述条款的要求继续进行。业务规范管理机构应核查该审核方法的普遍性，决定是否在适当的时机依据该审核方法对本指南第五十二条进行扩大修正。

审核中遇到的新情况，应该完成审核并完善审核指南。

第七十二条　审核时还应该查证业务规范条款的其他可能存在事项，例如可行性、实施成本等等。业务规范制订部门应针对其他可能存在事项提交说明材料。

只要有重要的事项就都应该提交说明材料，并且提交了说明材料的任何事项都需要核查。

第七十三条　业务规范条款的可行性包括可操作性，即是否有切实可行的方法来达成业务规范的规定。应完全排除不可操作的业务规范规定。

例如"平均编目周期应该少于三十天"，这是无法操作的，应该有具体的操作规程来达成目标。

第七十四条　业务规范条款若涉及实施成本，则应对该成本的现实性和可接受性进行审核。如果需要，审核会议应邀请相关财务专家参与审核工作。

一般不会涉及成本问题，如果有，则应该进行专业的审核。

第七十五条　当发现业务规范和行业的业务标准相冲突时，应修改业务规范使其运作之效果不违背相关的业务标准。

规范不违标准，参见本书第一章的阐述和附录一《业务规范管理规范》第四十九条。规范运作的效果是业务对象的状态或特征的改变。

第七十六条　当发现按照业务工作的客观规律阐述的业务规范和图书馆的规章制度相冲突时，应修改规章制度，避免这种冲突。

规范优先于制度，说明业务规范的制订应遵循业务工作的客观规律，规章制度的制订也不得违背业务工作的客观规律。

第七十七条　审核人员可以建议增加业务规范条款的书面解释，若审核会议认可，则将其作为业务规范管理机构的正式书面解释保留。

审核人员认为需要书面解释，应该记录并保留，这是书面解释的一种新的来源，但作为业务规范管理机构的书面解释。

第七十八条　对于审核人员提出的一般轻度疑问，业务规范制订部门应进行解释，解释需要获得全体审核人员共同的认可。无法给出合理解释的，应作为待修改事项加入问题清单中。

无法给出合理解释的轻度疑问就不再只是轻度疑问，而成了应该修改的问题。

第七十九条　业务规范制订部门应在审核过程中记录所有需要修改的事项。除了重大遗漏事项而外，其他需要修改的事项应及时修改并提交下次审核工作会议进行重新审核。重大遗漏事项待其他修改事项重新审核结束后再重新提交审核。

业务规范制订部门记录问题就是为了修改，根据工作量和紧迫程度，对重大遗漏事项保留足够的时间进行补充完善。

第八十条　审核工作会议应在确定的时间期间内及时召开，每次工作会议结束前应确定下次工作会议的召开时间。

定期或不定期召开，周期不应该太长，以便尽快完成审核。

第八十一条　再次召开的审核工作会议应首先确认前次审核工作会议的所有待修改事项都已经修改完成，并且应首先重新审核这些修改事项。如果其中又产生新的待修改事项，则统一计入本次审核工作会议的待修改事项中。

修改之后需要重新审核，然后继续按进度审核。

第八十二条　如果一次审核工作会议通过了所有待审核条款而没有产生新的待修改事项（包括重大遗漏事项），审核工作即告完成。

所有内容审核完成，没有待修改事项，表明没有剩余的审核工作了。

第八十三条　如果业务规范存在重大遗漏事项并且业务规范制订部门无法在短期内增补完成，审核会议应该终止，待业务规范制订部门增补完成业务规范之后重新启动下一届审核会议。

审核会议不能长久等待，因此而终止的审核就是因重大遗漏而中止，属于非自然终止。

第八十四条　重新启动的审核会议对已经部分审核过的业务规范应该从头重新审核，先前的部分审核结果只能作为参考。

这是为了简化管理，因为业务规范可能进行了全面的修订。判断业务规范的修改内容基本上也等同于重新审核。

第五章 表决和征求意见

第八十五条 当提交审核的业务规范的所有条款均通过了审核后，审核会议宣告审核工作技术性完成并将业务规范交付第一次表决。

技术性完成就是技术工作完成但尚有其他待处理事项。表决不仅仅是一个形式，尽管每一条都通过了审核，但审核人员仍然有权对业务规范的整体产生一个意见，这个意见在表决中体现。

第八十六条 参与内部审核会议的人员中，业务规范制订部门的人员无表决权，除此而外的其他所有人员均参与表决。

业务规范制订部门的人员默认都会赞成。

第八十七条 表决意见有赞成、反对和弃权三项，表决以达到或超过三分之二的赞成为通过。

这里默认业务规范制订部门拥有至少一张赞成票。
另外一种表决意见的设置可以考虑不允许弃权，审核人员必须承担起责任。

第八十八条 表决通过后，业务规范作为征求意见稿在全馆范围内公布并进入广泛征求意见期或同行评审期。

广泛征求意见也非常重要，使业务规范具有广泛的基础。
同行评审更加重要，使业务规范获得同行专家的认可。

第八十九条 征求意见期的长短由审核会议根据业务规范的规模灵活设置，例如可以从三天到三个月不等。

简单的业务规范可能三天就行，最复杂的业务规范可能需要很长的时间。

第九十条 全馆任何职工发现征求意见的业务规范存在问题或不够完善均可向业务规范管理机构提出书面的修改意见，业务规范管理机构应当会同业务规范制订部门进行检查研究，确定是否采纳修改意见。

这个和业务规范的修订建议是相似的，见 TMN78。

第九十一条 业务规范管理机构可以根据馆领导的决定或自行决定在业务规范第一次表决通过后或征求意见期满后启动业务规范的同行评审。

这是一个关键节点，分离的同行评审过程从这里启动。
这一条规定隐含了一个规则："若有同行评审，则可以省略在馆内广泛征求意见的过程。"若此规则不妥，可改为只能在征求意见期满时启动同行评审。第八十八条相应也修改。

第九十二条 当征求意见期满并且同行评审（如果有的话）技术性完成时，内部审核会议需再次召开工作会议，根据汇总的业务规范修改意见和同行评审意见对业务规范进行最终的修改。

根据两方面的意见进行修改，使业务规范更加完善。

  第九十三条 最终修改完成后，业务规范进行第二次表决。第二次表决采用和第一次表决相同的规则。

第二次表决就是最终表决，如果没有任何修改，第二次表决可以省略，以第一次表决的结果作为最终表决结果。

  第九十四条 第二次表决通过后，业务规范内部审核终止并进入批准发布流程。

剩下的是行政流程。

  第九十五条 业务规范第一次表决未获通过的，业务规范管理机构收集所有反对者的反对意见，提交业务规范制订部门并责成其进一步全面修改业务规范，修改后重新提交内部审核。

反对必须有具体的反对意见，不允许无理由的反对或为反对而反对。弃权可以不提供具体意见。

  第九十六条 提交审核的业务规范在交付第一次表决前，业务规范制订部门有权要求撤回。要求撤回时应当说明理由，经业务规范管理机构同意并向馆领导报告，对该业务规范的审核即行终止。

业务规范制订部门自己感觉业务规范有很大的问题，可以撤回。

  第九十七条 已经表决通过并进入征求意见期的业务规范不可撤回。

审核已经技术性完成并开始征求意见，就不能撤回了。

  第九十八条 已经撤回的业务规范，其部分审核结果作废。

部分审核结果没有正当的效力。参见本指南第八十四条。

  第九十九条 撤回后的业务规范将来再次提交审核时，业务规范制订部门需要在说明材料中说明上次撤回的理由和再次提交审核的理由。

这些信息对业务规范的重新审核有帮助。

第六章 审核后事项

  第一百条 业务规范内部审核终止后，内部审核会议即结束并解散。

一届内部审核会议是一个完整的流程。下届审核会议重新组织。

  第一百〇一条 业务规范管理机构应保留业务规范审核过程的各种文档。

保留作为工作文档和档案。

  第一百〇二条 业务规范管理机构根据业务规范的审核过程修改业务规范依赖

表和业务规范交叉引用表。

第一百○三条　如果新的业务规范产生了新的业务要素，业务规范管理机构应针对新的业务要素进行有效管理，包括修改业务要素类型目录表。

这是非常重要的技术性管理工作，以使业务规范体系保持一致。

第一百○四条　业务规范管理机构应在审核终止后提交业务规范的审核总结报告，作为业务规范管理机构的工作报告予以保留。

审核总结报告是审核工作全面真实完整的记录。

第一百○五条　业务规范审核总结报告包括但不限于下列内容：
（一）审核会议届次和日期范围；
（二）审核业务规范的题名和副题名（如果有的话）；
（三）业务规范管理机构分配的编号和标识；
（四）业务规范制订部门和适用部门；
（五）审核会议人员名单；
（六）审核人员的所有正式意见；
（七）所有问题清单和所有修改事项；
（八）对业务规范依赖表和业务规范交叉引用表的更新部分；
（九）对业务要素类型目录表的更新部分和新的业务要素的描述方法；
（十）审核结果说明以及其他事项（例如其他业务规范的修正案）。

事无巨细，所有需要记录的内容均如实记录。

第一百○六条　所有业务规范审核总结报告均按照业务规范层次等级目录表的模式进行一一对应地编号、标识和管理。必要的话，应加上业务规范的版本标识。

审核总结报告是业务规范相关文档的一种，一一对应编号便于查找和管理。

第一百○七条　驳回或撤回的业务规范无须提供审核总结报告。

对业务规范制订部门来说，审核结果从优到次到劣的顺序是：
1. 表决通过；
2. 表决被否决；
3. 自请撤回；
4. 因重大遗漏而终止；
5. 被驳回。

只要表决了，就应该提供审核总结报告，未表决可以不提供。因此仅情况1和2需要提供审核总结报告。

第七章　修订版和修正案的审核

第一百○八条　业务规范修订版和修正案的审核，适用本指南的相关规定。

原则上，用同样的方法进行审核。

第一百〇九条　业务规范修订版的审核，可以只审核修订条款的内容，包括修改条款和新增条款。但审核时应将修订条款和未修订条款作为一个整体对待，以便发现它们可能存在的矛盾或其他关系事项。

未修订条款不需要审核，但需要作为审核的参考材料。

第一百一十条　由图书馆职工发起的业务规范修订建议被采纳的（TMN78），其修订版或修正案的审核会议应当邀请发起人参加，在审核会议期间发起人对修订建议的内容拥有解释权。

发起人将对修订建议作详细说明。

第一百一十一条　业务规范制订部门有详细修订计划的，业务规范管理机构应全面支持业务规范制订部门的修订计划，待相关业务规范的修订稿完成后进行正式审核。

这是理所当然的。有修订计划并且完成了修订，等同于提出了审核申请。

第一百一十二条　业务规范修正案提交批准时，形式上仍然需要经过《业务规范技术性管理规范》（0100）和本指南规定的审核和批准的流程。

修正案虽然简单，但也需要走一个流程。

第一百一十三条　业务规范修正案首先由业务规范管理机构进行技术性初审，是否需要正式审核由业务规范管理机构根据业务规范修正案的具体内容研究决定。

某些非常简单的修改的确是不需要审核的，保留不审核的情况就是为了避免改一个字都提交审核。这种考虑可以节省管理和行政成本。

第一百一十四条　业务规范修正案有下列情形之一的，必须进行正式审核：

（一）它的条款叙述的适当性存在问题（IAG26）；

（二）它同时提交了新的书面解释或者修改了以前的书面解释；

（三）它包含的条款产生了新的依赖关系或交叉引用关系，或者取消了先前的这种关系；

（四）它包含的条款产生了新的业务要素类型；

（五）它包含的条款具有新的测试项目；

（六）它包含的条款和具体业务工作的匹配需要核查而非一目了然；

（七）它包含的条款所修正的原条款出现在原业务规范审核过程的问题清单中（微错清单除外）；

（八）它要求触发其他业务规范的修正案（IAG57）；

（九）它是被其他业务规范或业务规范修正案触发的修正案；

（十）业务规范管理机构认为必须审核的其他情况。

本条款归纳需要审核的各种情况，也许还并不完整。基本思路是，所有复杂修改或者导致或可能导致复杂问题的修改都需要审核，除此而外的就是简单修改，不需要审核。

标识 IAG 就是《业务规范内部审核指南》，引用本指南自身前面的条款。

第一百一十五条　业务规范修正案的审核，由业务规范管理机构召开临时审核会议进行审核。临时审核会议不计届次，仅在工作报告中记录审核日期。

这也是为了简化管理，提高效率。

第一百一十六条　业务规范修正案的审核方法和审核流程可以酌情简化，但表决和审核后事项不可省略。即使无需审核，业务规范管理机构也应按照本指南第一百零二条和第一百零三条的规定进行核查，完成相关表格所需要的维护管理工作。

同前一条一样，但是重要的技术性管理工作必须完成。

第一百一十七条　由其他业务规范或业务规范修正案审核时触发的业务规范修正案（IAG57），其审核过程可以在触发它的业务规范或业务规范修正案的审核过程中进行，其审核工作报告也可以在触发它的业务规范或业务规范修正案的审核工作报告中附带阐述。

这一条规定被触发的修正案的审核。

第一百一十八条　业务规范修正案包含的连续多项条款应该自然地理解为整体替代原业务规范的对应同等数量的连续多项条款，审核时作为一段内容相关的整体，不考虑原业务规范对应连续多项条款的逻辑关系。

整体替代整体，新的逻辑关系替代旧的逻辑关系。因此旧的逻辑关系已经不存在了，不必再考虑。

第一百一十九条　业务规范修正案审核时，不允许出现修正案的条款数量发生变化的情况。若审核会议认为必须进行如此的修改，则审核应该终止，然后启动业务规范修订版的审核并最终发布业务规范修订版。

修正案条款必须保持原来的条款数量，不可进行合并和拆分。业务规范整体的条款数量发生变化，就必须是修订版，而不能用修正案。

第一百二十条　业务规范修正案审核时，若发生修正案条款需要扩大修正原业务规范条款范围的情况，必须保证所扩大修正的原业务规范条款不存在其他修正案；否则应该提交新的修正案代替旧的修正案，同时撤消已经存在的旧的修正案。

和上一条不同，扩大修正范围是允许的，但要避免修正案的修正案。

第一百二十一条　提交新的修正案代替旧的修正案时，新修正案的条款必须包括旧修正案的所有条款，即使部分条款未作修改也应照录。不允许对修正案进行部分代替，不允许单独提交修正案的部分修正案。

这是因为新的修正案批准后，旧的修正案会被废止。同一部分条款不允许有两个修正案。

第一百二十二条　对业务规范条款的部分款或项进行修正的修正案（TMN91），不排斥同一条款的其他部分款项修正案。但所有这种修正案均不允许存在交叉。

当某一条包含很多款时，这种部分款项修正案会比较简洁，能简化管理。

如果有增删"款"，视为条款整体的修正，其内容必须包括该条款的其他修正案（如果有的话）；款中增删"项"视为仅对款的修正，和其他款的修正案可以并存。

常规的修正案也不允许存在交叉。

第一百二十三条　业务规范管理机构可以将同一条款的部分款项修正案进行合并，如果需要的话，也可以进行拆分。对同一部业务规范不同条款的修正案也可以进行合并或拆分。

修正案的本质不变，但改变了管理和发布。

第一百二十四条　对业务规范修正案的合并和拆分操作具有部分技术性修订的性质，但不属于技术性修订，必须具有适当的业务、技术或管理的理由并且必须取得业务规范制订部门的认可。

表面看是技术性修订，但影响管理和发布，因此需要被认可。

第一百二十五条　发布业务规范修正案时，被修正案修正的原条款视为被废止。修正案的条款中只对原条款的部分款或项进行修正的（TMN91），视为原条款对应的部分款或项被废止。

业务规范条款是唯一的，新条款修正后，旧条款被废止。

第八章　其他形式的审核

第一百二十六条　除条款式之外的其他形式的业务规范需要审核的，参考本指南对业务规范修正案的审核规定进行，审核方法和审核流程也允许适当的简化（但具有研究性和创新型的业务要素类型除外）。

其他形式业务规范需要审核的，采用简化的修正案的审核方法进行。

在业务规范的高级管理活动中，业务要素类型必须提供标准 RDF 模式（RDF Schema）描述，这是业务规范中最具有学术价值的部分，必须仔细审核。

第一百二十七条　新的活页式业务规范类型提交审核时，应首先提交模板，审核时也应首先审核其模板的科学性、专业性、技术性和逻辑性，通过之后再审核首次提交的该类型业务规范。

一种活页式业务规范类型有一个固定模板，新模板需要审核。

第一百二十八条　包含新的业务要素类型的表格式业务规范提交审核时，应首先审核其业务要素类型在所有业务要素类型目录表中的分类地位，其次根据资源描述框架（RDF）审核其业务要素类型的属性表的构造，通过之后再审核首次提交的该类型业务规范。

如前面所述，在业务规范的高级管理活动中，业务要素类型必须提供标准 RDF 模式（RDF Schema）描述，这是业务规范中最具有学术价值的部分，必须仔细审核。

第一百二十九条　条款式业务规范的条款或活页式业务规范的项目内容或新的业务规范形式中包含新的业务要素类型的，审核时适用前述条款的规定。

不论业务要素类型出现在何处，审核是一样的。

第一百三十条　业务要素类型是高度抽象的业务定义机制，增加新的业务要素类型时应该特别慎重，能用已经存在的业务要素类型表示的业务要素原则上不增加新的业务要素类型。

业务要素本身已经是业务工作的抽象，业务要素类型是更高一级的抽象，是对业务要素的归类和宏观把握。

对能归入已有业务要素类型的业务要素，不增加新的业务要素类型。

第一百三十一条　初始的业务要素类型目录表由业务规范管理机构研究制定，业务规范管理机构可以聘请或委托有关行业专家参与制定。

实际上，业务要素类型目录表需要信息系统的架构专家参与制定，使之既能包括所有业务要素，又能分类明确、划分清晰、相容一致并独立描述。

第一百三十二条　无论业务要素类型的来源如何，业务规范管理机构拥有对业务要素类型目录表的最终管理权和变更裁决权。

这里体现业务规范管理机构通过业务规范和业务要素来统一管理全馆业务工作的原则性指导思想。

第一百三十三条　具有新的业务规范形式的业务规范提交审核时，应首先审核新的业务规范形式，重点核查其必要性、充分性和普遍适用性，通过之后再审核首次提交的该形式的业务规范。

对新的业务规范形式，应该有一个规范化的描述。例如，对于流程图形式，应详细描述流程图由哪些元素组成。

新的业务规范形式的研究是业务规范管理机构的科研课题。

第一百三十四条　新的活页式业务规范类型或新的业务规范形式批准后，应对《业务规范管理规范》（0000）进行修订，使之包含新类型或新形式的描述，或者另外制订相应的活页式业务规范类型或新业务规范形式的运用指南。

为保持核心元规范——《业务规范管理规范》的稳定性，建议采取制订相应的活页式业务规范类型或新业务规范形式的运用指南的方式来解决这个问题。

第一百三十五条　业务规范的书面解释需要审核的，参考业务规范修正案的审核方法进行。是否需要审核的条件也参考业务规范修正案的审核条件进行判定。

书面解释和修正案具有很多共同性质，因此可以用相同的方法进行审核，是否需要审核的判定条件也参考业务规范修正案。

  第一百三十六条　初次审核业务规范或审核业务规范修订版时，应该对同时提交的业务规范的书面解释进行审核。

  第一百三十七条　业务规范修正案需要审核的，修正案的书面解释也需要一并审核。

在业务规范或业务规范修正案的审核中一并审核。

  第一百三十八条　业务规范的书面解释应遵循如下原则：
（一）合规性原则：解释和规范的原则规定必须保持一致；
（二）合理性原则：解释应该符合业务工作的科学原理；
（三）现实性原则：解释不能超越业务工作实践的现实状况。

三大原则规定书面解释和业务规范本身的密切关系。

  第一百三十九条　业务规范的书面解释应该简单明了，不存在理解障碍。任何人对任何书面解释有疑问均可要求业务规范管理机构进行口头解释，但不支持对书面解释提供另外的书面解释。

类似于修正案的修正案，解释的解释也只会增加管理的复杂性，没有实际意义。

  第一百四十条　业务规范的书面解释应该看成是业务规范条款的同义反复，一般不应该增加或补充全新的意义。必须要增加或补充意义的，应该将其作为新的业务规范修订版或修正案条款。

书面解释不创造新的规定，这是解释的基本原则。

  第一百四十一条　当审核业务规范的修订版时，可以考虑将某些具有补充意义的书面解释作为新的业务规范条款，只要它和已有条款的规定不重复。

  第一百四十二条　当审核业务规范的修正案时，可以考虑将对应条款的具有补充意义的书面解释融入修正条款中，只要它和修正条款的规定不重复。

如果书面解释中产生了新的规定，就应该作为新的业务规范规定，而不能作为解释。

  第一百四十三条　业务规范的书面解释可以根据《业务规范技术性管理规范》第一百一十五条（TMN115）的相关款的规定进行详细的描述。

  第一百四十四条　不在 TMN115 的各款范围内的书面解释，由书面解释提供者进行适当描述，业务规范管理机构对此进行归纳抽象并以此为依据决定是否在适当的时机对 TMN115 条款进行扩大修正。

这是书面解释本身的规范化。不能归类的解释就增加 TMN115 条款的款。

  第一百四十五条　当审核发现业务规范或业务规范修正案的书面解释和其他业务规范条款有矛盾时，应核查书面解释对应的业务规范条款和其他业务规范条款是否存在矛盾。若对应的业务规范条款存在矛盾则应该提交相应的业务规范修正案或修订版，否则应该对业务规范的书面解释进行修改或重新解释。

第一百四十六条 当审核发现业务规范或业务规范修正案的书面解释和其他书面解释有矛盾时，应核查两者对应的业务规范条款是否存在矛盾。若对应的业务规范条款存在矛盾则应该提交相应的业务规范修正案或修订版，否则应该对业务规范的书面解释进行修改或重新解释。

这是两种出现矛盾的情况，虽然叙述稍冗长，但不难理解。

第一百四十七条 当审核业务规范修订版或修正案时，若审核会议认为（或一致认可）修改后的新条款不需要书面解释，则被修订或修正的原条款的书面解释（如果有的话）应该随原条款一起废止。这种废止不是撤消，不保留存根。

审核会议认为或一致认可包括了修订版或修正案的各种来源或各种不同的发起人，无论是业务规范制订部门或是业务规范管理机构或是发起修订或修正的任何其他人，均需要在审核会议上一致认可。

修订版或修正案发布时，原条款是会被废止的，其书面解释当然也该被废止。

撤消书面解释的概念是业务规范条款仍然存在，废止的概念是业务规范条款已经不存在。从这里也可以印证书面解释的存根的业务意义。

第一百四十八条 当业务规范发生变更时，业务规范的书面解释可能需要技术性修订。业务规范管理机构应核查并完成需要的技术性修订。

书面解释的技术性修订基本限于书面解释文本对业务规范条款的引用，包括对其他业务规范条款的引用。因此书面解释应该进入业务规范交叉引用表中，便于查找。

第九章　附则

第一百四十九条 本指南未尽事宜，由业务规范管理机构制定相关工作手册予以具体规定。

同技术性管理规范一样，审核指南也难免有未尽事宜，在不影响业务规范管理原则的前提下是允许存在的，其他普通业务规范一般不允许有未尽事宜。

第一百五十条 业务规范同行评审活动可以在普遍的同行评审原则指导下援引本指南的技术方法进行评审。

评审和审核的过程是极其相似的，因此在评审原则指导下，审核指南一样可以运用于评审。

第一百五十一条 本指南的解释权属于业务规范管理机构。

同技术性管理规范一样，这也是不言而喻的。

第一百五十二条 本指南经馆领导批准后实施。

和《业务规范技术性管理规范》一样，也是在审核之后。

审核指南本身是否需要审核，这是一个重大的管理问题。笔者认为，审核指南和其他元规范有相同的性质，因此也需要审核。从逻辑上说，倘若审核指南本身无法通过其自身的审核，又如何使用它来审核普通业务规范？

　　审核指南的自我审核是可以无障碍进行的。首先我们需要假定，审核指南是逻辑自洽的，不存在问题，这相当于在业务规范的制订部门内部已经表决通过（IAG13.5）；然后运用该审核指南对该审核指南进行审核。倘若发现问题，再修改审核指南，使用修改后的审核指南对审核指南重新进行审核，重复这个过程，直到没有任何修改，此时审核指南就通过了自我审核！本书自信按照本书的原理和原则制订的审核指南也是经得起审核指南的严格审核的！

小结

　　以上就是对《业务规范内部审核指南》的详细解读。梳理一下思路，业务规范除了技术性管理而外，另一个关键过程就是审核。业务规范必须经过审核才能被批准，目的是为其发现矛盾、消除缺陷、解决争议、提高质量并补充完善，非经逐条逐款的仔细审核无法达致此目标。而审核的条件、方法和流程都需要具体的规定，各种形式的业务规范可能都需要审核，业务规范的修订版、修正案和书面解释也可能都需要审核，大量细致的工作需要明确的规定。因此审核活动必须有一部指南来指导，审核指南作为技术性管理规范的补充，其重要性是不容忽视的。

　　和内部审核密切相关的是同行评审。本书附录四提供作者的一个初步的研究成果。

　　下一章将介绍业务规范目录并讨论对目录的管理。

第五章 业务规范目录

对业务规范进行分类是业务规范本身规范化管理的一个重要思想，它使业务规范形成体系，便于宏观上把握所有的业务规范及其相互关系，也便于全面掌握业务状况。分类将会产生范畴、大类、小类、上位类和下位类等概念，十分类似于图书的分类，这是因为业务规范具有从宏观到微观的层次等级结构。分类也会得到一个采用层累制标记法的业务规范层次等级目录表。本章将试探性确定所有业务规范的目录表。

图书馆在实施业务规范管理时，应首先制订自己的业务规范目录表。本章也尽量提供全面并且具备足够强的普遍适应性的业务规范目录表，便于各类型图书馆剪裁利用。

第一节 范畴和顶级大类

图书馆的业务规范包括不同的类型，例如，有关基础业务的、有关自动化业务的、有关数字图书馆的，等等。内容相关的业务规范组成大类，性质相近的大类构成范畴。

我们分析图书馆的业务从传统到现代的演进，可以发现它是一个不断拓展领域的过程，从传统的基础业务到自动化系统，到数字图书馆，再到更多的高级业务，每一步的拓展都带来相关业务规范的发展和增强。而业务规范应该客观反映业务发展演进的过程，不能永远停留在仅仅少数几部基础规范上。因此，图书馆的所有业务规范可以划分为五个大的范畴：

  0 元规范范畴

  1～2 基础范畴

  3～4 自动化范畴

  5～6 数字图书馆范畴

  7～8 高级业务范畴

业务规范编号的第一位数字就反映业务规范的范畴。之所以有这样的划分，是为了从宏观上把握图书馆的所有业务规范。业务规范具有几个不同的范畴，其根本原因在于图书馆的业务工作具有几个不同的范畴。

范畴是最高层次的类的统称，是一种辅助概念，每一个范畴都是人为创造出来并加以组织化的术语。范畴是高层次的抽象，是对分类单元的概括，并不是一个具体的分类单元，因此并不存在《基础规范》《自动化规范》《数字图书馆规范》等具体的规范。

元规范范畴包括所有的元规范、具备部分元规范性质的规范和业务标准管理规范。基础范畴包括图书馆所有基础业务的规范，也包括元规章制度规范（第一章第四节）。自动化范畴包括图书馆自动化业务工作的所有规范，数字图书馆范畴包括数字图书馆业务工作（建设和运维）的所有规范。高级业务范畴包括图书馆所有高级业务管理工作和所有增值服务工作的规范。

这种划分也许会有争议，但要保证业务规范体系囊括图书馆的所有业务规范（包括未来可能构建的业务规范），作者难以设想更加科学的划分体系。

不同范畴及大类业务规范之间的关系可以用一棵树来表达：

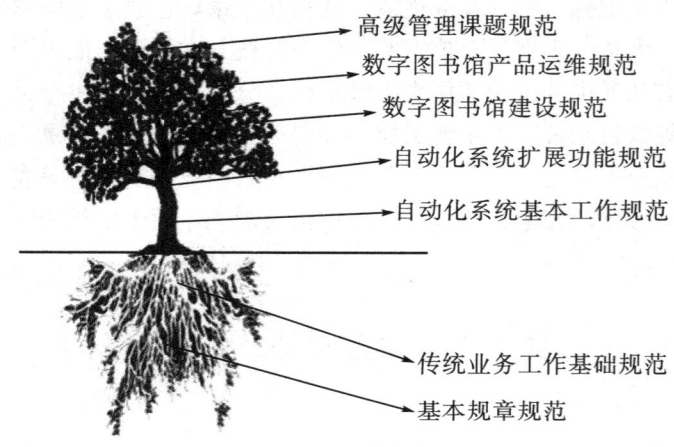

图 5-1　各大类业务规范的关系

可以看到，基础范畴是业务规范体系的根基，自动化范畴是业务规范体系的主干，数字图书馆范畴是业务规范体系的主要枝杈，而高级业务范畴是业务规范体系的花朵和果实。果实就是图书馆的增值服务及其社会效益。这也对应了阮冈纳赞的"图书馆是一个不断生长的有机体"的伟大理念，我们可以说，业务规范体系也是一个不断生长的有机体。

几句话总结如下：

　　根基不牢，大树将倾；
　　主干不强，难抗风雨；
　　枝叶不茂，缺乏生机；
　　花朵不开，果实不生。

业务规范目录的顶级大类应该是这样的：

　　0000　业务规范管理规范　　　　　N
　　1000　基本规章规范　　　　　　　R
　　2000　传统业务工作基础规范　　　B
　　3000　自动化系统基本工作规范　　A
　　4000　自动化系统扩展功能规范　　X

5000	数字图书馆建设规范	D
6000	数字图书馆产品运维规范	P
7000	高级管理课题规范	M
8000	增值服务工作规范	V

其中 0 字头是元规范范畴，1~2 是基础范畴，3~4 是自动化范畴，5~6 是数字图书馆范畴，7~8 是高级业务范畴。

业务规范题名（名称）后面的字母是业务规范的标识，本章第四节将汇总所有业务规范的标识。

第二节 简表

业务规范目录的简表包括业务规范分类的二级大类。

编号	名称	标识
0000	**业务规范管理规范**	**N**
0100	业务规范技术性管理规范	TMN
0200	业务规范内部审核指南	IAG
0300	业务规范同行评审指南	PRG
0400	业务规范实施评估指南	ENE
0500	业务规范行业活动管理规范	NPA
0800	业务标准管理规范	BSM
0900	统一业务规范管理规范	UBN
1000	**基本规章规范**	**R**

包括针对基本规章制度的规范和基本的业务管理原则性规范，不包括行政规章制度的具体内容。

| 1100 | 组织结构规范 | OS |
| 1200 | 规章制度规范 | RR |

这两部规范属于元规章制度，在业务规范体系中仅仅规定管理原则，其具体内容（组织结构和规章制度）不属于业务规范的范畴。

| 1300 | 总体业务规范 | OB |

这是宏观业务总体的一般原则性规范，例如，业务目标、业务过程、业务部署、业务管理原则和业务外包等。其中包含对国家层面的一些法律法规和行业层面的总体标准规范的遵循和实施原则，还包括与图书馆行业挂钩的国际条约、宣言和公约等的遵循原则。具体业务规范入相关各大类。

| 1400 | 项目管理规范 | PM |

以项目的方式实施的所有业务工作的原则性规范，具体的项目还可以制订临时

的管理规范，项目结束即废止。

  1500 分馆建设规范   CB

  涉及分馆建设和管理的基础业务工作和原则性规范入此，具体技术方面的规范入相关各类。

  1600 组织文化规范   OC

  组织文化包括组织的使命、愿景、荣誉体系、信念、仪式、符号、形象、价值观，等等。

  1700 人力资源规范   HR

  从业务需求出发对人力资源的管理规范入此，人事管理入规章制度。

  1800 宣传推广规范   PP

  图书馆的宣传推广，不是阅读推广。

  1900 风险管理规范   RM

  包括危机管理。所有涉及业务工作的风险管理规范入此，行政相关的规定入规章制度。

  2000 传统业务工作基础规范   B

  基础规范和技术无关，对基础业务的原则性规定入此。

  2100 采访工作基础规范   BA

  2200 编目工作基础规范   BB

  2300 流通工作基础规范   BC

  2400 报刊工作基础规范   BS

  2500 典藏工作基础规范   BH

  2600 参考工作基础规范   BR

  2700 读者服务工作基础规范   RS

  2800 少儿读者工作基础规范   CR

  2900 业务辅导工作基础规范   BG

  3000 自动化系统基本工作规范   A

  采用自动化系统的基本工作方法和规范入此。

  3100 自动化系统－采访工作基本规范   AA

  3200 自动化系统－编目工作基本规范   AB

  3300 自动化系统－流通工作基本规范   AC

  3400 自动化系统－报刊工作基本规范   AS

  3500 自动化系统－典藏工作基本规范   AH

  3600 自动化系统－参考工作基本规范   AR

  3700 自动化系统－联机检索系统规范   AO

  这是给读者使用的指南性质的规范，名称可改为《文献检索和网络服务指南》。

  4000 自动化系统扩展功能规范   X

  包括部分联盟业务、自动化外围系统和其他扩展系统的规范。

  4100 自动化系统－共同采购工作规范   JP

共同采购也称联合式采购，是指图书馆联盟的成员馆汇集共同的同业采购需求，联合向书商订购，可以提高采购绩效，降低成本。不同于数字资源的集团谈判采购，该业务具有细致而复杂的流程，需要自动化系统的支持。其他的协同采购或读者参与的采购也可入此。

  4200 自动化系统－联合编目工作规范   UC

联合编目支持图书馆联盟共享书目数据、合作编目并统一揭示文献收藏分布，为其他联盟业务提供基础支持。

  4300 自动化系统－网络流通工作规范   NC

网络流通支持读者之间转借、互换、图书漂流等，也支持分馆的通借通还。

  4400 自动化系统－馆际互借工作规范   IL

支持传递型的和非传递型的馆际互借。

  4500 自动化系统－移动图书馆应用规范   ML

支持移动服务的自动化外围系统，以流通和检索服务为主，可能还包括读者社区。

  4600 自动化系统－网络咨询工作规范   WC

网络咨询或虚拟参考咨询为非到馆的读者提供实时的参考咨询服务。

  4700 自动化系统－智能馆藏应用规范   IC

智能馆藏系统利用物联网的技术建立馆藏文献的智能管理体系，以非接触式自动标签（RFID）识别技术实现馆藏文献精确定位查找、智能化借还、有效防范被盗以及智能化分拣、排架和盘点等功能。不涉及 RFID 的其他系统可分到智能拓展系统中。

  4800 自动化系统－智能拓展应用规范   IE

智能拓展应用是人工智能技术在图书馆各个业务环节的运用，可辅助解决采访决策、自动编目、读者阅读分析和报告、个性化智能推荐、馆藏智能评估和文献智能评价以及智能参考咨询，等等，使图书馆业务全面智能化拓展，读者体验全面智能化提升。该类业务不涉及物联网，也不涉及对文献知识的处理。

  4900 自动化系统－扩展管理系统规范   EM

其他扩展管理系统的规范，例如，读者导读系统、综合信息显示或查询系统、电子阅览室服务系统、无障碍阅览服务系统以及办公自动化系统，等等。

5000 数字图书馆建设规范   D

数字图书馆建设是现代图书馆的核心业务。关于数字图书馆建设的一般化原则性规定入此，具体规范入相关各类。

  5100 数字图书馆－标准建设规范   SC

数字图书馆标准建设规范规定数字图书馆标准体系的建设，标准的设计、制订、管理和运用的规范，包括资源标准、平台标准、管理标准和服务标准，等等。

  5200 数字图书馆－实施规划规范   IP

  5300 数字图书馆－系统部署规范   SD

  5400 数字图书馆－资源建设规范   RC

数字图书馆资源建设规范包括各种资源的建设、资源库的管理、元数据的运用、网络资源利用、自建资源开发以及从文献到知识的资源加工规范。

5500　数字图书馆－运行管理规范　　　　　　　OM
5600　数字图书馆－服务提供规范　　　　　　　SO
5700　数字图书馆－推广培训规范　　　　　　　PT
5800　数字图书馆－项目开发规范　　　　　　　PD

数字图书馆项目开发规范全面描述数字图书馆工程项目（包括产品项目和资源项目）的特点和要素，规定项目管理技术在数字图书馆工程项目规划、方案细化、系统选择、计划与执行、控制与评价等整个项目生命周期中的运用。

5900　数字图书馆－能力提升规范　　　　　　　CP

数字图书馆能力提升规范依托数字图书馆能力成熟度模型，规定提升成熟度等级的规范化流程和方法。

6000　数字图书馆产品运维规范　　　　　　　P

数字图书馆产品包括管理性产品和服务性产品。产品运维规范包括各种产品的管理、运行、维护和服务的规范。

6100　资源发现与获取系统规范　　　　　　　　DA

资源发现与获取系统实现图书馆各类印刷型、电子型、数字型资源的一站式发现与获取，方便读者快速、准确、有效地在海量学术资源中查找和获取相关信息并提供学术研究的辅助。

6200　学术资源门户系统规范　　　　　　　　　RP

学术资源门户系统为读者提供一个统一而友好的整合检索环境——从统一的界面可同时检索多个异构远程资源。

6300　开放链接系统规范　　　　　　　　　　　OL

开放链接系统为读者提供上下文敏感链接，可直接连接到全文和其他图书馆定义的资源，包括联机公共查询目录（OPAC）的本地馆藏、文献传递供应商、关联网络资源和服务、本地信息资料库以及其他信息服务。

6400　学术推荐服务规范　　　　　　　　　　　SR

学术推荐服务利用网络化学术社区的力量，基于全文使用，提供学术推荐。它代表了对用户驱动内容重要性的认知，是Web 2.0与学术领域结合的重要一步。

6500　电子资源管理系统规范　　　　　　　　　ER

电子资源日益成为图书馆馆藏的重要组成部分，因此需要一个可以妥善管理这些电子资源的工具。电子资源管理系统对所有的电子资源工作流程进行管理，包括采访、试用、使用、成本、访问和其他管理的功能。

6600　数字资产管理系统规范　　　　　　　　　AM

数字资产已快速成为图书馆馆藏的重要组成部分，包括图像，音频/视频资料，数字化文本。数字资产管理系统可以有效地组织、管理以及与读者共享这些数字资产。

6700　数字资产保存系统规范　　　　　　　　　AP

数字资产保存系统也是一个重要的系统，提供具有高度扩展性、安全、易于管理的数字资产永久保存和再现的解决方案，使文化机构可以为后代保存过去的遗产。

6800　数字出版系统规范　　　　　　　　　　　　DP

数字出版系统支持数字图书馆参与学术数字出版，提供机构知识库、OA 期刊、OA 图书、开放科学以及倡导 OA 活动等。

6900　其他产品和服务系统规范　　　　　　　　　OP

包括文本、图像、音频和视频等各种资源、各种媒体的管理系统，也包括古籍在线平台和机读缩微资料管理等等，以及其他未纳入数字资产管理系统的特殊系统的管理。

7000　高级管理课题规范　　　　　　　　　　　　M

7100　业务规范体系管理规范（参见 0000）　　　　NS

所有元规范入 0-类，不涉及元规范的其他规范化工作规范入本类，将业务规范作为一个客观体系和客观业务知识的管理规范入本类。各图书馆需要自己权衡对业务规范的管理划分。

7200　知识资源管理规范　　　　　　　　　　　　KR

知识资源管理着眼于图书馆所拥有的行业知识资源（非服务于读者的知识资源）、技术文档和业务档案的管理，同时也包括知识管理成熟度模型相关的业务规范。服务于读者的知识资源管理分入数字图书馆相关的规范中，例如资源建设、服务提供和能力提升等。

7300　战略规划管理规范　　　　　　　　　　　　SP

战略规划管理着眼于图书馆远景战略规划的制订和管理，包括制订的方法和流程、审核或评审的过程、战略规划文本的管理、战略规划的实施，等等。

7400　全面质量管理规范　　　　　　　　　　　　TQ

全面质量管理着眼于图书馆实施全面质量管理，推行 ISO9000 质量管理标准的可能性和必要性及可操作性方法，以及卓越绩效管理、评估定级和其他评估方法相关的规范。也包括质量管理成熟度模型的详细规范。

7500　公共关系管理规范　　　　　　　　　　　　PR

公共关系管理着眼于图书馆的公共关系，包括读者关系、媒体关系、行业关系、政府关系和国际关系的管理。

7600　研究开发管理规范　　　　　　　　　　　　RD

研究开发管理着眼于图书馆的科研职能，聚焦图书馆行业科学研究和技术开发的管理以及其他研究性业务。

7700　业务成熟度管理规范　　　　　　　　　　　BM

业务成熟度管理规范规定图书馆在哪些领域可以运用成熟度模型，各个分领域成熟度等级的划分，所有的关键过程域，成熟度的评估以及和成熟度模型相关的业务规范概览等等内容。如果本规范过于庞大，可以按各个成熟度模型划分，即各个成熟度模型可以在这里有一部下位规范，描述对相应模型的管理。

7800　统一业务管理规范　　　　　　　　　　　　UB

统一业务管理针对的是抽象的业务构建、组合、编排、集成等"元"业务活动。统一业务管理从技术上精确刻画未来图书馆的业务和服务，以组件的方式构建业务，为虚拟数字图书馆的建设奠定坚实的基础。统一业务管理包括业务要素管理、业务活动管理、业务流程管理、业务配置管理、业务集成和业务重组等。

7900　联盟业务管理规范　　　　　　　　　　　　LA

联盟业务管理规范规定图书馆联盟的基础业务、联盟特定业务的实施和联盟统一业务的管理规范，也规定提供联盟服务的规范。

8000　增值服务工作规范　　　　　　　　　　　　V

8100　基本增值服务规范　　　　　　　　　　　　BV

基本增值服务包括参考咨询服务中的增值服务，如代理信息服务、文献传递服务、二三次文献服务、专题咨询服务和定题情报服务等，图书馆需要权衡本类规范和参考工作基础规范（2600）的合理划分。

8200　情报分析服务规范　　　　　　　　　　　　IA

情报分析服务是通过对不同来源的文献情报或其他情报进行综合、评估、分析和解读，梳理出用户需要的线索、数据、事实，提供分析结果的三次文献以满足已知或预期用户需求的过程。

8300　综合数据服务规范　　　　　　　　　　　　AD

综合数据服务（Aggregate Data Service）是为读者直接提供各种学科综合数据（Category Aggregate Data）的服务，包括学科基础数据、社会发展数据和科学研究数据，是知识服务的基础阶段或前知识服务阶段。也包括数据管理的各种规范甚至数据管理成熟度模型（GBT 36073—2018）的详细规范。

8400　高级知识服务规范　　　　　　　　　　　　AK

知识服务是指从各种显性和隐性知识资源中按照用户或读者的需要有针对性地提炼知识，并用来解决用户问题的高级阶段的信息服务过程。高级知识服务是智能化的知识服务。

8500　专业智库服务规范　　　　　　　　　　　　TT

专业智库服务，一般专注于某一领域，以专业知识为背景，致力于该领域的政策研究，提供客观的分析和具体的问题解决方案。

8600　教育培训服务规范　　　　　　　　　　　　ET

教育培训服务着眼于图书馆的教育职能，提供主动型的社会化教育培训服务的管理。

8700　立法咨询服务规范　　　　　　　　　　　　LC

立法咨询服务主要承接地方性法规、地方政府规章和规范性文件的调研、起草、论证，以及地方性法规的立法评估等事务性工作。

8800　决策支持服务规范　　　　　　　　　　　　DS

决策支持服务着眼于图书馆的决策支持职能，提供主动型的政府和大机构决策支持的服务。

【说明】有关共同采购，目前尚没有相关研究文献和可用的系统供参考，仅是笔者初步构想；有关智能拓展即人工智能的应用，目前有少量文献提及，如布和宝力德（2017）；数字图书馆产品根据特定供应商分类而设立，基本概括完整；业务成熟度管理见第十一章，统一业务管理见第十章；综合数据服务根据学术界有关数据管理和服务的研究归纳整理。

这个简表仍然需要完善和补充，例如，信息技术（IT）支持规范就涉及一个庞大的领域，如IT管理、IT服务管理、IT服务标准、IT基础架构库，等等，本章因篇幅所限不作表述。

第三节　详表

业务规范目录的详表包括业务规范分类的细目。

编号	名称	标识
0000	**业务规范管理规范**	N
0001	业务规范目录	NL
0003	业务规范标识	NI
0010	条款式业务规范运用指南	FPA
0015	业务规范的用语规范	BNP
0018	业务规范修正案（模板）	BNA
0020	活页业务规范运用指南	LLA
0021	维护手册（模板）	MM
0022	应急响应程序（模板）	ERP
0027	例外业务活动指南（模板）	EBA
0028	非常规业务事务流程（模板）	UCA
0030	表格业务规范运用指南	TNA
0090	业务技术政策白皮书运用指南	WPA
0100	业务规范技术性管理规范	TMN
0110	业务规范依赖表	DTN
0120	业务规范交叉引用表	CRT
0200	业务规范内部审核指南	IAG
0220	问题清单（模板）	ILT
0280	审核总结报告（模板）	ASR
0300	业务规范同行评审指南	PRG
0400	业务规范实施评估指南	ENE
0500	业务规范行业活动管理规范	NPA
0800	业务标准管理规范	BSM

0810	业务标准目录	BSL
0820	业务标准依赖表	DTS
0850	业务标准实施指南	SEG
0900	统一业务规范管理规范	UBN
1000	**基本规章规范**	**R**
1100	组织结构规范	OS
1200	规章制度规范	RR
1300	总体业务规范	OB
1310	业务目标规范	BON
1320	业务过程规范	BPN

这是宏观业务过程的一般原则性规范，具体业务过程的规范入相关各大类。基于信息技术的业务流程管理入7850。

1330	业务部署规范	BDN
1350	业务管理原则规范	BMP
1370	业务创新原则规范	BIP
1390	业务外包总体规范	BOS
1400	项目管理规范	PM
1410	业务课题管理规范	BTM

业务课题是独立的、非日常性的、具有不同难度的一次性繁琐业务任务，完成时间从一天到几月不等。不同于科研课题，业务课题一般不具备学术研究性质。

| 1420 | 活动指南 | APG |

活动指南是各种活动的业务方面（非行政方面）的抽象描述，它提供规范化的管理原则，以保障活动的顺利进行。各种类型各种性质的活动均需遵循活动指南。

1430	展览管理规范	EMN
1440	项目审计规范	PAN
1500	分馆建设规范	CB
1590	托管图书馆管理规范	ELM
1600	组织文化规范	OC
1700	人力资源规范	HR
1750	岗位责任规范	PRN
1760	业务角色清单	BRL
1780	职业素质规范	PQN

包括职业道德规范、职业礼仪规范、职业表现规范和职业素养规范。

1800	宣传推广规范	PP
1900	风险管理规范	RM
1920	安全保密规范	SS
1940	危机管理规范	CMN
1960	应急预案	EP

1980	事故处理规范	AHN
2000	**传统业务工作基础规范**	**B**
2100	采访工作基础规范	BA
2110	书商管理规范	VMN
2120	采访经费管理规范	AFM
2130	读者推荐采购规范	PRA
2140	读者决策采购规范	PDA
2150	读者众筹采购规范	PCA

以上三种不同的采购方式会有不同的流程，因此分三部规范来规定。参见 3120。

2160	采访招标管理规范	ATM

一般的招标管理规范（或办法）属于规章制度，这里只描述和文献资源采访业务密切相关的招标管理规定。

2170	特种文献采访规范	SLA
2180	数字资源采购规范	DRA

数字资源采购的特殊规范，包括数字资源的试用管理和集团谈判采购等。

2190	多语种采访特别规范	MLA

对不同语种文献采访的特别规定入此，需要的话可按语种细分。

2200	编目工作基础规范	BB
2210	编目规则运用规范	CRA

编目规则运用规范从理论到实践全面描述各种编目规则的应用，包括国际编目原则声明（SICP）、英美编目条例第二版（AACR2）、国际标准书目著录（ISBD）、中国的相关标准以及自定的编目规则。

2211	国际编目原则声明（SICP）	ICP 或 SICP[①]
2212	英美编目条例第二版（AACR2）	AAC 或 AACR
2213	国际文献著录标准（ISBD）[②]	SBD 或 ISBD
2214	中国文献编目规则运用规范	CCR
2215	中国文献著录标准运用规范	CBC
2216	分类法运用规范	LCA

分类法运用规范详细描述分类法的运用，包括一些特定类目使用的规则。

2217	主题词表运用规范	CCT

主题词表运用规范详细描述主题词表的运用，包括特定主题词的使用规则。

2218	规范词表管理规范	AVM

规范词表管理规范详细描述书目规范词表的管理和运用，含各个语种的词表。

2219	自定编目规则管理规范	UDC

[①] 为符合缩略词的常规或避免冲突，个别底层业务规范的标识可以考虑采用四个字母。

[②] 这里的三部规范规定相关编目规则的运用，并不是要把这三个标准直接放在这里。

包括自定编目规则和自定书目元素的运用规范。

  2220 联合编目基础规范   UCB

联合编目的原则规范入此，具体技术方面的规范入4200。

  2228 联合目录管理规范   UCM

联合目录不同于联合编目，联合目录的原则性管理规范入此，包括各种专题联合目录。

  2230 编目外包工作规范   COS
  2240 文献加工基础规范   LPB
  2290 多语种编目特别规范   MLB

对不同语种文献编目的特别规定入此，需要的话可按语种细分。

  2300 流通工作基础规范   BC
  2310 借阅服务规则   LSR

各种借阅服务规则的详细描述，不同于借阅服务协议（2713）。

  2320 阅读推荐服务规范   RRS

阅读推荐不是阅读推广，阅读推广规范入2750。

  2330 阅读指导服务规范   RGS

阅读指导是图书馆员对读者在阅读目的、内容、方法等方面给予直接指导和帮助的活动。

  2360 专题图书馆管理规范   TLM

各种专题图书馆或主题图书馆的管理和服务工作规范。

  2380 馆际互借基础规范   ILL

馆际互借的原则规范入此，具体技术方面的规范入4400。

  2400 报刊工作基础规范   BS
  2450 期刊研究规范   JRN
  2500 典藏工作基础规范   BH
  2510 文献整理开发规范   LCD

文献整理开发包括编制文献综述和再生性开发。

  2520 文献出版规范   LPN

仅限于典藏文献的出版，一般出版服务入7670。

  2530 缩微工作规范   MWN
  2540 古籍保护规范   ABP
  2550 古籍修复规范   ABR

古籍修复不同于古籍保护。此处仅限古籍修复工作的管理，并不需要过度关注古籍修复的技术。

  2560 文献资产管理规范   LAM

包括文献资产登记、核查、统计、赠送、交换、调拨、报损、剔旧、注销等。

  2570 战备书库管理规范   WPS
  2580 特种文献管理规范   SLM

特种文献包括古代手稿、抄本、书信、谱牒、甲骨、拓片、书画、卷轴、简牍、档案、散页文献、古代公文、具有文献性质的实物，等等。

2581　地方文献管理规范　　　　　　　　　　　　LLM

2583　民族文献管理规范　　　　　　　　　　　　NLM

2585　宗教文献管理规范　　　　　　　　　　　　RLM

2587　灰色文献管理规范　　　　　　　　　　　　GLM

灰色文献包括非正式出版物和其他非出版物的印刷品或现代手稿，如政府文件、学位论文、会议资料、科技报告、技术档案、企业文件、产品资料、贸易文件、工作文件、赠阅资料等。

2589　违禁文献管理规范　　　　　　　　　　　　PLM

违禁文献仅指依照法律或司法判决禁止提供读者服务的文献，不可任意扩大解释。

2590　现代特藏管理规范　　　　　　　　　　　　MSC

现代特藏是现代的特殊藏品，包括各种电子资源、计算机文件、软件、影音媒体、缩微品、数字资产、具有文献性质的现代实物甚至设备，等等。

2600　参考工作基础规范　　　　　　　　　　　　BR

2610　简单咨询服务规范　　　　　　　　　　　　SCS

2690　咨询档案管理规范　　　　　　　　　　　　CAM

2700　读者服务工作基础规范　　　　　　　　　　RS

2710　服务协议管理规范　　　　　　　　　　　　SAM

读者和图书馆之间各种服务协议的管理，协议本身是下位规范，需要律师参与审核并提供读者取阅或签订。2713~2719也可分散到相关规范的下位位置。

2711　一般服务协议　　　　　　　　　　　　　　GSA

读者进入图书馆就默认和图书馆签订了一般服务协议。

2712　网络服务协议　　　　　　　　　　　　　　NSA

读者使用图书馆的网络服务就默认和图书馆签订了网络服务协议。

2713　借阅服务协议　　　　　　　　　　　　　　LSA

读者办理借阅证就默认和图书馆签订了借阅服务协议。

2714　馆际互借服务协议　　　　　　　　　　　　ILA

读者请求馆际互借服务的协议，一般需要明签，也可能会收费。

2715　付费服务协议　　　　　　　　　　　　　　PSA

读者请求付费服务（包括复印、文献传递、送书上门等）就默认和图书馆签订了付费服务协议。这里可以包括部分基本增值服务的协议，例如专题咨询服务。

2716　定题情报服务协议　　　　　　　　　　　　SDA

广泛开展的一种增值服务的协议，在增值服务中是基本的，其他可比照设置，但仅限于针对特定用户的高级增值服务。

2717　情报分析服务协议　　　　　　　　　　　　IAA

针对特定用户的情报分析服务，需要协议。

2718 专业智库服务协议 TTA
针对特定机构的智库服务，需要协议。
2719 决策支持服务协议 DSA
针对大机构的决策支持服务，需要协议。所有这些增值服务协议都需要明签。
其他广泛开展的增值服务如知识服务，非针对特定用户，不需要协议。
2720 读者资源建设规范 RRC
读者资源包括读者的知识资源、人力资源、关系资源、资产资源等，建设方法包括整合、链接、配置和测度等。见参考文献（王子舟，2017）。

2727 读者发展规范 RDN
2729 读者参与业务规范 RPB
2730 读者活动管理规范 RAM
2740 读者信用管理规范 RCM
包含读者信用管理的基础规范或原则性规范，具体的信用管理方法在自动化流通工作相关的规范中详细描述，如 3300 或其下位规范。

2747 读者激励规范 RMN
2749 读者积分管理规范 RCS
2750 阅读推广工作规范 RPN
各种阅读推广方法如果需要细分，可以使用 2751~2769 的编号，除 2760 外。
2770 服务品牌建设规范 SBB
各种服务品牌如果需要细分，可以使用 2772~2789 的编号，除 2780 外。
2771 自愿服务者管理规范 VSP
2790 特殊读者服务规范 SRS
包含有阅读障碍的特殊读者或其他特殊人群的服务规范，也包括特殊服务形式的规范。

2800 少儿读者工作基础规范 CR
2890 玩具图书馆工作规范 TLN
2900 业务辅导工作基础规范 BG
2910 培训活动管理规范 TAM
2920 培训大纲 TPO
培训大纲是培训活动业务方面的抽象描述，它建立起严格科学的关键业务过程来规范所有培训活动，使职工得到全面、稳定、持续的培训，为优质高效完成业务工作或更好地为读者服务建立基础。

2921 培训计划列表 TPL
2923 培训课程列表 TCL
2925 培训教材列表 TML
2930 业务研究工作规范 BRN
2939 业务调研考察规范 BIR
2940 业务评估考核规范 BAE

2960	行业辅导工作规范	PCN
2970	行业学会工作规范	PSN
2980	在线教育平台规范	OEP
2990	博士后创新实践基地管理规范	PIP
3000	**自动化系统基本工作规范**	**A**
3100	自动化系统—采访工作基本规范	AA
3110	采访系统软件使用规范	ASA
3120	采访流程管理规范	APM

包括 PDA、PCA、PRA 在内的具体的几种可能流程的管理规范。

3200	自动化系统—编目工作基本规范	AB
3210	编目系统软件使用规范	BSA
3220	机读目录运用规范	MRC

机读目录运用规范全面描述各种机读目录（MARC）格式，包括它们所有字段的详细运用规则和规范。需要的话可按机读目录格式细分，例如：3221《US MARC 运用规范》、3222《CN MARC 运用规范》等等。

3230	编目质量控制规范	CQC
3300	自动化系统—流通工作基本规范	AC
3310	流通系统软件使用规范	CSA
3380	流动服务点管理规范	MSP

流动服务点含汽车图书馆或流动图书车及其他新形态流动服务点。

3390	自助图书馆管理规范	SSL

包括 24 小时自助图书馆（设备）和 24 小时无人值守图书室（书房）。

3400	自动化系统—报刊工作基本规范	AS
3410	报刊系统软件使用规范	SSA
3500	自动化系统—典藏工作基本规范	AH
3510	典藏系统软件使用规范	HSA
3600	自动化系统—参考工作基本规范	AR
3610	咨询系统软件使用规范	RSA
3700	自动化系统—联机检索系统规范	AO
4000	**自动化系统扩展功能规范**	**X**
4100	自动化系统—共同采购工作规范	JP
4200	自动化系统—联合编目工作规范	UC
4300	自动化系统—网络流通工作规范	NC
4400	自动化系统—馆际互借工作规范	IL
4500	自动化系统—移动图书馆应用规范	ML
4510	手机图书馆应用规范	APP
4550	无线终端服务系统规范	WTS

所有能够在移动终端上以 B/S 模式提供给读者访问的服务系统。

4570　电纸书终端服务系统规范　　　　　　　　　　　EPB
可提供电纸书阅读的系统。也可分入5650。
4590　数字电视服务系统规范　　　　　　　　　　　DTV
数字电视服务不局限于客厅电视，可以是移动的。也可分入5650。
4600　自动化系统－网络咨询工作规范　　　　　　　WC
4680　联盟咨询门户规范　　　　　　　　　　　　　ACP
联盟咨询门户提供联盟咨询的访问入口，对接各图书馆的在线或离线咨询系统。
4690　呼叫中心工作规范　　　　　　　　　　　　　CCN
呼叫中心接受通过语音的网络咨询，并不局限于模拟电话网。
4700　自动化系统－智能馆藏应用规范　　　　　　　IC
4790　智能机器人应用规范　　　　　　　　　　　　IRA
机器人图书传送系统、机器人整理书架、机器人盘点、机器人导引等应用。
4800　自动化系统－智能拓展应用规范　　　　　　　IE
4810　智能采访应用规范　　　　　　　　　　　　　AIA
采访辅助决策、基于内容管理的电子资源采访和经费分配模型等应用。
4820　智能编目应用规范　　　　　　　　　　　　　AIB
自动分类、自动标引、基于智能代理的自动联合编目同步等应用。
4830　智能流通应用规范　　　　　　　　　　　　　AIC
读者生物识别技术、智能读者画像、智能阅读推荐等应用。
4840　智能报刊应用规范　　　　　　　　　　　　　AIS
期刊订购辅助决策系统、基于目次摘要的期刊智能评价和期刊分级等应用。
4850　智能典藏应用规范　　　　　　　　　　　　　AIH
典藏文献评估、典藏整体评价、典藏处置模型等应用。
4860　智能参考应用规范　　　　　　　　　　　　　AIR
聊天机器人和移动语音咨询系统、无人呼叫中心等应用。
4870　智能检索应用规范　　　　　　　　　　　　　IRS
语义检索、相关性排名算法、全文搜索引擎、基于自然语言和语音的搜索等应用。
4880　智能文献评价规范　　　　　　　　　　　　　ILE
文献智能发现平台、文献学术价值估计模型和文献自动分级等应用。
4890　智能知识发现规范　　　　　　　　　　　　　IKD
通过知识发现和挖掘算法获取知识，进入数字图书馆领域，参见本书第十一章第三节。
4900　自动化系统－扩展管理系统规范　　　　　　　EM
4910　业务门禁系统规范　　　　　　　　　　　　　CAC
包括图书防盗门禁、人员进出统计和办公门禁。
4920　读者导读系统规范　　　　　　　　　　　　　RIS

包括交互式导读系统及虚拟实境（VR）展示系统、虚拟书库或书架等。

4930　综合信息显示系统规范　　　　　　　　IID

服务大数据展示系统，包括扩大至区域或行业联盟的服务大数据展示。

4940　综合信息查询系统规范　　　　　　　　CIQ

标准化定制的通用业务数据查询系统，一般仅供业务人员和管理人员使用。

4950　电子阅览室服务系统规范　　　　　　　DRR

4960　自助服务系统规范　　　　　　　　　　SSS

包括除智能馆藏系统之外的任何自助服务系统，例如自助复印。

4970　无障碍阅览服务系统规范　　　　　　　BFR

包括盲文服务和语音朗读服务等。

4980　官方网站管理规范　　　　　　　　　　OWM

4990　办公自动化系统规范　　　　　　　　　OAS

5000　数字图书馆建设规范　　　　　　　　　D

5100　数字图书馆－标准建设规范　　　　　　SC

5200　数字图书馆－实施规划规范　　　　　　IP

5300　数字图书馆－系统部署规范　　　　　　SD

5400　数字图书馆－资源建设规范　　　　　　RC

5410　资源数据库管理规范　　　　　　　　　RDB

数字图书馆资源数据库管理规范是全面描述各种资源数据库的开发、引进、管理、服务的规范。资源数据库包括文献数据库、科学数据库、事实库和其他知识库。

5420　资源元数据运用规范　　　　　　　　　RMA

资源元数据运用规范全面描述数字图书馆资源可能用到的各种元数据格式，包括它们所有元素的详细运用规则和规范。可按元数据格式细分，例如，5421《Dublin Core 运用规范》、5422《TEI 运用规范》、5423《EAD 运用规范》，等等。

5430　元数据设计规范　　　　　　　　　　　MDC

元数据设计规范是全面描述数字图书馆资源所需要的新元数据的设计和运用的规范，包括对元数据标准框架（MDF）、元数据注册系统（MDR）、元数据编码与传输标准（METS）和元数据对象描述模式（MODS）等成熟行业标准的遵循和运用的规范，还包括图书馆自定的相关标准或规范。

5440　网络资源利用规范　　　　　　　　　　UNR

5449　网络资源保存规范　　　　　　　　　　PNR

5450　自建资源开发规范　　　　　　　　　　SBR

包括自建资源库的管理、元数据的设计或运用、自建资源的服务等。

5500　数字图书馆－运行管理规范　　　　　　OM

5510　资源项目管理规范　　　　　　　　　　RPM

资源项目管理不同于资源数据库的管理，是完整的资源项目运行生命周期的管理。

5520	统一资源管理规范	URM
5530	资源发布规范	RRN
5550	数字版权管理规范	DRM
5600	数字图书馆－服务提供规范	SO
5620	检索服务规范	RSN
5630	应用服务规范	ASN

一般应用的原则规范，具体的各种产品应用入 6000 相关的规范。

5650	新媒体服务规范	NMS

提供数字图书馆资源内容的新媒体服务入此，其他常规的流通服务入 4500。

5680	主动服务规范	ISN

主动服务包括个性化服务、互动式服务、协调性服务（协调其他信息系统的服务）、持续性服务（长期跟踪服务）。

5690	协同服务规范	CSN

与其他数字图书馆的协同服务，或与其他信息系统的融合服务。

5700	数字图书馆－推广培训规范	PT
5750	公共数字文化工程规范	PDC
5800	数字图书馆－项目开发规范	PD
5900	数字图书馆－能力提升规范	CP
6000	**数字图书馆产品运维规范**	**P**
6100	资源发现与获取系统规范	DA
6120	元数据收割及检索规范	MHR
6140	资源整合规范	RIN
6200	学术资源门户系统规范	RP
6220	统一资源检索规范	URR
6300	开放链接系统规范	OL
6400	学术推荐服务规范	SR
6420	简易信息聚合规范	RSS
6500	电子资源管理系统规范	ER
6520	电子图书管理规范	EBM
6600	数字资产管理系统规范	AM
6700	数字资产保存系统规范	AP
6800	数字出版系统规范	DP
6900	其他产品和服务系统规范	OP
6910	文档资料管理系统规范	DFM
6920	图像资源管理系统规范	IRM
6930	音频资源管理系统规范	ARM
6940	视频资源管理系统规范	VRM
6950	流媒体资源系统规范	SMR

6960	光盘镜像管理系统规范	CDM
6970	古籍在线平台规范	OPA
6980	机读缩微管理规范	CIM
6990	个人数字图书馆规范	PDL
7000	**高级管理课题规范**	**M**
7100	业务规范体系管理规范（参见0000）	NS
7140	业务知识管理规范	BKM
7200	知识资源管理规范	KR
7210	知识资源目录	KRL
7220	业务档案管理规范	BAM
7230	行业知识管理规范	LSK
7240	业务知识服务规范	BKS
7300	战略规划管理规范	SP
7400	全面质量管理规范	TQ
7410	质量监督检查规范	QIS
7420	绩效测评规范	PMN
7430	卓越绩效管理规范	PEM
7440	综合评估规范	CAN
7442	读者满意度调查规范	SDS
7444	评估定级规范	AEG
7445	质量评估规范	QAN
7446	成熟度评估规范	MAN
7447	影响力评估规范	IAN
7500	公共关系管理规范	PR
7510	读者关系管理规范	RRM
7590	公共危机管理规范	PCM
7600	研究开发管理规范	RD
7610	学术委员会章程	ACC
7620	学术活动管理规范	AAM
7630	科研基金管理规范	SRF
7640	科研课题管理规范	SRT
7650	科研成果管理规范	SRA
7660	学术期刊编辑规范	AJE
7670	专业文献出版规范	PLP

可包括社会化的出版服务。典藏文献的出版规范入2520。

7680	文献情报研究规范	LIR

自主的文献情报研究，不同于文献开发规范（2510），也不同于文献情报分析规范（8210）。

7690	文化创意产品开发规范	CCP
7700	业务成熟度管理规范	BM
7800	统一业务管理规范	UB
7810	业务架构管理规范	AMN
7820	业务要素管理规范	BEM
7830	业务要素统计规范	BES
7835	业务要素量化评估标准	QEC
7840	业务活动管理规范	BAN
7850	业务流程管理规范	BPM
7860	业务配置管理规范	BCM
7870	业务集成规范	BIN
7880	业务重组规范	BPR
7890	业务移植规范	BMN
7900	联盟业务管理规范	LA
7910	联盟管理基础规范	AMB
7930	联盟业务执行规范	ABF

这里重点关注联盟业务执行和实施过程中的管理性规范。有关联盟业务的技术性规范可以集中归入此处，也可以分散分入相关各类。

7950	联盟统一业务规范	AUB
7970	联盟业务流程规范	APO
7990	联盟虚拟服务规范	AVS
7999	虚拟图书馆规范	VLN
8000	**增值服务工作规范**	**V**
8100	基本增值服务规范	BV
8190	定题情报服务规范	SDI

定题情报服务是针对用户的特定需要，定期从最新的文献数据库中为特定用户的提问进行检索并将结果提供给用户的情报服务，简称SDI。

8200	情报分析服务规范	IA
8210	文献情报分析规范	LIA
8220	科技情报分析规范	STI
8230	竞争情报分析规范	CIA
8240	宏观经济情报分析规范	MEI
8250	公共安全情报分析规范	PSI
8270	计算型情报分析规范[①]	IAC
8280	智能情报分析规范	IIA
8290	情报分析系统规范	IAS

---

① 见李广建等人的文献（2018）。

8300	综合数据服务规范	AD
8310	数据采集规范	DAN
8320	基础数据管理规范	FDM
8330	数据监护（Data Curation）规范	DCN
8340	大数据分析规范	BDA
8400	高级知识服务规范	AK
8410	基础知识服务规范	FKS
8420	学科信息服务规范	DIS
8430	学术支持服务规范	ASS
8440	知识产权服务规范	IPS
8500	专业智库服务规范	TT
8590	同行咨询服务规范	PCS
8600	教育培训服务规范	ET
8610	读者培训活动规范	RTA
8630	创新学习服务规范	ILS
8640	创业支持服务规范	ESS
8680	公民教育服务规范	CES
8700	立法咨询服务规范	LC
8800	决策支持服务规范	DS
8880	"两会"服务工作规范	TSS

这个目录表尚不完整，很多条目有待补充。其中，培训大纲（2920）见第七章第三节，业务规范体系管理规范（7100）的下位类规范见第十二章。统一业务管理规范（7800）和联盟业务管理规范（7900）的一些下位类需要解释，详见第十章。另外，表中没有详细列出各个成熟度模型的管理规范以及与成熟度模型有关的所有业务规范，就成熟度模型的运用领域而言，这些业务规范可能还有三十至四十部，详见第十一章。

在这个详表中，上位类和下位类之间存在三种不同的关系：

（1）上位类业务规范的内容应该包括下位类业务规范的概要内容或原则性内容，它们是结合关联的关系，例如，总体业务规范和统一业务管理规范的下位类规范；

（2）上位类业务规范的内容不包括下位类业务规范的内容，它只起一个规范类型的引领作用（个别类目甚至没有对应的规范内容，只是一个引领类目），下位类业务规范是独立的，例如，风险管理规范和典藏工作基础规范的几个下位类规范；

（3）上位类业务规范的内容包括部分下位类业务规范的概要内容或原则性内容，但另一些下位类业务规范是完全独立的，例如，全面质量管理规范的下位类规范。

从这个目录表可以看出，一个现代化的大型图书馆，其业务规范体系十分庞大，仅仅出现在业务规范目录中的条款式业务规范就有可能超过三百部。对活页式业务规范的粗略估计，可能达到两百页以上，再加上难以估计的表格式业务规范（同样粗略的估计可能多达几百份，见第十二章第一节），以及众多的培训计划和培训课程说明，其总和才是图书馆完整的业务规范体系。

当然，绝不是所有的业务规范都适合所有的图书馆，各馆应自行确定自己的目录。

从这个目录表还可以看出，图书馆的业务工作涉及众多的专业和研究方向，具有超乎寻常的复杂性，并深入知识结构的核心和信息技术的前沿。之所以如此复杂，完全是因为图书馆业务的核心业务对象——文献、信息、知识是极端复杂的，尤其是客观专业知识，具有超乎寻常的复杂性。对客观专业知识的加工处理和服务，当然也就具有超乎寻常的复杂性，必然会在相应的业务规范中反映出来。所有这些业务工作所需要的全面而精细的业务规范，以及从基础入门到高级精深的培训计划，将是图书馆未来应该完成的宏大任务。

当图书馆需要不在目录中的新的业务规范时，应该根据业务规范的性质、专业、范畴将其进行分类标引，放入目录表的适当位置，给予编号和标识。如果难以确定适当的位置，则应该放入能够确定的上一级大类或顶级大类之下，予以顺序编号。例如，有关高级业务管理的规范，若难以确定适当的位置就可以编号为7001，7002，7003，……

对这个目录表的修订应该借鉴图书分类法的修订原则进行，保证基本稳定并维持其层次等级关系。修订之后应该对受其影响的所有业务规范进行技术性修订。

第四节　业务规范标识

业务规范的所有标识需要统一管理，保证其全局唯一性。

标识	关键英文	编号	名称
A	Automation	3000	自动化系统基本工作规范
AA	Automation—Acquisition	3100	自动化系统—采访工作基本规范
AAC	Anglo—American Cataloguing	2212	英美编目条例第二版（AACR2）
AAM	Academic Activities Management	7620	学术活动管理规范
AB	Automation—Bibliography	3200	自动化系统—编目工作基本规范
ABF	Alliance Business Fulfillment	7930	联盟业务执行规范
ABP	Ancient—Books Protection	2540	古籍保护规范
ABR	Ancient—Books Restoration	2550	古籍修复规范
AC	Automation—Circulation	3300	自动化系统—流通工作基本规范
ACC	Academic Committee Constitution	7610	学术委员会章程
ACP	Alliance Consulting Portal	4680	联盟咨询门户规范
AD	Aggregate Data	8300	综合数据服务规范
AEG	Assessment, Evaluation and Grading	7444	评估定级规范
AFM	Acquisition Funds Management	2120	采访经费管理规范
AH	Automation—Holdings	3500	自动化系统—典藏工作基本规范
AHN	Accident Handling Norm	1980	事故处理规范

缩写	英文	编号	中文
AIA	Application of Intelligent Acquisition	4810	智能采访应用规范
AIB	Application of Intelligent Bibliography	4820	智能编目应用规范
AIC	Application of Intelligent Circulation	4830	智能流通应用规范
AIH	Application of Intelligent Holdings	4850	智能典藏应用规范
AIR	Application of Intelligent Reference	4860	智能参考应用规范
AIS	Application of Intelligent Serials	4840	智能报刊应用规范
AJE	Academic Journal Editing	7660	学术期刊编辑规范
AK	Advanced Knowledge	8400	高级知识服务规范
AM	Assets Management	6600	数字资产管理系统规范
AMB	Alliance Management Basis Norm	7910	联盟管理基础规范
AMN	Architecture Management Norm	7810	业务架构管理规范
AO	Automation－OPAC	3700	自动化系统－联机检索系统规范
AP	Assets Preservation	6700	数字资产保存系统规范
APG	Activity Program Guideline	1420	活动指南
APM	Acquisition Process Management	3120	采访流程管理规范
APO	Alliance Process Orchestration	7970	联盟业务流程规范
APP	Mobile Application	4510	手机图书馆应用规范
AR	Automation－Reference	3600	自动化系统－参考工作基本规范
ARM	Audio Resources Management	6930	音频资源管理系统规范
AS	Automation－Serials	3400	自动化系统－报刊工作基本规范
ASA	Acquisition Software Apply	3110	采访系统软件使用规范
ASN	Application Service Norm	5630	应用服务规范
ASR	Audit Summary Report	0280	审核总结报告（模板）
ASS	Academic Support Services	8430	学术支持服务规范
ATM	Acquisition Tendering	2160	采访招标管理规范
AUB	Alliance Unified Business	7950	联盟统一业务规范
AVM	Authority Vocabulary	2218	规范词表管理规范
AVS	Alliance Virtual Services	7990	联盟虚拟服务规范
B	Basis	2000	传统业务工作基础规范
BA	Basis－Acquisition	2100	采访工作基础规范
BAE	Business Assessment & Examination	2940	业务评估考核规范
BAM	Business Archives Management	7220	业务档案管理规范
BAN	Business Activity Norm	7840	业务活动管理规范
BB	Basis－Bibliography	2200	编目工作基础规范
BC	Basis－Circulation	2300	流通工作基础规范
BCM	Configuration Management	7860	业务配置管理规范
BDA	Big Data Analysis	8340	大数据分析规范
BDN	Business Deployment Norm	1330	业务部署规范
BEM	Business Elements Management	7820	业务要素管理规范
BES	Business Elements Statistics	7830	业务要素统计规范
BFR	Barrier Free Reading	4970	无障碍阅览服务系统规范
BG	Business Guidance	2900	业务辅导工作基础规范
BH	Basis－Holdings	2500	典藏工作基础规范
BIN	Business Integration Norm	7870	业务集成规范

BIP	Business Innovation Principle	1370	业务创新原则规范
BIR	Business Investigation & Research	2939	业务调研考察规范
BKM	Business Knowledge Management	7140	业务知识管理规范
BKS	Business Knowledge Service	7240	业务知识服务规范
BM	Business Maturity	7700	业务成熟度管理规范
BMN	Business Migration Norm	7890	业务移植规范
BMP	Business Management Principle	1350	业务管理原则规范
BNA	Business Norms Amendment	0018	业务规范修正案（模板）
BNP	Business Norms Phraseology	0015	业务规范的用语规范
BON	Business Objectives Norm	1310	业务目标规范
BOS	Business Outsourcing	1390	业务外包总体规范
BPM	Business Process Management	7850	业务流程管理规范
BPN	Business Process Norm	1320	业务过程规范
BPR	Business Process Restructuring	7880	业务重组规范
BR	Basis—Reference	2600	参考工作基础规范
BRL	Business Roles List	1760	业务角色清单
BRN	Business Research Norm	2930	业务研究工作规范
BS	Basis—Serials	2400	报刊工作基础规范
BSA	Bibliography Software Apply	3210	编目系统软件使用规范
BSL	Business Standard List	0810	业务标准目录
BSM	Business Standard Management	0800	业务标准管理规范
BTM	Business Topics Management	1410	业务课题管理规范
BV	Basic Value—added Services	8100	基本增值服务规范
CAC	Collection Access Control	4910	业务门禁系统规范
CAM	Consulting Archives Management	2690	咨询档案管理规范
CAN	Comprehensive Assessment	7440	综合评估规范
CB	Construction of the Branch	1500	分馆建设规范
CBC	Chinese Bibliographic Criteria	2215	中国文献著录标准运用规范
CCN	Call Center Norm	4690	呼叫中心工作规范
CCP	Cultural and Creative Products	7690	文化创意产品开发规范
CCR	Chinese Cataloguing Rules	2214	中国文献编目规则运用规范
CCT	Chinese Classified Thesaurus	2217	主题词表运用规范
CDM	Compact Disc Mirror	6960	光盘镜像管理系统规范
CES	Citizenship Education Service	8680	公民教育服务规范
CIA	Competitive Intelligence Analysis	8230	竞争情报分析规范
CIM	Computer Input Microfilm	6980	机读缩微管理规范
CIQ	Comprehensive Info Query	4940	综合信息查询系统规范
CMN	Crisis Management Norm	1940	危机管理规范
COS	Cataloguing Outsourcing	2230	编目外包工作规范
CP	Capacity Promotion	5900	数字图书馆—能力提升规范
CQC	Cataloguing Quality Control	3230	编目质量控制规范
CR	Children's Readers	2800	少儿读者工作基础规范
CRA	Cataloguing Rules Apply	2210	编目规则运用规范
CRT	Cross References Table	0120	业务规范交叉引用表

第五章 业务规范目录

CSA	Circulation Software Apply	3310	流通系统软件使用规范
CSN	Collaborative Services Norm	5690	协同服务规范
D	Digital Library	5000	数字图书馆建设规范
DA	Discovery & Acquisition	6100	资源发现与获取系统规范
DAN	Data Acquisition Norm	8310	数据采集规范
DCN	Data Curation Norm	8330	数据监护规范
DFM	Document File Management	6910	文档资料管理系统规范
DIS	Disciplines Information Services	8420	学科信息服务规范
DP	Digital Publishing	6800	数字出版系统规范
DRA	Digital Resources Acquisition	2180	数字资源采购规范
DRM	Digital Right Management	5550	数字版权管理规范
DRR	Digital Reading Room	4950	电子阅览室服务系统规范
DS	Decision Support	8800	决策支持服务规范
DSA	Decision Support Agreement	2719	决策支持服务协议
DTN	Dependency Table N	0110	业务规范依赖表
DTS	Dependency Table S	0820	业务标准依赖表
DTV	Digital Television	4590	数字电视服务系统规范
EBA	Exception Business Activity	0027	例外业务活动指南（模板）
EBM	EBooks Management	6520	电子图书管理规范
ELM	Entrusted Library Management	1590	托管图书馆管理规范
EM	Extended Management	4900	自动化系统—扩展管理系统规范
EMN	Exhibition Management Norm	1430	展览管理规范
ENE	Evaluation of Norms Enforcement	0400	业务规范实施评估指南
EP	Emergency Plan	1960	应急预案
EPB	Electronic Paper Books	4570	电纸书终端服务系统规范
ER	Electronic Resources	6500	电子资源管理系统规范
ERP	Emergency Response Procedure	0022	应急响应程序（模板）
ESS	Entrepreneurship Support Service	8640	创业支持服务规范
ET	Education and Training	8600	教育培训服务规范
FDM	Fundamental Data Management	8320	基础数据管理规范
FKS	Fundamental Knowledge Services	8410	基础知识服务规范
FPA	Form of Provisions Apply	0010	条款式业务规范运用指南
GLM	Grey Literature Management	2587	灰色文献管理规范
GSA	General Service Agreement	2711	一般服务协议
HR	Human Resources	1700	人力资源规范
HSA	Holdings Software Apply	3510	典藏系统软件使用规范
IA	Intelligence Analysis	8200	情报分析服务规范
IAA	Intelligence Analysis Agreement	2717	情报分析服务协议
IAC	Intelligence Analysis by Computing	8270	计算型情报分析规范
IAG	Internal Audit Guide	0200	业务规范内部审核指南
IAN	Impact Assessment Norm	7447	影响力评估规范
IAS	Intelligence Analysis System	8290	情报分析系统规范
IC	Intelligent Collections	4700	智能馆藏应用规范
ICP	International Cataloguing Principles	2211	国际编目原则声明（SICP）

IE	Intelligent Expansions	4800	智能拓展应用规范
IIA	Intelligent Intelligence Analysis	8280	智能情报分析规范
IID	Integrated Info Display	4930	综合信息显示系统规范
IKD	Intelligent Knowledge Discovery	4890	智能知识发现规范
IL	Interlibrary Loan	4400	自动化系统－馆际互借工作规范
ILA	Interlibrary Loan Agreement	2714	馆际互借服务协议
ILE	Intelligent Literature Evaluation	4880	智能文献评价规范
ILL	Interlibrary Loan	2380	馆际互借基础规范
ILS	Innovative Learning Services	8630	创新学习服务规范
ILT	Issues List Template	0220	问题清单（模板）
IP	Implementation Planning	5200	数字图书馆－实施规划规范
IPS	Intellectual Property Services	8440	知识产权服务规范
IRA	Intelligent Robot Apply	4790	智能机器人应用规范
IRM	Image Resources Management	6920	图像资源管理系统规范
IRS	Intelligent Retrieval System	4870	智能检索应用规范
ISN	Initiative Services Norm	5680	主动服务规范
JP	Joint Purchasing	4100	自动化系统－共同采购工作规范
JRN	Journal Research Norm	2450	期刊研究规范
KR	Knowledge Resources	7200	知识资源管理规范
KRL	Knowledge Resources List	7210	知识资源目录
LA	Library Alliance	7900	联盟业务管理规范
LAM	Literature Assets Management	2560	文献资产管理规范
LC	Legislative Consultation	8700	立法咨询服务规范
LCA	Library Classification Apply	2216	分类法运用规范
LCD	Literature Collation & Development	2510	文献整理开发规范
LIA	Literature Intelligence Analysis	8210	文献情报分析规范
LIR	Literature Intelligence Research	7680	文献情报研究规范
LLA	Loose Leaf Apply	0020	活页业务规范运用指南
LLM	Local Literature Management	2581	地方文献管理规范
LPB	Literature Processing Basis	2240	文献加工基础规范
LPN	Literature Publication Norm	2520	文献出版规范
LSA	Lending Service Agreement	2713	借阅服务协议
LSK	Library Science Knowledge	7230	行业知识管理规范
LSR	Lending Service Rules	2310	借阅服务规则
M	Management	7000	高级管理课题规范
MAN	Maturity Assessment Norm	7446	成熟度评估规范
MDC	Metadata Design Code	5430	元数据设计规范
MEI	Macro－Economic Intelligence	8240	宏观经济情报分析规范
MHR	Metadata Harvesting & Retrieval	6120	元数据收割及检索规范
ML	Mobile Library	4500	自动化系统－移动图书馆规范
MLA	Multilingual Acquisition	2190	多语种采访特别规范
MLB	Multilingual Bibliography	2290	多语种编目特别规范
MM	Maintenance Manual	0021	维护手册（模板）
MRC	Machine Readable Catalogue	3220	机读目录运用规范

MSC	Modern Special Collections	2590	现代特藏管理规范
MSP	Mobile Service Points	3380	流动服务点管理规范
MWN	Microfilm Work Norm	2530	缩微工作规范
N	Norms	0000	业务规范管理规范
NC	Network Circulation	4300	自动化系统—网络流通工作规范
NI	Norms Identification	0003	业务规范标识
NL	Norms List	0001	业务规范目录
NLM	National Literature Management	2583	民族文献管理规范
NMS	New Media Services	5650	新媒体服务规范
NPA	Norms Profession Activities	0500	业务规范行业活动管理规范
NS	Norms System	7100	业务规范体系管理规范
NSA	Network Service Agreement	2712	网络服务协议
OAS	Office Automation System	4990	办公自动化系统规范
OB	Overall Business	1300	总体业务规范
OC	Organizational Culture	1600	组织文化规范
OEP	Online Education Platform	2980	在线教育平台规范
OL	Open Link	6300	开放链接系统规范
OM	Operation Management	5500	数字图书馆—运行管理规范
OP	Other Products	6900	其他产品和服务系统规范
OPA	Online Platform of Ancient Books	6970	古籍在线平台规范
OS	Organization Structure	1100	组织结构规范
OWM	Official Website Management	4980	官方网站管理规范
P	Products	6000	数字图书馆产品运维规范
PAN	Projects Audit Norm	1440	项目审计规范
PCA	Patron Crowdfunding Acquisition	2150	读者众筹采购规范
PCM	Public Crisis Management	7590	公共危机管理规范
PCN	Professional Counseling Norm	2960	行业辅导工作规范
PCS	Peer Consulting Service	8590	同行咨询服务规范
PD	Projects Development	5800	数字图书馆—项目开发规范
PDA	Patron Driven Acquisition	2140	读者决策采购规范
PDC	Public Digital Culture	5750	公共数字文化工程规范
PDL	Personal Digital Library	6990	个人数字图书馆规范
PEM	Performance Excellence Model	7430	卓越绩效管理规范
PIP	Postdoctoral Innovation Practice	2990	博士后创新实践基地管理规范
PLM	Prohibited Literature Management	2589	违禁文献管理规范
PLP	Professional Literature Publishing	7670	专业文献出版规范
PM	Projects Management	1400	项目管理规范
PMN	Performance Measurement Norm	7420	绩效测评规范
PNR	Preservation of Network Resources	5449	网络资源保存规范
PP	Propaganda & Promotion	1800	宣传推广规范
PQN	Professional Quality	1780	职业素质规范
PR	Public Relations	7500	公共关系管理规范
PRA	Patron Recommendation Acquisition	2130	读者推荐采购规范
PRG	Peer Review Guide	0300	业务规范同行评审指南

PRN	Post Responsibility Norm	1750	岗位责任规范
PSA	Payment Service Agreement	2715	付费服务协议
PSI	Public Security Intelligence	8250	公共安全情报分析规范
PSN	Professional Society Norm	2970	行业学会工作规范
PT	Promotion & Training	5700	数字图书馆－推广培训规范
QAN	Quality Assessment Norm	7445	质量评估规范
QEC	Quantitative Evaluation Criteria	7835	业务要素量化评估标准
QIS	Quality Inspection & Supervision	7410	质量监督检查规范
R	Rules	1000	基本规章规范
RAM	Reader Activities Management	2730	读者活动管理规范
RC	Resource Construction	5400	数字图书馆－资源建设规范
RCM	Readers Credit Management	2740	读者信用管理规范
RCS	Readers Cumulative Score	2749	读者积分管理规范
RD	Research & Development	7600	研究开发管理规范
RDB	Resource Databases Management	5410	资源数据库管理规范
RDN	Reader Development Norm	2727	读者发展规范
RGS	Reading Guidance Service	2330	阅读指导服务规范
RIN	Resource Integration Norm	6140	资源整合规范
RIS	Reader Introduction System	4920	读者导读系统规范
RLM	Religious Literature Management	2585	宗教文献管理规范
RM	Risk Management	1900	风险管理规范
RMA	Resources Metadata Apply	5420	资源元数据运用规范
RMN	Reader Motivation Norm	2747	读者激励规范
RP	Resources Portal	6200	学术资源门户系统规范
RPB	Reader Participation in Business	2729	读者参与业务规范
RPM	Resource Projects Management	5510	资源项目管理规范
RPN	Reading Promotion Norm	2750	阅读推广工作规范
RR	Rules and Regulations	1200	规章制度规范
RRC	Reader Resources Construction	2720	读者资源建设规范
RRM	Reader Relation Management	7510	读者关系管理规范
RRN	Resource Release Norm	5530	资源发布规范
RRS	Reading Recommendation Services	2320	阅读推荐服务规范
RS	Reader Services	2700	读者服务工作基础规范
RSA	Reference Software Apply	3610	咨询系统软件使用规范
RSN	Retrieval Service Norm	5620	检索服务规范
RSS	Really Simple Syndication	6420	简易信息聚合规范
RTA	Reader Training Activities	8610	读者培训活动规范
SAM	Service Agreement Management	2710	服务协议管理规范
SBB	Service Brand Building	2770	服务品牌建设规范
SBD	Standard Bibliographic Description	2213	国际文献著录标准（ISBD）
SBR	Self-Built Resources Development	5450	自建资源开发规范
SC	Standard Construction	5100	数字图书馆－标准建设规范
SCS	Simple Consulting Service	2610	简单咨询服务规范
SD	System Deployment	5300	数字图书馆－系统部署规范

SDA	Selective Dissemination Agreement	2716	定题情报服务协议
SDI	Selective Dissemination of Information	8190	定题情报服务规范
SDS	Satisfaction Degree Survey	7442	读者满意度调查规范
SEG	Standard Enforcement Guide	0850	业务标准实施指南
SLA	Special Literature Acquisition	2170	特种文献采访规范
SLM	Special Literature Management	2580	特种文献管理规范
SMR	Streaming Media Resources	6950	流媒体资源系统规范
SO	Service Offering	5600	数字图书馆－服务提供规范
SP	Strategy Planning	7300	战略规划管理规范
SR	Scholarly Recommender Service	6400	学术推荐服务规范
SRA	Scientific Research Achievements	7650	科研成果管理规范
SRF	Scientific Research Fund	7630	科研基金管理规范
SRS	Special Reader Services	2790	特殊读者服务规范
SRT	Scientific Research Topics	7640	科研课题管理规范
SS	Safety and Security	1920	安全保密规范
SSA	Serials Software Apply	3410	报刊系统软件使用规范
SSL	Self－Service Library	3390	自助图书馆管理规范
SSS	Self－Service System	4960	自助服务系统规范
STI	Scientific and Technical Information	8220	科技情报分析规范
TAM	Training Activities Management	2910	培训活动管理规范
TCL	Training Courses List	2923	培训课程列表
TLM	Thematic Library Management	2360	专题图书馆管理规范
TLN	Toy Library Norm	2890	玩具图书馆工作规范
TML	Training Materials List	2925	培训教材列表
TMN	Technical Management Norm	0100	业务规范技术性管理规范
TNA	Table Norms Apply	0030	表格业务规范运用指南
TPL	Training Plans List	2921	培训计划列表
TPO	Training Program Outline	2920	培训大纲
TQ	Total Quality	7400	全面质量管理规范
TSS	Two Sessions Service	8880	"两会"服务工作规范
TT	Think Tank	8500	专业智库服务规范
TTA	Think Tank Agreement	2718	专业智库服务协议
UB	Unified Business	7800	统一业务管理规范
UBN	Unified Business Norms	0900	统一业务规范管理规范
UC	Union Cataloguing	4200	自动化系统－联合编目工作规范
UCA	Un－Conventional Affairs	0028	非常规业务事务流程（模板）
UCB	Union Cataloguing Basis	2220	联合编目基础规范
UCM	Union Catalogue Management	2228	联合目录管理规范
UDC	User－Defined Cataloguing	2219	自定编目规则管理规范
UNR	Utilization of Network Resources	5440	网络资源利用规范
URM	Unified Resource Management	5520	统一资源管理规范
URR	Unified Resource Retrieval	6220	统一资源检索规范
V	Value－added Services	8000	增值服务工作规范
VLN	Virtual Library Norm	7999	虚拟图书馆规范

VMN	Vendors Management Norm	2110	书商管理规范
VRM	Video Resources Management	6940	视频资源管理系统规范
VSP	Voluntary Service Providers	2771	自愿服务者管理规范
WC	Web Consultation	4600	自动化系统—网络咨询工作规范
WPA	White Papers Apply	0090	业务技术政策白皮书运用指南
WPS	War Preparedness Stack	2570	战备书库管理规范
WTS	Wireless Terminal Service	4550	无线终端服务系统规范
X	eXtended	4000	自动化系统扩展功能规范

每当新增加业务规范时，应根据其关键英文初拟标识，并从此表中查重，然后按需要进行调整，选定其合适的标识并补充到本表之中。若新的标识有冲突难以处理，可考虑在其前面加 X（或 Y，Z），这些标识将集中排列在此表的最后。

第五节 统一业务规范目录

本书立论的一个重要基点，就是部分业务规范对行业内所有的图书馆均适用，例如元规范和一些抽象的规范以及第十章提出的元业务管理规范，这些业务规范我们都广义地称为统一业务规范。本书第二章第五节提到制定统一业务规范的目录，这是行业的业务规范统一推广服务机构的职责，在本章尝试对业务规范目录进行甄别，以发现其中的统一业务规范。下面这份目录是业务规范目录的一个子集，推荐作为最低层级的统一业务规范目录，仅供参考。不同层级的统一业务规范目录需要分别制定。

编号	名称	标识
0000	**业务规范管理规范**	N
0100	业务规范技术性管理规范	TMN
0200	业务规范内部审核指南	IAG
0300	业务规范同行评审指南	PRG
0400	业务规范实施评估指南	ENE
0500	业务规范行业活动管理规范	NPA
0800	业务标准管理规范	BSM
0900	统一业务规范管理规范	UBN
1000	**基本规章规范**	R
1100	组织结构规范	OS
1200	规章制度规范	RR
1300	总体业务规范	OB
1320	业务过程规范	BPN
1350	业务管理原则规范	BMP
1400	项目管理规范	PM

1420	活动指南	APG
1440	项目审计规范	PAN
1500	分馆建设规范	CB
1900	风险管理规范	RM
1960	应急预案	EP
2000	**传统业务工作基础规范**	**B**
2100	采访工作基础规范	BA
2160	采访招标管理规范	ATM
2200	编目工作基础规范	BB
2220	联合编目基础规范	UCB
2300	流通工作基础规范	BC
2380	馆际互借基础规范	ILL
2400	报刊工作基础规范	BS
2500	典藏工作基础规范	BH
2530	缩微工作规范	MWN
2540	古籍保护规范	ABP
2550	古籍修复规范	ABR
2600	参考工作基础规范	BR
2690	咨询档案管理规范	CAM
2700	读者服务工作基础规范	RS
2710	服务协议管理规范	SAM
2900	业务辅导工作基础规范	BG
2920	培训大纲	TPO
2970	行业学会工作规范	PSN
5000	**数字图书馆建设规范**	**D**
5100	数字图书馆－标准建设规范	SC
5200	数字图书馆－实施规划规范	IP
5300	数字图书馆－系统部署规范	SD
5400	数字图书馆－资源建设规范	RC
5410	资源数据库管理规范	RDB
5420	资源元数据运用规范	RMA
5430	元数据设计规范	MDC
5440	网络资源利用规范	UNR
5500	数字图书馆－运行管理规范	OM
5510	资源项目管理规范	RPM
5520	统一资源管理规范	URM
5530	资源发布规范	RRN
5550	数字版权管理规范	DRM

5600	数字图书馆－服务提供规范	SO
5620	检索服务规范	RSN
5630	应用服务规范	ASN
5680	主动服务规范	ISN
5690	协同服务规范	CSN
5700	数字图书馆－推广培训规范	PT
5800	数字图书馆－项目开发规范	PD
5900	数字图书馆－能力提升规范	CP
6000	**数字图书馆产品运维规范**	P
7000	**高级管理课题规范**	M
7100	业务规范体系管理规范（参见0000）	NS
7140	业务知识管理规范	BKM
7200	知识资源管理规范	KR
7230	行业知识管理规范	LSK
7240	业务知识服务规范	BKS
7300	战略规划管理规范	SP
7400	全面质量管理规范	TQ
7440	综合评估规范	CAN
7444	评估定级规范	AEG
7500	公共关系管理规范	PR
7600	研究开发管理规范	RD
7680	文献情报研究规范	LIR
7700	业务成熟度管理规范	BM
7800	统一业务管理规范	UB
7900	联盟业务管理规范	LA
7910	联盟管理基础规范	AMB
7930	联盟业务执行规范	ABF
7950	联盟统一业务规范	AUB
7970	联盟业务流程规范	APO
7990	联盟虚拟服务规范	AVS
7999	虚拟图书馆规范	VLN
8000	**增值服务工作规范**	V
8100	基本增值服务规范	BV
8190	定题情报服务规范	SDI
8200	情报分析服务规范	IA
8210	文献情报分析规范	LIA
8220	科技情报分析规范	STI
8230	竞争情报分析规范	CIA

8240	宏观经济情报分析规范	MEI
8300	综合数据服务规范	AD
8320	基础数据管理规范	FDM
8400	高级知识服务规范	AK
8410	基础知识服务规范	FKS
8420	学科信息服务规范	DIS
8430	学术支持服务规范	ASS
8440	知识产权服务规范	IPS
8500	专业智库服务规范	TT
8590	同行咨询服务规范	PCS

考虑到统一业务规范目录包含的业务规范是所有图书馆共有的业务规范，这份目录表可能还是过大了。例如，一些图书馆可能并没有研究实施高级管理课题，也没有多少增值服务，这两部分大概还都应该继续削减。另外，各图书馆的基础业务规范也都是有差异的，能否将其部分统一，从而纳入统一业务规范目录也是一个有待深入研究的重大问题。

应该考虑一种情况，就是可选择性统一业务规范，即：图书馆可以没有某项业务工作，但如果有，则其业务规范必须是统一的，例如全面质量管理规范，它必须遵循有关的国际标准并且有一套成熟的技术支持其实施，具体的图书馆基本上没有多少可以自由发挥的空间。

因此，存在多种不同的统一业务规范目录，包括不同层级的统一业务规范目录、联盟统一业务规范目录和全行业的可选择性统一业务规范目录等。

统一业务规范目录由行业的业务规范统一推广服务机构制定，需要得到行业内确定范围的所有图书馆的认可，其中的每一部业务规范也需要得到确定范围的所有图书馆的认可。从表面上看这几乎是不可能的，但我们追求业务的全面规范化就不应该忽略行业对业务统一性的要求，这也是图书馆行业在规范化道路上更高的追求目标。未来，这个目标不仅是可能达到的，而且也是应该达到的。

第六章 基础规范内容纲要

一个图书馆要实施业务规范工作，必须从一个方面起步。比较稳妥的做法是选择一项基础业务作为启动业务规范工作的试点。本章将梳理基础业务工作的规范纲要或大纲，可以推荐作为图书馆实施业务规范的试点工作的起点，例如从采访工作开始试点。

需要说明的是，本章所提供的基础业务规范描述的大纲，仅仅是一种诱导性提示。图书馆需要自己研究决定这些基础规范需要描述的基础内容，原则上它们应该和技术无关，凡是涉及信息技术或其他技术的内容，均应归入自动化范畴的对应业务规范之中。

第一节 采访工作基础规范

采访工作是图书馆业务工作的起点，是图书馆开展其他各项业务工作的基础。采访工作基础规范应该描述下列问题（刘兹恒 2010b）：

采访总则
采访计划编制
馆藏结构
采访方式
采访工作流程
经费管理
采访招标
特种文献采访
采访部门职责

采访总则规定原则性的采访政策，应该根据图书馆的性质和任务来确定。不同类型的图书馆，其性质、任务、宗旨和服务对象不同，其采访政策会有很大的差异。

国家图书馆侧重于全面收藏本国出版物和保存本民族文化遗产，其基本原则是全面收藏中文文献和有关中国的外文文献，馆藏建设侧重于文献本身的保存价值，有严格的复本控制。

普通公共图书馆要满足广大人民群众的广泛阅读和终身教育的需要，要根据所服务地区的实际读者需要开展文献采访工作，藏书建设要兼顾到各个年龄层次、各种文化水平和各种职业领域的读者的需要。

大学图书馆要围绕自己的教学和科研工作来开展文献资源的建设工作，要多考虑本校的学科范围、教学重点和专业特色，藏书建设侧重于师生的阅读、教学和科研需求。

科研机构图书馆则应该根据本机构的学术研究范围来开展文献资源建设工作，为本机构的科研工作提供最新文献信息，注重文献时效性而轻于长期保存，并努力跟踪国际上文献保障和传播机制方面的最新发展技术，例如预印本、开放存取，等等。

其他机构图书馆则应该根据本机构的性质、任务和服务对象来确定文献资源建设工作的重点，使采选文献能够有效服务于机构的业务目标。

采访计划编制规定图书馆一定时间范围内的文献采访计划，包括的内容有：

  采访计划的类型
    长期采访计划
    中短期采访计划
    年度采访计划
  采访计划编制的步骤和方法
    编制前的调查研究
    采访计划的主要内容
    编制计划的注意事项

馆藏结构规定图书馆馆藏文献体系的构成，包括的内容有：

  馆藏文献的等级结构
  馆藏文献的学科结构
  馆藏文献的时间结构
  馆藏文献的文种结构
  馆藏文献的类型结构

采访方式规定文献采访的各种方式，包括的内容有：

  购买方式
    订购方式
  现采方式
    报刊预订
  非购买方式
    呈缴
    受赠
    交换
    调拨
    征集
    租借
    复制
    自制

采访工作流程规定采访工作的业务流程,包括的内容有:
  购买方式的采访流程
    书目信息收集
    文献选择
    文献查重
    审核
    订单制作和发订
  非购买方式的采访流程
    呈缴
    受赠
    交换
    调拨
    征集
  验收
    总括登记
    个别登记
    催询

采访经费管理规定采访经费的管理和使用,包括的内容有:
  采访预算管理
    采访经费的管理原则
    预算的制订
    预算实施计划
  采访经费的支出管理
    经费支出的程序
    支出权限管理
    经费使用的制约条件
  采访结算
    结算方式
    折扣
    汇率
    支付

采访招标规定采访招标流程和管理办法,包括的内容有:
  招标流程管理
  招标行政管理
  招标文件构成
    投标邀请

投标人须知

投标文件格式

投标人和服务产品的资格、资质

投标人和服务产品的其他类似效力要求

相关证明材料

招标项目技术、商务及其他要求

评标办法

合同主要条款

特种文献采访规定特种文献采访过程中的特殊问题，包括的内容有：

特种文献的范围

特种文献的采访方法

专项资金使用

专项采购合同

采访部门职责规定采访部门的业务职责，包括的内容有：

文献采访委员会

采访部门

  岗位设置和业务角色

  岗位职责

  工作要求

  工作规范

采访人员职业素质

  社会责任

  职业精神

  职业表现

采访工作基础规范包括的下位规范有：

2110	书商管理规范	VMN
2120	采访经费管理规范	AFM
2130	读者推荐采购规范	PRA
2140	读者决策采购规范	PDA
2150	读者众筹采购规范	PCA
2160	采访招标管理规范	ATM
2170	特种文献采访规范	SLA
2180	数字资源采购规范	DRA
2190	多语种采访特别规范	MLA

在采访工作基础规范中没有描述或无法全面描述的内容应在这些下位规范中进行详细描述。多语种采访特别规范只描述不同语种采访的特殊性。

第二节 编目工作基础规范

编目工作是图书馆的核心业务工作,是使文献有序化以提供读者服务的基本保证。编目工作基础规范应该描述下列问题:

  编目总则
  文献著录
  文献分类
  主题标引
  规范控制
  质量控制
  联合编目
  编目外包
  编目部门职责

编目总则规定原则性的编目政策,包括的内容有:

  编目理论
  编目原则
  编目体系
  编目职能
  编目标准
  编目规则
  编目对象
  编目方法

编目是图书馆最具有学术价值的领域,总则应体现其学术性。这里对此进一步稍加分解描述,供制订编目业务规范时参考。在编目工作基础规范中应该有相应的简单描述。

编目理论应描述编目标准化理论(文献编目条例)、集中编目理论、联合编目理论、共享编目理论、书目控制理论以及高级编目理论(BIBFRAME,FRBR/FRAD,RDA)。

编目原则中描述编目的基本原则,包括:客观性原则、规范性原则、实用性原则、制度化原则、用户便利性原则(方便读者查找、导航、识别、选择、获取文献)。

编目体系包括从手工编目到自动化编目,从分散编目到集中(联合、共享)编目,从文献编目到信息资源编目,从书目组织到信息组织的演进。

编目标准包括:国际编目原则声明(SICP)、英美编目条例第二版(AACR2)、国际标准书目著录(ISBD)、中国文献编目规则和文献著录总则等标准。

编目规则包括图书馆具体的编目工作规则,例如,中图分类法运用规则、主题词表运用规则、规范词表管理规则、自定编目规则管理等。

编目对象包括图书、期刊、报纸、非书资料等文献，学术论文等资源，其他信息资源，具有文献性质的实物馆藏等。

编目方法包括描述编目：著录法、标目法，主题编目：分类标引、主题标引。

文献著录规定揭示文献、描述文献形式和内容特征的原则、方法和规则，包括的内容有：

  文献著录的原则
  文献特征描述
  文献著录等级
  文献著录标准
  各类文献著录
  文献目录组织

文献分类规定按照文献的内容分门别类地组织和揭示文献的原则、方法和规则，包括的内容有：

  文献分类的原则
  文献分类法
  文献分类程序
  各类型文献的分类
  各学科文献的分类
  同类区分

主题标引规定对文献的学科内容主题进行分析、识别、标引的原则和方法，包括的内容有：

  主题标引的原则
  主题词表
  标引规则
  组配原则
  主题检索语言

规范控制规定对用于文献标引的标识进行规范的原则、方法和规则，包括的内容有：

  规范控制原则
  规范文档编制
  规范标目维护
  规范书目连接
  规范系统

质量控制规定编目质量控制的一般原则和管理办法,包括的内容有:

> 质量控制原则
> 质量目标
> 书目审校
> 其他产品质量
> 质量检查
> 质量评估

编目部门职责规定编目部门的业务职责,包括的内容有:

> 编目部门
> > 岗位设置和业务角色
> > 岗位职责
> > 工作要求
> > 工作规范
> 编目人员职业素质
> > 社会责任
> > 职业精神
> > 职业表现

另外,有关联合编目的规范可分为一般原则、简略概述、基础规范和详细的方法,分别在不同的规范中进行描述。例如,《编目工作基础规范》可包括一般原则的简略概述,在《联合编目基础规范》(2220)中包括联合编目基础规范的描述(原则、机构、用户、协议和标准),《自动化系统联合编目工作规范》(4200)包括详细的联合编目方法的描述(流程、产品、服务和培训等)。图书馆应仔细权衡这些规范的划分,使之成为一个自洽的体系。

编目外包是近年来图书馆行业业务发展的一个热点趋势,它对图书馆来说有利有弊,需要加强管理并规范化实施。有关编目外包的业务规范应在《编目外包工作规范》(2230)中进行详细描述,包括的内容有:

> 外包范围
> 外包机构
> 外包协议
> 业务标准
> 业务流程和交接
> 质量管理
> 统计评估

除了联合编目和编目外包而外,编目工作基础规范包括的下位规范还有:

2210	编目规则运用规范	CRA
2240	文献加工基础规范	LPB

2290   多语种编目特别规范   MLB

在编目工作基础规范中没有描述或无法全面描述的内容应在这些下位规范中进行详细描述。文献加工和编目是一体化的工作，应详细描述加工的各个环节的规定。多语种编目特别规范只描述不同语种编目的特殊性。

第三节 流通工作基础规范

流通工作就是使图书在读者中流动起来，达到被读者有效利用、为读者服务的目的，是图书馆服务工作的基本目标之一。流通工作基础规范应该描述下列问题：

流通总则
读者
常规流通
阅览
流动点和流动车
流通分馆
流通事务
特种流通
流通部门职责

流通总则规定原则性的流通政策，包括的内容有：

流通范围
流通服务项目
流通政策
法律责任和权利

读者规定图书馆读者的范围和相关政策，包括的内容有：

读者注册和认证
读者权利和义务
读者协议
读者管理
读者评价

常规流通规定常规流通服务的管理，包括的内容有：

普通外借
专项外借
续借

　　　　预约
　　　　其他外借方式
　　阅览规定读者到馆阅览服务的管理，包括的内容有：
　　　　普通阅览
　　　　预定阅览
　　　　复制
　　　　打印
　　流动点和流动车规定建立活动或移动的流通服务点的管理，包括的内容有：
　　　　流动服务点
　　　　流动服务车
　　　　送书上门服务
　　流通分馆规定具备一定规模和较完整业务的流通分馆的管理，包括的内容有：
　　　　流通分馆建立条件
　　　　流通分馆的文献调拨
　　　　流通分馆的流通政策
　　　　流通分馆的管理
　　流通事务规定与流通相关的一些业务事务的管理，包括的内容有：
　　　　脱机流通
　　　　读者财经事务
　　　　特殊事务
　　　　读者通知
　　　　流通统计分析
　　特种流通规定特种文献的流通管理办法，包括的内容有：
　　　　随书光盘的流通
　　　　电子资源的流通
　　　　影音资料的流通
　　　　其他特种文献的流通
　　流通部门职责规定流通部门的业务职责，包括的内容有：
　　　　流通部门
　　　　　　岗位设置和业务角色
　　　　　　岗位职责
　　　　　　工作要求
　　　　　　工作规范
　　　　流通工作人员职业素质

社会责任
职业精神
职业表现

有关馆际互借业务的规范在《馆际互借基础规范》(2380)和《自动化系统馆际互借工作规范》(4400)中进行详细描述。

第四节 报刊工作基础规范

报刊管理具有不同于图书管理的一些特殊性。报刊工作基础规范应该描述下列问题：

报刊采访
报刊编目
现刊管理
过刊管理
期刊研究
报刊部门职责

报刊采访规定报刊采访的原则和方法，包括的内容有：

报刊采访的原则
报刊采访计划
报刊采访方式
报刊采访流程
经费管理
采访招标

报刊编目规定报刊编目的原则和方法，包括的内容有：

报刊编目总则
报刊著录
报刊分类和主题标引
报刊出版变更的编目处理

现刊管理规定报刊的现刊管理的方法，包括的内容有：

现刊记到
现刊阅览服务
随刊光盘服务
催询补缺

过刊管理规定报刊的过期刊的管理方法，包括的内容有：

  过刊装订
  装订验收
  交送典藏或流通

期刊研究规定对学术期刊进行情报研究和提供参考服务的方法，包括的内容有：

  期刊目次处理
  学术期刊引文分析
  学术期刊评价和核心期刊
  期刊特殊研究参考服务

报刊部门职责规定报刊部门的业务职责，包括的内容有：

  报刊部门
    岗位设置和业务角色
    岗位职责
    工作要求
    工作规范
  报刊工作人员职业素质
    社会责任
    职业精神
    职业表现

第五节　典藏工作基础规范

  典藏工作涉及众多业务部门，也是一项基础的业务工作。典藏工作基础规范应该描述下列问题：

  典藏政策
  典藏组织
  书库管理
  文献维护
  盘点
  特藏工作
  文献开发
  典藏部门职责

  典藏政策规定原则性的典藏政策，包括的内容有：

典藏范围
典藏发展政策
典藏规划

典藏组织规定典藏划分和组织管理的方法，包括的内容有：

典藏划分方法
核心藏书和大型特藏
保存本或基藏
内部阅览
外借
藏书组织和排架
专题书库和书架
名人藏书库或书架
专题书架
特殊工作架

书库管理规定书库管理的方法，包括的内容有：

书库基本管理制度
书库的规划
日常维护
倒库
安全管理

文献维护规定文献管理维护的方法，包括的内容有：

文献维护内容
清洁卫生
防潮防霉
虫害防治
文献装订和修复

盘点规定馆藏盘点的方法和流程，包括的内容有：

盘点流程
盘点准备
清点排架
错误处理
盘点记录

特藏工作规定特殊文献典藏工作的原则和方法，包括的内容有：

特藏文献范围
特藏管理

特藏服务
古籍保护
古籍修复

文献开发规定文献开发的原则和方法，包括的内容有：

文献开发原则
文献开发范围
文献开发方法
文献开发流程
项目管理
产品管理

典藏部门职责规定典藏部门的业务职责，包括的内容有：

涉及典藏的业务部门
　　岗位设置和业务角色
　　岗位职责
　　工作要求
　　工作规范
典藏工作人员职业素质
　　社会责任
　　职业精神
　　职业表现

第六节　参考工作基础规范

参考咨询工作是解答读者提问的基础服务工作。参考工作基础规范应该描述下列问题：

一般咨询服务
文献检索服务
专题文献服务
咨询档案管理
参考咨询馆员
参考咨询专家
咨询部门职责

一般咨询服务规定一般咨询服务的方法，包括的内容有：

总服务台咨询

参考咨询服务台

其他咨询

咨询责任制度

文献检索服务规定文献检索服务的方法，包括的内容有：

代查代检文献

科技查新

其他代理信息服务

文献传递服务

个性化推荐

开放获取（OA）

其他代理信息服务包括代译文献、代整理文献、代理搜索和下载其他信息或文件等服务。文献传递服务属于非返还式服务，包括文献的现场提供（即读者直接通过复印、打印、扫描、刻录原文后获得），也包括远程传递（即馆员将文献原文复制后通过邮寄、传真、电子邮件和社交软件等方式向读者提供）。

专题文献服务规定专题文献服务的内容和方法，包括的内容有：

专题文献服务的范围

专题文献提供

专题文献分析

三次文献服务

参考资料编制

咨询档案管理规定咨询档案管理的原则和方法，包括的内容有：

咨询档案的建立

咨询档案检索

咨询档案管理和维护

参考咨询馆员规定参考咨询馆员的管理，包括的内容有：

参考咨询馆员条件

参考咨询馆员认定

参考咨询馆员的修养

参考咨询馆员的评价

参考咨询专家规定参考咨询专家的管理，包括的内容有：

参考咨询专家条件

参考咨询专家认定

参考咨询专家库

专家学术交流

专家论坛

咨询部门职责规定咨询部门的业务职责,包括的内容有:

咨询部门
  岗位设置和业务角色
  岗位职责
  工作要求
  工作规范
咨询工作人员职业素质
  社会责任
  职业精神
  职业表现

第七章 几部重要规范初探

第一节 项目管理规范

项目管理是图书馆业务管理的一个重要方面，图书馆会有很多以项目的形式进行的业务工作，需要一部统一的项目管理规范对相关问题进行原则性的规定。具体的项目还可以制订具体项目的业务规范，项目结束后即废止。

项目管理是管理学的一个分支学科，对项目管理的定义是：在项目活动中运用专门的知识、技能、工具和方法，使项目能够在有限资源限定条件下，实现或超过设定的需求和期望的过程。项目管理是对一些成功地达成一系列目标相关的活动或任务的整体监测和管控，这包括策划、进度计划和维护组成项目的活动的进展。

项目是需要在限定的资源及限定的时间内完成的一次性任务，可以是一项工程、服务、研究课题及活动等。

所谓项目管理，就是项目的管理者，在有限的资源约束下，运用系统的观点、方法和理论，对项目涉及的全部工作进行有效的管理。即从项目的投资决策开始到项目结束的全过程进行计划、组织、指挥、协调、控制和评价，以实现项目的目标。项目管理是运用管理的知识、工具和技术于项目活动上，来达成解决项目的问题或达成项目的需求。所谓管理包含领导（leading）、组织（organizing）、用人（staffing）、计划（planning）、控制（controlling）五方面的工作。

项目管理需要采纳特定的项目管理指导方法。1958 年，美国发明了计划评估和审查技术（PERT）。与此同时，杜邦公司发明了一个类似的模型成为关键路径方法（CPM）。PERT 后来被工作分解结构（WBS）所扩展。随着时间的推移，更多的项目管理指导方法被发明出来，这些方法可以用于形式上精确地说明项目是如何被管理的。这些方法包括美国项目管理协会（PMI）的项目管理知识体系（PMBOK）、IBM 全球项目管理方法（WWPMM）和英国政府商务部（OGC）的 PRINCE2（PRoject IN Controlled Environment，受控环境下的项目管理）。这些指导性的方法论试图把项目管理的活动标准化和抽象化，使其更容易被预测、管理和跟踪。

对不同规模的项目应采用从轻量级到重量级的不同项目管理指导方法，并且进行适应性裁剪。

项目管理具有下列特性：普遍性、目的性、独特性、集成性、创新性和临时性。

项目作为一种一次性和独特性的社会活动而普遍存在于我们人类社会的各项活动之中，甚至可以说人类现有的各种物质文化成果最初都是通过项目的方式实现的，因为现有的各种运营所依靠的设施与条件最初都是靠项目活动建设或开发的。

项目管理的目的性要通过开展项目管理活动去保证满足或超越项目有关各方面明确提出的项目目标或指标和满足项目有关各方未明确规定的潜在需求和追求。

项目管理的独特性是项目管理既不同于一般的企业生产运营管理，也不同于常规的政府机构管理的独特管理内容，是一种完全不同的管理活动。

项目管理的集成性是指项目管理中必须根据具体项目各要素或各专业之间的配置关系做好集成性的管理，而不能孤立地开展项目各个专业或要素的独立管理。

项目管理的创新性包括两层含义：其一是指项目管理是对于创新（项目所包含的创新之处）的管理，其二是指任何一个项目的管理都没有一成不变的模式和方法，都需要通过管理创新去实现对于具体项目的有效管理。

项目是一种临时性的任务，它要在有限的期限内完成，当项目的基本目标达到时就意味着项目已经寿终正寝，尽管项目所建成的目标或产品也许才刚开始发挥作用。另外，有限的期限并不意味着时间一定很短，项目也可以长达数年。

项目管理的内容包括（依据 PMBOK）：

　　项目范围管理

　　项目时间管理

　　项目成本管理

　　项目质量管理

　　项目人力资源管理

　　项目沟通管理

　　项目风险管理

　　项目采购管理

　　项目集成管理

　　项目干系人管理

项目范围管理是为了实现项目的目标，对项目的工作内容进行控制的管理过程。它包括范围的界定、范围的规划、范围的调整等。

项目时间管理是为了确保项目最终按时完成的一系列管理过程。它包括具体活动界定、活动排序、时间估计、进度安排及时间控制等各项工作。

项目成本管理是为了保证完成项目的实际成本费用不超过预算成本而对费用进行管理的过程。它包括资源的配置、成本费用的预算以及费用的控制等项工作。

项目质量管理是为了确保项目达到客户所规定的质量要求所实施的一系列管理过程。它包括质量规划、质量控制和质量保障等。

项目人力资源管理是为了保证所有项目关系人的能力和积极性得到最有效地发挥和利用。它包括组织规划、团队建设、人员的选聘和项目的班子建设等一系列工作。

项目沟通管理是为了确保项目信息的合理收集和传输所实施的一系列措施，它包括沟通规划、信息传输和进度报告。

项目风险管理涉及项目可能遇到各种不确定因素。它包括风险识别、风险量化、风险预警和跟踪、制订对策和风险控制。

项目采购管理是为了从项目实施组织之外获得所需资源或服务所采取的一系列管理措施。它包括采购计划、采购与征购、资源的选择以及合同的管理等项目工作。

项目集成管理是指为确保项目各项工作能够有机地协调和配合所展开的综合性和全局性的项目管理工作和过程。它包括项目集成计划的制定、项目集成计划的实施、项目变动的总体控制等。

项目干系人管理是指对项目干系人需要、希望和期望的识别，并通过沟通上的管理来满足其需要、解决其问题的过程。项目干系人管理能赢得更多人的支持，从而能够确保项目取得成功。

不同于项目管理知识体系（PMBOK），IBM 的项目管理方法 WWPMM 将项目管理活动划分为 13 个领域 51 个子领域，再分解为 150 个流程，在深度和广度两个方面对 PMBOK 进行了扩展。详细内容请参考相关文献，这里不再赘述。

项目管理还包括项目组织管理、项目量化管理、项目评价和项目审计等。

项目管理知识体系中，涉及需要量化管理的领域非常多，从事前管理和事后管理的角度来分，可以分为估算和度量两大类。估算是以实际统计调查资料为基础，根据事物的联系及其发展规律，间接地估算和预计有关事物的数量关系和变化前景。而度量则是依据特定的标准，衡量当前的事物与标准之间的差异。项目管理范围中，有如下方面需要应用估算技术：项目范围估算、项目成本估算、项目进度估算和项目风险估算。

定义项目、制定项目计划的时候需要进行项目估算，而项目执行过程中的跟踪监督过程则离不开度量。良好的项目管理主要针对项目要素进行跟踪度量，通过分析度量数字就可以及时发现项目进展中存在的问题，从而有针对性地制定解决方案。通常需要度量的项目要素包括：项目进度度量、缺陷度量、项目工作量度量、人员生产率度量。

项目审计（Project audit）是指审计机构依据国家的法律法规和财务制度、企业的经营方针、管理标准和规章制度，对项目的活动用科学的方法和程序进行审核检查，判断其是否合法、合理和有效的一种活动。项目审计是对项目管理工作的全面检查，包括项目的文件记录、管理的方法和程序、财产情况、预算和费用支出情况以及项目工作的完成情况。项目审计既可以对拟建、在建或竣工的项目进行审计，也可以对项目的整体进行审计，还可以对项目的部分进行审计。项目审计不仅仅是上级管理部门进行的审计，还可以是图书馆自己进行的内部审计。

项目审计的职能包括：经济监督、经济评价、经济鉴定和资源支持。

经济监督是指对项目的全部或部分建设活动进行监察和督促。具体地说，就是把项目的实施情况与其目标、计划和规章制度、各种标准以及法律法令等进行对比，把那些不合法规的经济活动找出来。

经济评价是指通过审计和检查，评定项目的重大决策是否正确，项目计划是否科学、完备和可行，实施状况是否满足工程进度、工期和质量目标的要求，资源利用是否优化，以及控制系统是否健全、有效，机构运行是否合理等。

经济鉴定是指通过审查项目实施和管理的实际情况，确定相关资料是否符合实际，并在认真鉴定的基础上作出书面的证明。

资源支持是指通过实施审计，提出改进项目组织、提高工作效率、改善管理方法的途径，帮助项目组织者在合乎法规的前提下更合理地利用现有资源，顺利实现建设项目的目标。

项目审计具有独立性、权威性和科学性的特点。项目审计独立于项目组织之外，其工作不受项目管理人员的制约，审计人员与项目无任何直接的行政或经济关系。项目审计具有高度的权威性，其依据是法规和标准。因而，项目审计不体现决策者的权力和意志，而以原则和权威为根据。项目审计是一项科学性的工作，它不仅在审计实施过程中应用科学的程序，而且还运用各种科学的方法。包括国际上通用的信息系统和相关技术审计的标准COBIT（Control Objectives for Information and related Technology）。只要项目和信息技术相关，均可运用COBIT进行审计。

项目审计的主要作用有：

（1）通过审计，可以提高项目效益。项目效益分为两部分，一是项目建成以后的效益，二是项目建设期间的效益。前者的物质表现是多产出，后者的物质表现是少投入。

（2）通过审计，可以及时发现不合理的经济活动，并能提出相应的改正建议，促使项目管理人员最大限度地实现对人、财、物使用的综合优化，从而尽可能降低项目造价，提高项目收益。

（3）通过审计，保证投资决策和项目建设期间重大决策的正确、可行。项目审计可以对项目决策是否遵循了科学的程序、决策依据是否充分、方案是否经过了优选等做出正确评价，而从避免或终止错误的决策。这一点，对防止盲目投资和建设决策中的重大失误非常重要。

（4）通过审计，可以揭露错误和舞弊，制止违法违纪行为，维护投资者的权益。

（5）通过审计，可以交流经验，吸取教训，提高项目管理水平。任何时期的项目审计都会发现经验和暴露问题，这些经验和问题会帮助项目经理以及组织高层管理部门改善管理状况，避免或减少再次出现类似的错误。如此良性循环会大大提高组织的项目管理水平。

（6）通过审计，可以激发项目管理人员的积极性和创造性。在审计过程中，通过对管理和建设现状的评价与签证，使渎职舞弊的人员受到处理或批评，使成绩优异的部门和管理人员受到承认，获得荣誉，从而激励项目管理人员恪尽职守，努力工作。

项目审计工作需遵守国家法律，主要是《中华人民共和国审计法》和《中华人民共和国国家审计准则》等。项目管理规范中的审计规范部分将包括在组织实施审计工作和审计管理中应遵循的行为准则。它是衡量和判断审计机构和审计人员的各种活动是否合法、合规、高质有效的标准和依据。其基本内容包括审计法规、审计准则、审计职业道

德标准、审计质量控制标准。审计规范包括几方面的作用:

审计规范有利于审计法规的具体化;

审计规范有利于规范审计行为;

审计规范有利于保证审计工作质量,提高审计工作效率;

审计规范是判别审计责任的重要依据。

对于项目管理的一般化业务规范,需要规定项目管理的各个方面内容,包括前面提到的项目管理指导方法,详细描述其具体内容并规定采纳条件和剪裁规则以适应具体项目。

可见,一般化的《项目管理规范》将会是一部非常庞大复杂的业务规范,它将对图书馆的所有项目起原则性的指导作用。这部规范应该聘请或委托项目管理专家参与制订并且邀请不同的项目管理专家参与同行评审。

第二节 应急预案

应急预案指面对突发事件如自然灾害、重特大事故、环境公害及人为破坏的应急管理、指挥、救援计划等。它一般应建立在综合防灾规划上或综合性的风险管理系统上,其几大重要子系统为:完善的应急组织管理指挥系统,强有力的应急工程救援保障体系,综合协调、应对自如的相互支持系统,充分备灾的保障供应体系,体现综合救援能力的应急队伍等。

综合的风险管理涉及行政和业务两方面,因此把应急预案纳入业务规范的体系之中是一个重要的规范管理思想。本书将参考一些文献(刘兹恒 2010a)给出一部提示性质的基本框架,详细的内容有待专业人士进行深入研究。图书馆在制订自己的应急预案时也应该听取有关专家的意见,在审核时应该邀请有关专家参与。

应急预案

目录

第一章 总则

第二章 管理原则

第三章 各部门职责

第四章 应急响应程序

第五章 应急保障措施

第六章 责任追究和处罚

第七章 宣传、培训和演练

第八章 附则

第一章 总则

第一条 为有效处置在本馆内发生的各类突发事件，建立职责明确、运转有序、反应迅速、处置有力的应急机制，最大限度地预防与减少突发事件对本馆的危害，提高本馆保障公共安全和处置突发公共事件的能力，依据国家的法律法规及国务院颁布的《国家突发公共事件总体应急预案》及文化部下发的《公共文化场所和文化活动突发事件应急预案》等文件，特制订本预案。

第二条 本预案所称突发事件是指，在本馆范围内（包括本馆附属区域），突然发生的造成或者可能造成人员伤亡、财产损失，或对本馆构成威胁、损害或不良影响，以及造成生态环境破坏和严重社会危害的紧急事件。

第三条 根据发生原因、性质和机理，突发公共事件主要可以分为：

（一）自然灾害事件；

（二）社会安全事件、公共卫生事件、规模较大的群体性事件；

（三）图书馆计算机网络、应用系统及读者使用信息系统发生故障造成读者服务中断事件；

（四）读者到馆期间发生的各类急病、摔伤、自杀事件等；

（五）刑事安全事件。

第四条 各类突发公共事件按照其性质、严重程度、可控性和影响范围分为四个级别：Ⅰ级（特别重大）、Ⅱ级（重大）、Ⅲ级（较大）和Ⅳ级（一般）。

第五条 本预案适用于本馆所有部门及其附属单位。

第六条 本馆各重点要害部门可在本预案框架下，根据各自的实际情况，制定突发事件应急预案的补充规定。

第七条 本预案是图书馆业务规范的组成部分，服从业务规范的管理规范。

第二章 管理原则

第八条 本馆作为公共场所，应履行公共服务职能，始终把保障公共安全放在首位，最大限度地避免和减少突发公共事件造成的人员伤亡和危害。

第九条 本馆的安全工作应坚持预防为主的原则。馆内各个部门都要重视安全知识宣传教育，提高馆员以及读者的危机意识；日常工作中应注意排查各类安全隐患；坚持预防与应急相结合，常态与非常态相结合，做好应对突发事件的各项准备工作。

第十条 对本馆可能发生或已经发生的各类突发事件所进行的预防、控制及处置等危机管理工作，都必须以国家有关法律法规及本馆制定的规章制度为依据，坚决维护公众的合法权益，使本馆应对突发公共事件的工作规范化、制度化、法制化。

第十一条 当各类突发事件发生时，馆内各部门应立即进入应急状态，启动应急响应程序，在最短的时间内控制事态发展，尽量将突发事件给本馆带来的危害和损失降到最低。

第十二条 除了涉及全馆的突发事件外，本馆各部门应对发生在本部门的突发事件负责，并主动承担起相应的管理责任。

第三章　　各部门职责

〔以下略〕

应急预案是应对突发事件的一部完整的业务规范,包括一些原则性的规定。而应急响应程序是一类活页式业务规范,它将详细规定所有预期可能发生的突发事件的具体处置办法。应急响应程序除了应急预案第四章的一些概略性规定外,还应该包括下列突发事件的应急处置办法的活页描述(其中部分事件是关于信息系统的):

地震、洪水、雷电、火灾、虫灾、漏水、断电、空调故障、电磁干扰、恐怖袭击、盗窃、黑客入侵、计算机病毒、硬件故障、网络过载、软件故障、工作人员误操作、故意破坏、数据溢出等等。

图书馆应创建并维护一张全面、详细、完善的风险表,包含上述这些风险,用于支持风险或危机管理。详细的风险或危机管理规范本书只提供篇章目录,见第八章。

第三节　　培训大纲

培训大纲借鉴于软件能力成熟度等级的第三级"已定义级",其中的一个关键过程域就是"培训大纲"。对软件企业来说,培训大纲至关重要;对图书馆来说,培训大纲对于业务规范化管理和业务能力提升同样十分关键。一个图书馆是否有培训大纲将会成为衡量其业务能力的一个基本纲领性的评价标准。没有培训大纲的图书馆,其业务规范的培训、业务知识的培训、业务人员的业务能力提升都将是无规则、混乱和随意的;新进入的员工可能未经培训就上岗操作,或者仅仅是由老员工口耳相传,而新员工一知半解便开始承担十分重要的业务工作。这种情况是非常可怕的,甚至有可能造成严重的后果。

现代化的图书馆要向读者提供优质的服务,就如同现代化的软件企业提供优质软件产品一样,必须有对职工进行持续培训的规范化方法。为此,必须建立培训大纲。以培训大纲规范所有培训活动,使职工得到全面、稳定、持续的培训,为优质高效完成业务工作或者提供读者服务建立基础。

对比软件能力成熟度模型,如果我们要建立图书馆的某种通用能力成熟度模型(参见第十一章),那么可以想见,在某一个中间的成熟度等级中(不会是初始级,也不太会是最高级)必定应该包括培训大纲作为一个关键过程域。限于研究课题的领域,本书并不会详细探讨图书馆的这种通用能力成熟度模型(第十一章有一个否定性的结论,就是应该不存在通用的能力成熟度模型,培训大纲是知识管理成熟度等级Ⅲ的一个关键过程域)。但即使不考虑是否存在这样的通用成熟度模型,培训大纲的必要性和重要性也是不容忽视的。

培训大纲从理论和技术方面规范培训活动,但却不是针对培训活动的唯一规范。围绕培训活动有三部密切关联的规范:业务辅导工作基础规范、培训活动管理规范和培训大纲。三部规范有一定的交叉，如图7-1所示。

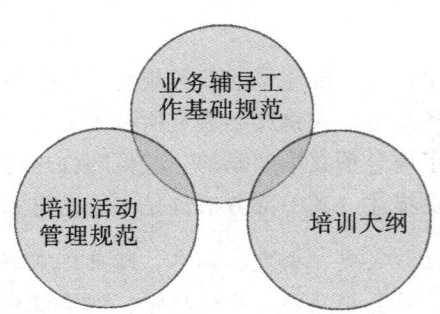

图7-1 培训活动三部规范的关系

培训大纲是技术性的，将规定开展培训活动的技术方法，而不关注培训活动的行政管理。区别于培训活动管理规范，培训大纲对培训活动进行技术性抽象并对培训计划和培训课程进行说明，但不包括具体的培训计划和培训课程。

培训大纲遵循业务规范管理规范，培训计划和培训课程不仅遵循业务规范管理规范，也遵循培训大纲，培训课程和培训记录依赖于培训计划，培训教材依赖于培训课程。

这些重要的关系可以图示说明如下（图7-2）：

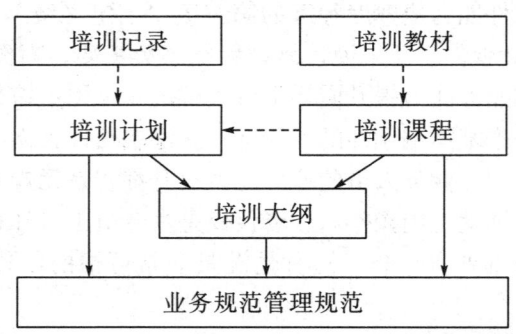

图7-2 培训大纲相关规范和文件的关系

图中虚线箭头表示依赖关系，实线箭头表示遵循关系。

培训大纲将规定培训方针、培训计划制订规程、组织常规培训计划的具体内容、项目培训计划的具体内容、培训课程编写规程、培训课程的说明、培训活动和培训记录的管理以及培训大纲的评审。

培训大纲

目录

第一章 总则

第二章 培训方针

第三章 培训计划制订规程

第四章 组织的培训计划

第五章 项目的培训计划

第六章　培训课程编写规程
第七章　培训课程说明
第八章　培训活动和记录
第九章　培训大纲的评审
第十章　附则

第一章　总则

第一条　图书馆工作是专业性极强的工作，要求图书馆职工具备多样的专业知识和技能，为此，需要对职工进行有计划的培训。

第二条　为规范化地管理图书馆的培训工作，特制订培训大纲。

第三条　培训大纲的目的是指导培训有关人员的知识和技能，使他们能有效而且高效地履行其职责。

第四条　培训大纲不是具体的培训计划，更不含培训课程或教材。培训大纲是对培训工作的抽象描述和进行规范化管理的指导性文件，是培训活动必须遵循的法规。

第五条　培训大纲是图书馆业务规范的组成部分，服从业务规范的管理规范。

第六条　和培训大纲密切相关的规范有业务辅导工作基础规范和培训活动管理规范，它们从不同的角度描述培训工作。

第七条　培训大纲首先鉴别组织、项目和个人所需要的培训，然后部署或设法获得培训以满足所鉴别的需求。

第八条　培训大纲也鉴别相同人员的不同层次的培训需求，然后部署或设法获得培训以满足所鉴别的需求。

第二章　培训方针

第九条　所有人都需要培训。

第十条　不同的人需要不同的培训。

第十一条　培训工作是在组织机构总体方针政策、培训大纲和培训方针的指导之下的业务活动。

第十二条　培训活动是有计划的。

第十三条　培训计划是反复执行的。

第十四条　培训计划的制订按标准规程进行。

第十五条　培训课程的编写按标准规程进行。

第十六条　培训过程是有记录、可重复、可追踪的。

第十七条　培训记录可被用作受训人员任职和晋升的参考依据。

第十八条　新进职员根据其教育背景进行全面的入职培训。

第十九条　调整部门的职员根据进入部门的职能进行全面的培训。

第二十条　培训工作纵向划分为行业知识培训、岗位技能培训以及工作规范培训。

第二十一条　培训工作横向划分为组织基础培训、项目特定培训和个人技能培训。

第二十二条　行业知识培训包括但不限于图书馆学专业知识培训、情报学专业知识培训、信息技术专业知识培训、图书馆自动化专业知识培训以及数字图书馆理论与实践培训。

第二十三条　岗位技能培训包括图书馆所有岗位需要的所有业务技能的培训。岗位设置参考相关文件和业务规范。

第二十四条　工作规范培训包括但不限于一般工作规范、特定工作规范和职业素质规范的培训。

（一）一般工作规范包括图书馆基本规章制度、基础业务规范和基本工作流程规范；

（二）特定工作规范包括图书馆自动化系统工作规范、数字图书馆系统工作规范和高级业务工作规范；

（三）职业素质规范包括图书馆员职业道德规范、职业礼仪规范、职业表现规范和职业素养规范。

第二十五条　组织基础培训包括图书馆所有组织机构日常连续性业务工作所需的所有培训，它和岗位技能培训有较多的交叉。

第二十六条　项目特定培训包括以项目的方式管理的业务工作所需的所有培训。

第二十七条　个人技能培训包括个人为完成其职责所需的业务技能的培训，也包括个人职业提升培训。

第二十八条　培训形式有脱产培训、在职培训、课堂培训、有指导的自学和利用录像。

第二十九条　培训途径有小组培训、部门培训、全馆培训、馆外培训和网络培训。

第三十条　培训设施包括硬件设施、软件设施、数据库设施和人员设施。

第三十一条　硬件设施包括专业教室、电子白板、工作站和服务器。为节省成本，服务器可以是虚拟的。

第三十二条　软件设施包括计算机辅助教学工具，教材和课件编写工具、用于培训的业务应用软件副本和综合性的在线教育平台。

第三十三条　数据库设施包括机构任意数据库的部分数据副本，这些部分数据具备培训所需要的代表意义。

第三十四条　人员设施包括任意可以教授培训课程的人员，例如馆内的业务骨干、具体业务负责人和馆外聘请的教师以及专家学者。

第三章　培训计划制订规程

第三十五条　培训计划是培训工作的依据，是培训活动的指南。所有的培训活动均需按照指定的培训计划进行，不同的培训活动按照不同的培训计划进行。

第三十六条　培训计划独立于时间、地点、人员，仅仅根据其内涵范围规定培训活动进行的程序和培训课程的内容，等等。

第三十七条 每一项培训计划都有明确的标识并且是可重复、可管理的。

第三十八条 培训计划是图书馆业务规范的组成部分，服从业务规范的管理规范。

第三十九条 全馆的培训计划根据《业务规范目录》（0001）的划分细分为具体不同的培训计划。

第四十条 具体的培训计划还可以根据《业务过程规范》（1320）对业务项目的划分进行进一步的细分。

第四十一条 各业务部门的所有培训计划必须全面覆盖本部门所有业务工作的所有方面，并在所有层次上支持本部门的系统性培训工作。

第四十二条 一旦发现任何业务工作的任何方面对应的培训计划有缺失或遗漏，相关业务部门应当尽快提请制订适当的培训计划。

第四十三条 培训计划的制订依据是培训目标、业务工作的规范、业务项目的特点、机构拥有的经费和资源以及开展业务工作的客观条件。

第四十四条 当业务工作有所变动时，与之相关的培训计划应当修订以适应新的业务工作。

第四十五条 首次发布组织的培训计划或每有重要修订时，该计划应受有关人员参加的评审或审核。

第四十六条 评审或审核工作包括查证培训计划是否符合业务需求，可行性和针对性，与其他培训计划的相容性和依赖关系以及成本效益分析，等等。

第四十七条 组织的培训计划应受管理和控制。

（一）在给定时间（过去或现在）使用的培训计划工作产品的版本均是可查知并受控的（即版本控制）。

（二）在给定时间（过去或现在）使用的培训计划工作产品均以受控的方式进行更动（即更动控制）。

第四十八条 组织的培训计划应便于有关部门和个人随时查阅使用。

第四章 组织的培训计划

第四十九条 组织的培训计划包括常规培训计划和项目的培训计划。

第五十条 组织的常规培训计划分为三个不同的层次等级类别：

（一）概略培训计划使受训人员概略地掌握培训计划指定范围的基本知识和技能，使之能正确理解相关领域的业务工作；

（二）全面培训计划使受训人员完整地掌握培训计划指定范围的全面知识和技能，使之能独立完成相关领域的业务工作；

（三）精深培训计划使受训人员透彻地掌握培训计划指定范围的高级知识和技能，使之能指导和改进相关领域的业务工作。

第五十一条 组织的常规培训计划的内容包括：

（一）培训计划的名称标识和等级类别；

（二）培训计划实施条件；

（三）所需要的经费和资源；

（四）培训课程的范围；

（五）和业务规范的匹配策略；

（六）受训人员范围和角色；

（七）培训日程表；

（八）培训记录的维护规程；

（九）对培训的"评价和其他反馈信息"的收集、评审和使用规程。

第五章 项目的培训计划

第五十二条 项目的培训计划针对以项目的方式开展的业务工作而制订。

第五十三条 项目的培训计划的制订遵循组织的培训计划制订规程。

第五十四条 项目的培训计划的内容包括：

（一）培训计划名称标识和等级类别；

（二）培训计划实施条件；

（三）所需要的经费和资源；

（四）培训课程的范围；

（五）项目的技术文档资料；

（六）受训人员范围和角色；

（七）培训日程表；

（八）培训记录的维护规程；

（九）对培训的评价和其他反馈信息的收集、评审和使用规程。

第五十五条 当项目完成时，项目的培训计划和项目的其他文件一起参与项目的评审，并且一起存档。

第五十六条 当有相同或类似项目启动时，可以重新启用原项目培训计划，或者加以不同程度的修订。

第六章 培训课程编写规程

第五十七条 对每一项培训计划，需编写其中的培训课程说明。

第五十八条 培训课程的说明是支持实现培训计划的具体培训内容。

第五十九条 一项培训计划可以包含多门培训课程，例如编目员培训计划可能包含分类课程、主题标引课程和规范控制课程等。

第六十条 每一门培训课程都有明确的标识并且是可重复、可管理的。

第六十一条 培训课程的说明也是图书馆业务规范的组成部分，服从业务规范的管理规范。

第六十二条 培训课程和其他培训材料需经过评审或审核。

第六十三条 评审或审核工作包括查证培训课程是否符合业务需求，可行性和针对性，与其他培训课程的相容性和依赖关系以及成本效益分析，等等。

第六十四条 组织的培训课程和其他培训材料应受管理和控制。

（一）在给定时间（过去或现在）使用的培训材料的版本均是可查知并受控的（即版本控制）。

（二）在给定时间（过去或现在）使用的培训材料均是以受控的方式进行更动

(即更动控制)。

第六十五条　组织的培训课程应便于有关部门和个人查阅使用。

第七章　培训课程说明

第六十六条　培训课程的说明包括：

(一) 培训课程的名称标识和等级类别；

(二) 针对的业务活动和预期的读者；

(三) 所需的预备知识；

(四) 培训的目的；

(五) 培训教材的标准和获取途径；

(六) 课程计划；

(七) 受训人员结业准则；

(八) 定期评价培训有效性的规程；

(九) 其他考虑，如先导性试点和后续培训时机等。

第六十七条　不同等级的培训计划包含不同等级的培训课程。

(一) 概略培训计划包含概略培训课程；

(二) 全面培训计划包含全面培训课程；

(三) 精深培训计划包含精深培训课程。

第六十八条　不同等级的培训课程应由不同的教师讲授。

(一) 概略培训课程可以由相关业务负责人或业务骨干讲授；

(二) 全面培训课程应该由具备教师资格的相关专业教师讲授；

(三) 精深培训课程应该由行业资深专家或学科带头学者讲授。

第八章　培训活动和记录

第六十九条　培训活动按照相关培训计划进行。一次培训活动就是相关培训计划在组织机构内的一次动态运行过程。

第七十条　当业务部门有培训需求时，向有关机构请求启动适当的培训计划并提供时间、地点和人员需求。

第七十一条　如果没有适当的培训计划，那么业务部门有责任和义务请求制订一项培训计划。不允许在没有相应培训计划的情况下开展任何培训活动。

第七十二条　有关机构维护所有培训计划列表。

第七十三条　有关机构负责培训计划的执行。

第七十四条　培训计划的执行分为准备条件、调动资源、启动培训活动和监督检查等环节。

第七十五条　执行一项培训计划产生和该项培训计划对应的培训活动。

第七十六条　一项培训计划一旦启动执行，就必须进行到底。不允许出现夭折的培训活动。

第七十七条　在完整执行培训计划的前提下，培训活动还应该有完整的记录。

第七十八条　有关机构维护培训记录。

第七十九条　保存所有成功完成每个培训课程的受训人员的记录。

第八十条　保存受训人员成功地完成特定要求培训的记录。

第八十一条　针对培训计划活动的状态进行测量，记录测量结果。

第八十二条　针对培训大纲的质量进行测量，记录测量结果。

第九章　培训大纲的评审

第八十三条　管理机构定期或不定期组织开展评审培训大纲活动并提交报告。

第八十四条　定期或不定期评审或评价培训大纲的目的是查证其是否与组织的需求一致。

第八十五条　评审或评价活动应全面查证培训大纲及其所有工作产品，并报告其结果。

第八十六条　评审或评价活动至少要查证：

（一）制订和修订组织的培训计划的规程是否得到遵循；

（二）编写和修订培训课程的规程是否得到遵循；

（三）培训记录是否得到妥善维护；

（四）指定接受某种特定培训的个人是否完成了指定培训；

（五）组织的培训计划是否得到遵循；

（六）培训大纲是否得到完全的遵循。

第十章　附则

第八十七条　为提升专业人员的职业成就和学术研究水平，组织机构提供个人职业提升培训。

第八十八条　组织定期或不定期开设讲座、专业研讨会，跟踪科研前沿，推荐研究课题和项目并为研究人员获得研究经费提供协助。

第八十九条　组织也通过学会等途径为研究人员发表论文、出版专著以及项目评奖提供协助。

第九十条　组织在条件具备时引进或开发在线教育平台，为组织的培训工作提供信息化支持。

这部培训大纲具备足够的抽象性和适应性，其中的核心思想体现培训大纲作为图书馆业务提升和知识管理的一个关键过程域，在图书馆推进业务规范化管理过程中的关键作用。

【培训大纲的解释】

第九条　所有人都需要培训。

这是核心原则，没有人不需要培训，包括从刚入职的新员工到资深的研究馆员以及馆领导。

第十条　不同的人需要不同的培训。

培训活动应有针对性，适合所有人的培训活动应该是非常罕见的（仅限业务培训，其实可以说是不存在的）。

第十三条　培训计划是反复执行的。

这是关键思想所在，重复的同性质的培训活动按照同一项培训计划重复执行。

第三十六条　培训计划独立于时间、地点、人员，仅仅根据其内涵范围规定培训活动进行的程序和培训课程的内容，等等。

这是培训计划可以重复执行的必要条件。将培训计划的业务和技术的实质成分抽象出来，使其成为可以反复执行和持久管理的目标，是培训活动规范化和持续化的基本保证，也是培训大纲的核心思想。

第三十八条　培训计划是图书馆业务规范的组成部分，服从业务规范的管理规范。

把培训计划也纳入业务规范的范围，是一个重要的管理思想。所有的培训计划都需要统一分类、编号、标识，同样也会有一个培训计划的层次等级目录表。一个大型图书馆会有多少部培训计划，在没有建立起比较完整的培训计划层次等级目录表之前是一个未知数。

第六十一条　培训课程的说明也是图书馆业务规范的组成部分，服从业务规范的管理规范。

培训课程的说明和培训计划具有基本相同的性质，可以统一管理，并且也可以作为业务规范来管理。

第七十六条　一项培训计划一旦启动执行，就必须进行到底。不允许出现夭折的培训活动。

培训活动夭折，视同从来没有启动。

第八十二条　针对培训大纲的质量进行测量，记录测量结果。

对培训大纲进行评审活动，需要执行培训大纲情况的数据支持。

第四节　自动化系统基本工作规范

自动化系统基本工作规范将规定自动化系统的一般管理原则，而不是自动化系统的操作手册。

这部规范具有比较弱的普遍性。不同的图书馆，其自动化系统可能非常不同，需要根据自身特点进行仔细研究，制订出相应的基本工作规范。

自动化系统基本工作规范

目录
第一章　总则

第二章　自动化系统的范围
第三章　自动化系统的建设
第四章　自动化系统的运维管理
第五章　自动化系统的二次开发
第六章　自动化系统的风险管理
第七章　自动化系统的应急预案
第八章　自动化业务外包
第九章　附则

第一章　总则

第一条　为了全面实施和科学管理图书馆自动化业务工作，特制订本规范。

第二条　图书馆自动化是图书馆现代化和信息化的基础构成成分，是图书馆信息技术的核心。

第三条　图书馆自动化基于传统基础业务，是信息技术在图书馆基础业务中的运用。

第四条　本规范并不包括自动化系统的操作手册和维护手册，而只是自动化业务工作的一个概要指南和进行规范化管理的指导性文件。

第五条　本规范是图书馆业务规范的组成部分，服从业务规范的管理规范。

第二章　自动化系统的范围

第六条　自动化系统可以分为基本系统和外围系统。

第七条　自动化系统的基本系统可以分为采访、编目、流通、期刊、典藏、检索和参考咨询等子系统。

第八条　采访子系统的工作规范由采访部门制订，技术部门提供技术咨询服务。

第九条　编目子系统的工作规范由编目部门制订，如有必要，可向国家联合编目中心请求业务咨询服务。

第十条　流通子系统的工作规范由涉及流通的业务部门协作制订，技术部门提供技术咨询服务。

第十一条　期刊子系统的工作规范由报刊部门制订，报刊部门可以请求采访部门和编目部门协助制订期刊的采访和编目部分的规范。

第十二条　典藏子系统的工作规范由技术部门制订，典藏相关的业务部门应提供基本典藏政策。

第十三条　检索子系统由技术部门制订读者指南供读者使用。

第十四条　参考咨询子系统的工作规范由咨询部门制订，参考咨询子系统也可以考虑采用第三方软件包。

第十五条　自动化系统的外围系统包括智能馆藏系统、移动图书馆系统、业务门禁系统、读者导读系统、综合信息显示系统、自助服务系统、无障碍阅览服务系统以及综合客服系统等。

第十六条　技术部门应制订出自动化系统各个外围系统的技术规范、技术指南和读者指南。

第三章　自动化系统的建设

第十七条　自动化系统的建设包括设备配置和系统部署等方面。

第十八条　自动化系统的设备配置包括服务器配置、馆员工作站配置、读者终端配置和特殊设备配置等。

第十九条　服务器配置根据自动化系统的技术要求进行，应该配置正式服务器、备用服务器和测试服务器。

第二十条　备用服务器上的数据应在每日夜间和正式服务器同步。

第二十一条　馆员工作站配置由各相关业务部门提出需求，统一进行配置。

第二十二条　读者终端配置根据读者流量在各个业务部门或读者阅读区进行适当配置。

第二十三条　特殊设备配置根据业务部门对特殊设备的需求进行全面配置。

第二十四条　自动化系统的部署由系统供应商和本馆技术部门协同进行，本馆提供必要技术条件。

第二十五条　自动化系统的部署包括硬件准备、软件安装、参数设置、用户建立、权限分配等。

第二十六条　硬件准备根据图书馆自动化软件的运行要求进行准备，包括各级存储的准备。

第二十七条　软件安装分为服务器软件安装和客户端软件安装。

（一）服务器软件安装由系统供应商一次完成，非事故状态不进行重新安装；

（二）客户端软件安装根据各业务部门的需要随时进行，遇有错误不便处理时可以重新安装。

第二十八条　参数设置按照本馆的业务政策进行。

第二十九条　用户建立和权限分配按照一定的规范进行。

第四章　自动化系统的运维管理

第三十条　自动化系统的运行管理由技术部门负责，包括日常维护、数据备份、故障排除等。

第三十一条　自动化系统的维护工作由技术部门按照维护手册进行。

第三十二条　技术部门负责制订和完善维护手册。

第三十三条　遇重要事件应记录维护日志。

第三十四条　数据备份按照科学的策略有规律地进行。

第三十五条　备份的数据分别存储在至少两处物理上完全分离的存储设备中。

第三十六条　备份的数据每半年进行一次异地恢复测试，确保能正确恢复。

第三十七条　当系统出现故障时，维护人员应及时响应、分析原因并力求快速排除故障。

第三十八条　当短时间无法排除故障时，可以根据技术需要临时关闭系统，便于在后台做进一步的分析和处理。

第三十九条　当需要临时关闭系统时，应及时通知相关业务部门。计划临时关闭或预计临时关闭时间超过四小时的，应报馆领导批准。

第四十条　当系统恢复正常时，应及时通知相关业务部门恢复工作。

第五章　自动化系统的二次开发

第四十一条　自动化系统的二次开发是指对自动化系统的软件进行修改或重新开发以便适应本馆的一些特殊需求的过程。

第四十二条　二次开发的需求由各个业务部门提出，技术部门汇总，报馆领导批准。

第四十三条　二次开发由自动化系统软件的供应商负责实施。

第四十四条　二次开发结束后由技术部门根据需求组织验收，验收合格后实施安装或者发放业务部门使用。

第六章　自动化系统的风险管理

第四十五条　自动化系统的风险管理是指针对自动化系统的风险进行识别、描述、量度、评估、控制、应变等方面的管理。

第四十六条　系统有风险状态、危机状态和事故状态三个级别。

第四十七条　风险状态是系统常规运行状态，包含可能的风险，但任何异常或损害事件都并未发生，而且也没有任何迹象显示即将发生。

第四十八条　危机状态是系统非正常运行状态，包含可预计的即将发生的异常或损害事件，但尚未失控。

第四十九条　事故状态是已经发生异常或损害事件，系统完全无法运行或基本无法运行。

第五十条　对风险状态的管理，需要进行常规的巡查和维护。

第五十一条　技术部门应建立风险表，用以识别、描述、量度、评估和控制系统的风险。

第五十二条　对危机状态的管理，需要进行连续的监控，可能的话分离出异常，关闭部分服务，如果有数据错误应设法恢复。

第五十三条　如果较长时间不能从危机状态恢复正常，应考虑将系统提升为事故状态。

第五十四条　对事故状态的管理，需要启动应急预案，关闭整个系统，制定恢复策略并实施该策略。

第七章　自动化系统的应急预案

第五十五条　自动化系统的应急预案用于应对自动化系统的事故状态的管理。

第五十六条　事故分为硬件事故、软件事故、数据事故和网络事故。

第五十七条　硬件事故是指自动化系统的服务器或者存储发生不可逆的故障，无法运行的状态。

第五十八条　当正式服务器发生硬件事故时，应按照如下程序响应：

（一）启用备用服务器，以之临时取代正式服务器，并尽可能恢复当天的数据；

（二）系统进入临时运行状态，但提供全面的服务；

（三）将测试服务器配置为备用服务器，进行完整的数据恢复；

（四）对发生事故的正式服务器进行可修复性分析，根据分析结果按一定程序进行维修或报废的处置；

（五）设法重新配置和部署正式服务器，待准备好条件时，将系统迁回到正式服务器，原临时的服务器仍然回归为备用服务器。

第五十九条 当备用服务器发生硬件事故时，应按照如下程序响应：

（一）系统继续正常运行；

（二）将测试服务器配置为备用服务器，进行完整的数据恢复；

（三）对发生事故的备用服务器进行可修复性分析，根据分析结果按一定程序进行维修或报废的处置；

（四）如果可以维修则启动维修程序，当维修结束时重新配置其为备用服务器；

（五）如果报废，应设法重新配置和部署备用服务器；

（六）恢复前一天的完整备份数据至新配置的备用服务器。

第六十条 当正式服务器和备用服务器同时发生硬件事故时，应按照如下程序响应：

（一）启用测试服务器，以之临时取代正式服务器，恢复前一天的完整备份数据，并尽可能恢复当天的数据；

（二）系统进入临时运行状态，并保持风险级别为危机状态；根据业务情况划分范围，提供全面的或者部分的服务；

（三）对发生事故的服务器进行可修复性分析，根据分析结果按一定程序进行维修或报废的处置；

（四）设法重新配置和部署正式服务器和备用服务器，待准备好条件时，将系统迁回到正式服务器，原临时的服务器仍然回归为测试服务器；

（五）恢复全面的服务，解除危机状态。

第六十一条 当测试服务器发生硬件事故时，应按照如下程序响应：

（一）系统继续正常运行；

（二）对发生事故的测试服务器进行可修复性分析，根据分析结果按一定程序进行维修或报废的处置；

（三）如果可以维修则启动维修程序，当维修结束时重新配置其为测试服务器；

（四）如果报废，应设法重新配置和部署测试服务器；

（五）恢复前一天的完整备份数据至新配置的测试服务器。

第六十二条 对于服务器的其他事故状态，可参考本规范第五十八条至第六十一条的规定启动符合逻辑的响应程序并制定符合逻辑的恢复策略。

第六十三条 当存储发生硬件事故时，启用备用存储，恢复前一天的完整备份数据，尽可能恢复当天的数据。

第六十四条 软件事故是指自动化系统的软件出现崩溃甚至损坏，无法运行的状态。

第六十五条 当发生软件事故时，应重新安装软件，如果需要的话，实施数据恢复。

第六十六条　数据事故是指自动化系统中的数据出现大面积的错误或丢失，系统不能合理地继续运行的状态。

第六十七条　当发生数据事故时，应分析原因，找到问题并解决之后实施数据恢复。

第六十八条　网络事故是指自动化系统所依赖的网络发生中断或堵塞，无法使用的状态。

第六十九条　当发生网络事故时，应按照网络事故应急预案处置。

第七十条　当网络恢复正常时，应通知各相关业务部门检查数据是否有错误或丢失；如果有数据错误或丢失，各相关业务部门根据自身业务要求重新处理相关的数据。

第七十一条　任何事故处理之后，都应详细记录事故处理的过程，并归入事故处理档案中。

第七十二条　事故处理档案包括但不限于下列内容：

（一）日期和时间；
（二）类型和范围；
（三）影响结果；
（四）原因分析；
（五）处理方法；
（六）处理所利用的资源；
（七）处理的步骤和结果；
（八）后遗症；
（九）避免同类事故的原则建议；
（十）备注。

第八章　自动化业务外包

第七十三条　业务外包是指图书馆整合利用外部优秀的专业化资源，将非核心业务交由合作机构完成，从而达到降低成本、提高效率、充分发挥自身优势的一种管理模式。

第七十四条　自动化业务外包是信息技术服务外包，它可以使自动化工作专注核心业务的优化，提高工作效率并降低风险。

第七十五条　下列自动化业务工作可以考虑外包：

（一）服务器体系架构的变更和扩展；
（二）软件的二次开发；
（三）危机管理；
（四）事故处理。

第七十六条　自动化业务外包的管理，遵循常规外包管理原则和方法进行。

第七十七条　技术部门和外包机构应当设立长效的协调机制，构建畅通的沟通渠道，解决业务外包过程中的问题和矛盾，防止意外的发生。

第七十八条　外包机构应参考本规范的相关规定，制订适应其业务准则的工作规范。

第七十九条　外包机构的工作规范不得与本规范相冲突。

第九章　附则

第八十条　本规范的解释权属于信息技术部。

第八十一条　本规范经馆领导批准后实施。

【自动化系统基本工作规范的解释】

第二十条　备用服务器上的数据应在每日夜间和正式服务器同步。

这是最低限度的要求，并不排斥更高的技术要求，例如随时同步。

第三十一条　自动化系统的维护工作由技术部门按照维护手册进行。

维护手册是活页式业务规范的一类。

第四十六条　系统有风险状态、危机状态和事故状态三个级别。

系统不存在无风险状态。

第五十八条　当正式服务器发生硬件事故时，应按照如下程序响应：

这个响应过程可能相当长，因为包括了对损坏设备的维修过程和新设备的配置过程。本条款以下的三条也类似。

第五节　自动化系统典藏工作基本规范

典藏工作涉及众多的业务部门，因此典藏工作规范是一个典型的跨部门业务规范。《典藏工作基础规范》由主要典藏部门牵头起草制订，是一个合理的业务规范管理任务，但《自动化系统典藏工作基本规范》涉及自动化系统，其中的技术是其他业务部门并不掌握的，因此由技术支持部门起草制订是更加合理的业务规范管理原则。

本规范能够恰当地说明基础规范和自动化工作规范的不同，是业务规范结合关联的一个典型实例，也是将技术管理提升至业务管理的一个适当实例。如果没有技术的支持，基于信息系统的典藏管理就无法进行。本规范的普遍适应性强于自动化系统基本工作规范，但仍需在实践中继续完善，例如，两步提交法中间的锁定问题（避免被另外的业务活动修改），暂时没有适当的技术手段，只能靠多方面的典藏信息和独立的业务约束规则来限定。

自动化系统典藏工作基本规范

目录

第一章　总则

第二章　自动化典藏工作的原则
第三章　分馆和馆藏地点
第四章　文献的服务状态和处理状态
第五章　常规典藏工作
第六章　盘点
第七章　文献处理状态的使用
第八章　文献特殊处理
第九章　文献处理的两步提交法
第十章　附则

第一章　总则

第一条　典藏工作是图书馆的基础业务工作之一，它以科学的方法对已经入藏的文献进行管理，以便有效地为读者提供各种服务。

第二条　为了利用自动化系统全面科学地管理图书馆的文献典藏工作，特制订本规范。

第三条　典藏工作可以分为和自动化系统有关的部分和无关的部分，本规范仅仅包含和自动化系统有关的部分内容，其他无关内容如文献的清洁、杀虫、修补等业务工作在典藏工作基础规范中规定。

第四条　本规范和典藏工作基础规范一起，共同构成典藏工作的完整规范。

第五条　典藏工作涉及众多的业务部门，但典藏工作是全馆一体化的共性业务工作，本规范适用于所有涉及典藏工作的业务部门。

第六条　本规范是图书馆业务规范的组成部分，服从业务规范的管理规范。

第二章　自动化典藏工作的原则

第七条　利用自动化系统的典藏工作遵循安全性、完整性和一致性原则。

第八条　安全性原则要确保文献的典藏数据（或馆藏数据）安全可靠并永久保留，关键时间节点的数据可以在任何时候恢复。

第九条　文献的馆藏数据不仅是文献状态的真实反映，而且是文献在图书馆内存在并提供读者服务的记录。即使文献实体已经因剔旧等原因灭失，一般也不允许删除文献的馆藏数据，而应该将其作为历史数据保留。

第十条　完整性原则要确保所有进入系统的文献都有完整的文献馆藏数据，所有文献馆藏数据都有对应的文献实体，或有恰当的标识。

第十一条　如果发现文献实体缺少文献馆藏数据，应将其交付文献编目和加工部门补充完整的馆藏数据。

第十二条　如果发现不存在文献实体对应文献馆藏数据，应对文献馆藏数据进行合理标识，避免读者无法获得文献实体的不良阅读体验。

第十三条　一致性原则要确保文献实体和文献馆藏数据的一致，任何文献实体的典藏状态发生变化时，对应的文献馆藏数据必须跟随变化。

第十四条　根据典藏的原则和规划进行文献的调库或者改变其服务性质时，必须修改对应的文献馆藏数据。

第十五条 典藏工作还应该遵循读者友好原则，馆藏文献一般均应让读者悉知并提供服务。除非确有充分理由，不应对读者关闭某部分文献。

第三章 分馆和馆藏地点

第十六条 分馆是承担图书馆部分业务或服务的分支机构，遵循分馆建设和管理的规范（1500）。自动化系统中保留分馆的命名、编码和管理参数。

第十七条 馆藏地点是具有某种相同属性的文献的集中存放或服务地点，包括拥有文献的阅览室、外借区和不开放的书库。

第十八条 馆藏地点是图书馆保存、管理文献和提供文献服务的基本建筑空间单位，应该有科学合理的划分。

第十九条 馆藏地点的划分遵循空间合理、大小合适、适应文献、利于服务的原则。

第二十条 不同的建筑空间单位，应该设置为不同的馆藏地点。同一建筑空间单位，应该视为同一馆藏地点，或少数合并的馆藏地点。

第二十一条 如果需要，图书馆可以设置少量抽象的或概念性的馆藏地点，它们不明确指定空间位置。同样也可以设置抽象的或概念性的分馆。

第二十二条 如果需要，同一馆藏地点的不同书架可以根据所含文献的内容特征作为专架给予适当命名，在自动化系统的合适的地方揭示出来，但不宜把它们都划分成不同的馆藏地点。

第二十三条 馆藏地点信息是馆藏地点的命名和编码，不包含馆藏地点的地址。如果存在馆外的馆藏地点（分馆、流动点等等），应通过其他方式为读者揭示其地址。

第二十四条 分馆和馆藏地点的增设和撤消均需要馆领导批准。

第二十五条 分馆撤消时应先处理完分馆所有文献的馆藏数据。馆藏地点撤消时应先处理完馆藏地点所有文献的馆藏数据。

第四章 文献的服务状态和处理状态

第二十六条 为了照顾多种类型读者的需要，使馆藏各类文献组成一个有机的整体并得到多方面的合理利用，需要对文献的服务性质或类型进行科学的划分，从而得到文献的服务状态。

第二十七条 文献的基本服务状态划分为三个级别：保存本、内部阅览和外借。

第二十八条 围绕基本的服务状态还可以划分为更多的不同的状态，如普通图书阅览、少儿图书阅览、地方文献阅览等等。

第二十九条 根据文献类型可以划分为更多的不同的服务状态，如工具书、报纸、期刊、古籍等等。

第三十条 文献的服务状态根据图书馆提供文献服务的需要和实际情况灵活设置，由信息技术部门负责管理和维护。典藏相关业务部门需要新的文献服务状态时，应报馆领导批准。

第三十一条 当需要对部分馆藏文献进行某种处理时，应标识出目标范围的相应文献并暂时或永久地停止其对读者的服务。

第三十二条 为了明确地标识出对馆藏文献的处理方法，需要确立文献的处理状态。

第三十三条 文献的处理状态按照用途分为两大类别：业务流程需要的和典藏管理需要的。

第三十四条 业务流程需要的处理状态由系统自动产生并按业务流程的内在逻辑和规则变化显示，如订购中、编目中、验收中，等等。

第三十五条 典藏管理需要的处理状态由馆员设置，每个处理状态需要以规范文本规定其业务含义、使用方法和限制条件。这种规范文本是在全馆范围内有效的和一致的。

第三十六条 典藏管理需要的处理状态遵循划分清晰、含义明确、范围局限、数量可控的原则。

（一）划分清晰，要求不同的状态具有截然不同的处理方法和流程，不同的状态一般不存在交叉或包含关系；

（二）含义明确，要求对状态的业务含义的准确描述和文献是否符合该状态的简单判定方法；

（三）范围局限，要求该状态的影响范围局限于馆藏的局部而非全局；

（四）数量可控，不仅要求控制处理状态本身的数量，便于运用管理；也要求控制任意处理状态的文献数量，便于进行统计和批量处理。

第五章 常规典藏工作

第三十七条 常规典藏工作包括入藏登记、排架定位、馆藏变更、典藏统计等内容。

第三十八条 入藏登记是典藏业务部门收到文献后的入藏确认工作，一般需要核查或修改馆藏地点、文献的服务状态和处理状态，确保能正常地提供读者服务。技术支持部门应提供修改的方法或指南。

第三十九条 排架定位是将文献在书架上的位置信息，在智能馆藏系统中确立并为读者揭示的过程。

第四十条 当一个馆藏库的部分或全部文献进行了顺架、倒架时，需要重新排架定位以确立文献的位置信息。

第四十一条 当一个馆藏库的部分文献错架达到一定程度时，也可以重新排架定位以确立文献的位置信息。

第四十二条 馆藏变更是指当馆藏文献实体改变了馆藏地点、服务状态或处理状态时，修改其对应的馆藏数据，使数据真实地反映文献实体。

第四十三条 当文献的馆藏地点发生变更时，需要重新排架定位或取消其定位信息。

第四十四条 当需要处理文献实体不在现场的文献馆藏数据时，为了将来在可能需要的情况下能够方便地恢复，一般只应该修改其处理状态，而不应该改变其服务状态和馆藏地点。

第四十五条　典藏统计是定期或不定期进行的对馆藏文献的各种统计工作，其中部分简单的统计工作由业务部门自行处理，复杂的统计工作由技术部门协助处理。业务部门可以指定统计的限制条件并自行解释统计结果的业务意义。

第四十六条　当图书馆为评估定级需要获取馆藏的统计数字时，统计的方法应该符合图书馆对业务要素的一般统计规范和量化评估标准。

第六章　盘点

第四十七条　为了全面掌握馆藏情况，清理馆藏的混乱状态，全馆或部分典藏业务部门应定期或不定期进行盘点。

第四十八条　盘点是使混乱的馆藏文献恢复有序并与文献的馆藏数据保持一致的典藏业务活动。

第四十九条　盘点活动可能包括重新排架定位，使文献的位置信息恢复有序。

第五十条　盘点之前应确立科学合理的盘点流程，这种流程应该确保达到盘点的目的并且不会增加新的混乱。

第五十一条　盘点流程应该是可以重复使用的。

第五十二条　盘点过程中应让读者获知盘点状态，一般不应该屏蔽读者所能查询到的盘点文献。

第五十三条　盘点过程中，对某些不适合继续提供读者服务的文献，应提取出来等待进一步的处理，如修补、剔旧、调拨等。

第五十四条　盘点结束后，对缺少文献实体对应的文献馆藏数据，应作进一步的处理，如标记为丢失、失联或剔除等。

第五十五条　如果可能，应设法在文献的馆藏数据中保留盘点信息（例如排架日期）直到下次盘点。

第五十六条　典藏业务部门应在盘点结束后提交盘点工作总结报告。

第五十七条　技术支持部门应全程支持盘点工作并在盘点结束后提交盘点支持工作总结报告。

第七章　文献处理状态的使用

第五十八条　典藏管理需要的处理状态代表已经进入服务环节的文献的特定单册需要做特别的处理并暂停对读者的全部或部分类型的服务。

第五十九条　任何具有处理状态的单册都不能外借，但并不完全排除其他方式的服务，例如展示。

第六十条　任何处理状态都可以在联机公共查询目录（OPAC）中屏蔽，但是否屏蔽应按照行业惯例和图书馆的典藏政策由典藏相关的业务部门谨慎研究确定。原则上能不屏蔽就不屏蔽。

第六十一条　不同的业务部门必须一致同意一个处理状态是否屏蔽。如果不同的业务部门对此不能达成共识，那么就应该考虑采用不同的处理状态。

第六十二条　丢失状态表明该单册已经丢失，即馆员清楚知道该单册已经不在馆藏范围内，并且几乎不可能再次发现它。

第六十三条　失联状态表明长时间未发现该单册，但也未确定其是否已经丢失，有可能错架、错库，等等。

第六十四条　盘点中状态表明单册处于盘点过程中，盘点完成后根据盘点数据修改为正常状态，剩余无盘点数据的可改为其他状态，如失联。

第六十五条　整理中状态表明实际存在的单册处于临时整理中，整理完成后应改为其他状态或恢复正常状态。

第六十六条　未注册状态表明单册应该注册而未注册智能标签，无法外借。不需要注册智能标签或无智能标签的单册不用这个状态。

第六十七条　未入库状态表明单册仍在馆外，情况不明，可能还需要进一步的加工，也可能已经不适合提供读者服务。

第六十八条　赔书状态表明该单册丢失，但读者赔偿了相同版本的另一单册（条码号不同）。区别于丢失，赔书状态可以不计入图书馆的实际馆藏损失中。

第六十九条　修补中状态表明该单册有一定程度损坏，已经提交专业修补人员或机构进行修补。

第七十条　损坏状态表明该单册严重损坏，无法修补因而无法继续提供服务。

第七十一条　停借状态表明该单册因故停止外借，流通部门应保留停借的原因并有合理的解释。

第七十二条　特殊提供状态表明该单册已经特别提供给特殊的读者，暂时不为普通读者提供。

第七十三条　待剔旧状态表明该单册符合图书馆剔旧政策，正等待下一步剔旧处理。

第七十四条　剔除状态表明该单册是已经剔旧的单册，无论对其作任何后续处理，也无论该单册是否还存在真实的实体。

第七十五条　展示状态表明该单册用于展览、宣传等，暂时不为读者提供借阅服务。

第七十六条　赠送状态表明该单册赠送给了其他机构，可能是属于赠送交换计划的组成部分，从而也获取了对方赠送的其他馆藏。

第七十七条　调拨状态表明该单册调拨至其他机构，但不含分馆，分馆馆藏是正常的单册状态。调拨的馆藏有可能重新调拨回来。

第七十八条　倒库状态表明该单册已下架，处于调整书库或馆藏地的过程中，待新位置上重新上架之后恢复正常状态。

第七十九条　传送中状态表明该单册被读者归还到了非原始馆藏地，正传送至原始馆藏地。

第八十条　锁定状态表明该单册因故锁定，可以用于已经外借的单册，代表需要对其作后续的其他处理。

第八十一条　封禁状态表明该文献属于违禁文献，被禁止提供读者服务，已经按合法的特定程序进行封禁处理。

第八十二条　屏蔽状态表明该单册是其他原因或无原因或未确定原因的屏蔽。

根据本规范第三十六条典藏管理需要的处理状态遵循的原则，应尽可能避免直接使用这个状态，而是划分和使用含义更加具体明确的特定状态。

第八十三条　典藏相关业务部门如果需要新的处理状态，应向技术部门提出申请。技术部门依照本规范第三十六条的原则规定进行核查，对照需要的处理状态的规范说明，在确认没有合适的现存处理状态可用的前提下支持业务部门的申请。

第八十四条　新的处理状态应告知全馆和典藏有关的所有业务部门，并且任何业务部门均可使用。不存在仅限某部门使用的典藏处理状态，更不存在任何需要保密的典藏处理状态。

第八章　文献特殊处理

第八十五条　文献的一些特殊处理具有确切的特殊业务意义，需要遵循特定的业务规则。

第八十六条　典藏业务部门或技术支持部门应建立相关业务规则的表格，客观反映文献特殊处理的业务需求。

第八十七条　相关业务规则的表格应描述下列事项：

（一）文献可提供复印的处理状态；

（二）在联机公共查询目录（OPAC）中屏蔽的状态；

（三）在采访查重时当成缺失，可考虑补充采购的状态；

（四）统计馆藏量时忽略的状态；

（五）不计入文献资产的状态；

（六）不计入文献资产但保留存根的状态；

（七）广义的"在架上"，可利用的状态；

（八）不可恢复的固化状态，即在已有状态上叠加其他处理后无法恢复至先前的状态；

（九）其他需要表达某种业务需求的处理状态。

第八十八条　业务规则的表格所描述的业务规则必须在全馆范围内取得共识。

第八十九条　业务规则的表格是业务要素的一类，应遵循业务要素的管理规范。

第九十条　由于自动化系统的局限性，一些特殊的文献处理无法在自动化系统中完整记录所有信息，需要另设处理记录清单。

（一）特殊提供的文献应记录提供对象的详细信息，包括各种凭据；

（二）丢失的文献应记录是否有丢失关联人和赔偿情况；

（三）剔除的文献应记录后续的处理方式和去向；

（四）赠送的文献应记录赠送的对象和是否有交换赠送；

（五）调拨的文献应记录调拨机构、调拨性质和签收凭据；

（六）封禁的文献应记录封禁的依据和具体处置方法；

（七）锁定的文献应记录后续处理的计划；

（八）屏蔽的文献应记录屏蔽的原因；

（九）其他特殊处理也可酌情建立特殊处理记录清单。

第九十一条　如果需要，技术支持部门应协助典藏业务部门生成文献特殊处理清单。

第九十二条　所有特殊处理清单由特殊处理的典藏业务部门永久保留，除非特殊处理被撤消，相关文献被恢复为特殊处理前的状态。

第九章　文献处理的两步提交法

第九十三条　为慎重起见，当需要对馆藏文献进行某些重要处理时，应该采取两步提交法进行。首先将相关文献标记为一个过渡状态，然后对其进行统计分析和进一步筛选，并提交馆领导审核和批准，最后再标记为最终状态。

第九十四条　两步提交法适合处理文献的丢失、损坏、剔旧、回溯等情况。

第九十五条　对于文献的丢失，可以先标记为失联状态。只有当馆员明确知道或者有证据证明文献已经丢失，才标记为丢失状态。

第九十六条　对于文献的剔旧，可以先标记为待剔旧状态。当馆领导审核批准剔旧之后，再修改为剔除状态。

第九十七条　对于需要回溯处理的旧书，可以先标记为未入库或未注册状态。待回溯处理完成之后，再修改为正常状态。

第九十八条　对于损坏的图书，可以先标记为修补中状态并提交专业修补人员或机构进行修补。损坏的图书是否可以修补应由专业修补人员或机构判定，其中尚能修补的图书待修补完成后改为正常状态，无法修补的再改为损坏状态。

第九十九条　对于已经借出的图书需要对其进行处理时，可以先标记为锁定状态，待读者归还之后再修改为需要的状态。

第一百条　停借可以是一个最终状态，也可以是一个过渡状态。如果将其作为过渡状态，流通部门就需要确定下一步的处理方法和最终的状态，这将作为停借的原因而被保留。

第一百○一条　如果有其他需要两步提交法的情况，业务部门可以考虑是否需要新的处理状态。如果已有处理状态可以合理地使用，原则上不增加新的处理状态。

第一百○二条　采用两步提交法处理文献时，第二步可以只针对第一步处理的部分结果进行处理，这个部分结果是由已有的或新增的业务规则确定的。

第一百○三条　采用两步提交法处理文献时，第二步将文献标记为最终状态的业务活动必须在计划的时间周期内完成。不允许永远或长期悬置第二步的处理。如果第二步的处理客观上无法完成或者馆领导不同意进行，则第一步的处理必须撤回。

第一百○四条　撤回的处理就是将第一步处理的文献恢复到处理之前的状态，撤回之后两步提交法终止。典藏管理部门或技术支持部门需要在第一步处理之前确定撤回的技术方法以备用。

第一百○五条　部分进行第二步处理的文献集合，其中未处理的部分可能也需要撤回，例如部分批准的剔旧。

第一百○六条　无法撤回的文献处理不能用于两步提交法的第一步的处理。

第一百〇七条　已经完成两步提交法处理的文献不可撤回。

第十章　附则

第一百〇八条　本规范的解释权属于信息技术部。

第一百〇九条　文献资产管理需要本规范所描述的文献的各种处理状态的支持，在使用时需要符合资产管理的原则和规则。

第一百一十条　本规范经馆领导批准后实施。

【自动化系统典藏工作基本规范的解释】

第三十条　文献的服务状态根据图书馆提供文献服务的需要和实际情况灵活设置，由信息技术部门负责管理和维护。典藏相关业务部门需要新的文献服务状态时，应报馆领导批准。

服务状态和服务政策密切相关，因此需要馆领导批准。

第三十六条　典藏管理需要的处理状态遵循划分清晰、含义明确、范围局限、数量可控的原则。

处理状态代表对文献处理的有限的方法，不能无限制地设置，过多的处理状态只会使典藏管理失序，混乱的处理状态也使馆员对馆藏失去掌控并且给典藏统计带来麻烦。非常相近的处理方法应采用相同的处理状态。

第四十四条　当需要处理文献实体不在现场的文献馆藏数据时，为了将来在可能需要的情况下能够方便地恢复，一般只应该修改其处理状态，而不应该改变其服务状态和馆藏地点。

服务状态和馆藏地点不可恢复或难于恢复，因此不能轻易变更。

文献实体不在现场，可能只是暂时的，可能是错架、错库、未入库，等等。

第六十五条　整理中状态表明实际存在的单册处于临时整理中，整理完成后应改为其他状态或恢复正常状态。

整理不同于盘点，整理是针对实际存在的文献，盘点需要确定丢失的文献，盘点周期要长得多。这个状态只能短期临时使用，正常情况下不应该有文献处于整理中。

第六十七条　未入库状态表明单册仍在馆外，情况不明，可能还需要进一步的加工，也可能已经不适合提供读者服务。

未入库状态仅适用于初次盘点，再次盘点针对的是已入库的文献，未盘出文献应标记为"失联"，再用"未入库"自相矛盾。

第八十一条　封禁状态表明该文献属于违禁文献，被禁止提供读者服务，已经按合法的特定程序进行封禁处理。

封禁针对"种"而不是"册"，一种文献封禁，其所有单册均应设置为"封禁"状态。

封禁处理还可能需要修改书目数据，使其不在 OPAC 中显示。

第一百零二条　采用两步提交法处理文献时，第二步可以只针对第一步处理的部分结果进行处理，这个部分结果是由已有的或新增的业务规则确定的。

第二步一般需要馆领导批准，但馆领导不能随意地变更需要处理的文献范围，必要的话应该确立新的业务规则，按新规则确立变更的范围。

第一百零六条　无法撤回的处理不能用于两步提交法的第一步的处理。

根据确定的文献要素数据集合（例如条形码）进行的处理一般可以撤回（也比较容易撤回），根据条件判定文献范围的处理有可能无法撤回。如果需要避免无法撤回的处理，则应该保留处理前的文献要素数据集合。

第六节　数字图书馆能力提升规范

数字图书馆能力提升规范依托数字图书馆的能力成熟度模型，规定提升成熟度等级的规范化流程和方法。

第十一章将深入探讨能力成熟度模型，其中第四节数字图书馆的能力成熟度模型是数字图书馆提供知识服务的关键进化路线，在数字图书馆的发展和演进中具有举足轻重的地位。

数字图书馆能力提升规范一般应该规定：

  数字图书馆的能力等级
  关键过程域
  能力评估
  能力提升方案
  实施过程
  阶段考核
  总结和下轮准备

数字图书馆的能力等级规定数字图书馆能力成熟度模型的各个成熟度等级，它们的基本意义、内涵和划分标准。

本书第十一章将详细研究数字图书馆的能力成熟度模型，提出五个成熟度等级：文献提供级、全文检索级、信息整合级、知识整合级和自主优化级。每个成熟度等级将有若干个关键过程域。

关键过程域规定每个能力成熟度等级所包含的关键过程域和关键实践的评估指标。

特定成熟度等级的所有关键过程域均必须实施。评估指标还应包含关键实践的实施程度的度量方法。

能力评估规定所需要达成的关键过程域包含的关键实践的评估方法和流程。

图书馆应该建立成熟度模型评审和评估机构，该机构成员应具有完备的能力成熟度模型、评估方法、数字图书馆工程和管理方面的丰富知识。

根据成熟度模型对所有的成熟度等级设计评估过程的提问单，由图书馆相关的业务部门完成提问单的填写。根据提问单的分析到具体业务现场核查，得到关键实践实施情况（例如完成程度）的评估结果。最后根据评估结果绘制关键过程域的剖面图，以图形化方式揭示图书馆已满足和未满足关键过程域的哪些区域。

能力提升方案规定欲达到某一个能力成熟度等级所需要的业务技术条件和实施方案。五个成熟度等级共有四轮能力提升方案：

文献提供级→全文检索级

全文检索级→信息整合级

信息整合级→知识整合级

知识整合级→自主优化级

从文献提供级到全文检索级的提升方案需要确定全文检索系统的实施及其与文献提供系统的关系和服务链接的方法；从全文检索级到信息整合级的提升方案需要确定信息整合的原则和方法以及采用哪些技术手段；从信息整合级到知识整合级的提升方案需要确定知识整合的原则和方法以及采用哪些技术手段；从知识整合级到自主优化级的提升方案需要解决如下问题：如何进行自主知识获取、自主知识组织、自主知识管理、自主知识交流和自主学习以及如何提供主动的知识服务。

详细的提升方案内容应根据成熟度模型的关键过程域分别进行详细描述。

每个成熟度等级提升方案的制订都是一个大工程，需要图书馆付出巨大的努力，也需要对成熟度等级和关键过程域的相关专业技术做精深研究。例如，第一轮由文献提供级到全文检索级的提升方案应该包括实施全文检索业务和服务的计划、技术方案、保障条件和具体措施，等等。

实施过程规定实施方案在具体实施过程中的策略和方法。具体内容应根据上面的四轮提升方案分别进行详细的描述。

实施过程也包括按照数字图书馆其他关键业务规范实施数字图书馆的业务过程，例如，从设备配置、系统部署一直到项目开发的业务规范。即：对每一轮提升方案的实施可能涉及的问题均应该从以下七个方面进行详细描述：设备配置、系统部署、资源建设、运行管理、服务提供、推广培训和项目开发。

阶段考核规定对提升方案中的相关业务进行考核的方法和流程，以明确是否完全达成阶段任务。

阶段考核和能力评估具有相似的特征，也有细节上的不同。阶段考核是对已知的成熟度等级进行考核，而能力评估是对业务实况评估其所处的等级。

总结和下轮准备规定对本阶段的总结和为下一次能力提升需要做的准备工作。显然，前三轮的提升方案需要有下一轮的准备，第四轮（最后一轮）提升方案不存在下一轮的问题。也就是有三轮不同的准备，应分别进行详细描述。

由于成熟度模型的复杂性，数字图书馆能力提升规范可能是一部非常复杂的规范。

这部规范和数字图书馆能力成熟度相关的其他规范（见第十一章）的制订和完善可能会是图书馆的一个长期任务。本书只能在这里提供一个简单的纲要，而对于稍微完整一些的规范文本留待将来研究制订。

第八章　主要业务规范篇章目录

本章对主要的业务规范提供初步的篇章目录，除了少量已经完成的规范而外，绝大多数是初步拟定，仅仅是提示性质的，并不完善，需要各图书馆在实际的制订过程中来确定。当然，各图书馆也可以根据自身情况另拟某些业务规范的篇章目录。

为了便于读者理解，对目录中少数章的标题以脚注的形式加以解释，但正式的业务规范文本中应以条款说明它们的内容，不应包含这些脚注。

第一节　元规范范畴

0000　业务规范管理规范　　　　　　　　N
【见附录一】
0100　业务规范技术性管理规范　　　　　TMN
【见附录二】
0200　业务规范内部审核指南　　　　　　IAG
【见附录三】
0300　业务规范同行评审指南　　　　　　PRG
【见附录四】
0400　业务规范实施评估指南　　　　　　ENE
　　　第一章　总则
　　　第二章　实施评估的意义
　　　第三章　评估方法
　　　第四章　评估流程
　　　第五章　测量和评价
　　　第六章　问题处理和整改措施
　　　第七章　评估总结和评估报告
　　　第八章　行业评估
　　　第九章　附则
0500　业务规范行业活动管理规范　　　　NPA
　　　第一章　总则

第二章　经验交流
第三章　行业推广
第四章　借鉴采纳
第五章　代理制订
第六章　同行评审
第七章　实施评估
第八章　行业评估
第九章　附则

0800　业务标准管理规范　　　　　　　　　　BSM

第一章　总则
第二章　业务标准的范围
第三章　业务标准的选择
第四章　业务标准的实施
第五章　业务标准的评估
第六章　创制业务标准[①]
第七章　附则

第二节　基础范畴

1100　组织结构规范　　　　　　　　　　　　OS

第一章　总则
第二章　组织结构的原则
第三章　核心组织结构
第四章　扩展组织结构
第五章　组织结构的管理
第六章　组织结构的变更
第七章　委员会、理事会和监事会
第八章　附则

1200　规章制度规范　　　　　　　　　　　　RR

第一章　总则
第二章　规章制度的范围
第三章　规章制度的制订

---

① 大型图书馆是可以创制业务标准的，至少可以提出标准的建议稿，推动新标准的创立或旧标准的修订。

第四章　规章制度的执行
第五章　规章制度的管理
第六章　规章制度的变更
第七章　章程、条例和守则①
第八章　附则

1300　总体业务规范　　　　　　　　　　　OB

第一章　总则
第二章　总体业务原则②
第三章　业务目标
第四章　业务过程
第五章　业务部署
第六章　业务拓展
第七章　业务管理原则
第八章　业务创新原则
第九章　业务外包
第十章　附则

1320　业务过程规范　　　　　　　　　　　BPN

第一章　总则
第二章　总体业务过程
第三章　项目业务过程
第四章　部门业务过程
第五章　外包业务过程
第六章　微过程③
第七章　业务过程管理
第八章　附则

1400　项目管理规范　　　　　　　　　　　PM

第一章　总则
第二章　项目业务范围
第三章　项目业务过程
第四章　项目管理指导方法（PMBOK）④
　　第一节　项目范围管理
　　第二节　项目时间管理

---

① 可以包含读者守则的管理原则。
② 根据图书馆的类型和规模确定图书馆的总体业务原则。
③ 包括零散业务过程和个人业务过程。
④ 如果采用 PMBOK，本章应进行详细描述，见本书第七章第一节。

第三节　项目成本管理
第四节　项目质量管理
第五节　项目人力资源管理
第六节　项目沟通管理
第七节　项目风险管理
第八节　项目采购管理
第九节　项目集成管理
第十节　项目干系人管理

第五章　项目管理指导方法（WWPMM）[①]
第一节　项目定义
第二节　工作计划管理
第三节　技术环境管理
第四节　跟踪和控制
第五节　事件管理
第六节　变更管理
第七节　质量管理
第八节　人力资源管理
第九节　沟通管理
第十节　风险管理
第十一节　供应商管理
第十二节　赞助人协议管理
第十三节　交付管理

第六章　项目管理技术
第一节　项目组织管理
第二节　项目制度
第三节　项目协作
第四节　项目外包
第五节　项目招标
第六节　项目评价
第七节　项目培训计划
第八节　项目特定业务规范

第七章　项目量化管理
第一节　项目范围估算
第二节　项目成本估算
第三节　项目进度估算
第四节　项目风险估算

---

① 如果采用 WWPMM，本章应进行详细描述，见本书第七章第一节。

　　　　第五节　项目进度度量
　　　　第六节　缺陷度量
　　　　第七节　项目工作量度量
　　　　第八节　人员生产率度量
　　第八章　项目审计
　　　　第一节　审计要素
　　　　第二节　经济监督
　　　　第三节　经济评价
　　　　第四节　经济鉴定
　　　　第五节　资源支持
　　　　第六节　审计方法
　　　　第七节　审计流程
　　第九章　项目管理成熟度模型
　　　　第一节　成熟度模型的选择
　　　　第二节　应急式项目管理
　　　　第三节　反应式项目管理
　　　　第四节　规范化项目管理
　　　　第五节　程序化项目管理
　　　　第六节　卓越项目管理
　　　　第七节　成熟度评估
　　第十章　附则

1500　分馆建设规范　　　　　　　　　　　　　　CB

　　第一章　总则
　　第二章　分馆建设的原则
　　第三章　分馆类型
　　第四章　分馆建设标准
　　第五章　分馆服务标准
　　第六章　分馆业务规则
　　第七章　分馆运行管理
　　第八章　几种特殊分馆
　　第九章　附则

1600　组织文化规范　　　　　　　　　　　　　　OC

　　第一章　总则
　　第二章　组织的价值观
　　第三章　组织的信念
　　第四章　使命和愿景
　　第五章　荣誉体系

第六章　仪式和形象
第七章　符号和标志
第八章　品牌文化
第九章　附则

1700　人力资源规范　　　　　　　　　　　　HR

第一章　总则
第二章　人力资源规划
第三章　招聘与配置
第四章　培训与开发
第五章　绩效管理
第六章　薪酬福利管理
第七章　员工关系管理
第八章　附则

1780　职业素质规范　　　　　　　　　　　　PQN

第一章　总则
第二章　职业素质要求
第三章　职业道德规范
第四章　职业礼仪规范
第五章　职业表现规范
第六章　职业素养规范
第七章　职业指导和规划
第八章　职业价值评估
第九章　附则

1800　宣传推广规范　　　　　　　　　　　　PP

第一章　总则
第二章　图书馆宣传推广
第三章　宣传推广方式
第四章　信息导引
第五章　馆情通报
第六章　资源宣传
第七章　服务宣传
第八章　品牌宣传
第九章　附则

1900　风险管理规范　　　　　　　　　　　　RM

第一章　总则

第二章　风险管理原则
第三章　风险范围
第四章　风险识别和分析
第五章　风险预警和应对
第六章　风险跟踪和控制
第七章　危机管理[①]
第八章　事故处理[②]
第九章　附则

1940　危机管理规范　　　　　　　　　　　　CMN

第一章　总则
第二章　管理原则
第三章　危机管理的内容
第四章　危机管理制度
第五章　危机预防
第六章　危机控制与处理
第七章　危机恢复
第八章　各类危机管理
第九章　附则

1960　应急预案　　　　　　　　　　　　　　EP

【见本书第七章第二节】

1980　事故处理规范　　　　　　　　　　　　AHN

第一章　总则
第二章　事故范围
第三章　事故级别
第四章　事故控制
第五章　事故救援
第六章　事故恢复
第七章　事故调查[③]
第八章　责任追究和处罚
第九章　附则

2100　采访工作基础规范　　　　　　　　　　BA

【见本书第六章第一节】

2160　采访招标管理规范　　　　　　　　　　ATM

---

① 一般原则，详细的危机管理规范是1940。
② 一般原则，详细的事故处理规范是1980。
③ 应提交非专业人员能够阅读的全面而详尽的事故调查报告，包括事故关涉的系统全面的详尽技术说明。

第一章　总则
第二章　招标范围和方式
第三章　招标程序和流程
第四章　招标文件
第五章　投标文件
第六章　招标纪律
第七章　法律责任
第八章　招标档案管理
第九章　招标管理系统
第十章　附则

2180　数字资源采购规范　　　　　　　　　DRA

第一章　总则
第二章　数字资源范围
第三章　数字资源采购方法
第四章　数字资源试用
第五章　打包订购
第六章　需求驱动采购（DDA）[①]
第七章　循证采购（EBA）[②]
第八章　集团采购
第九章　附则

2200　编目工作基础规范　　　　　　　　　BB
【见本书第六章第二节】
2210　编目规则运用规范　　　　　　　　　CRA

第一章　总则
第二章　编目原则和编目规则
第三章　国际编目原则声明（SICP）
第四章　英美编目条例第二版（AACR2）
第五章　国际标准书目著录（ISBD）
第六章　中国文献编目规则
第七章　中国文献著录标准
第八章　中图分类法运用
第九章　主题词表运用
第十章　规范词表管理
第十一章　关联数据规则

[①] 也称为读者驱动采购（PDA），有数字资源采购的特殊流程。
[②] 也称为使用驱动采购（UDA），有数字资源采购的特殊流程（王春生，2018）。

第十二章　自定编目规则管理
第十三章　附则

2220　联合编目基础规范　　　　　　　　　　　UCB

　　第一章　总则
　　第二章　联合编目原则
　　第三章　联合编目机构
　　第四章　联合编目用户
　　第五章　联合编目协议
　　第六章　联合编目标准
　　第七章　成本核算
　　第八章　绩效管理
　　第九章　附则

2230　编目外包工作规范　　　　　　　　　　　COS

　　第一章　总则
　　第二章　外包范围
　　第三章　外包机构
　　第四章　外包协议
　　第五章　业务标准
　　第六章　业务流程和交接
　　第七章　质量管理
　　第八章　统计评估
　　第九章　附则

2300　流通工作基础规范　　　　　　　　　　　BC
【见本书第六章第三节】

2320　阅读推荐服务规范　　　　　　　　　　　RRS

　　第一章　总则
　　第二章　新书通报
　　第三章　馆员推荐
　　第四章　专家学者推荐
　　第五章　读者推荐
　　第六章　个性化推荐
　　第七章　附则

2380　馆际互借基础规范　　　　　　　　　　　ILL

　　第一章　总则
　　第二章　馆际互借原则

第三章　馆际互借协作馆
第四章　馆际互借协议
第五章　馆际互借方法
第六章　物流管理
第七章　成本核算
第八章　附则

2400　报刊工作基础规范　　　　　　　　　　BS
【见本书第六章第四节】

2500　典藏工作基础规范　　　　　　　　　　BH
【见本书第六章第五节】

2560　文献资产管理规范　　　　　　　　　　LAM

第一章　总则
第二章　文献资产管理原则
第三章　资产登记
第四章　核查、清查和统计
第五章　赠送、交换和调拨
第六章　损耗和剔旧
第七章　资产注销
第八章　附则

2600　参考工作基础规范　　　　　　　　　　BR
【见本书第六章第六节】

2700　读者服务工作基础规范　　　　　　　　RS

第一章　总则
第二章　读者服务工作的范围
第三章　读者服务的原则
第四章　读者权益
第五章　读者关系管理①
第六章　阅读推广、辅导和拓展
第七章　读者活动和社区
第八章　读者服务品牌
第九章　特殊读者服务
第十章　附则

2710　服务协议管理规范　　　　　　　　　　SAM

第一章　总则

---

① 应和《公共关系管理规范》(7500)第三章进行恰当的划分，也可独立成《读者关系管理规范》。

第二章　服务协议的制订
第三章　服务协议的签订
第四章　一般服务协议
第五章　网络服务协议
第六章　借阅服务协议
第七章　付费服务协议
第八章　增值服务协议[①]
第九章　其他服务协议
第十章　附则

2750　阅读推广工作规范　　　　　　　　　　RPN

第一章　总则
第二章　阅读推广理论
第三章　阅读推广实践
第四章　阅读文化
第五章　分类阅读推广
第六章　分众阅读推广[②]
第七章　阅读推广服务
第八章　阅读推广管理
第九章　附则

2800　少儿读者工作基础规范　　　　　　　　CR

第一章　总则
第二章　少儿读者工作的原则
第三章　青少年读者工作
第四章　幼儿读者工作
第五章　少儿读者活动
第六章　少儿读者辅导
第七章　少儿阅读推广
第八章　少儿读者工作创新
第九章　附则

2900　业务辅导工作基础规范　　　　　　　　BG

第一章　总则
第二章　业务辅导工作的范围

[①]　增值服务协议仅包括针对特定用户的增值服务协议，如定题情报服务协议、情报分析服务协议、专业智库服务协议和部分针对大机构的决策支持服务协议，其他广泛开展的增值服务如知识服务不需要协议。
[②]　根据不同的受众读者进行不同的阅读推广。

第三章　人才培养
　　第四章　培训管理
　　第五章　业务交流
　　第六章　行业咨询
　　第七章　行业学会工作
　　第八章　馆间协调和协作
　　第九章　附则

2920　培训大纲　　　　　　　　　　　　　　TPO
【见本书第七章第三节】

第三节　自动化范畴

3000　自动化系统基本工作规范　　　　　　　A
【见本书第七章第四节】

3100　自动化系统-采访工作基本规范　　　　AA
　　第一章　总则
　　第二章　基本采访流程
　　第三章　征订管理
　　第四章　订购管理
　　第五章　采集交换管理
　　第六章　采访审核
　　第七章　验收管理
　　第八章　财经管理
　　第九章　采访统计
　　第十章　附则

3200　自动化系统-编目工作基本规范　　　　AB
　　第一章　总则
　　第二章　基本编目流程
　　第三章　基本书目编辑
　　第四章　规范控制
　　第五章　编目审校
　　第六章　书目产品
　　第七章　高级编目
　　第八章　统一资源编目
　　第九章　编目统计

第十章　附则

3300　自动化系统－流通工作基本规范　　　　　　AC

　　第一章　总则
　　第二章　读者
　　第三章　常规流通
　　第四章　自助流通
　　第五章　专项事务
　　第六章　分馆流通
　　第七章　通借通还
　　第八章　流通统计
　　第九章　附则

3400　自动化系统－报刊工作基本规范　　　　　　AS

　　第一章　总则
　　第二章　报刊采访
　　第三章　报刊编目
　　第四章　现刊管理
　　第五章　过刊管理
　　第六章　目次处理
　　第七章　期刊数据库
　　第八章　引文分析
　　第九章　报刊统计
　　第十章　附则

3500　自动化系统－典藏工作基本规范　　　　　　AH
【见本书第七章第五节】

3600　自动化系统－参考工作基本规范　　　　　　AR

　　第一章　总则
　　第二章　一般咨询
　　第三章　书目检索
　　第四章　咨询档案
　　第五章　网络虚拟咨询
　　第六章　个性化咨询
　　第七章　咨询问题跟踪
　　第八章　用户反馈
　　第九章　附则

3700　自动化系统－联机检索系统规范　　　　　　AO

文献检索和网络服务指南

   第一章　总则
   第二章　基本检索
   第三章　高级检索
   第四章　个性化检索
   第五章　分类浏览
   第六章　流通事务
   第七章　读者社区
   第八章　读者推荐
   第九章　附则

4100　自动化系统－共同采购工作规范　　　　　　　JP

   第一章　总则
   第二章　采访协调和共同采购
   第三章　共同采购方法
   第四章　共同采购流程
   第五章　共同采购中介系统①
   第六章　状态、信号和通知②
   第七章　数据同步
   第八章　统计评估
   第九章　附则

4200　自动化系统－联合编目工作规范　　　　　　　UC

   第一章　总则
   第二章　联合编目方法
   第三章　联合编目流程
   第四章　联合编目产品
   第五章　联合编目服务
   第六章　联合编目培训
   第七章　质量管理
   第八章　统计评估
   第九章　附则

4300　自动化系统－网络流通工作规范　　　　　　　NC

   第一章　总则
   第二章　网络流通原则

---

① 一个共同采购中介系统支持不同图书馆的不同采访系统协作完成业务，也支持不同的书商。
② 中介系统和各馆采访系统之间的业务交互。

第三章　网络流通基本功能
　　第四章　网络流通中介系统[①]
　　第五章　网络流通组件[②]
　　第六章　网络流通的人工响应
　　第七章　统计分析
　　第八章　附则

4400　自动化系统－馆际互借工作规范　　　　　　　　IL

　　第一章　总则
　　第二章　馆际互借技术方法
　　第三章　馆际互借流程
　　第四章　馆际互借中介系统[③]
　　第五章　馆间协调
　　第六章　请求、通知和反馈[④]
　　第七章　预约、预定和催还
　　第八章　统计分析
　　第九章　附则

4500　自动化系统－移动图书馆应用规范　　　　　　　ML

　　第一章　总则
　　第二章　移动图书馆服务范围
　　第三章　移动客户端应用
　　第四章　微信公众号应用
　　第五章　微信小程序应用
　　第六章　移动数字阅读
　　第七章　附则

4600　自动化系统－网络咨询工作规范　　　　　　　　WC

　　第一章　总则
　　第二章　网络咨询原则
　　第三章　网络咨询系统
　　第四章　网络咨询流程
　　第五章　参考咨询联盟
　　第六章　常见问题维护
　　第七章　自动化智能咨询

[①] 一个网络流通中介系统可支持转借、互换、图书漂流等，也支持联盟图书馆的馆际互借和通借通还。
[②] 可配置于虚拟图书馆中。
[③] 和网络流通中介系统的作用一样。
[④] 中介系统和各馆流通系统之间的业务交互。

第八章　附则

4700　自动化系统－智能馆藏应用规范　　　　　　IC

　　第一章　总则
　　第二章　智能馆藏的范围
　　第三章　智能馆藏的对接
　　第四章　智能自助流通
　　第五章　智能盘点
　　第六章　智能书库和智能书架
　　第七章　智能馆藏扩展工具
　　第八章　智能感知服务
　　第九章　附则

4800　自动化系统－智能拓展应用规范　　　　　　IE

　　第一章　总则
　　第二章　智能拓展系统
　　第三章　智能采访辅助决策①
　　第四章　智能编目同步代理②
　　第五章　智能流通分析③
　　第六章　智能典藏评估④
　　第七章　智能文献评价⑤
　　第八章　智能语音咨询⑥
　　第九章　智能无人呼叫中心
　　第十章　附则

第四节　数字图书馆范畴

5000　数字图书馆建设规范　　　　　　　　　　　D

　　第一章　总则
　　第二章　数字图书馆的范围

---

① 根据馆藏分析提供采访决策的参考。
② 一种基于智能代理（Agent）的联合编目模式，见本书第十章第一节之（四）。
③ 阅读分析和报告、个性化智能推荐等。
④ 馆藏的整体评估。
⑤ 特定文献的评价。
⑥ 移动语音咨询和咨询机器人。

第三章　数字图书馆的建设方法
第四章　数字图书馆的建设流程
第五章　数字图书馆的升级换代
第六章　虚拟数字图书馆建设
第七章　附则

5100　数字图书馆－标准建设规范　　　　　　SC

　　第一章　总则
　　第二章　数字图书馆标准体系
　　第三章　数字资源标准
　　第四章　平台标准
　　第五章　服务标准
　　第六章　管理标准
　　第七章　技术标准
　　第八章　附则

5200　数字图书馆－实施规划规范　　　　　　IP

　　第一章　总则
　　第二章　体系架构设计
　　第三章　技术方案设计
　　第四章　基础设施计划
　　第五章　运行设施计划
　　第六章　硬件设备配置
　　第七章　提升、拓展和重构
　　第八章　附则

5300　数字图书馆－系统部署规范　　　　　　SD

　　第一章　总则
　　第二章　数字图书馆部署计划
　　第三章　设备部署
　　第四章　软件部署
　　第五章　资源库部署
　　第六章　数字图书馆用户[①]
　　第七章　附则

5400　数字图书馆－资源建设规范　　　　　　RC

　　第一章　总则

---

① 统一用户认证等。

第二章　数字图书馆资源范围
第三章　资源建设的途径
第四章　资源的管理
第五章　资源共享①
第六章　资源同步②
第七章　知识资源建设
第八章　数字版权保护
第九章　附则

5500　数字图书馆-运行管理规范　　　　　　OM

第一章　总则
第二章　数字图书馆运行机制
第三章　数字图书馆互访问
第四章　数字图书馆维护
第五章　数字图书馆自动化维护
第六章　数字图书馆重构
第七章　附则

5600　数字图书馆-服务提供规范　　　　　　SO

第一章　总则
第二章　数字图书馆服务范围
第三章　服务规范化③
第四章　服务描述
第五章　服务注册
第六章　服务管理
第七章　虚拟数字图书馆服务
第八章　服务评价
第九章　附则

5700　数字图书馆-推广培训规范　　　　　　PT

第一章　总则
第二章　数字图书馆推广
第三章　数字图书馆协作
第四章　数字图书馆培训
第五章　数字图书馆教育

---

① 数字图书馆资源共享和互访问是有区别的。
② 基于美国国家标准协会颁布的资源同步框架（Resource Sync，ANSI/NISO Z39.99-2017）的数字图书馆资源同步共享模式。
③ 服务规范化使服务可被灵活管理，如启动、暂停、关闭等。

第六章　数字图书馆宣传
第七章　附则

5800　数字图书馆－项目开发规范　　　　　　　PD

第一章　总则
第二章　数字图书馆项目
第三章　项目开发方法
第四章　项目开发流程
第五章　产品项目开发
第六章　资源项目开发①
第七章　项目管理
第八章　项目移植②
第九章　附则

5900　数字图书馆－能力提升规范　　　　　　　CP

第一章　总则
第二章　数字图书馆的能力
第三章　能力成熟度模型
第四章　能力评估
第五章　能力提升方案
第六章　实施办法和过程
第七章　阶段考核
第八章　总结和下轮准备
第九章　附则

6000　数字图书馆产品运维规范　　　　　　　　P

第一章　总则
第二章　数字图书馆产品范围
第三章　产品的部署
第四章　产品的使用
第五章　管理性产品
第六章　服务性产品
第七章　产品的管理和维护
第八章　附则

---

① 产品项目的成果就是规范 6000 下面的各种产品，资源项目的成果是各种资源库。
② 同样的项目可以利用不同的资源服务于不同的读者。

第五节　高级业务范畴

7000　高级管理课题规范　　　　　　　　　　M
　　第一章　总则
　　第二章　高级管理课题
　　第三章　高级管理课题的策划
　　第四章　高级管理课题的实施
　　第五章　高级管理人才
　　第六章　高级管理机构
　　第七章　附则

7100　业务规范体系管理规范（参见0000）　　NS
　　第一章　总则
　　第二章　业务规范体系
　　第三章　目录管理
　　第四章　活页和表格管理
　　第五章　查询平台
　　第六章　业务规范制订计划
　　第七章　培训考核计划
　　第八章　修订计划
　　第九章　附则

7200　知识资源管理规范　　　　　　　　　　KR
　　第一章　总则
　　第二章　图书馆知识资源的范围
　　第三章　行业知识管理
　　第四章　机构知识管理
　　第五章　业务规范知识管理
　　第六章　业务知识服务
　　第七章　知识管理成熟度模型
　　第八章　附则

7300　战略规划管理规范　　　　　　　　　　SP
　　第一章　总则
　　第二章　图书馆战略规划
　　第三章　战略规划制订方法

  第四章 战略规划制订流程
  第五章 战略规划的审核和评审
  第六章 战略规划的实施
  第七章 战略规划的管理
  第八章 战略规划的评估
  第九章 附则

7400 全面质量管理规范   TQ
  第一章 总则
  第二章 图书馆质量管理
  第三章 全面质量管理
  第四章 质量体系
  第五章 质量等级
  第六章 质量评估
  第七章 质量控制流程
  第八章 质量管理认证
  第九章 质量管理成熟度
  第十章 附则

7444 评估定级规范   AEG
  第一章 总则
  第二章 评估定级计划
  第三章 组织机构
  第四章 准备工作
  第五章 自评和整改
  第六章 佐证材料准备
  第七章 信息系统对接
  第八章 评估总结
  第九章 附则

7500 公共关系管理规范   PR
  第一章 总则
  第二章 图书馆公共关系
  第三章 读者关系
  第四章 媒体关系
  第五章 行业关系
  第六章 资助关系
  第七章 政府关系
  第八章 国际关系

第九章　公共危机
　　第十章　附则

7600　研究开发管理规范　　　　　　　　　　RD
　　第一章　总则
　　第二章　图书馆研究开发的范围
　　第三章　研究课题管理
　　第四章　开发项目管理
　　第五章　成果和产品管理
　　第六章　投产和推广
　　第七章　文化创意支持
　　第八章　科研协作
　　第九章　附则

7700　业务成熟度管理规范　　　　　　　　　BM
　　第一章　总则
　　第二章　成熟度模型
　　第三章　文献编目成熟度
　　第四章　文献加工成熟度
　　第五章　数字图书馆成熟度
　　第六章　知识管理成熟度
　　第七章　业务规范成熟度
　　第八章　成熟度评估
　　第九章　其他成熟度模型
　　第十章　附则

7800　统一业务管理规范　　　　　　　　　　UB
　　第一章　总则
　　第二章　业务要素管理
　　第三章　业务要素统计
　　第四章　业务活动管理
　　第五章　业务流程管理
　　第六章　业务配置管理
　　第七章　业务集成和重组
　　第八章　业务移植
　　第九章　附则

7900　联盟业务管理规范　　　　　　　　　　LA
　　第一章　总则

第二章　联盟管理基础规范
第三章　联盟业务实施规范
第四章　联盟统一业务规范
第五章　联盟业务流程规范
第六章　联盟虚拟服务规范
第七章　附则

8000　增值服务工作规范　　　　　　　　　V

第一章　总则
第二章　增值服务的范围
第三章　增值服务的方式
第四章　增值服务协议
第五章　增值服务成本和费用
第六章　增值服务效果评估
第七章　附则

8100　基本增值服务规范　　　　　　　　　BV

第一章　总则
第二章　基本增值服务的范围
第三章　代理信息服务
第四章　文献传递服务
第五章　二三次文献服务
第六章　专题咨询服务
第七章　定题情报服务
第八章　附则

8190　定题情报服务规范　　　　　　　　　SDI

第一章　总则
第二章　定题情报服务
第三章　服务机构
第四章　服务协议
第五章　课题管理
第六章　项目跟踪
第七章　服务的评价
第八章　附则

8200　情报分析服务规范　　　　　　　　　IA

第一章　总则
第二章　情报分析需求

第三章　基本情报分析
第四章　高级情报分析
第五章　文献计量分析
第六章　大数据分析
第七章　宏观分析和微观分析
第八章　情报分析报告
第九章　附则

8300　综合数据服务规范　　　　　　　　AD

第一章　总则
第二章　综合数据服务的范围
第三章　综合数据建库
第四章　学科基础数据
第五章　社会发展数据
第六章　科学研究数据
第七章　开放数据导航
第八章　数据分析服务
第九章　数据管理
第十章　附则

8400　高级知识服务规范　　　　　　　　AK

第一章　总则
第二章　高级知识服务的范围
第三章　学科问题解决
第四章　科研协同工作
第五章　前沿知识图谱
第六章　知识辅助决策
第七章　知识创新
第八章　知识服务成熟度
第九章　附则

8410　基础知识服务规范　　　　　　　　FKS

第一章　总则
第二章　知识服务的范围
第三章　知识技术基础设施
第四章　集成知识服务
第五章　个性化服务
第六章　知识服务效果评估
第七章　附则

8420　学科信息服务规范　　　　　　　　　　　DIS
 第一章　总则
 第二章　学科馆员
 第三章　学科信息门户
 第四章　学科前沿追踪
 第五章　学科课题咨询
 第六章　嵌入式学科服务
 第七章　学科竞争力分析报告
 第八章　学科前沿报告
 第九章　附则

8430　学术支持服务规范　　　　　　　　　　　ASS
 第一章　总则
 第二章　学术机构服务
 第三章　课题跟踪
 第四章　成果推广
 第五章　学者社区
 第六章　学术交流
 第七章　开放学术支持
 第八章　学术论坛[①]
 第九章　学术规范与投稿指南[②]
 第十章　附则

8440　知识产权服务规范　　　　　　　　　　　IPS
 第一章　总则
 第二章　知识产权培训
 第三章　知识产权咨询
 第四章　专利资源导航
 第五章　专利分析报告
 第六章　版权服务
 第七章　附则

8500　专业智库服务规范　　　　　　　　　　　TT
 第一章　总则
 第二章　专业智库建设
 第三章　智库专家

---

① 包括具体实现的网络论坛和品牌化的抽象论坛。
② 投稿指南包括对学术期刊的分析。

第四章　专业智库服务
第五章　协作智库①
第六章　智库报告
第七章　行业咨询服务②
第八章　附则

8600　教育培训服务规范　　　　　　　　ET

第一章　总则
第二章　教育培训服务的范围
第三章　协同学校教育③
第四章　社会教育④
第五章　公开课程管理
第六章　学术讲座
第七章　学科文献指南
第八章　附则

8630　创新学习服务规范　　　　　　　　ILS

第一章　总则
第二章　信息素养学习
第三章　图书馆知识服务⑤
第四章　新媒体体验
第五章　设计创作
第六章　3D打印
第七章　数字加工
第八章　创客空间
第九章　附则

8700　立法咨询服务规范　　　　　　　　LC

第一章　总则
第二章　立法咨询服务的范围
第三章　地方法规起草咨询
第四章　政府规章和规范性文件
第五章　地方法规评估

---

① 和其他智库的协作以及多智库协作。
② 针对重点行业的专深咨询服务。
③ 无论公共图书馆还是高校图书馆，对于和中小学合作的教育服务而言，图书馆是服务提供方；高校图书馆也可和公共图书馆合作，高校图书馆是服务提供方，公共图书馆是中介机构。
④ 图书馆自办的社会教育服务。
⑤ 关于如何利用图书馆的知识。

第六章　立法研究和评价
第七章　附则

8800　决策支持服务规范　　　　　　　　　　　DS
　　第一章　总则
　　第二章　决策支持服务的范围
　　第三章　决策咨询
　　第四章　行业焦点和趋势报告
　　第五章　政府公开信息服务
　　第六章　政务信息共享服务
　　第七章　决策大数据支持
　　第八章　决策评估和评价
　　第九章　附则

第九章　作为业务规范的培训计划

第一节　不同等级的培训计划

将培训计划纳入业务规范的范围，是本书主张的一个重要的管理理念。为贯彻该理念，将培训计划的时间、地点和人员从实际的培训活动中剥离出来，也就是将培训计划的业务和技术的实质成分抽象出来，使其成为可以反复执行和持久管理的目标，是培训活动规范化和持续化的基本保证。

根据《培训大纲》（第七章第三节），一部常规的培训计划应该包括的内容有：

（一）培训计划的名称标识和等级类别；
（二）培训计划实施条件；
（三）所需要的经费和资源；
（四）培训课程的范围；
（五）和业务规范的匹配策略[①]；
（六）受训人员范围和角色；
（七）培训日程表；
（八）培训记录的维护规程；
（九）对培训的"评价和其他反馈信息"的收集和使用规程。

而图书馆的所有培训计划可分为三个不同的等级：概略培训计划、全面培训计划和精深培训计划。不同等级的培训计划的内容在描述上可以有不同的详细程度，例如，概略培训计划可以省略某些项目。

概略培训计划的目的是使受训人员概略地掌握培训计划指定范围的基本知识和技能，使之能正确理解相关领域的业务工作。因此概略培训计划是简单的、轻量级的、适合图书馆所有新员工的培训计划。在图书馆新员工的入职培训中应该包括大部分概略培训计划的内容。

归纳起来，图书馆可能会有如下的概略培训计划：

---

① 项目的培训计划仅仅第五项略有不同，本章以常规培训计划为研究的范围，项目培训计划仅作为特例，不再于行文中加以区分。部分精深培训计划可能只适用于精深科研项目。

图书馆业务概略培训计划
信息技术概略培训计划
图书馆自动化概略培训计划
数字图书馆概略培训计划
图书馆高级管理概略培训计划
采访工作概略培训计划
编目工作概略培训计划
流通工作概略培训计划
报刊工作概略培训计划
典藏工作概略培训计划
参考工作概略培训计划
读者服务工作概略培训计划
少儿读者工作概略培训计划
业务辅导工作概略培训计划

所有这些概略培训计划均应具备下列特征：

轻量级，简单明确，不需要太多的实施条件；
资源要求非常少，基本没有经费要求；
培训课程可能仅仅就是基础业务规范或者一些入门教程内容；
仅和基础业务规范匹配；
具有广泛的受训人员范围和角色，适用于图书馆新员工，不限部门；
培训日程简短，培训方法多样（例如录像）；
培训记录和培训反馈信息由人力资源部门维护。

全面培训计划的目的是使受训人员完整地掌握培训计划指定范围的全面知识和技能，使之能独立完成相关领域的业务工作。因此全面培训计划是全面的、重量级的、适合于相关业务部门员工的培训计划。不同的业务部门员工应该接受不同的全面培训计划，以匹配其业务工作。

以图书馆基础业务工作为例，全面培训计划包括：

采访工作全面培训计划
编目工作全面培训计划
流通工作全面培训计划
报刊工作全面培训计划
典藏工作全面培训计划
参考工作全面培训计划
读者服务工作全面培训计划
少儿读者工作全面培训计划
业务辅导工作全面培训计划

更多的业务工作领域包括更多的全面培训计划,例如,图书馆自动化全面培训计划、数字图书馆全面培训计划、战略规划管理全面培训计划、高级知识服务全面培训计划,等等。

所有的全面培训计划均应具备下列特征:

> 重量级,全面系统,需要准备必要的条件;
> 资源要求有可供实际操作的业务对象,需要一定的培训行政经费;
> 培训课程是一方面业务工作的完整说明;
> 和所有相关主要业务规范匹配;
> 具有特定的受训人员范围和角色,适用于特定业务部门的特定员工;
> 培训日程较长,培训方法以专业教师讲课为主;
> 培训记录和培训反馈信息由业务辅导部门维护。

精深培训计划的目的是使受训人员透彻地掌握培训计划指定范围的高级知识和技能,使之能指导和改进相关领域的业务工作。因此精深培训计划是专深的、针对专门问题领域的高精尖课题、适合于研究开发型员工的培训计划。

精深培训计划来源于图书馆行业的精深研究领域,例如:

> 高级编目精深培训计划
> 语义网精深培训计划
> 数据库精深培训计划
> 元数据精深培训计划
> 知识组织精深培训计划
> 知识发现精深培训计划
> 业务架构管理精深培训计划
> 业务流程管理精深培训计划
> 战略规划管理精深培训计划
> 全面质量管理精深培训计划

所有的精深培训计划均应具备下列特征:

> 研究级,专精高深,一般不需要特殊实施条件;
> 资源要求有相关的特定系统,可能有经费要求;
> 培训课程是一个专门领域的研究综述;
> 和特定业务规范甚至其特定篇章匹配;
> 具有非常局限的受训人员范围和角色,仅适用于特定专业的员工;
> 培训日程较短,培训方法以专家主持的研讨会为主;
> 培训记录和培训反馈信息由相关业务部门维护。

第二节　不同业务角色的培训计划

图书馆有非常多的业务角色，不同业务角色需要不同的知识结构，也需要不同的培训。图书馆应该建立所有业务角色需要的所有培训计划的一份对照表。本节以主要的业务角色为例，列举其相关的培训计划，可能并不是完全准确的和完善的对应。

文献采访
　　　　　　采访工作概略培训计划
　　　　　　采访工作全面培训计划
　　　　　　自动化系统－采访工作培训计划
书商
　　　　　　书商培训计划
采选人员
　　　　　　采选人员培训计划
采购人员
　　　　　　采购人员培训计划
采集人员
　　　　　　采集人员培训计划
高级采访
　　　　　　高级采访人员培训计划
验收人员
　　　　　　验收人员培训计划
财经管理
　　　　　　财经管理人员培训计划
采访业务管理
　　　　　　采访管理人员培训计划
文献编目
　　　　　　编目工作概略培训计划
　　　　　　编目工作全面培训计划
　　　　　　自动化系统－编目工作培训计划
　　　　　　编目员培训计划
　　实习编目员
　　普通编目员
　　高级编目员
　　　　　　高级编目精深培训计划
　　审校员

   普通审校员
   高级审校员
   编目质量总监
     编目质量总监培训计划
   编目业务管理
     编目管理人员培训计划

文献加工
     文献加工概略培训计划
     文献加工全面培训计划
  基本加工
  智能标签处理
  回溯加工
  目录封面处理
  对象加工
     对象加工概略培训计划
  知识标引
     知识标引概略培训计划
     数字图书馆资源建设培训计划
     数字图书馆产品运维培训计划

报刊处理
     报刊工作概略培训计划
     报刊工作全面培训计划
     自动化系统－报刊工作培训计划
  记到
  装订
  装订验收
  目录处理
  报刊业务管理
     报刊业务管理人员培训计划

流通
     流通工作概略培训计划
     流通工作全面培训计划
     自动化系统－流通工作培训计划
  读者管理
  流通服务
  阅览服务
  分馆管理
     分馆管理人员培训计划

第九章　作为业务规范的培训计划

　　分馆服务
　　　　分馆服务人员培训计划
　　流通业务管理
　　　　流通业务管理人员培训计划
典藏
　　　　典藏工作概略培训计划
　　　　典藏工作全面培训计划
　　　　自动化系统－典藏工作培训计划
　　入藏登记
　　典藏维护
　　　　盘点工作培训计划
　　典藏业务管理
　　　　典藏业务管理人员培训计划
参考咨询
　　　　参考咨询工作概略培训计划
　　　　参考咨询工作全面培训计划
　　　　自动化系统－咨询工作培训计划
　　前台咨询
　　参考咨询馆员
　　　　参考咨询馆员培训计划
　　参考资料编制
　　高级参考咨询
　　　　定题情报服务培训计划
　　　　情报分析服务培训计划
　　　　高级知识服务培训计划
　　咨询档案管理
　　参考咨询管理
　　　　咨询业务管理人员培训计划
信息技术支持
　　　　图书馆自动化知识培训计划
　　　　数字图书馆理论培训计划
　　　　数字图书馆实践培训计划
　　　　统一业务管理培训计划

第三节　培训计划的目录

　　图书馆的所有培训计划应按照相关的业务内容进行分类标识和管理。如同业务规范目录一样，可以建立一份培训计划的目录或列表，包括所有概略、全面和精深的培训计划，包括所有业务项目内容的培训计划，也包括所有业务角色的培训计划。本节这里试列举一些和业务规范体系相关的培训计划如下（包含编号）：

0000　业务规范培训计划
0100　业务规范技术管理培训计划
0200　内部审核人员培训计划
0300　同行评审人员培训计划
1000　行业知识培训计划
1100　图书馆学知识培训计划
1200　情报学知识培训计划
1300　图书馆自动化知识培训计划
1400　数字图书馆理论培训计划
1500　数字图书馆实践培训计划
1600　知识科学和知识工程培训计划
2000　基础业务培训计划
2100　采访工作培训计划
2200　编目工作培训计划
2240　文献加工培训计划
2300　流通工作培训计划
2380　馆际互借工作培训计划
2400　报刊工作培训计划
2500　典藏工作培训计划
2530　缩微工作培训计划
2540　古籍保护培训计划
2550　古籍修复培训计划
2600　参考工作培训计划
2700　读者服务工作培训计划
2800　少儿读者工作培训计划
2900　业务辅导工作培训计划
3000　自动化业务培训计划
3100　自动化系统－采访工作培训计划
3200　自动化系统－编目工作培训计划

3300	自动化系统－流通工作培训计划
3400	自动化系统－报刊工作培训计划
3500	自动化系统－典藏工作培训计划
3600	自动化系统－参考工作培训计划
3700	自动化系统－联机检索培训计划
4700	自动化系统－智能馆藏培训计划
5000	数字图书馆培训计划
5400	数字图书馆－资源建设培训计划
5500	数字图书馆－运行管理培训计划
5600	数字图书馆－服务提供培训计划
5800	数字图书馆－项目开发培训计划
5900	数字图书馆－能力提升培训计划
6000	数字图书馆产品运维培训计划
7000	高级管理培训计划
7100	业务规范高级课题培训计划
7200	知识资源管理培训计划
7300	战略规划管理培训计划
7400	全面质量管理培训计划
7500	公共关系管理培训计划
7600	研究开发管理培训计划
7700	业务成熟度管理培训计划
7800	统一业务管理培训计划
7900	联盟业务管理培训计划
8000	增值服务培训计划
8100	基本增值服务培训计划
8200	情报分析服务培训计划
8300	综合数据服务培训计划
8400	高级知识服务培训计划
8500	专业智库服务培训计划
8600	教育培训服务培训计划
8700	立法咨询服务培训计划
8800	决策支持服务培训计划

对所有培训计划能否给予统一的编号和标识，是一个技术性的管理问题，图书馆可以灵活处理。

最后，对于培训课程的详细说明，和培训计划一样也是一个需要管理的课题，应和培训计划一样进行有序的管理。

第四节　培训计划和课程实例

本节根据《培训大纲》给出一部培训计划和培训课程的实例,供图书馆在制订培训计划时参考。

(一) 培训计划的名称标识和等级类别
名称:编目员培训计划
等级:全面培训计划
(二) 培训计划实施条件
实施条件:有新编目员需要培训,编目部门启动该培训计划
(三) 所需要的经费和资源
培训活动常规经费支出
用于培训的测试用书目数据库
(四) 培训课程的范围
文献著录和分类课程
文献编目课程
主题标引课程
规范控制课程
(五) 和业务规范的匹配策略
匹配如下业务规范:
编目工作基础规范
文献加工基础规范
自动化系统-编目工作基本规范
(六) 受训人员范围和角色
范围:编目业务人员
角色:实习编目员、普通编目员、普通审校员
(七) 培训日程表
第一天:文献著录和分类课程
第二天:文献编目课程
第三天:主题标引课程
第四天:规范控制课程
(八) 培训记录的维护规程
培训记录由业务辅导部门维护,
人力资源部门和编目部门可以查阅培训记录。
(九) 对培训的"评价和其他反馈信息"的收集和使用规程
培训反馈信息由业务辅导部门维护,编目部门收集培训反馈信息并提交业务辅

导部门。

培训课程的说明类似于培训课程的纲要，还不是培训教材，是对培训具体内容的详细说明。这里根据《培训大纲》给出一份课程说明的实例，仅供参考：

（一）培训课程的名称标识和等级类别
名称：编目员培训课程
等级：全面培训课程
（二）针对的业务活动和预期的读者
针对的业务活动：编目、自动化系统编目、联合编目
预期的读者：所有编目员、审校员
（三）所需的预备知识
图书馆学基本知识、图书学基本知识
（四）培训的目的
使受训人员完整地掌握文献编目的全面知识和技能，使之能独立完成编目工作。
（五）培训教材的标准和获取途径
使用推荐教材
（六）课程计划或大纲
课程包括的具体内容有：（略）
（七）受训人员结业准则
完成100种不同类型图书的完整编目，合格率90%。
（八）定期评价培训有效性的规程
（九）其他考虑，如先导性试点和后续培训时机等

第五节　培训课程目录

培训课程目录根据培训计划和总的培训范围参考图书馆相关的学科分类或大学课程而确定，并细分为一系列的小型专题课程，便于组合使用。这里试提供一份推荐目录如下。

　　信息与知识传播理论
　　图书馆学基础
　　情报学基础
　　图书馆业务基础
　　　　采访工作
　　　　编目工作
　　　　流通工作

　　　　报刊工作
　　　　典藏工作
　　　　参考工作
　　　　读者服务工作
　　　　少儿读者工作
　　　　业务辅导工作
　　图书馆自动化
　　　　自动化系统
　　　　文献数据库
　　　　机读目录
　　　　自动化辅助技术
　　数字图书馆概论
　　　　理论
　　　　实践
　　图书馆管理
　　信息资源建设
　　　　文献信息资源获取
　　　　文献信息资源典藏
　　　　文献信息资源保护
　　　　古籍修复
　　信息资源服务
　　　　阅读推广和阅读辅导
　　　　流通服务
　　　　参考咨询
　　信息组织
　　　　文献分类
　　　　主题标引
　　　　文献编目
　　　　文献加工
　　　　三次文献
　　信息检索
　　　　检索工具和系统
　　　　全文检索
　　　　检索服务
　　文献学
　　　　图书学
　　　　版本学
　　　　目录学

图书馆设备
图书馆事业
　　图书馆标准
知识科学
知识工程
　　知识组织
　　知识标引
　　知识管理
　　知识发现
高级编目
　　MARC RDF/XML
　　BIBFRAME
　　FRBR/FRAD
　　RDA
数据库
元数据
　　Dublin Core
　　OAI-PMH
业务规范
知识资源管理
战略规划管理
全面质量管理
　　质量体系
　　绩效测评
　　卓越绩效管理
　　质量评估
　　评估定级
公共关系管理
研究开发管理
业务成熟度管理
统一业务管理
　　业务架构管理
　　业务要素管理
　　业务活动管理
　　业务流程管理
　　业务配置管理
联盟业务管理
基本增值服务

定题情报服务
情报分析服务
综合数据服务
高级知识服务
专业智库服务
教育培训服务
立法咨询服务
决策支持服务

可见培训课程混合了学科分类、培训计划和业务规范等不同的来源。关于培训课程的具体内容不再详述，可根据培训计划的具体内容而拟定，应具备一定的普遍性，不依赖于特定的培训教材。

图书馆可以自定培训课程和教材，它们都将成为知识资源管理（7200）的对象。

第十章　统一业务管理

本书力图揭示技术对业务的深刻影响，一些业务规范也具有显著的技术特征，例如第七章引入的《自动化系统典藏工作基本规范》。因此，作为本书的核心内容，本章包含一定程度的技术的描述。部分读者不适应的，可以忽略其中的技术内容，但我们仍然假定读者对图书馆现代技术的基本内容有一个基本的了解。

从对图书馆所涉及技术的广泛考察可以发现，深入技术底层，我们有很多专深的技术和架构思想用于实现业务；但在业务管理的层面上，却少有关于业务管理如何适应技术架构的研究。对业务和技术的相互影响、相互作用、相互促进、相互驱动的研究来说，无论是业界普遍关注的焦点还是作者本人的研究水平，都不支持短期内达到完善的程度。因此，在一定的程度上说，本章基本上只是提出问题，最多提供解决问题的概要思路，尚需要在未来的研究中真正解决问题。故而也希望有相关技术专家对相关技术如何切入业务管理的问题进行深入研究，同时也有相关业务专家对相关业务管理如何处理技术问题进行深入研究，或对本章的内容提出切中肯綮的批评，笔者欢迎不同学术观点的碰撞和争鸣。

第一节　统一业务活动和服务

（一）统一业务概念

我们从统一业务规范的概念开始讨论。统一业务规范有两层含义：

（1）不同图书馆、联盟众多的图书馆甚至所有图书馆共同的业务规范；

（2）为单独一馆常规业务服务的统一业务活动和服务的规范。

第一层含义的统一业务规范必须足够精炼和抽象，并具有很强的普遍性，才能适合众多图书馆甚至所有的图书馆，例如元规范。除了元规范而外，本书也努力使其他的业务规范尽量普遍化以适合所有的或大多数的图书馆，例如《培训大纲》。在整个业务规范体系之中，的确存在一些具有很强普遍性的业务规范，可以适用于任何图书馆，它可以带来诸多管理上的好处。或者有可能为各种图书馆联盟的业务一体化创造条件，甚至为统一的虚拟图书馆创造条件。这就是本书认为未来图书馆业界和学术界应该努力精进的一个重要方向，本书愿意在泥淖中迈出蹒跚的第一步。

第二层含义的统一业务规范是在特定的信息技术架构下基于对图书馆业务本身的分析、描述、定义、构造、部署、组合，等等，为此提供管理和服务的规范。这种特定的信息技术架构我们称为统一业务架构，也就是在信息技术架构基础之上的业务架构，其技术基础可能是基于云服务的面向服务架构（SOA）、基于微服务（Microservice）的架构或者其他基于组件的架构。这种业务规范乃是针对一般化的普通业务进行精细化统一管理的规范，可以称为元业务管理规范；但它不是元规范，它和元规范是不同层次的事物，不可混为一谈。

由于现代化图书馆的大部分业务都和信息技术密切相关，因此第二层含义的统一业务规范必然关涉信息技术服务的规范，并和信息技术服务行业的大量技术标准密切相关，这些标准包括但不限于：

GB/T 24405.1—2009 信息技术　服务管理　第1部分：规范
GB/T 24405.2—2010 信息技术　服务管理　第2部分：实践规则
GB/T 28827.1—2012 信息技术服务　运行维护　第1部分：通用要求
GB/T 28827.2—2012 信息技术服务　运行维护　第2部分：交付规范
GB/T 28827.3—2012 信息技术服务　运行维护　第3部分：应急响应规范

但规范是规范，标准是标准，这些技术标准并不能完全承担统一业务规范的作用。统一业务规范将更多依赖于统一业务架构。

本书并不打算深入研究图书馆适用的信息技术架构模式（那是下一代信息技术服务平台的任务），仅仅探讨先进架构模式要求的业务规范的面貌。或者说，在某种先进的架构模式上，探讨相应的业务管理和业务规范应该是什么样的理论图景。

从架构的视角看，组件化的架构可以提供先进的管理理念，使业务划分更清晰，业务可以灵活重组，业务流程容易管理，新业务容易接入，某些业务可以在不同的场所（抽象的场所如子系统，物理的场所如不同地域的业务现场）重用或复用，等等，因此它成为大系统开发的首选。由众多组件构成的业务服务平台将是未来信息系统的核心。

从业务的视角看，图书馆的业务不是一成不变的。业务环境和读者需求跟随信息技术不断地变化，图书馆必须适应这些变化，业务就可能会时常变更。每当业务有较大的变更或者有新业务需要落地实施时，图书馆都将面临复杂的管理过程，例如，修订相关业务规范，配置人员和资源，开发所需系统，对数据进行回溯或转换，等等。信息系统采用组件化的架构可以大大简化这个过程，很多现成的组件可以复用，因此组件化将成为未来图书馆信息系统的发展方向之一。图书馆的核心业务必须组件化、平台化和规范化，以适应业务的发展变化。

组件化的信息系统使业务本身组件化，不再是庞大复杂的单体式应用（monoliths），而成为可以按积木式管理的对象，业务管理将更加科学化；业务规范也将更加精细化，不仅普通业务规范更加精细，元业务管理规范也更加精细，就是精细的统一业务管理规范。

（二）业务架构

信息系统架构和业务架构一起，构成图书馆的整体架构，相当于企业架构（EA）。企业架构如同战略规划，可以辅助企业完成业务及IT战略规划。

从1987年的Zachman Framework开始（Zachman 1987），企业架构发展了三十年，有很多专家与组织都试图对企业架构的内涵进行定义，目前国际上的企业框架组织很多，影响力比较大的有Zachman架构框架、联邦总体架构框架（FEAF/CIO协会框架）、欧共体总体框架（TOGAF）等。企业架构最常见的三个定义是：

——Zachman的定义："企业架构是构成组织的所有关键元素和关系的综合描述。企业架构框架（EAF）是一个描述企业架构方法的蓝图。"

——Clinger-Cohen法案："企业架构是一个集成的框架，用于演进或维护存在的信息技术和引入新的信息技术来实现组织的战略目标和信息资源管理目标。"

——The Open Group的定义："企业架构是关于理解所有构成企业的不同企业元素，以及这些元素怎样相互关联。"

关于企业架构的具体内容，我们参考某大型企业的架构模型，如图10-1所示。

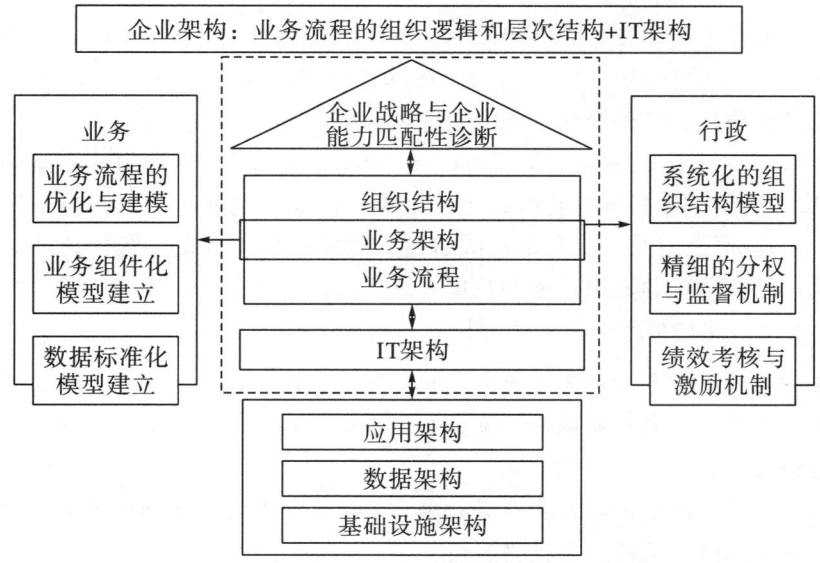

图10-1 什么是企业架构

可以看到它基本上就是将特定的方法应用于企业当前或将来的结构（业务组件化）和行为（业务流程）。它明确地处理流程和信息系统，虽然也可以包括其他事情（行政机制）。

关于企业架构思想的深刻之处在于，虽然它显然一定与组织中的信息系统相关，但重点实际上更紧密地与业务优化技术相连，这些技术通常涉及将企业架构信息技术（IT）设计视为重叠在业务战略之上的技术战略。

因而信息系统架构和业务架构需要一种"对齐"（Alignment），即保持一致的对应，以便实现企业战略（机构战略），如图10-2所示。

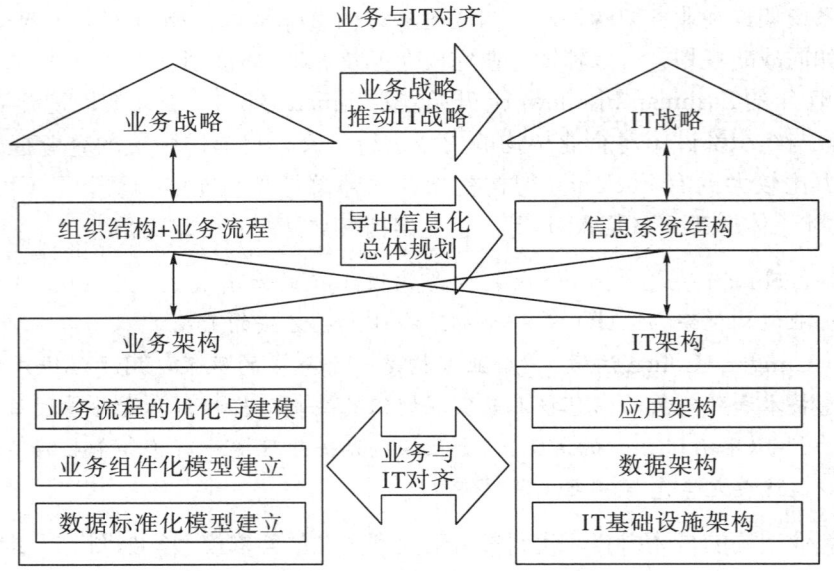

图 10-2 业务与 IT 对齐

图中"数据标准化模型建立"对应本书提出的业务要素管理，"业务组件化模型建立"对应下面的元业务管理，"业务流程的优化与建模"对应业务流程管理，而所有这些对业务的抽象描述和管理均在业务配置管理的框架下进行。

TOGAF（The Open Group Architecture Framework，开放群组体系结构框架）将"企业"定义为有着共同目标集合的组织的聚集。例如，企业可能是政府部门、一个完整的公司、公司部门、单个处/科室，或通过共同拥有权连接在一起的地理上疏远的组织链。因此，纯粹从管理上说，图书馆也可以认为是"企业"。

TOGAF 支持四种被接受为企业架构的子集的架构：

业务架构：业务架构定义业务策略、治理、组织和关键业务过程。它是企业架构的核心内容，承接企业战略，直接决定企业战略的实现能力，是其他架构领域工作的前提条件。

应用架构：应用架构为要部署的单个应用系统、它们之间的交互和它们与组织的核心业务流程之间的关系提供蓝图。

数据架构：数据架构描述一个组织的逻辑和物理的数字资产和数据管理资源的结构。

技术架构：技术架构描述需要支持业务、数据和应用服务部署的逻辑软硬件能力，包括IT基础设施、中间件、网络、通信、流程、标准等。

在业务战略方面，可使用 TOGAF 及其架构开发方法（Architecture Development Method，ADM）来定义企业的愿景/使命、目标/目的/驱动力、组织架构、职能和角色。在 IT 战略方面，TOGAF 及 ADM 详细描述如何定义业务架构、数据架构、应用架构和技术架构，是 IT 战略规划的最佳实践的指引。企业架构是承接企业业务战略与 IT 战略之间的桥梁与标准接口，是企业信息化规划的核心。

架构框架是企业架构理论的核心概念，它是一个或一套基础结构，用来开发大范围的不同架构。它应该描述一个用构建块的集合来设计企业目标状态的方法，并显示这些构建块如何搭配在一起。它应该包含一套工具并提供业务人员的共同词汇。它也应该包含所提议标准的清单以及符合标准的可以实现构建块的产品。构建块可以是架构模型实体的目录清单、矩阵及图表、功能规格、应用模块、软件/硬件产品及其组合。

正确的框架对于促进企业架构的实现大有帮助，这样的框架描述一个结构，复杂的对象关系可通过该结构相互作用，从而将人员、流程和技术联系起来。

为什么业务架构如此重要，值得以业务规范和统一业务的视角进行考量？

首先，在信息时代，几乎所有的图书馆业务都全面地依赖于信息系统，对业务的管理也基于信息系统的架构进行。先进的信息系统架构必然深刻影响图书馆的业务构成和对业务的科学管理。庞大复杂的传统单体应用不仅不适应技术的发展，而且是业务规范化的障碍。

其次，数字图书馆为传统图书馆带来深刻的变革，各种图书馆联盟、协作方式、泛在图书馆、虚拟图书馆服务等创新理念均要求图书馆的业务具备良好的架构，能够被精细化地有效管理，而精细化管理的前提是精细化的划分。

再者，从图书馆业务管理的领域看，传统的业务管理是粗放式的、针对一大块业务（例如采访、编目）进行的笼统性管理活动，不适应现代图书馆业务的发展趋势。现代图书馆管理的诸多热点问题（例如，绩效评估、知识管理、全面质量管理等）（吴建中，2005）均要求业务本身具备灵活可变还可控的特性。所谓"业务再造"也必须基于一种良好的业务架构进行，并且业务本身是细分组件化的。

因此，良好的业务架构不仅仅是技术的要求，也是业务规范化的要求。只有在良好的架构下将大体量的单体业务进行组件化细分，才能形成业务配置的能力，进一步对业务进行精细化地管理，从而为实现更多的高级业务管理目标（例如虚拟图书馆）建立基础。

业务配置能力是现代化图书馆的一个关键能力，它使图书馆能够对自己的业务进行灵活自由的管理以适应灵活多变的技术环境和读者需求，达到敏捷服务和个性化服务以至按需获取的服务目标，使图书馆成为读者友好的知识参谋、学术顾问和阅读伴侣。

因此，架构开发方法与架构框架不仅仅是技术，它们均和业务管理密切相关，也和业务规范密切相关，它们都是业务全面规范化的促进措施或保障条件，在业务规范体系中也应该包括业务架构的管理规范和基于特定架构的统一业务管理规范。

（三）统一业务管理规范

在组件化的架构中，业务是被细分、以用例（use case）精确描述的，用例就是对业务功能的划分和描述，一个用例就是一个业务角色所要求的一个业务功能点。对这种业务的管理，我们称为**元业务管理**，它管理的对象是其他细分的普通业务。对元业务进行管理的业务活动，是业务管理部门（如果有的话）和技术支持部门共同的责任，我们称之为统一业务活动，它的性质是**元业务活动**，即针对普通业务活动进行统一管理的业务活动。

统一业务活动有三层含义：

（1）针对单独一馆内部统一业务架构下的业务定义、业务生成和业务管理活动；

（2）针对云服务架构下用户馆业务的定义、业务生成和业务管理活动；

（3）针对图书馆联盟的虚拟统一业务活动（Virtual Unified Business Activity），例如联盟服务大数据汇总分析、联盟采访协调、联合编目、馆际互借等。

统一业务活动是统一业务管理的核心目标之一，另一个核心目标是统一业务服务。统一业务服务建立在统一业务活动的基础之上，也有三层含义：

（1）针对单独一馆内部统一业务架构下的业务服务，通常会采用微服务（Microservice）或其他基于组件的架构；

（2）针对云服务架构下对用户馆的业务服务，服务的单元有可能是微服务的某种组合；

（3）针对图书馆联盟的虚拟统一业务服务（Virtual Unified Business Services），例如参考咨询联盟的虚拟参考咨询服务，这将使虚拟图书馆的技术性定义和生成成为可能并真正实现虚拟图书馆的长远目标。

统一业务活动和统一业务服务在技术上并没有本质的区分，但在业务的意义上具有一定的区别。当我们需要为用户提供文献、信息、知识甚至元知识时，我们需要特定的业务服务；当我们需要处理或加工文献、信息、知识甚至元知识时，我们需要特定的业务活动。当然，业务活动的最终目的还是业务服务。

统一业务活动和统一业务服务的另一个区别是，统一业务活动仅仅是图书馆内部的业务活动，如果把它也看成是服务，那么这种服务的使用者仅限于图书馆的业务人员；统一业务服务更多的是面向读者的服务，使用者以读者为主，一些服务的使用者仅限于读者。

针对统一业务活动和统一业务服务的元业务管理的主要内容有：业务定义、业务注册、业务发布、业务变更和业务注销，等等。另外还有业务要素管理、业务流程管理和业务配置管理等，它们构成元业务管理的体系。

统一业务活动和统一业务服务是一个有待于未来解决的大问题，在实现上也涉及太多技术细节，本书无法展开讨论，甚至在这个领域里也尚未有一套成熟的、随时可用的技术，任何符合本章创新理念的技术都有待于将来的发展演进以及业务管理深入关注技术的思想深入人心。因此这里我们只能提出问题并提供解决问题的宏观思路，同时关注统一业务活动和统一业务服务的相关业务规范，这些业务规范构成一个规范族，即一部主要业务规范和它的所有密切相关的下位类业务规范。

统一业务管理规范族包括的业务规范有：

7800	统一业务管理规范	UB
7810	业务架构管理规范	AMN
7820	业务要素管理规范	BEM
7830	业务要素统计规范	BES
7835	业务要素量化评估标准	QEC
7840	业务活动管理规范	BAN
7850	业务流程管理规范	BPM
7860	业务配置管理规范	BCM
7861	业务用例表	BUC
7863	业务配置解释框架	CEF
7865	业务视图管理规范	BVM
7870	业务集成规范	BIN
7880	业务重组规范	BPR

业务架构管理规范将规定图书馆运用业务架构的方法、架构框架、架构开发方法（ADM）、架构内容框架和架构能力框架以及架构软件的使用，等等。业务要素管理规范将规定管理业务要素的原则和方法，包括业务要素表格、业务要素 RDF 描述、业务要素数据库、业务要素类型的元数据库（第十二章第一节）。业务活动管理规范将规定组件化的业务活动的统一构造和管理。业务流程管理将规定业务流程的描述、建立、控制、管理和基于流程的业务建构、业务变更以及流程库的管理（详见第四节）。

业务配置管理将规定业务配置的概念、业务配置描述语言、业务配置和视图的管理（详见第五节）。业务用例表将建立业务用例的层次等级表，这个层次等级表是按照业务配置管理的思想对业务功能进行详细分析和划分的结果，它将从子系统、包、模块到组件和功能单元的顺序描述业务用例。所谓业务配置，一方面是对图书馆所有业务要素的配置，另一方面就是对图书馆所有业务用例的配置。它们从业务对象与业务活动两方面对业务进行配置，以期实现精确地、科学地管理业务的目标。

业务配置解释框架是一个宏设施，它建立图书馆抽象的业务配置和一个特定馆的业务配置的对应关系，使业务配置不依赖于系统实现，成为图书馆业务的本质内涵的描述。如此，业务将不依赖于系统，业务配置的描述将获得如下的巨大优势：①当需要更换系统或者系统有重大升级时，业务配置并不需要变化，只需要在新系统中实现业务配置；②当遵循统一业务管理和相同框架协议的两个图书馆需要交流业务时，业务配置可以直接移植，这种移植既不是系统移植，也不是部分软件移植，而直接就是业务功能的移植。在这两种意义上，业务配置都是业务的抽象描述，它将成为统一业务管理的目标，并为所有图书馆或同类型图书馆真正建立起统一的业务奠定一个坚实的基础。

统一的业务配置解释框架协议支持以统一的方式访问图书馆的业务要素数据和业务功能，在未来有望成为图书馆的行业标准，从技术基础上支持图书馆联盟的建设。

（四）统一业务协议

统一业务活动和统一业务服务还要求有一部《授权馆际信息交换》（Authorized

Inter-Library Information Exchange，AILIE）的行业协议或行业标准，便于建立上层应用。对应于业务交流所需要的业务配置解释框架，这个信息交换标准服务于数据交流，使不同图书馆的数据交换和数据融合成为可能，也就是使统一业务服务成为可能。

下面这个对照表揭示图书馆之间交流的三种方式的特征：

表 10-1 图书馆之间交流的方式

目标	方法	方式	性质	技术
业务交流	业务配置解释框架	人工	框架、复用	ABCDEF
数据交流	授权馆际信息交换	自动	接口、服务	RESTful
规范交流	统一业务规范	人工	流程、管理	规范管理

ABCDEF 是 "A Business Configuration Description Explain Framework"，是设计层面框架（例如 Spring）之上、针对业务描述的、有待开发的一种宏技术。

支持框架的业务交流使一馆的特定业务可以直接迁移至另一馆，无需软件的移植（双方的系统支持相同的框架协议，即业务配置解释框架的前端）；支持信息交换标准的数据交流使图书馆可以简单地实现数据互访，并且多馆的特定数据（例如服务数据）可以方便地融合；支持业务规范本身规范化管理的业务规范交流可以使相似的图书馆建立相同的先进业务方法和流程，并支持图书馆联盟在一定的程度上建立统一业务。

关于这个信息交换的接口标准，目前我们没有找到现存的类似标准，仅仅看到一个《DB34/T 2837-2017 公共图书馆 总分馆 数据接口规范》，局限于总分馆制之下的馆际关系并且缺乏业务灵活性。

这个接口标准要解决下列问题：

（1）支持多种联盟形式；
（2）图书馆间相互认证；
（3）多种数据格式标准；
（4）接口包装简单、通俗易懂；
（5）以组件的方式使用接口并提供无状态访问。

简单分析，它应该包括下列四个部分，有可能是四部分立但又密切相关的标准：

（1）图书馆 授权馆际信息交换 第 1 部分：框架
（2）图书馆 授权馆际信息交换 第 2 部分：业务注册
（3）图书馆 授权馆际信息交换 第 3 部分：概念映射
（4）图书馆 授权馆际信息交换 第 4 部分：模板

框架建立标准的核心，确定信息交换协议的架构、运行机制和服务访问方法；业务注册以分布式服务注册工具建立信息交换业务的创建机制，不同的图书馆可能会有很不相同的业务服务，支持图书馆自主注册；概念映射使用本体规范统一业务要素概念，使统一的业务访问能够成立；模板提供多种不同规模的服务集描述，可供不同类型的图书馆采纳使用。

这套标准的开发是建立图书馆联盟业务和服务的基础。有了这个标准，图书馆可以依此创建馆际数据协议，大大简化建立统一业务服务的元业务管理过程，使之成为一个敏捷的、可持续进行的甚至自动化的过程。图书馆的业务和服务也将会有全新的面貌。

例如，在基于统一业务架构的图书馆联盟架构下，全网可能只有一家（或屈指可数的几家）基于云服务的编目服务，所有加入图书馆联盟的图书馆的书目数据只有一份，成员馆可以建立基于智能代理（Agent）的自动编目同步业务。这样的编目体系和传统的编目体系有巨大的差异，也不同于现有的联合编目，那么编目的业务规范也就会截然不同，这就是业务架构决定业务规范的原因之一，也是业务规范管理必须关注技术的原因之一。这对于图书馆联盟乃至整个图书馆行业都具有重大的理论和实践价值。

第二节 业务要素管理

对图书馆业务要素的精准掌控是图书馆业务规范管理的一个非常重要的方面，也是规范化的应有之义；缺了这一部分，规范化将不能深入业务活动的本质之中，更谈不上对业务的精细管理。

业务活动的本质就是处理各种业务要素。然而长久以来，图书馆界对业务要素几乎没有认识，甚至没有关注，更谈不上研究，相关文献也几乎是空白。就图书馆的核心业务对象——文献来说，虽然有大量的针对文献特征和属性的研究，却几乎没有和业务管理关联的文献要素研究，更缺乏其他抽象业务要素的研究。笔者不揣浅陋，在业务规范化思想的驱动之下对业务要素进行了初步的探索，在此和读者分享并期待得到行业专家有实质意义的批评。

业务要素管理的目标旨在对行业固有的业务要素进行理论和技术两方面的分析，获得其属性的描述和类型的划分并以统一业务的视角管理所有业务要素。具体可分为三方面的内容，或者三个层次的内容：

  业务要素表格
  业务要素 RDF 描述
  业务要素数据库

业务要素表格就是表格式业务规范的内容，一张表格描述一种业务要素。

业务要素表格有多种类型，例如，用户表、角色表、目标表、规程表、事件表，等等，它对应于业务要素类型。这个概念是业务要素管理的核心概念，详见第十二章第一节。

数据集（Sets）是一大类特殊的数据表格，它代表信息系统中的数据库表格，物理上已经存储于数据库中，例如，书目、卷册、单册、订单、读者、流通、预约，等等。

参数（Parameters）也是一大类特殊的数据表格，它代表业务处理过程中的参数表格，即各种参数的定义，是系统的组成部分，例如，书目格式、文献语种、馆藏地点、单册状态、读者权限，等等。

相关联的表格类型构成范畴，即业务要素范畴，例如，人员范畴、对象范畴、规则范畴、活动范畴和事务范畴等。

所有范畴如下：

主客体：

业务人员（P）

业务对象（O）

规律：

业务规则（R）

业务逻辑（L）

实践：

业务活动（A）

业务事务（T）

黑体大字可以认为是业务范畴的哲学范畴，是更高一级的抽象，进入了哲学的领域。整个抽象过程是这样的：

业务要素→要素类型→要素范畴→哲学范畴

活动和事务的区分是：事务是对活动关系的描述和管理，也是为活动的服务（系统服务）。事务可以调度，活动不能调度；事务可以有脚本（script），活动一般没有脚本。另外，规则和逻辑的划分尚需深入研究，逻辑可能具有更多的客观性，而规则可能更贴近具体图书馆业务的具体要求或个性化要求。详细的业务要素类型目录见第十二章第一节。

业务要素表格中的列是业务要素的属性，属性表现为某种类型的数据，"数据"本身也是一种业务要素类型。

表格中的行是现有的该类业务要素的罗列，例如，一个典型的图书馆可能有40种角色、200个用户（使用信息系统的工作人员）、80种规程、50种事件，等等。

所有的业务要素表格按照业务要素类型和类型所属的范畴分类标识，例如，PU表示用户表、PR表示角色表、AG表示规程表、TE表示事件表，等等。

数据集（Sets, OS）的表格以类型标识加编号加分隔符号的方式标识（便于标识表格元素），例如："OS056-"可能表示数据库中的读者表，数字可按顺序或按一定的规则编排。如果需要双字母标识，首字母可以只取下列字母：

B, C, D, E, F, G, H, I, J, K, M, N, Q, S, U, V, W, X, Y, Z

即可以避免和其他表格标识相冲突，见第十二章第一节。

参数（Parameters, RP）的表格同样也以类型标识加编号加分隔符号的方式标识，例如，"RP123-"可能表示单册状态。但对所有的参数表，不建议使用双字母标识。

数据库表格的标识还需要建立和数据库中真实的表格名称的对应关系，这是属于不同系统的特定的对应关系。如果关联业务配置解释框架，这些表格的标识就可以在图书

馆间进行无障碍的交流,形成统一业务视图(UBV)。例如,一个典型的关系如图10-3所示:

DD->READER->读者->Z303

图10-3 业务要素标识和业务配置解释的关联关系

这里 DD 是读者表的规范标识,READER 是馆间交流的标准标识(业务配置解释框架的前端),Z303 是某个特定系统的读者表。于是,按照对表格式业务规范元素的引用方法,DD1000K(或 OS056-1000K)可能是引用第一千个读者的姓名。

为什么需要引用任何一项数据?为什么需要如此大费周章?

对业务要素的详细表达是本书意图贯彻的精细管理思想,对业务数据库中数据的表达和引用就是将这种管理思想贯彻到底。因此,本书对业务要素表和业务数据库表一视同仁,支持用统一的方法进行标识和引用,便于规范化的技术性处理。

数据库表格并不罗列所有数据,只是为管理方便而显示少量实例数据即可。获取所有数据应该在业务系统中或综合信息查询系统中进行。

业务要素 RDF 描述以标准的 RDF 格式描述业务要素的特征。

业务要素 RDF 描述需要针对业务要素制订出元数据规范,由于业务要素是业务构成成份的抽象,是管理元数据,这个规范就是有关业务构成成份的一个具体的管理元数据规范,它将描述各种业务要素类型的元数据。

所有业务要素类型的 RDF 描述片段可能是这样的:

```
<?xml version="1.0" encoding="UTF-8" ?>
<rdf:RDF
    xmlns:rdf="http://www.w3.org/1999/02/22-rdf-syntax-ns#"
    xmlns:rdfs="http://www.w3.org/2000/01/rdf-schema#"
    xmlns:bet="http://example.org/bet/business-element-type#">

<rdfs:Class rdf:ID="哲学范畴">
  <rdfs:comment>根范畴</rdfs:comment>
</rdfs:Class>

<rdfs:Class rdf:ID="主客体">
  <rdfs:comment>哲学范畴</rdfs:comment>
  <rdfs:subClassOf rdf:resource="#哲学范畴"/>
</rdfs:Class>

<rdfs:Class rdf:ID="规律">
```

```
    <rdfs:comment>哲学范畴</rdfs:comment>
    <rdfs:subClassOf rdf:resource="#哲学范畴"/>
</rdfs:Class>

<rdfs:Class rdf:ID="实践">
    <rdfs:comment>哲学范畴</rdfs:comment>
    <rdfs:subClassOf rdf:resource="#哲学范畴"/>
</rdfs:Class>

<rdfs:Class rdf:ID="PERSON">
    <rdfs:comment>人员范畴</rdfs:comment>
    <rdfs:comment>业务要素范畴</rdfs:comment>
    <rdfs:subClassOf rdf:resource="#主客体"/>
</rdfs:Class>

<rdfs:Class rdf:ID="OBJECT">
    <rdfs:comment>对象范畴</rdfs:comment>
    <rdfs:subClassOf rdf:resource="#主客体"/>
</rdfs:Class>

<rdfs:Class rdf:ID="RULE">
    <rdfs:comment>规则范畴</rdfs:comment>
    <rdfs:subClassOf rdf:resource="#规律"/>
</rdfs:Class>

<rdfs:Class rdf:ID="LOGIC">
    <rdfs:comment>逻辑范畴</rdfs:comment>
    <rdfs:subClassOf rdf:resource="#规律"/>
</rdfs:Class>

<rdfs:Class rdf:ID="ACTIVITY">
    <rdfs:comment>活动范畴</rdfs:comment>
    <rdfs:subClassOf rdf:resource="#实践"/>
</rdfs:Class>

<rdfs:Class rdf:ID="TRANSACTION">
    <rdfs:comment>事务范畴</rdfs:comment>
    <rdfs:subClassOf rdf:resource="#实践"/>
```

```xml
</rdfs:Class>

<rdfs:Class rdf:ID="Branch">
  <rdfs:comment>分馆</rdfs:comment>
  <rdfs:comment>业务要素类型</rdfs:comment>
  <rdfs:subClassOf
    rdf:resource="http://example.org/classes#PERSON"/>
</rdfs:Class>

<rdfs:Class rdf:ID="Section">
  <rdfs:comment>部门</rdfs:comment>
  <rdfs:subClassOf
    rdf:resource="http://example.org/classes#PERSON"/>
</rdfs:Class>

<rdfs:Class rdf:ID="Group">
  <rdfs:comment>业务组</rdfs:comment>
  <rdfs:subClassOf
    rdf:resource="http://example.org/classes#PERSON"/>
</rdfs:Class>

<rdfs:Class rdf:ID="User">
  <rdfs:comment>用户</rdfs:comment>
  <rdfs:subClassOf
    rdf:resource="http://example.org/classes#PERSON"/>
</rdfs:Class>

<rdfs:Class rdf:ID="Role">
  <rdfs:comment>角色</rdfs:comment>
  <rdfs:subClassOf
    rdf:resource="http://example.org/classes#PERSON"/>
</rdfs:Class>

<rdfs:Class rdf:ID="Authority">
  <rdfs:comment>权限</rdfs:comment>
  <rdfs:subClassOf
    rdf:resource="http://example.org/classes#PERSON"/>
</rdfs:Class>
```

```xml
<rdfs:Class rdf:ID="Data">
  <rdfs:comment>数据</rdfs:comment>
  <rdfs:subClassOf
    rdf:resource="http://example.org/classes#OBJECT"/>
</rdfs:Class>

<rdfs:Class rdf:ID="Class">
  <rdfs:comment>数据类</rdfs:comment>
  <rdfs:subClassOf
    rdf:resource="http://example.org/classes#OBJECT"/>
  <rdf:Bag>
    <rdf:_1 rdf:resource="#range"/>
    <rdf:_2 rdf:resource="#sequence"/>
    <rdf:_3 rdf:resource="#collection"/>
  </rdf:Bag>
</rdfs:Class>

<rdfs:Class rdf:ID="Sets">
  <rdfs:comment>数据集</rdfs:comment>
  <rdfs:subClassOf
    rdf:resource="http://example.org/classes#OBJECT"/>
  <rdf:Bag>
    <rdf:_1 rdf:resource="#bib"/>
    <rdf:_2 rdf:resource="#item"/>
    <rdf:_3 rdf:resource="#volume"/>
    <rdf:_4 rdf:resource="#reader"/>
  </rdf:Bag>
</rdfs:Class>

……
</rdf:RDF>
```

业务要素 RDF 描述的片段可能是这样的：

```xml
<?xml version="1.0" encoding="UTF-8"?>
<rdf:RDF
    xmlns:rdf="http://www.w3.org/1999/02/22-rdf-syntax-ns#"
    xmlns:rdfs="http://www.w3.org/2000/01/rdf-schema#"
```

```xml
    xmlns:lbe="http://example.org/lbe/library-business-element#">

<rdfs:Class rdf:ID="Branch">
  <rdfs:comment>分馆</rdfs:comment>
  <rdfs:subClassOf
    rdf:resource="http://example.org/classes#PERSON"/>
</rdfs:Class>

<lbe:Branch rdf:about="SCL001">
  <lbe:PB-name>X馆第一分馆</lbe:PB-name>
  <lbe:PB-type>类型 1</lbe:PB-type>
  <lbe:PB-acqcode>[采访控制代码]</lbe:PB-acqcode>
  <lbe:PB-circode>[流通控制代码]</lbe:PB-circode>
  <lbe:PB-holcode>[典藏控制代码]</lbe:PB-holcode>
</lbe:Branch>

<rdfs:Class rdf:ID="Role">
  <rdfs:comment>角色</rdfs:comment>
  <rdfs:subClassOf
    rdf:resource="http://example.org/classes#PERSON"/>
</rdfs:Class>

<lbe:Role rdf:about="2200">
  <lbe:PR-name>普通编目员</lbe:PR-name>
  <lbe:PR-type>类型 A</lbe:PR-type>
  <lbe:PR-admcode>[管理代码]</lbe:PR-admcode>
</lbe:Role>

<lbe:User rdf:about="XYZ">
  <lbe:PU-role>2200</lbe:PU-role>
  <rdfs:comment>XYZ是个普通编目员</rdfs:comment>
</lbe:User>

</rdf:RDF>
```

其中命名空间 lbe 需要详细定义。这里提供的业务要素类型和业务要素的 RDF 描述也可能和最终的描述有较大的差异，有待进一步深入研究，本书无法提供最终文本。

业务要素数据库以数据库技术管理业务要素，支持对业务要素的复杂逻辑性管理和任意条件的查询。

对业务要素数据库的数据模型建立和数据库设计，超出了本书的论题范围，故不在此详细讨论。

第三节　业务活动管理

业务活动是实现业务用例（use case）的一个过程，例如"读者注销"，这是一个业务概念，也是一个业务用例。一个复杂的大系统可以用多种方式实现业务用例，即一个业务用例可能对应于多个业务活动，它们可能包含有区别的规则和逻辑，更可能有不同的用户和界面。但在服务平台中，业务用例是核心的业务实现，外围系统均访问平台的业务用例。

业务活动管理针对所有的业务用例，对业务用例建立层次等级目录表，使业务人员能够简单地找到所需的业务功能，并支持整体把握所有业务活动的组织体系。

所有业务用例按照子系统、包类型、包、模块、组件和任选功能单元的顺序组织成层次等级目录，即如下关系：

　　　◎子系统
　　　　■包类型
　　　　　■包
　　　　　　◆模块
　　　　　　　■组件
　　　　　　　　◇功能单元

功能单元可以没有，即组件直接实现业务用例。

一个实例片段：

　　　◎采访子系统
　　　　■公共包
　　　　　■数据包
　　　　　　◆订单模块
　　　　　　　■按批次号获取订单
　　　　■专有包
　　　　　■验收包
　　　　　　◆登记模块
　　　　　　　■总括登记
　　　　　　　■个别登记
　　　　　　　　◇全部到达登记
　　　　　　　　◇部分到达登记

对传统的自动化系统来说，所有模块的层次等级可能是这样的（不完全展示）：

◎采访子系统
  ◆公共包
    ■数据包
      ◆订单模块
      ◆发票模块
      ◆预算模块
      ◆批次模块
    ■检索包
    ■查询包
    ■统计包
    ■维护包
  ◆专有包
    ■征订包
      ◆书商模块
      ◆书目模块
    ■订购包
      ◆书目模块
      ◆查重模块
      ◆订单模块
    ■采集包
      ◆采集活动模块
      ◆采集器模块（手持设备微型客户端）
    ■交换包
      ◆交换机构模块
      ◆国际交换模块
      ◆国内交换模块
    ■验收包
      ◆登记模块
      ◆交接模块
      ◆催询模块
    ■财经包
      ◆预算模块
      ◆结算模块
      ◆支付模块
◎编目子系统
  ◆公共包
    ■数据包

◆简单书目模块
◆完整书目模块
◆标目模块
◆索引模块
◆逻辑库模块
■检索包
■查询包
■统计包
■维护包
◆专有包
■编辑包
◆编辑模块
◆审校模块
■馆藏包
◆基本文献加工模块
◆目录封面加工模块
◆数字对象加工模块
■规范包
■产品包
◆书标模块
◆卡片模块
■关联功能包（FRBR）
■资源描述包（RDA）
■联合编目包
◆联合编目机构模块
◆联合编目管理模块
◆中心书目数据库管理模块
◎流通子系统
◆公共包
■数据包
◆读者表模块
◆外借表模块
◆预约表模块
◆日志模块
■检索包
■查询包
■统计包
■维护包

◆专有包
　■读者包
　　◆读者注册模块
　　◆读者证件管理模块
　　◆读者通知模块
　　◆读者财经模块
　■常规事务包
　　◆基本流通模块
　　◆预约模块
　　◆续借模块
　　◆催还模块
　■专项事务包
　　◆阅览管理模块
　　◆租借模块
　　◆转借模块
　　◆非书流通模块
　■典藏包
　　◆入藏登记模块
　　◆典藏管理模块
　　◆盘点模块
　■馆际互借包
　　◆互借机构模块
　　◆互借管理模块
　　◆交互通信模块
　　◆文献传递模块
◎报刊子系统
　◆公共包
　　■数据包
　　　◆期刊书目模块
　　　◆报纸模块
　　　◆目次模块
　　■检索包
　　■查询包
　　■统计包
　　■维护包
　◆专有包
　　■采访宏引用
　　　◆续订模块

■编目宏引用
■记到包
　　◆记到模块
　　◆催缺模块
■装订包
　　◆装订模块
　　◆装订验收模块
■目录包
　　◆目录分析编目模块
　　◆目录检索模块
◎参考咨询子系统
　◆公共包
　◆专有包
　　■定题服务包
　　■咨询档案包
　　■特色资源包
　　■网络咨询包
　　■智能咨询包
　　■呼叫中心包
◎联机检索子系统
　◆公共包
　◆专有包
　　■普通检索包
　　■逻辑库检索包
　　■期刊目录检索包
　　■数字资源包
　　■读者流通事务包
　　　◆流通事务模块
　　　◆荐购模块
　　　◆阅读推广模块
　　　◆读者社区模块
　　■其他事务包
　　　◆新书通报模块
　　　◆电子公告模块

　　这份目录表是不完全的，各图书馆的业务照此归纳会有差异，但管理原则是相通的。另外，现代图书馆信息系统还包括其他很多附属系统或扩展系统，但统一的业务活动管理应该将所有系统中的业务活动均按此方式进行组织和管理。

　　为什么业务规范化要关注业务系统功能的组织？这不是另一个领域的问题吗？

业务规范化既是包括业务工作应该如何规范化开展，也包括业务的规范管理。业务的管理分为两个层次：一是对特定的具体业务的管理，例如采访管理；二是对抽象的业务活动的管理，例如业务重组，我们称为统一业务管理。

全面的业务规范化要求统一业务管理，要求业务本身规范有序、整齐划一，便于宏观上的理解和掌控，一份层次等级目录表使业务系统从顶层到底层的组织一目了然，也建立起业务人员和管理人员共同的视图，成为沟通和交流的基础。即使这样的目录表在短期内无法在业务系统或服务平台中体现出来，它也应该首先在业务规范体系中体现出来。这既是业务全面规范化的题中应有之义，也是规范化产生信息系统的业务需求的鲜活实例。

在这个层次等级目录表中，子系统位于顶层，它仅仅是各个业务领域的划分，其他的附属系统或扩展系统照此组织方式也酌情划分为系统和子系统。

包是子系统中大类模块的集合，是功能范畴，是对模块打包，便于灵活部署。各个子系统均有公共包和专有包，一些子系统可能有私有包，私有包是不成熟的专有包，只对部分特定角色可见。所有的公共包都一致性地包含数据包、检索包、查询包、统计包和维护包。数据包是对大量数据的浏览和成批处理，检索包是对可能产生大量数据的查询请求的处理，查询包是对单一对象的查询处理，统计包是对忽略细目的汇总数据的查询处理。

模块承上启下，代表一个业务类，也是业务功能打包的骨架，具有关键的作用。模块包含聚合（Aggregate），聚合是一致性边界内的对象集合，是实现业务逻辑的基础。聚合是模块的固有属性，组件将继承模块的聚合。

组件是具体的业务功能。每一个组件或功能单元的构成分为三部分：

  对象描述：需要什么？
  活动选择：要做什么？
  结果处理：结果对象？

对象描述限定业务活动需要处理哪些业务对象，这些业务对象可以是目标（Target），也可以是聚合。目标只是一些对象集合，没有一致性边界。活动选择具体实现业务用例，包括对对象的任意处理。完整的活动可能应该分为三步：前处理、业务逻辑的实现、后处理。结果处理是对结果的进一步处理。结果也应该能够作为另一个组件的对象。这表明业务规范化使业务活动本身的流程统一，业务活动的结果也具有统一的形式。业务的规范化要求业务功能的技术实现是规范化的、整齐划一的构造，也包括上面对包类型的整齐划一的分类。

在模块或组件的层次等级目录表中只有组件或功能单元是真正实现的业务功能，其上层的所有项目均只是一个引领性的层级，而不是任何类型的单体应用。

业务活动管理应该包括将所有业务活动的层次等级目录表作为系统视图（View），为不同业务角色提供不同的用户视图，以及对视图的管理。这些内容不仅应该展示在应用系统中，而且应该体现在业务规范中，也就是说，视图应该是业务规范的组成成分。例如，业务规范规定编目员能看到哪些业务要素和业务活动，普通编目员、高级编目员和审校人员可看到不同的视图，这是十分自然的。

业务活动管理还包括新的业务活动的建立（业务注册）和业务活动的变更。这里面涉及很多的管理工作，例如，业务规范方面（制订或修订）、业务要素分析、相关培训计划和培训材料，以及业务配置和业务配置解释框架，等等。

业务活动管理的另一个重要内容是业务活动的统计分析，这是对业务整体把控的一个重要方面。它和业务要素的统计既有联系也有区分，业务要素的统计和基础数据密切相关，基础数据的变化会改变业务要素统计的结果；但业务活动的统计和基础数据无关，业务活动一旦完成就进入了历史，基础数据无论怎样变化，业务活动的数量指标不会跟随变化。

第四节　业务流程管理

（一）业务流程概念

业务流程是为了实现一定的业务目标而执行的一系列逻辑相关的活动的集合。业务流程管理（BPM）就是在一个存在内部事件和外部事件的业务环境中，由相互依赖的业务流程出发，对业务进行描述、理解、表示、组织和维护。从具体实施的层面看，业务流程管理的具体内容有：流程分析、流程定义、资源分配、时间安排、流程执行、流程监控、流程质量与效率测评、流程优化等。

业务流程有不同的层次关系，可以分为四个层次：

　　战略层——宏流程
　　计划层——大流程
　　执行层——小流程
　　工艺层——微流程

不同层次的流程管理需要不同的技术。战略层流程的功能是使用决策模型的业务战略调整和业务再造，计划层流程的功能是使用优化理论的资源计划，执行层流程的功能是使用流程管理理论的业务活动管理，工艺层流程的功能是使用流程控制理论的业务活动自身的精细描述。

业务流程分析和定义包括业务流程的描述、运用和管理。业务流程的描述采用标准的流程描述方法进行，这就是BPMN（Business Process Modeling Notation）。

BPMN是一套流程建模的标准（OMG 2011），主要目标是提供一套被所有业务用户容易理解的符号，支持从创建流程轮廓的业务分析到这些流程的最终实现，直到最终用户的管理监控。它提供清晰而精准的执行语义来描述元素的操作，还确保设计为业务流程执行的XML语言（如WS－BPEL），能够用这套以业务为中心的符号所可视化表示。

（二）BPMN 元素

根据 BPMN，业务流程描述的元素包括：

流程基础元素
- 开始事件（Start Event）
- 任务（Task）
- 结束事件（End Event）
- 顺序流（Sequence Flow）
- 子流程（Sub Process）

流程模型
- 流程图（Processes）
  - 私有流程（Private Processes）
  - 公有流程（Public Processes）
- 协作图（Collaborations）
- 编排图（Choreographies）
- 会话图（Conversations）

元素分类
- 流对象（Flow Objects）
  - 事件（Events）
    - 开始事件（Start Event）
    - 中间事件（Intermediate Event）
    - 结束事件（End Event）
  - 活动（Activities）
    - 任务（Task）
    - 子流程（Sub Process）
    - 调用活动（Call Activity）
  - 网关（Gateways）
    - 单一网关（Exclusive Gateway）
    - 并行网关（Parallel Gateway）
      - 分枝（Fork）
      - 聚合（Join）
    - 多路网关（Inclusive Gateway）
- 连接对象（Connecting Objects）
  - 顺序流（Sequence Flows）
    - 默认顺序流（Default Sequence Flow）
    - 条件顺序流（Conditional Sequence Flow）
  - 关联（Associations）

单向关联（Uni-directional Association）
　　　双向关联（Bi-directional Association）
　　数据关联（Data Associations）
　　消息流（Message Flows）
　数据（Data）
　　数据对象（Data Objects）
　　数据输入对象（Data Input Objects）
　　数据输出对象（Data Output Objects）
　　数据存储（Data Store）
　　消息（Messages）
　　　开始消息（Initiating）
　　　非开始消息（Non-Initiating）
　泳道（Swimlanes）
　　池（Pools）
　　　池（水平的）（Pool（Horizontal））
　　　池（垂直的）（Pool（Vertical））
　　道（Lanes）
　　　道（水平的）（Lane（Horizontal））
　　　道（垂直的）（Lane（Vertical））
　描述对象（Artifacts）
　　组（Group）
　　注释（Annotation）

　　开始事件标志了一个流程将要开始。结束事件标志了一个流程将要结束。
　　任务是流程在流转过程中的一个原子活动，它被用于一个流程中的工作不能够被拆开到更细的级别的情景。按照本书一致性的构想，业务流程中的任务将对应到业务活动中的业务用例。
　　顺序流是两个流程元素的连接器。一个元素在流程执行期间被访问后，流程会沿着该元素输出的顺序流继续执行。
　　单一网关用来对流程中的决策进行建模。流程执行到这种网关时，按照输出流定义的顺序对它们进行计算，条件为真的顺序流（或默认的）被选取继续执行流程。
　　并行网关用来对流程中的并发进行建模，它能拆分出多个执行路径，或对多个输入执行路径进行合并。
　　分枝（Fork）并行执行所有的输出顺序流，为每一个顺序流创建一个并行执行路径。
　　聚合（Join）使所有到达并行网关的并发性执行路径都等待于此，直到每个输入流都执行完毕，然后，流程经由它继续向下执行。
　　调用子流程活动是流程中的一个点，一个全局流程或一个全局任务将被使用。
　　流程图有私有流程和公有流程，对图书馆来说，私有流程是内部业务流程，公有流程是读者服务流程。

协作图描绘两个或多个业务实体间的交互。

编排图表现多个参与者之间的交互，由编排活动直接表现多个参与者之间的消息交互，为协作模型提供一种基于流程图的视图。

会话图为协作模型提供另一种表现形式，它表现参与者之间的关系，将一系列相关的信息交互定义为一次会话。

任务（Task）有抽象任务、用户任务、自动任务、手工任务、发送任务、接收任务、脚本任务、业务规则任务等。

子流程有嵌入式子流程、复用子流程、事件子流程、事务子流程、即席子流程。

调用活动有调用任务、调用子流程。

活动还有各种标记，如子流程标记、循环、并行多实例、串行多实例、即席、补偿等，这些标记可以对同一活动重复使用。

事件的分类可以按照主动被动划分，可以按照流程的流转时机划分，可以按照是否中断划分，还可以按照触发器划分。所谓触发器，就是导致事件的原因客体。

网关有单一事件网关、单一事件开始网关、并行事件开始网关、复杂网关等。

数据对象有普通数据对象和集合数据对象。

泳道（Swimlanes）是从视觉上对活动加以组织或分类的机制。它基于交叉功能流程图基础，有两种类型：

池（Pool）表示流程中的主要参与者，典型地用来分开不同的组织。一个池可容纳一个或多个道（像真实的泳池一样）。当池为展开的（显示内部细节），画成大的矩形；若为收起的（隐藏内部细节），画成沿着图的长或宽伸展的空的矩形。

道（Lane）在池中，用于活动按职能或角色归类，画成按池的长或宽展开的矩形。道包含流对象、连接对象和人造物。

对于这个模型的图形表示，请参考相关文献，为节省篇幅，本章节内省略了相关的图。对于流程的 XML 表示也请参考相关文献。

（三）业务流程管理系统

业务流程管理的核心内容还包括业务流程在系统中的可视化揭示、控制和运用，包括特定流程中流转运行到了哪个业务活动，流程和其他业务要素（例如消息、信号）的相互作用以及流程的质量管理、评估分析和审计等，这后面三个问题其中每一个都是具有相当难度的"大问题"。

业务流程管理系统（Business Process Management System，BPMS）借鉴数据库管理的思想，使企业能够对核心流程进行建模、部署和管理。与数据库管理思想类似，BPMS 以一种统一的、中性的表示方法描述业务流程模型，使业务流程模型从实现逻辑中抽取出来，被各个应用系统所使用，从而灵活地构建基于流程的信息系统。业务流程逻辑、业务流程的完整性和正确性可以由 BPMS 保证，甚至企业信息系统的开发也可以基于 BPMS 进行。

一般而言，BPMS 应具有以下功能模块：

(1) 流程仓库：为流程以及与流程有关的知识提供集中的存储场所，提供目录服务以便于流程的查询和发布。

(2) 流程设计：设计流程的模块、逻辑、规则和执行角色，提供流程模板和复用机制。

(3) 流程配置：为流程实例的运行绑定参与者，分配资源，以及设置其他特定的参数。

(4) 流程引擎：驱动流程的运行并负责流程数据的维护；管理流程的状态，实现流程的事务管理。

(5) 流程维护：流程的监控和异常处理。

(6) 流程入口：为流程的用户提供统一的流程访问机制，包括工作任务列表、报告等；提供联盟的流程访问规则。

(7) 流程优化：对资源利用进行优化，保证流程的一致性，防止死锁。

(8) 流程分析：对关键性能指标进行分析和流程仿真；对流程的时间和资源性能进行分析。

业务流程管理还包括一些理论问题，如业务流程管理联盟（Business Process Management Initiative，BPMI）提出的业务流程框架、业务流程描述的形式化方法（Petri Net），以及业务流程建模语言（Business Process Modeling Language，BPML）和业务流程查询语言（Business Process Query Language，BPQL）。

业务流程建模语言 BPML 是基于 XML 语言的模型描述语言，它将业务流程描述成控制流、数据流和事件流的结合，在此基础上还可以在业务流程中添加业务规则、安全规则和事务管理等特性。它以 π－演算（π－calculus）作为其数学基础，这种形式化描述赋予 BPML 在一致性检查、防止死锁、瓶颈检测和流程优化方面的较强能力。BPML 提供了中间件的特性，用进程定义业务事务和系统事务，能够处理不同的应用程序，而统一业务流程和技术是其关键目标。业务流程查询语言 BPQL 是 BPMS 的访问接口，用于对流程实例运行状态的查询、控制和流程模型的部署。类似于不同的编程语言用 SQL 或其他关联工具可以访问到数据库管理系统那样，流程管理系统同样如此。DBMS（数据库管理服务器）是一种通用的"数据服务器"，而 BPMS 则是一种通用的"流程服务器"。

（四）文献实体流程

最后，我们回到图书馆的业务流程。和一般的企业流程相比，图书馆的业务流程有一些特殊性，例如，图书馆的核心业务对象—文献—在图书馆的整个业务体系中拥有一个流程位置，就是文献实体加工流程，反映文献本身处于图书馆业务和服务体系中的位置。因此，图书馆业务流程管理的另一方面内容就是文献实体加工流程的揭示、运用和管理，即控制和揭示文献在整个图书馆业务处理体系中处于哪个位置。

总体的文献实体加工流程如下：

基础流程

编目
　　简单书目
　　基本书目
　　主题标引
　　规范控制
文献加工
　　条形码或二维码
　　智能标签
完整流程
订单
验收
扩展流程
目录
全文
　　非检索全文
　　可检索全文
增强流程
对象管理
知识元标引
知识发现计划

注意，没有订单和验收过程的文献也是可以入藏并提供服务的，而没有编目则不可能，因此文献实体流程的起点可以是编目而并非必须是采访，有采访有编目则是完整流程。

部分流程可实现自动化，例如，自动分类、自动标引、自动全文分析和处理，等等。知识发现计划见第十一章第三节。典型图书馆正常采购并加工完成的文献一般处于完整流程和扩展流程之间。扩展流程和增强流程属于数字图书馆的范畴。

（五）小结

业务流程管理（BPM）是在机构内部建立起来的一种理念，是对机构的业务流程进行持续不断地规范管理的过程，也是持续不断地完善的过程。业务流程框架支持以业务流程为中心构建信息系统，对于业务信息系统的建设是革命性的创新进步，使监控、中断、交互和协调端到端流程变得轻而易举，因此它代表了未来先进的业务架构思想和业务管理思想。业务规范体系不可忽视这种革命性的业务管理思想，这也就是本节用较多篇幅介绍业务流程管理的重要原因。本节涉及的业务流程管理的技术细节，都需要在一部庞大的《业务流程管理规范》中给予详细的描述。

通过归纳整理本节的内容，可知这部《业务流程管理规范》包括的章节内容应该有：

业务流程的描述
　　流程的层次
　　流程图描述
XML 描述
BPML 和 BPQL
业务流程的建立
　　流程的表示
　　可视化表示
业务流程的管理
　　流程技术性管理
　　流程审核和评审
流程分析和测量
　　分析
　　模拟和仿真
　　测量
流程执行和监控
　　执行
　　控制
　　流程消息监控
　　流程信号监控
流程质量与效率测评
　　质量度量
　　效率度量
　　测评和评估
　　流程审计
基于流程的业务建构
　　业务匹配
　　业务替代
　　文献实体流程
　　业务变更
流程库管理
　　流程仓库
　　流程设计
　　流程配置
　　流程引擎
　　流程维护
　　流程入口
　　流程分析

流程优化

这种抽象的业务流程管理规范将为具体的业务流程管理服务，使业务基于科学的流程而构建，并在统一业务的宏观管理思想指导之下支持联盟业务流程的构建，见第七节。

第五节　业务配置管理

业务配置管理的思想来源于软件工程中的软件配置管理（SCM），它是一种标识、组织和控制软件变更的技术，目的是避免软件产品的混乱。

和软件工程对应的是应用工程（Application Engineering），主要分为产品定义、系统部署、集成测试以及二次开发几个阶段。一个大型应用系统，例如图书馆应用系统，都会遇到应用工程中业务要素的变更问题，也需要某种意义上的配置管理。我们把这样的配置管理称为业务配置管理。

显然，软件配置管理聚焦于软件构件，是对软件产品进行配置的管理；而业务配置管理，它应该聚焦于业务要素，是对业务要素进行配置的管理。

这里我们用5W1H分析法对业务配置描述如下：

什么是业务配置（What）？

在应用工程中对固有的领域业务要素进行标识、组织、表达和控制变更，使应用系统精确地满足最终用户需求的一整套技术。

为什么需要业务配置（Why）？

解决大型应用系统的通用性和适应性的矛盾，也解决系统平稳进化和业务平稳发展的问题。

谁进行业务配置（Who）？

用户甚至最终用户，即系统管理人员或业务人员。

何时进行业务配置（When）？

在系统部署的同时，在系统的全生命周期中。

在何处进行业务配置（Where）？

最终用户的业务场所。

如何管理业务配置（How）？

四个方面的内容：规划、策略、流程和规范。

业务规划管理的焦点是规划子系统、包、模块、组件、宏，明确要做什么事。业务策略管理的焦点是划分业务功能区域，厘清责任，明确谁做以及在何时何地做。业务流程管理的焦点是业务任务和业务流程的关联逻辑，以任务引领流程，对功能导航，即用户能看到一步一步该做什么。业务规范管理的焦点是统一概念和活动，必须完成的和选择的功能，保持业务对象之间的基本关系和完善关系。例如，基本关系实例中存在没有采访数据的书目数据，没有订单的单册，但不允许存在没有书目的单册，等等。

当业务规划、策略、流程和规范发生变化时，业务配置相应地发生变化。

当抽象地考虑业务要素并且将业务活动也作为业务要素时，它就成为业务应用系统的关键构件。业务应用系统的宏观设计思想，无非就是解决如何处理不同范畴的业务要素问题，其中关键的范畴是业务对象和业务活动。有两种极端的选择，一种是以业务对象为核心或焦点，弱化业务流程，使业务活动以数据驱动（Data-Driven）的方式实现，例如 ALEPH 系统。这种方式使系统具有较强的通用性，不受个性化业务的制约，其缺点是业务流程晦暗不明，业务活动过程模糊不清，用户体验很差。另一种极端是以业务活动为核心，通过预先妥善定义的业务活动实现任务驱动（Task-Driven）的业务解决方案。国内的很多系统大都采取这种设计思想。这种方式使系统中包括的业务功能十分清晰，不同的功能之间界线分明，具有一目了然的功能菜单，用户体验良好。但这种方式需要解决一个重大问题，那就是如何适应不同图书馆的个性化业务需求问题，即通用性和适应性的矛盾问题，归纳为如何解决业务功能的自定义问题。

为实现业务功能的自定义，就需要业务配置管理。业务配置管理使业务要素可以配置，不仅业务对象可以配置，使不同的业务角色看到不同的业务对象，不同功能适用不同的业务对象；业务活动也可以配置，使不同的业务角色看到不同的业务活动，更进一步，整个系统的业务功能可以通过业务配置来自定义。这样就使应用系统具备充分的灵活性以适应任意用户的任意需求。结合业务流程管理，业务配置还可以支持基于事件驱动（Event-Driven）的业务活动，使业务系统整体展现出全然不同的面貌。

业务配置管理甚至可以依托业务流程库拓展到业务流程的配置管理，使业务系统采用不同的流程成为一个可配置、可管理的元业务管理过程，并支持业务变更和图书馆联盟业务的接入。这是一个更加抽象更加深刻的结果，不仅使业务要素可以配置，业务流程也可以配置，使基于业务流程的元业务管理成为可配置的元业务活动。这种极端的抽象管理方法将为业务系统带来怎样的变革目前还无法进行全面的评估。

在某种技术的支持下，我们可以开发业务配置描述语言（Business Configuration Description Language，BCDL），它是一种行业语言，采用行业专有的（固有的）业务概念，适应行业中不同的系统，构建出独立于系统的行业统一的业务描述。它既是一种用户需求的描述语言，也是一种需求实现的宏代码描述语言。这种语言既表达用户的业务需求，也表达实现业务需求的流程，并且是业务功能的实现方法。

这种业务配置描述语言具有如下特征：

  严格描述业务需求
  采用固有业务要素
  人能读懂
  机器可处理
  只解决最小问题
  包含业务配置解释框架

例如，业务配置描述语言对"读者注销"这个业务活动的描述可能是这样的（应该是英文，这里使用中文表达）：

  活动：读者注销
   聚合：读者权限信息，读者财经信息，读者流通信息
   规则：读者有外借 或者 读者有欠款 则 不能注销
   处理：1）取消读者所有的流通权限 或者加以完全限制；
      2）删除读者的所有预约；
      3）删除读者的所有待发送通知；
      4）如果读者有押金，退还读者押金；
      5）通知读者注销成功；
      6）根据图书馆政策决定是否彻底删除读者所有信息；
      7）保存日志和报告。

  这种表达通过业务配置解释框架可以直接进入系统中，成为可以直接执行的功能。因此业务配置描述语言对业务功能的描述就是业务功能的实现，即需求的表达就是功能的实现。对比多年以前的一句名言"所见即所得"，这里可以用一句极为类似的话来总结，即：

  所说即所得！
  WYSIWYG：What You Say Is What You Get！

  而具有强大表达能力的业务配置描述语言，将在全新的视角下缔造出灵活自由的业务系统，并且从根源上杜绝设计缺陷。作为领域驱动语言，BCDL可以从数据驱动转移到任务驱动以及事件驱动，为用户提供自由灵活的业务解决方案。

  虽然成型的业务配置管理技术尚待开发，但是可以从设计目标和理念上分析采用这种技术将获得的各方面的优势效果。结合基于业务流程的业务活动管理，采用业务配置管理将具有如下优势：

  （1）业务流程成为有价值的领域模型，成为业务专家关注的焦点；
  （2）业务得到准确的定义，有助于业务人员掌握业务价值；
  （3）业务专家直接设计功能用例，没有不符合需求的，而且支持不依赖于业务人员的业务变更；
  （4）优良的用户体验，用户不是在使用陌生的系统，而是在用自己的语言处理熟悉的业务；
  （5）清晰的模型边界，需要做什么就仅仅做什么，并且仅仅"看"什么；
  （6）更好的系统架构，更完善的业务表现层。支持手持设备完成业务，支持使用手机APP处理业务；
  （7）敏捷、迭代式和持续建模，直到完全满足业务层的所有需求。任何时刻均可简单方便地建模；
  （8）使用战略和战术新工具，例如，业务流、消息、信号以及事件管理。

  所有的业务配置都是业务视图（Views）。所谓业务视图，就是业务人员能够看到

的业务要素和业务配置，不同的业务角色会看到不同的用户视图。最完整的是系统视图，它是一部包括图书馆所有业务的完整层次等级目录表。

业务配置管理关注的另外一种视图就是统一业务视图（UBV），它将为具有统一业务规范的图书馆提供统一业务要素视图的技术支持。它包括业务要素的视图元素和数据库数据元素的对应，当统一业务规范指称业务要素时，它建立不同图书馆信息系统的共同所指，成为不同图书馆的共同业务语言。以概念符号的三要素来说明，见表10-2。

表10-2 统一业务视图的概念符号构造

概念符号三要素	能指	所指	受指
解释	概念符号	概念内涵	客观事物
统一业务视图概念	统一业务要素名称	统一业务视图元素	数据库元素
实例1	"单册条码"	Item_barcode	CZ_barcode
实例2	"读者电话"	Reader_telephone	DE_telephone

统一业务视图就是所有的所指，对它的配置就是对所有所指（统一业务视图元素）的配置。而受指就是各种系统中的数据库元素名称，它们会非常不同。

最后我们可以归纳一下图书馆在业务规范方面可能会有的层次等级目录表：

业务规范目录
培训计划列表
培训课程列表
业务要素类型目录
业务用例表（业务活动表）
业务角色清单
业务成熟度关键实践

业务角色也具有层次等级关系，这是多少有点令人意外的发现，详见第十二章第一节和附录七。业务成熟度的关键实践具有层次等级关系，却是成熟度模型的固有特性，即从具体的业务实践抽象到最高级模型的抽象顺序是：

关键实践→关键实践类→关键过程域→成熟度等级→成熟度模型

详见下一章。

第六节 业务重组

本节标题《业务重组》是一个广义的泛化的概念，包括如下几个方面的内容：

业务生成
业务集成

业务重组

业务再造

业务生成是业务定义和生成的过程，它需要清晰地定义业务用例、业务要素和业务的具体过程（采用业务配置描述语言），还包括业务注册和业务发布。

什么是业务注册？

在组件化的系统架构中，业务是划分为许多独立的组件的，业务注册就是有一个独立的中心化注册组件，负责对其他业务组件的注册，形成系统对所有业务组件的一致定义和统一访问，使组件可以被复用，支持自由灵活的业务配置。

什么是业务发布？

业务组件要在不同的环境中复用，包括在联盟业务中复用，因此必须有一个发布过程，使不同的业务领域能够发现业务，将访问方式配置于业务系统之中。

为什么需要业务注册和业务发布？

在技术层面，组件化的系统架构将传统庞大复杂的单体应用拆分成一个一个的组件应用，每个组件应用提供特定的服务，可以是一个，也可以是多个，并且组件所含服务是可以动态扩展的，随着时间推移和系统进化可任意拆分、合并。组件化应用和颗粒化的服务，遍布在系统的各个角落，化整为零、各司其职。由于服务的跨度很大、数量很多（数以百计甚至更多），为保障系统的正常运行，必然需要有一个中心化的组件完成对各个服务的整合，即将分散于各处的服务进行汇总，汇总的信息可以是提供服务的组件名称、地址、数量和访问方式等。服务的调用方在请求某项服务时首先到中心化组件获取可提供该项服务的组件信息，通过默认或自定义的策略选择该服务的某一提供者进行访问，实现服务的调用。

在业务管理层面，业务被拆分成积木式的组件（微小业务功能），使其可以重复出现在不同的业务领域，供不同的业务角色调用（例如供采访和编目使用的查重），因此需要全系统对细分的业务达成统一的认识，业务的注册和发布就成为对组件化业务进行管理的基础架构，也就是基础的元业务管理机制。业务的注册和发布使业务的定义方式统一，使用方式统一，管理方式也统一，成为统一业务管理的基础。

业务集成是将多个业务用例作为业务原子组合成一项新的业务，以粗粒度（Coarse-grained）服务的形式提供给用户的过程。

业务重组是对已有业务进行重新划分并组合来构成新业务项目的过程。

业务再造是对图书馆整体业务进行重新分析划分并重新组合从而构成新业务体系的过程。

业务集成和业务重组一般来说可以划归到业务流程管理的范畴中去，它们只是具有特定业务意义的业务流程管理活动。而业务再造是一种创造新组织结构的极端变化，是从根本上对原来的业务流程做彻底的重新设计，把直线职能型的结构转变成平行的流程网络结构，实现组织结构的扁平化和网络化，是对图书馆的整体甚至包括基础组织结构方面都做出很大的变动，所以面临极高的风险。因此一般情况下我们并不建议进行业务再造活动，在已经基本建构起统一业务管理体系的情况下，局部业务的优化（包括重组）并局部落地实施，才是更加慎重的科学策略。

以上这些元业务管理活动均需要以组件化业务架构为基础并在成熟的业务活动管理、业务流程管理和业务配置管理工具的支持下才能顺利地进行。因此，尽管本章初步探讨了统一业务管理的基本原理和基础问题，但本节仍然无法提供有关业务生成、业务集成、业务重组和业务再造过程的更多细节。一切都有待于未来在成熟技术支持下的广泛而深入的研究。

第七节　联盟统一业务管理

图书馆联盟是图书馆行业在现代技术条件支持下合作共建、优势互补、资源共享、提升业务并改进服务的深化发展趋势。长久以来，业界的研究者对图书馆联盟有多方面的研究，但真正可以运行的联盟都难以落地实施，一是管理的原因，二是技术的原因。目前已有的图书馆联盟，在组织形式上多为松散型的虚拟组织，没有强制性的、规范的管理体制和运行机制；大多数图书馆联盟在联盟组建、管理、运行和产生效益方面，还存在诸多的问题，存在影响图书馆联盟成功运行的诸多因素（杜杏叶等，2014）。

本节讨论统一业务在图书馆行业宏观层次上的管理问题，仅从技术上考虑图书馆联盟需要哪些技术支持方可顺利运作。就当前行业所采用的信息技术现状，是并不支持图书馆联盟业务的。有少量的业务和联盟挂钩，但开展起来也困难重重，例如馆际互借。更多的联盟业务，始终并不在单一的应用系统的考虑之中，很多系统仅仅支持简单的馆际互借业务，实施起来也存在诸多问题。以庞大复杂的单体式应用（monoliths）支持联盟也绝不是一个好的策略，因考虑联盟的业务需求而开发更加庞大复杂的应用系统更不是一个好的策略。

在基于组件的业务架构下，联盟业务可以方便地创建、注册、运行和管理。也就是说，当图书馆已经建立了成熟的统一业务管理体系时，图书馆联盟的业务也就自然可以方便地创立起来。只有当馆内业务的架构方式和联盟业务的架构方式趋向一致，没有什么本质区别时，联盟业务的创建、实施、运行和管理才能顺利地进行。这样的业务架构思想是彻底解决联盟问题的最佳方案。因为，只要联盟的业务不同于馆内的业务，联盟的业务创建、管理和维护就都是一个复杂而困难的任务；信息系统要面对两种有重大区别的业务目标时，其一致性、相容性和完整性都将成为复杂的问题；联盟的业务流程和馆内的业务流程如果不能协调性地融合，所有相关的业务都将重复进行，造成资源和成本的巨大浪费。因此，联盟业务要自然地实施，就必须有基于流程管理和流程库的系统构建，使联盟业务流程和馆内业务流程自然地融合；必须有针对业务要素、业务活动的精确管理，使联盟的业务对象和目标与馆内业务的对象和目标协调一致；必须有灵活自由的业务配置管理，使严格准确地描述联盟业务如同描述馆内业务一样达到所说即所得（WYSIWYG）的效果。

图书馆联盟有多种多样的组织形式和不同的宗旨、创立目的或业务目标，但它们的业务都不外乎包括：

采访协调
联合编目
馆际互借
资源共享
知识门户
咨询合作
数据融合
协作智库

基于统一业务架构的应用，尤其是基于流程的业务构建和基于已知流程的联盟业务流程编排（Orchestration），实现这些联盟业务都将和实现一馆的普通业务一样，是一个可理解、可控制、可管理的一个普通过程，没有联盟带来的特殊复杂性。

采访协调就是在采访流程中增加联盟采访的条件、核查过程和平衡决策，联合编目也就是在编目流程中插入一个上行和下行的同步过程，馆际互借只不过是增加一个通过授权馆际信息交换确认读者身份的过程，资源共享和知识门户通过元数据的获取协议（OAI-PMH）来建立也并不困难，咨询合作通过开发一个统一的联盟咨询门户来创建也容易实现，数据融合是 AILIE 支持的基本业务，而协作智库（或智库协作）并不需要多少技术的支持。

因此本章所探索的技术不仅有助于联盟业务的实施，而且有助于联盟统一业务管理，更有助于联盟业务规范的统一以及联盟本身的管理规范和联盟成员馆业务规范的协调一致。

联盟业务管理包括以下五个层次的业务规范：

7910	联盟管理基础规范	AMB
7930	联盟业务执行规范	ABF
7950	联盟统一业务规范	AUB
7970	联盟业务流程规范	APO
7990	联盟虚拟服务规范	AVS

联盟管理基础规范包括联盟组建、运行、联盟协议、成员协调、日常管理等，并不涉及更多的技术细节。联盟业务执行规范针对联盟具体的业务，规定其运作和管理的详细规则，例如采访协调和联合编目。联盟统一业务规范不仅是联盟相关业务规范的统一，也是联盟统一的业务架构规范，对应于单独一馆的统一业务规范。这里包括对联盟统一业务规范目录的确定和联盟统一业务架构的确定，甚至包括联盟的统一业务视图（UBV）。联盟业务流程规范规定联盟业务流程和馆内业务流程的关系和管理办法（其核心是编排方法）。联盟虚拟服务规范针对联盟提供的读者服务，规定其范围、能力、方法和实施的细节，包括馆际互借、联盟咨询、知识门户和其他知识服务。

联盟业务和服务发展到极端，就是虚拟统一的数字图书馆，这要求大量的图书馆参与同一个联盟。参与联盟的图书馆越多，这个虚拟的统一数字图书馆的服务能力就越强，读者的体验就越优良。对读者来说，最好的事情是：这世界上只有一家图书馆，就是他所知道的全球联盟虚拟数字图书馆。他不需要知道有哪些实体图书馆，他只需要知道，他可以从联盟虚拟服务中得到他所需要的知识服务。这才应该是虚拟数字图书馆的最终目标。为达成这种目标，需要联盟统一业务的支持，也需要本章所描述的技术的支持。

本章小结

统一业务管理是一个面向未来的问题，它支持业务的统一性，应对技术环境的快速变化，抽象出**元业务管理**以适应业务的灵活多变，提供虚拟的业务功能，使虚拟数字图书馆成为比较容易实现的目标，同时也支持图书馆联盟的信息交换，以便建立综合的业务数据分析和展示以及更多的联盟业务。它也要求下一代的图书馆自动化系统或信息系统全面支持统一业务管理和业务配置管理尤其是业务流程管理。采用革命性的基于流程的信息系统架构，以业务配置管理的思想构造业务系统，使图书馆能敏捷应对业务、技术和外部环境的快速变化，不被庞大臃肿的单一系统所拖累，成为有能力随时提供全新业务和服务的现代化图书馆。

这里提供一个简单的架构图示：

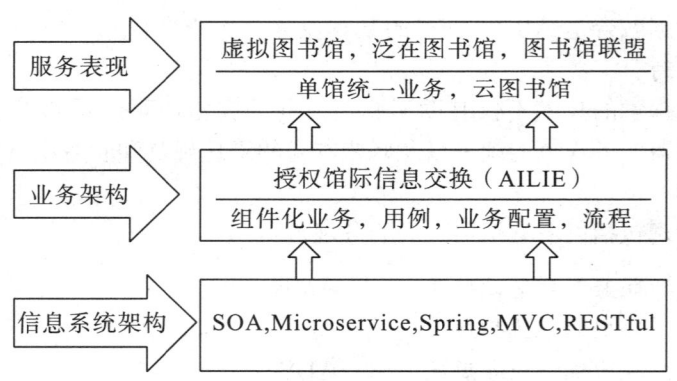

图 10-4 技术架构支持业务架构和服务

本章初步探讨了统一业务管理和统一业务规范的问题，读者可能仍然有很大的疑问：业务规范管理为什么需要如此深入技术核心？笔者是不是过度执着于技术从而将技术管理误认成了业务管理？

不是这样的。

现代图书馆的业务越来越庞杂精细，在先进的架构下业务也被精细化地划分，因此现代图书馆的业务规范化管理必然要求精细化管理，而现代图书馆几乎所有的业务都和信息技术密切相关，因而精细化管理必然和技术相互渗透。既有业务管理的原则切入技术（技术实现业务目标），也有技术框架切入业务管理领域（业务精细化地依托技术），深刻影响业务管理和业务规范。在这种形势之下，离开技术管理来谈业务规范管理就是空谈，就是无的放矢，就是仅仅停留在"我们要规范化"这一句话上。或者我们也可以不追求具体细节，满足于对大的业务条块（采编流等）粗放式管理的现状，其实也就是满足于基本无效管理的现状。

举例来说,对采访流程如果没有系统性地梳理,建立合理优化的、逻辑自洽的模型,使之不仅体现在自动化系统中,也体现在业务规范中,如何进行采访流程的科学管理?如何应对 PDA(读者决策采购)对采访流程的挑战?还是说,采访业务管理仅仅只是需要控制经费的使用?如果业务管理永远拒绝关注技术细节,又如何掌控复杂的业务过程?如果连基础的业务过程都难以掌控,又如何推动高级业务管理工作(例如全面质量管理)?如果连一馆的业务过程都无法精确地控制,又如何实现图书馆联盟业务的科学管理?

本书(尤其是本章)竭力主张:业务规范管理必须关注技术,要深入技术核心,只有建立和技术密切相关的业务规范,才能使业务规范形成一个科学的体系,进而将业务知识纳入信息系统中进行科学管理,建立智能化的业务支撑系统。同时,信息系统的构建也必须以规范化思想为指导,使之成为规范化业务的真实体现,而不是实施规范化的障碍。

为了在未来达成这样的目标,我们的起点就是统一业务管理。全面而彻底的业务规范化需要统一业务管理的支持,统一业务管理的理念需要相应业务规范的支持,也需要自动化系统或信息系统的支持。预测下一代的自动化系统,除了支持高级编目、多种元数据、统一资源管理、云服务等外,还必须在业务架构思想的指导下支持组件式开发、业务要素管理、业务流程管理、业务配置管理、图书馆联盟服务、授权馆际信息交换,以及数据和流程可视化甚至人工智能的运用等。如果没有对统一业务规范的深刻认识、透彻理解和敏锐的洞察,这些技术方面的需求是不可能提出来的。这是从规范化业务的本质出发酝酿的高级管理理念反过来作用于基础技术架构,形成对信息技术的宏观需求的鲜活实例,也是业务规范创造业务需求的鲜活实例。

最后总结一下,当业务工作发生重大变化时,应该做哪些管理工作?

(1)分析新的业务工作,决定业务规范目录表中是否需要新的业务规范条目;
(2)按需制订新的业务规范,分配编号和标识,同时修订业务规范目录表;
(3)按需修订业务规范依赖表和业务规范交叉引用表;
(4)判定是否需要新的业务要素类型:
①如果需要新的业务要素,修改对应的业务要素表;
②如果需要新的业务角色,同时修订《业务角色清单》(1760);
③如果需要增加业务要素类型,进行审核或评审,同时描述业务视图。
(5)判定培训计划和培训课程:如果需要新的培训计划,制订出来;如果需要新的培训课程,编写出来;
(6)规划业务用例(use case),修订《业务用例表》(7861);
(7)对业务用例进行组件化分析和划分,得出组件构造并实现组件;同时,将组件融入业务活动组织体系中,在业务用例层次等级目录表中确定一个位置;
(8)对业务用例或组件和已知业务流程的关系进行分析,使之能够一致性地融入业务流程之中并在业务流程管理系统中进行更新;
(9)增加业务配置解释框架,修订《业务配置解释框架》(7863),使业务可以配置于虚拟数字图书馆中，或者在不同的场所复用；

（10）对业务规范中的业务知识进行分析，生成业务知识的描述（主题图、本体、知识图谱），对业务知识进行有效管理，判定是否需要加入业务知识库中。

第十一章 成熟度模型和业务规范

成熟度模型类似于生命周期理论,是用于描绘许多系统的演进过程的有力工具,各种成熟度模型均来源于能力成熟度模型(Capability Maturity Model)。

所谓成熟度,就是指从机构业务的关键要素来评估机构业务的实际水平,测定机构的业务能力和潜力,以及其对增强机构的服务能力的贡献程度。成熟度意味着能力上的增长潜力,并且表明一个机构在某一方面的成熟性和在相关业务中运用时的一致性。在成熟机构中,通常通过文档和培训使全机构有关人员能很好地了解和掌握相关业务过程,并使业务过程得到不断的监控和改进。各种成熟度的评估未来有望成为图书馆评估定级之外的另一套不同价值的全新评价体系。

依照成熟度模型运用机构的业务过程使管理和改进能力得到增强,从而其服务过程的效率和质量能随时间的推移得到不断改进。对图书馆来说,最终将落实到面向读者的各种服务效率和质量的持续改进,甚至包括这种改进的过程本身也是可控的。

本章将探讨成熟度模型和业务规范的关系,并提供图书馆几个方面成熟度模型的概览。

第一节 能力成熟度模型

能力成熟度模型本来是软件工程领域中的一种评估标准,是为了提高软件企业开发水平而制订的一套技术规范和指导方针。1987 年前后,美国卡内基-梅隆大学软件工程研究所(CMU/SEI)的亨弗雷(W. S. Humphrey)等人提出了软件过程、软件能力成熟度和成熟度等级等概念(Humphrey et al. 1987),并正式形成了软件能力成熟度模型 CMM,1991 年首先在美国应用,随后在全世界推广实施。

CMM 思想的来源是已有 80 多年历史的产品质量原理。Walter Shewart 在 20 世纪 30 年代发表了统计质量控制原理。W. Edwards Deming(1986)和 Joseph Juran 的著作(1989)又进一步发展和论证了该原理。CMU/SEI 的研究人员将这些原理应用于软件开发,改变成为软件过程成熟度框架,建立了软件过程得以不断改进的基础(何新贵等,2000)。

CMM 表面上看是和软件工程密切相关不可分割的,但它背后隐藏的原理包含了更深刻的东西,使其不仅能够应用于软件开发这种过程的评估,也可以应用于其他类似的领域中。任何一种阶梯式(step-by-step)演化的系统都有可能应用 CMM 或者某种类似的等价物。例如，一些机构和学者（Kochikar 2000）将成熟度模型引入到知识管理领域，提出了以改进机构知识管理能力为目标的知识管理成熟度模型（Knowledge Management Maturity Model，KMMM），其中对知识的管理分为无序阶段、反应阶段、意识阶段、确认阶段和共享阶段。

图书馆的一些业务具有阶梯式演进的特征，例如，文献编目、文献加工、数字图书馆和业务规范本身，它们都有一个从初级到高级的发展演进过程，它们也适用某种成熟度模型进行描述。

对于图书馆适用的成熟度模型，从分类来说，有能力成熟度模型、流程成熟度模型、管理成熟度模型、质量成熟度模型和服务成熟度模型，等等。它们分别适用于图书馆业务的几个不同方面或几个不同的分领域，对它们的深入研究有助于透彻理解图书馆在多个领域中的发展模式和方向，也有助于相关业务规范的制订和完善。

任何成熟度模型都是将业务划分为几个阶梯式上升的成熟度等级（最常见的是五个等级），每个成熟度等级包含了若干个关键过程域，每个关键过程域中又包含了若干关键实践。对关键实践还可以进一步分类，产生几个关键实践类，例如，"制订方针政策""确保必备条件""实施业务过程"和"检查实施情况"。

所谓成熟度等级，就是经过预先妥善定义的、通向成熟业务活动或过程途中的若干个上升平台。这些平台定义了一个有序的尺度，可以用来测量图书馆的相关业务过程成熟度并评价其业务能力，每一个平台为业务提升到下一更高等级提供基础。每一个成熟度等级包含一组过程目标，通过实施相应的一组关键过程域达到这一组过程目标。所谓关键过程域，就是互相关联的若干实践活动和有关基础设施的集合。每一个成熟度等级包含若干个对该成熟度等级至关重要的过程域，它们的实施对达到该成熟度等级的目标起保证作用，这些过程域称为该成熟度等级的关键过程域。所谓关键实践，就是对关键过程域的实施起关键作用的方针、规程、措施、活动以及相关基础设施的建立、实施和检查。关键过程域的目标是通过其包含的关键实践来达到的。所谓关键实践类，就是通过对一系列的关键实践进行分块划分和识别，明确各相关的主要负责人或机构对该关键过程域的实施和规范化应起的作用和应负的责任，并且决定关键过程域的实施和规范化是否有效、可重复、能持久。

回到业务规范的主题，以业务规范支持成熟度模型的运用，需要针对成熟度模型制订一系列业务规范。就每一种成熟度模型来说，从细分业务规范的角度看，每一个关键过程域都需要有相关的业务规范，例如，《主题标引规范》《知识组织规范》《业务要素管理规范》《业务配置管理规范》，等等。因此每一种成熟度模型中可能会有十几部的业务规范，有关成熟度的业务规范就可能会有将近一百部。

作者并不建议制订数量如此之多的业务规范，因为对业务规范划分过细并不利于有效的管理，会产生高耦合问题（第三章第八十四条解读）。一个极端是：每个成熟度模型仅用一部《能力提升规范》（或类似的东西），例如《数字图书馆能力提升规范》。

图书馆需要在这两个极端之间权衡利弊，确定适合自身的业务规范体系。一个比较中庸的取舍是：每个成熟度等级对应一部业务规范，某些特殊的关键过程域独立出一部业务规范。例如《高级编目规范》《对象管理规范》《知识整合规范》等，能够同时兼顾到整体性、可操作性和协调性。不管怎样平衡，业务规范的内容都至少要描述到关键实践类和全部关键实践，甚至包括部分非关键实践，否则就失去了指导业务工作的实践价值。

图书馆在运用每个成熟度模型时，必须将所有成熟度等级中的所有关键过程域所包括的所有关键实践进行详细描述，包括它们所属的关键实践类。所有这些描述将成为图书馆的核心知识财富，它们也必须进入业务规范体系中，成为对应业务规范的核心内容。因此它们必须具有切实的可行性和可操作性，而不能是抽象空洞的纸上谈兵。对这些业务规范的管理不仅仅是对业务规范的管理，也是对相应成熟度模型的管理；对这些业务规范内容的审核不仅仅是对业务规范的审核，也是对相应成熟度模型的审核；对它们的评审和评估也是对相应成熟度模型的评审和评估，将不断优化相应的成熟度模型，使之不断改进、不断发展、不断提高和不断完善。

分析图书馆的全部业务构成，包括高级管理业务和增值服务业务，从中遴选出阶梯式演进的业务提升过程，我们可以归纳出一个结论，就是图书馆在如下几个方面（几个分领域）可以运用成熟度模型：

文献编目：流程成熟度
文献加工：流程成熟度
参考咨询：服务成熟度
数字图书馆：能力成熟度
知识管理：管理成熟度
业务规范：管理成熟度和质量成熟度

当然，图书馆能够运用成熟度模型的领域远不止这些，例如以下领域：项目管理、质量管理、数据管理、知识服务、风险管理、危机管理以及技术支持（甚至还可以细分为业务架构、业务流程、业务配置、业务－IT匹配、IT服务能力）等。这些领域有可能运用成熟度模型，有待于相关专家进行深入的研究，限于篇幅，本书对此不作更多的讨论，有兴趣的读者可搜索网络相关信息。

这些分领域的各个成熟度模型将有不同的成熟度等级。同一个成熟度模型的各个成熟度等级之间的关系可以归纳为两种：替代关系和包含关系。替代关系是由图书馆行业的特殊性决定的，这一点不同于软件能力成熟度模型，后者的各个成熟度等级之间只有包含关系。

替代关系的成熟度等级是较高的等级替代较低的等级，即：一旦拥有较高的成熟度等级，就不再需要较低的成熟度等级所描述的关键过程域。例如，一旦有了完整的编目，就不再需要简单的编目。（简单编目在特殊领域有意义，但不属于成熟度模型的范围。）

包含关系的成熟度等级是较高的等级包含较低的等级，即：即使拥有了较高的成熟度等级，仍然需要较低的成熟度等级所描述的关键过程域。例如，有了书目的规范控制，仍然需要分类和主题标引。

通过简单分析我们就可以发现，图书馆各个分领域的成熟度模型除了形式上的框架相同而外，其具体内容并没有多少相关性，也基本上没有什么共同性，它们需要解决完全不同的问题。

文献编目成熟度模型需要解决如下问题：如何从最简单的编目提升到完整编目并进一步提升到高级编目，同时跟踪编目学术界的最新理论，支持最新的编目理念？

简单编目可以为基层图书馆提供一个快速建设系统的手段，有其不可忽视的价值。对于基层图书馆来说，一下子要采用行业完整的书目数据标准进行编目有相当大的难度，无论技术条件还是人才条件可能都是难以满足的短板。采用简单编目可以快速建立起系统，对于高效率地服务于基层读者有重要的作用。

完整编目是规模以上图书馆必须遵循的行业标准，其中著录遵循 ISBD，数据格式遵循 MARC，内容包括从分类、主题标引到规范控制的完整书目控制链。衡量一个图书馆在基础业务上是否达到了专业水准，完整而规范的编目是一个核心指标。

高级编目包括编目中的高级课题和一些新近发展的编目理论。无论是适应网络的 MARCXML 还是新的 BIBFRAME（书目框架），以及革命性的 FRBR（书目记录的功能需求）、FRAD（规范数据的功能需求）和 RDA（资源描述与检索），均应进入大中型图书馆的视野，在当前或未来作为编目业务的发展方向加以研究、试验和实施。

编目成熟度模型的成熟度等级同时具有替代关系和包含关系。

文献加工成熟度模型需要解决如下问题：如何从基本的文献处理提升到文献成分的形式处理和文献内容的处理以至文献中知识的处理，为数字图书馆提供知识整合的基础材料？

基本文献处理完成传统图书馆的基本文献加工，使之可以为读者提供文献服务；进一步的处理提供文献目录，优化读者的阅读体验；数字化图书馆处理文献的全文，提供初步的全文阅读服务；数字图书馆更进一步处理文献包含的对象和知识元，为读者提供基本的知识服务；高级的知识服务需要对文献中的知识元进行深度挖掘和分析，使计算机真正读懂文献中的知识，从而能更高效地为读者提供高级知识服务。

文献加工成熟度模型的成熟度等级是一种完全包含关系。

参考咨询服务成熟度模型需要解决如下问题：如何从初级的参考咨询服务扩展业务范围，提供高级的参考咨询服务和增值服务？

使初级的和高级的参考咨询服务并行，全面覆盖不同层次读者的参考咨询服务需求，是参考咨询服务不同于其他业务的特殊性，即既不存在业务层次的完全替代，也不存在不同层次的包含关系。由于服务成熟度的这种特殊性，本书对参考咨询成熟度不展开讨论，但仍然会研究所有增值服务的业务规范。

数字图书馆成熟度模型需要解决如下问题：如何从数字化图书馆提升到数字图书馆，再提升到智能图书馆，为读者提供智能化的知识服务，进一步提升到具备自主知识的智能体（或知识主体）？

数字化图书馆是数字图书馆的原始阶段。能够提供全文检索的规范化数字文献是数字图书馆演进的基础，因此，不能提供全文检索的数字化文献应当归入传统图书馆的范畴。

数字图书馆的核心技术引入了多媒体信息资源，采用数字对象识别和元数据描述等技术，使用户达到信息检索和数据融合的使用体验，从而获取到文献中需要的内容而不仅仅是文献本身。

智能图书馆（Intelligent Library）[①] 是数字图书馆将要达到的高级阶段，其核心指标是理解文献中的知识，将由文献和信息组织演进至知识组织并大量采用知识工程的方法、策略和技术，在基于文献的超大规模知识库的支持下，采用自然语言的检索方法，使用户能够得到知识库中已有的知识，即"已知可知"，从而达到教育和知识传播的作用。

智能体或知识主体或许是数字图书馆要达到的终极阶段。在语义网格（Semantic Grid）环境的支持下，自我管理的主体（Subject）（徐志熹，2017）将在知识库中以启发式搜索自主地发现问题并解决问题，自主地进行推理和发现新知识，并主动地和用户交流，使用户能够得到知识库中没有的新知识，即"未知可知"，从而达到顾问和人工智囊的作用。

数字图书馆成熟度模型的成熟度等级同时具有替代关系和包含关系。

知识管理成熟度模型需要解决如下问题：机构知识的管理如何对混乱无序的知识状态进行有效的管理，达到有序管理机构知识的状态，进一步达到主动性地管理和维护机构知识库的自觉状态，并和业务规范知识库的管理协同发展，支持图书馆的所有业务活动？

知识管理成熟度模型需要识别知识管理的几个阶段：

知识的无序阶段

知识的反应阶段

知识的意识阶段

知识的确认阶段

知识的共享阶段

这几个阶段对应知识管理成熟度模型的几个成熟度等级。这个知识管理成熟度模型仅仅针对图书馆行业的机构知识管理，而非面向读者的知识服务的知识管理，见第五节。

知识管理成熟度模型的成熟度等级同时具有替代关系和包含关系。

业务规范成熟度模型需要解决如下问题：如何从基础的业务规范制订提升到业务规范本身的规范管理，再提升到对业务要素进行精细化的管理，进而建立起统一业务管理的体系，最终实现对业务知识的管理？

基础业务规范的制订是每个图书馆都不能回避的问题。不能想象没有任何业务规范的图书馆可以正常地开展业务活动和服务。但规范化管理必须达到一个可能使业务规范自我完善的程度，就是对业务规范本身进行规范化管理，包括各种规范化的技术管理和规范化的严格审核。

业务要素管理是本书提出的一个创新思想，将业务要素管理纳入业务规范管理成熟

[①] 不是近年成为研究热点的智慧图书馆（Smart Library）。智慧图书馆提供灵巧服务，与知识工程无关。

度模型中也是本书提出的一个创新思想。长久以来，图书馆界对图书馆的业务要素没有进行过深入的研究，也谈不上对它有深刻的认识，更没有精细的描述，但本书认为，业务要素管理是信息时代图书馆现代化业务管理的关键。

统一业务管理面向未来，旨在解决未来的问题。为了实现图书馆的业务战略，需要具有先进的IT战略，两者形成一致的架构。在良好的架构下将大体量的业务进行组件化细分，形成业务配置的能力，进一步对业务进行精细化管理，从而为实现更多的高级业务管理目标（例如虚拟图书馆）建立基础。

业务知识管理着眼于采用自动化和知识库的技术对业务知识进行管理，使业务活动获得强大的知识基础设施的支撑，达到业务水平和业务能力持续增长和强化的长远目标。

业务规范成熟度模型的成熟度等级是一种完全包含关系。

由此我们可以看到，多方面的成熟度模型使图书馆在多方面的发展演进成为可以精确掌握和控制的过程，使图书馆业务通过这些成熟度模型所指明的路径可以达到前所未有的深度和广度；相应地，支持业务工作的业务规范也将达到前所未有的深度和广度。

于是，我们将面临一个十分自然的问题，那就是：图书馆行业是否存在某种通用的成熟度模型，可以把上述各种分领域的成熟度模型全部囊括进去，并且正好在成熟度上无偏差地拟合多个成熟度模型的各个成熟度等级？

为了回答这个问题，本章详细分析各个分领域的成熟度模型，通过对相应的成熟度等级和各个关键过程域的探讨，最后综合评估所有成熟度模型中的成熟度，可能会得到图书馆整体成熟度的一个清晰图景，这个图景能够在相当精深的程度上反映图书馆在通向现代化的道路上前进到了什么程度，经过了哪些重要的路标，还需要面对哪些挑战，以及尚有哪些关键的障碍需要跨越，有哪些关键的鸿沟需要填平。

第二节　文献编目成熟度

文献编目成熟度模型是一个流程成熟度模型，包含如下五个成熟度等级：

简单编目
基本编目
主题标引
规范控制
高级编目

成熟度等级Ⅰ：简单编目

关键过程域（1）：简单书目记录

简单书目记录适用于基层小图书馆加工处理图书，便于快速为读者提供服务；也适用于规模以上图书馆在建立自动化系统的初期作为初步的加工处理方法，对部分未编目图书快速投入流通，待读者归还之后再进行详细编目；还适用于采访的识别（包括 PDA：Patron Driven Acquisition）和期刊文章的编目以及为读者提供文献引文路径的服务。

成熟度等级Ⅱ：基本编目

关键过程域（2）：文献分类

文献分类根据文献内容和形式的异同，按照一定的体系，有系统地组织和区分文献。文献的详细分类依据图书馆所采用的分类法，精确细分到最低一级。

关键过程域（3）：MARC 记录

MARC 记录完整著录文献的所有书目数据并遵循各种业务标准，包括 ISBD。

成熟度等级Ⅲ：主题标引

关键过程域（4）：主题标引

主题标引以表示文献主题的受控语词作标识，提供检索途径，并采用参照系统揭示词间关系。主题标引包括相关信息系统工具的使用，例如，网络版的分类主题词表。

成熟度等级Ⅳ：规范控制

关键过程域（5）：规范记录

规范控制通过查询规范文档来维护文献书目记录中标目的唯一性。规范记录依据相关标准对文献描述中的题名、人名、地名等进行规范化标引，使读者可以通过多种途径检索到相应文献。规范控制包括相关信息系统工具的使用。

成熟度等级Ⅴ：高级编目

关键过程域（6）：MARC RDF/XML

MARC RDF/XML 建立书目数据到 XML 格式和 RDF 描述的映射，使书目数据可以通过网络被访问。

关键过程域（7）：BIBFRAME

BIBFRAME 是关联数据应用中新一代书目数据编码格式，建立书目的关联数据描述。

关键过程域（8）：FRBR/FRAD

FRBR/FRAD 借鉴关系数据模型以创新的理论指导数字图书馆时代的编目工作，揭示书目记录的功能需求和规范数据的功能需求。

关键过程域（9）：RDA

RDA 是当今最通行的新国际编目规则，专门为数字图书馆而设计，基于 FRBR/

FRAD 的更高级模型，用于资源描述与检索，成为针对所有类型的内容和媒体进行编目的工具。

为适配这种编目成熟度模型，相应的业务规范应该包括：

  3250 文献编目成熟度－简单编目规范
  3260 文献编目成熟度－基本编目规范
  3270 文献编目成熟度－主题标引规范
  3280 文献编目成熟度－规范控制规范
  3290 文献编目成熟度－高级编目规范

文献编目成熟度的关键过程域均与自动化系统密切相关，因此其分类位置设于自动化范畴之中。当详细制订这些规范时，如果发现其中具有较多的原则性内容或基础规范内容，也可以将其分割独立出来，作为结合关联的业务规范划分到基础规范范畴之中，即编号为 2250～2280（不含 2290，即高级编目不含基础成份）。

规范控制规范（Authority Control Norm）是指针对书目规范控制（Authority Control for Bibliography）的业务规范，并非什么惊人的东西。

在此需要说明的是，联合编目是另一个维度的业务拓展，并不属于编目成熟度的范畴；当然，联合编目也可以运用编目成熟度模型，但本书对此不再进行重复论述。

第三节 文献加工成熟度

文献加工成熟度模型是一个流程成熟度模型，包含如下五个成熟度等级：

  基本文献处理
  目录全文处理
  对象管理
  知识元标引
  知识发现计划

成熟度等级Ⅰ：基本文献处理

关键过程域（1）：编目和标识

编目和标识建立文献的目录和业务标识以便能够为读者提供服务，目录可以是简单书目或完整书目，标识包括财产标识（条码）和智能标签（RFID）。

关键过程域（2）：订单和财产账

订单和财产账建立文献的完整流程所需要的业务要素，便于进行规范化的管理。

成熟度等级Ⅱ：目录全文处理

关键过程域（3）：目录和封面

目录和封面的处理改善读者的阅读体验，为读者在请求文献之前提供更多的文献内容信息。

关键过程域（4）：非检索全文

非检索全文关键过程域建立初步的全文资源并支持初步的全文阅读服务。

关键过程域（5）：可检索全文

可检索全文关键过程域建立全文数据库并支持读者对文献全文内容的检索。

成熟度等级Ⅲ：对象管理

关键过程域（6）：对象识别

对象识别关键过程域从文献中识别出有价值的数字对象，为进一步的处理创造条件。

关键过程域（7）：对象标引

对象标引关键过程域将对象和关键词联系在一起，为查询建立基础。

关键过程域（8）：对象查询

对象查询关键过程域从对象数据库中查询数字对象并展示数字对象。

成熟度等级Ⅳ：知识元标引

关键过程域（9）：知识元识别

知识元识别关键过程域从文献中识别出包含知识的对象，为进一步的处理创造条件。

关键过程域（10）：知识元标引

知识元标引关键过程域将知识元和主题词联系在一起，为查询建立基础。

关键过程域（11）：知识元查询

知识元查询关键过程域从知识库中查询知识元并展示知识元。

成熟度等级Ⅴ：知识发现计划

关键过程域（12）：知识发现

知识发现关键过程域从知识数据集中识别出有效的、新颖的、潜在有用的以及最终可理解的模式，即识别出知识。

关键过程域（13）：知识挖掘

知识挖掘关键过程域从文献知识库中挖掘隐含的和关联的知识，即未知的知识。它和知识发现有一定的区别，但需要对技术细节有更深入的研究。

关键过程域（14）：知识综合

知识综合关键过程域对知识库进行深度分析，发现问题并提供可能性的综合预期报告，也提供领域知识的综合分析和三次文献服务。

为适配这种文献加工成熟度模型，相应的业务规范应该包括：

  3240 文献加工成熟度－基本文献处理规范
  5460 文献加工成熟度－目录全文处理规范
  5470 文献加工成熟度－对象管理规范
  5480 文献加工成熟度－知识元标引规范
  5490 文献加工成熟度－知识发现计划规范

基本文献处理属于自动化范畴，更深入的文献处理属于数字图书馆范畴。从这一点也可看出图书馆自动化和数字图书馆的关系，或者更准确地说，应该是图书馆自动化和数字图书馆客观上具有这种递进关系，因此文献加工必然横跨这两个范畴或者分领域。

所谓"知识发现计划"，是指将部分具有知识发现和挖掘价值的文献加入一个自动化的计划中，使系统能通过一系列复杂的处理，全面地获取文献中的知识，对知识按照预先设计好的模式进行规范化处理，建立人类客观专业知识库，以便为读者直接提供精准的知识服务甚至高级知识服务。

第四节 数字图书馆能力成熟度

数字图书馆能力成熟度模型是一个标准的能力成熟度模型。

数字图书馆能力成熟度模型和文献加工成熟度模型有密切的关系，这是不难理解的。传统图书馆以文献为馆藏，数字图书馆以数字资源为馆藏，其中也包括了传统文献的数字化。传统图书馆的文献深化加工后能够为数字图书馆提供内容材料，因此它们在业务的各个方面都有可能存在交叉。

数字图书馆能力成熟度模型包含如下五个成熟度等级：

  文献提供级
  全文检索级
  信息整合级
  知识整合级
  自主优化级

成熟度等级Ⅰ：文献提供级

关键过程域（1）：基本文献数字化

基本文献数字化的主要目标是通过自制或引进，将图书馆确定范围内的文献数字化，结合传统业务自动化系统或者以独立系统进行管理，以便可以提供数字化全文服务。

关键过程域（2）：初步全文服务

初步全文服务的主要目标是依据图书馆的方针政策为用户提供文献全文的服务，如全文获取、复制、打印、传递、推送等。

成熟度等级Ⅱ：全文检索级

关键过程域（3）：全文内容加工

全文内容加工的主要目标是依据某种技术标准，将文献全文处理成机器可以阅读的形式加以存储，以便提供进一步的分析和检索。

关键过程域（4）：全文内容检索

全文内容检索的主要目标是采用强大的全文数据库系统对符合某种技术标准的全文内容进行管理，进而为用户提供全文检索服务。

成熟度等级Ⅲ：信息整合级

关键过程域（5）：数字资源获取

数字资源获取的主要目标是通过自制或引进，获取图书馆确定范围内的数字资源，分门别类地进行管理，以便能够提供综合的数据融合型信息检索服务。

关键过程域（6）：元数据处理

元数据处理的主要目标是按照不同类别的数字资源，采用相应的元数据标准对其进行标引，获得相应的元数据集合乃至元数据库，为数字资源（数字对象）的进一步加工建立基础。

关键过程域（7）：特定媒体处理

特定媒体处理的主要目标是建立对多种媒体的数字资源的处理机制，并在实践中按照相应的标准和规范对多媒体资源进行处理。

成熟度等级Ⅳ：知识整合级

关键过程域（8）：知识获取

知识获取的主要目标是从文献全文中标识出知识元，以元数据进行标记、本体（ontology）技术概念化、语义链接，构成对象化知识实体。

关键过程域（9）：知识组织

知识组织的主要目标是对知识元构成的知识实体进行组织和管理。

关键过程域（10）：**本体开发**

本体开发的主要目标是开发出各个领域的本体，以标准本体描述语言加以描述并存档，最终形成一个总体本体，用于整个数字图书馆的知识描述。

关键过程域（11）：**自然语言处理**

自然语言处理的主要目标是分析自然语言检索请求中的知识概念，使之适应知识检索的要求，并将某些检索结果以自然语言的方式组合，用以回答用户的检索提问。

成熟度等级Ⅴ：自主优化级

关键过程域（12）：自主知识获取

自主知识获取的主要目标是建立自主计算单元用以完成等级Ⅳ中的知识获取关键过程域中的关键实践任务。

关键过程域（13）：自主知识组织

自主知识组织的主要目标是建立自主计算单元用以完成等级Ⅳ中的知识组织关键过程域中的关键实践任务。

关键过程域（14）：自主知识管理

自主知识管理的主要目标是建立自主计算单元用以完成知识管理关键过程中的关键实践任务。

关键过程域（15）：自主知识交流

自主知识交流的主要目标是建立自主计算单元之间或与人类之间的交流工具以完成知识交流关键过程中的关键实践任务。

关键过程域（16）：自主学习

自主学习的主要目标是建立自主计算单元的多种学习模式，用以完成其不断地学习的关键实践任务。

为适配这种数字图书馆能力成熟度模型，相应的业务规范应该包括：

  5950 数字图书馆能力成熟度－文献提供规范
  5960 数字图书馆能力成熟度－全文检索规范
  5970 数字图书馆能力成熟度－信息整合规范
  5980 数字图书馆能力成熟度－知识整合规范
  5990 数字图书馆能力成熟度－自主优化规范

通过本节和本章第三节的对比，我们可以看到，数字图书馆的能力成熟度模型和文献加工成熟度模型能够进行某种程度的"对齐"，原因在于它们都有同一个目标，即以数字文献转化为知识并为读者提供知识服务，它们只是从不同的视角观察和发展这同一个业务过程而得到的有所区别的业务实践，它们是对等的或并驾齐驱的业务实践过程。当然，它们的范围也有所不同，数字图书馆的范围大于文献加工，还包括文献之外其他的数字资源来源。

这里有必要进行稍微详细一点的对比分析：

  基本文献处理 → 文献提供级
  目录全文处理 → 全文检索级
  对象管理 → 信息整合级
  知识元标引 → 知识整合级
  知识发现计划 → 自主优化级

这是文献加工成熟度模型和数字图书馆能力成熟度模型的五个等级的对应。基本文献处理并不包含文献全文，而文献提供级包括文献全文的提供；目录全文处理为全文检索提供材料；对象管理限于文献中的数字对象，而信息整合包括文献之外的信息整合；文献中的知识元标引也只是知识整合的一部分；知识发现计划是为了获取文献中的知识，自主优化要强得多，包括知识管理的自动化。

可见，所谓"对齐"也是概略性的，不会完全相同，否则就是同一个成熟度模型。

第五节 知识管理成熟度

知识管理成熟度模型着眼于机构知识的管理，是一个管理成熟度模型。

在知识管理的研究史上出现过众多的知识管理成熟度模型，它们大致可以分为三大类（尤霞光，2011；汪建康等，2011；肖久灵等，2012）：

（1）基于能力成熟度模型的知识管理成熟度模型（CMM-Based KMMM）；

（2）非基于能力成熟度模型的知识管理成熟度模型（Non-CMM-Based KMMM）；

（3）通用知识管理成熟度模型（G-KMMM）。

它们都通过若干个关键过程域描述了从知识的无序阶段通过知识的反应阶段和意识阶段到知识的确认阶段和共享阶段的进化过程。

知识管理逐渐成为图书馆管理的研究热点和发展方向之一（盛剑锋，2012；盛小平，2007）。本书认为，应该明确划分两个不同的领域：其一是作为机构知识库的图书馆行业知识管理，目的是为图书馆的业务强化和提档升级服务，面对的用户是图书馆的业务人员；其二是作为数字图书馆的能力提升，为达成为读者直接提供知识服务的目标而进行的知识管理，面对的用户是图书馆的读者。这两个领域无论是范围、技术、目标和管理手段都有很大的差异。本节要讨论的课题局限于第一个领域，也就是作为机构知识库的图书馆行业知识管理，这也就是《知识资源管理规范》（7200）应该解决的问题。

第二个领域涉及数字图书馆的能力，是需要从技术上进一步深入研究的高级课题，也是数字图书馆未来很多年努力的目标。这里涉及的业务规范有：《数字图书馆资源建设规范》（5400）（包括知识资源），《数字图书馆能力提升规范》（5900）（知识获取、知识组织和知识管理等等）以及《高级知识服务规范》（8400）（知识搜索、知识门户、知识图谱、知识地图、知识创新，等等）。

本章节仅仅讨论第一个领域的知识管理，其成熟度模型可以从如下的几个方面来理解（见表11-1）：

表11-1 知识管理五阶段的特征

知识管理阶段	人的认识	过程特点	技术作用	企业文化
无序阶段	尚无认识	混乱	缺乏	手工作坊
反应阶段	初步认识	非正式	分散	随意管理
意识阶段	明确认识	正规化	基本系统	规范化管理
确认阶段	知识依赖	集成应用	知识基础	量化管理
共享阶段	创新文化	持续改善	核心能力	学习型组织

那么在对这个模型有了基本理解之后，又怎样设计这个成熟度模型的成熟度等级呢？

作为机构知识库的图书馆行业知识管理，需要解决下列问题：

准确描述从知识管理的无序阶段通过反应阶段和意识阶段到确认阶段和共享阶段的进化过程，其每个成熟度等级不仅要符合普遍的知识管理成熟度模型的一般要求，而且要适应图书馆业务规范的要求，便于规范化地表达其准确内涵。因此，本书推荐图书馆在行业知识管理领域采用下列成熟度等级的划分：

成熟度等级Ⅰ：初始级
成熟度等级Ⅱ：简单级
成熟度等级Ⅲ：认知级
成熟度等级Ⅳ：确信级
成熟度等级Ⅴ：共享级

这样划分使得每个成熟度等级都可以对应一部名称和内容都具备恰当描述的业务规范，如下所述。

成熟度等级Ⅰ：初始级

初始级是知识的无序阶段。在这个阶段，图书馆没有有关知识管理的明晰概念和认识，即使有部分的知识管理，通常也是一种无意识的行为；机构的知识是零碎的，存在于孤立的角落里支离破碎，并且停留在人们的头脑中，很难得到共享，也缺乏必要的技术手段。

关键过程域（1）：被动知识记录

部分馆员为避免业务工作所需要的零星知识被遗忘，自己采用某种方式对知识进行了记录，其行为模式是偶然的、随机的和被迫的；所记录的知识难以共享，当工作需要交接时，这些知识通常也无法有效地传递。

这个关键过程域是一个特殊的关键过程域，它仅仅包含非关键实践，为了模型的一致同样也在这里描述和记录。

成熟度等级Ⅱ：简单级

简单级是知识的反应阶段。图书馆对知识管理有所认识，认识到知识必须加以管理才能充分发挥作用；对日常所用知识已经文本化，技术上存在基本的知识记录方法；但数据格式仍然不规范，数据未集成或集成层次很低，知识浪费现象（不同的工作人员分别重复记录相同的知识）比较严重。

关键过程域（2）：知识意识

图书馆意识到知识是一种必须明确管理的资源，高级管理人员认识到正式知识管理的必要性。员工被要求进行适当的知识记录，但仍缺乏规范。

关键过程域（3）：内容捕获

记录日常工作所必需的知识，包含不同格式的知识库基本建立，知识内容编辑做得比较好，但仍然缺乏系统性方法的创建，知识内容管理的职责分散于机构中。

关键过程域（4）：基本信息管理

存在基础知识记录系统，不统一的数据格式，支离破碎的数据，低数据完整性和高数据老化率缺陷并存；系统支持常规访问和程序共享，常规的基于技术的学习机制到位。

成熟度等级Ⅲ：认知级

认知级是知识的意识阶段。有专门的组织机构或部门推进知识管理建设；有透明的知识管理和维护机制，存在逻辑化的知识内容结构，知识内容不断增长并得到有效的共享和维护；在技术上具备了基本的信息系统，实现了对知识的单点访问能力，但知识和业务仍然没有得到有效集成。

关键过程域（5）：知识技术基础设施

具有了专门的知识管理机构，建立了基本的知识管理和维护机制。建立了基本的知识管理系统，机构知识均可在线访问。

关键过程域（6）：培训大纲

建立了机构的培训大纲，使行业知识和业务知识的培训成为规范化的可控流程，并且制订了全套的培训计划及其启动机制；培训活动成为随时进行的科学化业务管理流程，并融合业务的方方面面，成为业务支持和能力提升的基础设施。

关键过程域（7）：内容结构管理

能够构造、分类、访问知识内容，明确了人员角色，知识被按照主题词表结构化了。定义了规范的知识内容管理过程（创作、编辑、精简、审核、认证和维护），该过程是由一个中央知识组织机构拥有并管理的。

  关键过程域（8）：集成知识管理

  通过单点访问获得跨越机构的知识资源，知识资源已经在技术上集成，各种类型的知识可以统一访问，知识内容被整合成一个整体。

成熟度等级Ⅳ：确信级

  确信级是知识的确认阶段。建立了知识门户，人们能够随时随地使用和学习知识，贡献知识也成了员工的习惯；知识应用和共享给业务带来明显的效益并得到了定量评估；技术上建立了整合的知识基础结构，知识内容与业务过程得到了有效集成。

  关键过程域（9）：用户定制

  知识系统具备用户视图。对于用户需要的培训可以在任何时间、任意地点启动，知识专家承诺全机构和跨机构的服务响应。

  关键过程域（10）：知识协作管理

  能够整合机构的内部和外部知识资源，机构日益增强其学习、利用和创造知识的整体能力和效益。知识系统中的主体、客体、环境等达到一种在时间、空间上有效协同的状态，知识主体之间或"并行"或"串行"地协同工作。

  关键过程域（11）：知识配置管理

  集成和管理知识内容配置的全机构过程，知识生命周期过程被有效管理。针对不同的业务角色提供特定的知识。

  关键过程域（12）：定量知识管理

  定量地测量知识创造和共享重用级别。在项目/功能层次上量化知识共享和重用的效益。创建和使用知识管理过程能力基线。内容管理过程使用定量数据。

成熟度等级Ⅴ：共享级

  共享级是知识的共享阶段。共享文化已经制度化，机构在决策、管理和运作的各个层次都和知识紧密结合，成为高效的学习型组织；知识过程持续改善，知识内容不断创新；知识管理技术具备了知识表示、知识挖掘和商业智能的能力，知识技术在某种程度上已经成为机构的一种核心力量并具备了智能决策支持级系统。

  关键过程域（13）：知识整合

  将机构中员工和机构的知识有机地融合起来，使之具有较强的柔性、条理性和系统性。特定知识内容和行业专门知识作为一个整体包随时可用。适当的专业知识可以帮助理解内容并使其适应特定的需求。

  关键过程域（14）：知识杠杆

  具备量化手段衡量知识对业务能力贡献的程度。在数量上保证执行业务任务所需的知识输入的可用性。知识过程持续改进：性能度量用于改进内容管理和技术基础结构。

关键过程域（15）：知识库管理

采用行业成熟的技术管理业务知识库，知识库具备主动业务活动的能力。使用智能的人机对话访问业务知识库。系统具备问题跟踪能力，能有效解决部分业务难题。

关键过程域（16）：创新管理

机构有能力吸收、使用和创新来自外部和内部的各种思想。存在促使业务优势发挥的新理念改变的流程。在拓展新业务项目或战略目标时明确考虑知识库的因素。图书馆有能力将学术界最新的研究成果转化为战略目标并落地实施。

为适配这种知识管理成熟度模型，相应的业务规范应该包括：

  7250 知识管理成熟度－初始知识管理规范
  7260 知识管理成熟度－简单知识管理规范
  7270 知识管理成熟度－认知知识管理规范
  7280 知识管理成熟度－确信知识管理规范
  7290 知识管理成熟度－共享知识管理规范

初始知识管理规范关注知识管理成熟度模型的初始级，其实是并没有规范，其关键过程域也非常规的关键过程域，个别业务人员的被动知识记录也无法进行规范。对此纯粹形式上的业务规范设置可能会引起争议，作者为此保留进一步改进模型的权利，也欢迎行业内的知识管理专家提供有价值的意见。

在这个成熟度模型中，培训大纲作为一个关键过程域具有特别重要的意义，它建立起严格科学的关键业务过程支持业务知识和业务规范的培训。因此，培训大纲绝非为抽象而抽象的技术性空想，而是知识管理成熟度模型的一个关键过程域，对图书馆行业具有重大的理论和实践价值。

知识库管理关键过程域将和业务规范成熟度模型的业务规范知识库"对接"，见下节。

第六节 业务规范成熟度

业务规范成熟度模型是一个管理成熟度模型，也是一个质量成熟度模型，包含如下五个成熟度等级：

  基础业务规范
  业务规范管理
  业务要素管理
  统一业务管理
  业务知识管理

成熟度等级Ⅰ：基础业务规范

关键过程域（1）：基础业务规范制订

基础业务规范制订关键过程域关注图书馆传统基础业务的规范，包括采访、编目、流通、报刊、典藏和咨询。

成熟度等级Ⅱ：业务规范管理

关键过程域（2）：业务规范的规范管理

业务规范的规范管理关键过程域关注对所有业务规范进行规范化管理，制订出元规范。

关键过程域（3）：业务规范技术性管理

业务规范技术性管理关键过程域关注业务规范的技术属性和技术性管理方法。

关键过程域（4）：业务规范审核

业务规范审核关键过程域关注对业务规范的内部审核方法和流程。

关键过程域（5）：业务规范评审

业务规范评审关键过程域关注对业务规范的同行评审和实施情况评估。

成熟度等级Ⅲ：业务要素管理

关键过程域（6）：业务要素管理

业务要素管理关键过程域关注以表格形式规范化记录和使用业务要素。

关键过程域（7）：业务要素规范描述

业务要素规范描述关键过程域以资源描述框架对业务要素进行规范化描述，使之可以通过网络进行访问。

关键过程域（8）：业务要素网络管理

业务要素网络管理关键过程域关注业务要素通过网络管理的所有业务和技术问题。

关键过程域（9）：业务要素数据库

业务要素数据库关键过程域关注所有业务要素构成的数据库的有效管理。

成熟度等级Ⅳ：统一业务管理

关键过程域（10）：统一业务管理

统一业务管理关键过程域关注在统一业务架构下的元业务管理和架构本身的管理。

关键过程域（11）：业务活动管理

业务活动管理关键过程域关注在统一业务架构下的所有业务活动的管理。

关键过程域（12）：业务流程管理

业务流程管理关键过程域关注在统一业务架构下的业务流程的动态管理。

关键过程域（13）：业务配置管理

业务配置管理关键过程域关注在统一业务架构下对所有业务要素、业务活动、业务流程和业务视图的配置管理。

成熟度等级Ⅴ：业务知识管理

关键过程域（14）：业务规范知识表示

业务规范知识表示关键过程域关注业务规范中的业务知识，研究机器可识别的知识表示方法。

关键过程域（15）：业务概念主题图

业务概念主题图关键过程域关注所有业务概念形成的主题图及其关联关系。

关键过程域（16）：业务概念本体

业务概念本体关键过程域关注所有业务概念的本体描述及其关联关系以及行业的总体本体。

关键过程域（17）：业务规范知识库

业务规范知识库关键过程域关注所有业务规范中包括的所有业务知识构成的知识库的管理，其目标是能够有效解决业务难题。

为适配这种业务规范成熟度模型，相应的业务规范应该包括：

0000	［业务规范成熟度－］	业务规范管理规范
0100	［业务规范成熟度－］	业务规范技术性管理规范
0200	［业务规范成熟度－］	业务规范内部审核指南
0300	［业务规范成熟度－］	业务规范同行评审指南
7820	［业务规范成熟度－］	业务要素管理规范
7800	［业务规范成熟度－］	统一业务管理规范
7860	［业务规范成熟度－］	业务配置管理规范
7140	［业务规范成熟度－］	业务知识管理规范

首先，支持业务规范本身规范化管理的是四部元规范（包括技术性管理、审核和评审）；业务要素管理可以划归统一业务管理，但在业务规范成熟度模型中它是一个独立的成熟度等级；业务配置管理虽然也可以划归统一业务管理，但它具有特殊的重要性，是一部关键的业务规范；业务知识管理规范虽然管理的是业务规范中的业务知识，但它的重点在于知识而不是规范，因此不属于元规范，应该归入属于二级大类7100的三级大类。

前缀［业务规范成熟度－］可以省略。

我们可以看到，通过简单的对应，业务规范成熟度第五级的关键过程域"业务规范知识库"能够和知识管理成熟度第五级的关键过程域"知识库管理"进行"对齐",这一方面表明知识管理包括了业务知识管理(另一块是行业知识管理),另一方面也表明业务规范真正是机构知识库的重要组成部分。

小结

业务规范成熟度模型可以科学地体现业务规范的不断发展和演进过程,也可以解释业务规范的复杂性、丰富性和精密结构。

为什么我们不能仅仅满足于基础业务规范的制订?因为它仅仅达到了基础业务规范等级。为什么我们也不能仅仅满足于对业务规范本身进行规范化管理?因为它也仅仅达到了业务规范成熟度等级的第二级。

为什么业务要素极端重要?因为我们看到传统业务工作中一个主要的问题就是对业务要素的任意剪裁和取舍导致的业务活动混乱。业务要素是业务构成的关键方面,只有对业务要素进行科学识别、精确描述和精细管理,才能从根本上抓住业务规范管理的灵魂,而不是低效的、粗放式的管理。因此业务规范成熟度的第三级才能真正解决业务活动有序化问题。

统一业务管理是为了解决未来的问题。信息技术日新月异,图书馆作为信息服务、文献服务和知识服务机构,却因技术能力或经济条件的原因很难紧密跟随。因此一种适应图书馆长远发展的技术体系结构就具有重大的行业价值。统一业务管理正是试图将业务进行抽象,并以积木式的组件方式进行配置和管理的解决方案。这就需要相应的业务规范的支持,当然也需要信息系统架构的支持,特别在实施中需要信息技术服务平台的支持(谢蓉等,2019)。

业务知识管理使业务规范的持续增长和持续改进成为可能,这将使业务规范的管理达到智能化的水平,同时也能配合在线教育平台对培训大纲的支持,使得无论是业务知识的培训还是业务规范的培训都成为一个联机的、实时响应的自动化过程。图书馆的业务能力和服务能力将在一个统一平台的支持下持续地增长和强化,达到现代化图书馆的理想目标。

第七节 成熟度评估

对图书馆在各个方面的成熟度进行综合评估是运用成熟度模型的一个重要的业务方面。评估的目的首先是要确定图书馆在特定的成熟度模型中处于哪一个成熟度等级,其次是要分析要达到更高一级的成熟度需要实施哪些尚未实施的关键过程域,或者目前已经完成的百分比。如果一个图书馆在某一个成熟度模型中完全实施了某一个成熟度等级中的全部关键过程域,我们就称该图书馆在这个成熟度模型中达到了该成熟度等级;图书馆在特定的成熟度模型中持续达到的最高成熟度等级,就称为图书馆在该成熟度模型中的成熟度等级。换言之,如果一个图书馆在某一个成熟度模型中完全实施了某一个成熟度等级和更低等级中的全部关键过程域，但没有完全实施更高一级的全部关键过程域（或者已经是最高级），我们就称该图书馆在这个特定的成熟度模型中达到了该成熟度等级。

对综合评估来说，最重要的是对各方面的成熟度等级进行一个综合的评价，也包括对不同图书馆的成熟度进行综合的比较分析。一般来说，不同的成熟度模型需要分别进行不同的评估，因为我们并没有探讨一个综合的或通用的成熟度模型，而是分别研究了几个不同分领域的成熟度模型。这里就回到了本章第一节提出的问题："图书馆行业是否存在某种通用的成熟度模型，可以把上述各种分领域的成熟度模型全部囊括进去，并且正好在成熟度上无偏差地拟合多个成熟度模型的各个成熟度等级？"

本书的回答是：不存在这样的通用成熟度模型！原因是：图书馆在本章讨论的几个分领域中分别存在不同的发展演进台阶，这些台阶并不直接相关，也不等高；对图书馆而言，迈上这些不同的台阶所遇到的挑战和难度也各不相同，无法进行成熟度的"对齐"操作，图书馆完全可能在某个成熟度模型中达到第五级而在另一个成熟度模型中仅仅达到第二级，这是非常正常的现象。因此，遵循科学的管理原则将无法把它们揉进一个单一的模型台阶中去，而强行这样做是十分肤浅的，是机械地理解成熟度模型，得到的将是一个不协调的发展模型，失去对图书馆业务提升的指导意义，甚至反而成为制约图书馆在某个分领域持续发展的人为障碍。

虽然不存在一般化的通用成熟度模型，对于图书馆的整体成熟度却可以用其他的方法进行评价和评估，例如，借鉴多维度能力雷达图，可以表示图书馆在多个业务分领域的成熟度，形成成熟度雷达图，如图 11-1 所示。

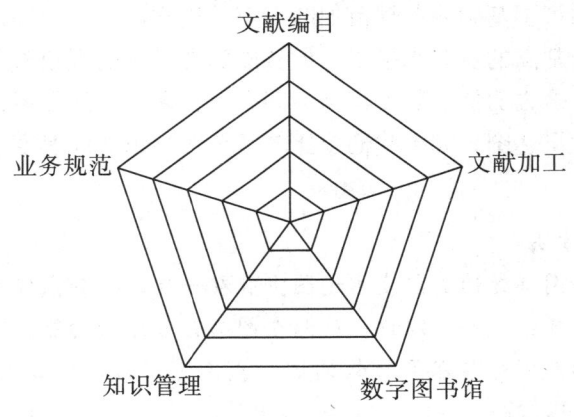

图 11-1　成熟度雷达图

从内到外的圈层表示各种成熟度模型的五个有效成熟度等级，中心点表示未实施某种成熟度模型的第一级所对应的相关业务。这也就是每种成熟度模型都采用五个有效等级划分的原因。

如果能够建立起图书馆全面质量管理的成熟度模型，那么这个五维的成熟度雷达图（五边形）将变更为六维的成熟度雷达图（六边形），前提是全面质量管理成熟度模型也划分为五个成熟度等级。依此类推，更多的成熟度模型需要更多维度的成熟度雷达图来进行综合评估，这要求各种成熟度模型均划分为五个成熟度等级。由于篇幅所限，本章这里就不再画出六维或更多维度的成熟度雷达图了。

从这个雷达图来看，几个成熟度维度的排列顺序是预先谨慎设置的，它们在业务内容上有层层递进的关系。从图书馆的核心业务编目开始，通过文献加工的途径达到数字图书馆，进一步进行知识管理和业务规范管理，最后回到编目，形成一个闭环。这种排列顺序对于宏观业务分析是否具有确定的意义，或者是否具有其他的分析价值，是一个有待研究的问题。后面谈到雷达图面积时还会有更多的阐述或假设。

一个典型的大型图书馆的成熟度雷达图可能是这样的：

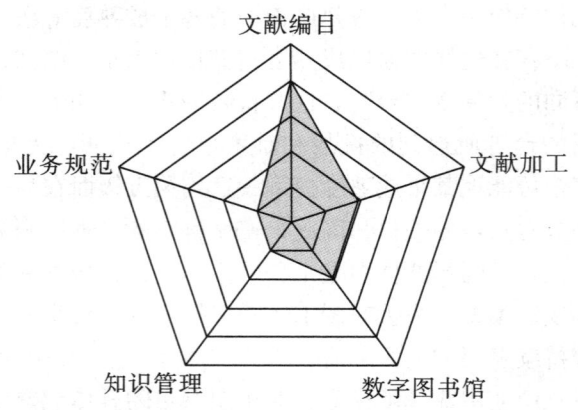

图 11-2 成熟度雷达图实例

这是一个在编目中实施了规范控制，文献加工到全文，可提供全文检索，有简单分散的知识记录并且制订了基础业务规范的图书馆。这样，一个图书馆以传统的眼光来看已经可以算是具有非常高的业务水平了，但从成熟度模型的视角来看，还有相当大的提升空间。也就是说，多方面的成熟度模型为图书馆在多方面的发展指明了方向。

根据这个成熟度雷达图，如果我们要比较两个图书馆的成熟度，就有两种方法可以采用：

（一）定性方法

我们把两个图书馆的成熟度雷达图重叠在一起，将会出现三种情况：

(1) 完全重合：我们可以说，这两个图书馆各方面的能力完全相同；

(2) A馆的图完全包容了B馆的图：我们可以说，A馆的能力在各方面均强于（或不弱于）B馆；

(3) 两张图有交叉，互相不包容：我们可以说，这两个图书馆在几个方面的能力各有千秋，这就需要定量的方法进一步分析。

（二）定量方法

(1) 对五个维度的成熟度等级分别都用数值0~5表示，计算它们的总和；

(2) 将五个数值作为五维空间中一个点的坐标，计算该点到原点的距离或者两个图书馆之间的距离；

(3) 对五个数值计算它们的各种平均值，例如算数平均、几何平均、平方平均，等等；

(4) 计算成熟度完成比；

(5) 计算成熟度雷达图的面积。

定性方法适用的场合有限，成熟度的评估和比较分析更多的还是应该采取定量分析的方法。

假设从文献编目开始顺时针方向的五个维度的成熟度数值分别是 a，b，c，d，e，它们取值均为 0~5，则相关的定量数值计算方法如下：

$$\text{成熟度数值总和} = a+b+c+d+e$$
$$\text{成熟度算术平均} = (a+b+c+d+e)/5$$
$$\text{成熟度几何平均} = \sqrt[5]{abcde}$$
$$\text{成熟度平方平均} = \sqrt{(a^2+b^2+c^2+d^2+e^2)/5}$$
$$\text{成熟度完成比} = (a+b+c+d+e)/25$$

这些计算数值均可以作为图书馆能力成熟度的数值指标进行比较分析。对两个图书馆的成熟度进行比较，可以针对定性比较方法中的第（3）项，即交叉情况作出数值化的精确评估；对第（2）种情况也能够提供具体的数值。

成熟度完成比具有比较明确的意义，它代表图书馆在几个分领域的成熟度的综合完成程度。例如，图 11-2 举例的那个典型的大型图书馆，它的成熟度完成比就是：

$$(4+2+2+1+1)/25 = 0.4$$

即：40%

这恐怕违反大多数人的直觉，表明以传统眼光来看的一个优秀图书馆实际上离真正的现代化图书馆尚有相当长的距离，也表明图书馆在各个成熟度领域均衡发展、补齐短板的重要性。最根本的是，任何一个领域的成熟度都不能是零，即图书馆在迈向现代化的途中，不能忽略任何一个阶梯式发展演进的领域。

下面是一些特殊的成熟度情况所对应的成熟度完成比：

表 11-2 一些特定的成熟度完成比

成熟度等级数值	成熟度完成比	说明
0, 0, 0, 0, 0	0%	不存在的奇异点
1, 1, 0, 0, 0	8%	基层不规范小图书馆
2, 1, 1, 0, 0	16%	基本编目和文献处理，简单全文提供
3, 2, 2, 0, 1	32%	主题标引、全文检索、基础业务规范
4, 2, 2, 1, 1	40%	图 11-2 典型，已经是很不错的图书馆
5, 4, 4, 3, 3	76%	多数图书馆的中长期战略目标
5, 5, 5, 5, 4	96%	仅在某一个方面差一级到完美

显然，向最高级的进步会带来更大的完成比，说明越往高级提升等级越困难，这是和图书馆的业务实践吻合的，也表明这种分析方法具有一定的客观性。

至于计算成熟度雷达图的面积，是否具有一定的业务意义，这是一个见仁见智的问题。一般的雷达图分析均不考虑面积，因为它和几个维度的排列顺序有关，不同的排列顺序会有不同的面积，使面积的计算和分析难以确定具体的业务意义。但图书馆各方面成熟度模型构成的成熟度雷达图，几个维度从某种分析角度看应该是固定的，它反映业务领域的递进关系，多多少少具有一些客观性。相关的业务维度按照业务递进的关系排列在一起，形成的面积可以表示图书馆逐次跨越业务领域而发展进步的能力，这种能力是一种螺旋上升的能力。因此保持这种排列顺序固定，其雷达图的面积能够在一定的程度上成为反映多个维度整体业务能力和业务成熟度的一个客观指标（虽然它仍然具有很浓重的主观性）。

对雷达图面积的计算方法，这里不再赘述，有兴趣的读者可以自行推导一下。

对于图书馆在各个分领域的成熟度，需要一部统一的业务规范予以原则性的描述和规定，这就是：

  7700 业务成熟度管理规范   BM

这部规范是成熟度模型的运用框架，仅描述所有成熟度模型的宏观构造。它规定哪些领域将运用成熟度模型进行管理、各个分领域成熟度等级的划分、所有的关键过程域、成熟度的评估，以及和成熟度模型相关的业务规范概览等内容，也就是本章的基本内容。但每一个关键过程域所包括的全部关键实践应该在关键过程域所属的成熟度等级对应的业务规范中进行详细描述，因为这些关键实践可能具有相当大的规模。部分关键过程域可能还需要独立出业务规范，例如培训大纲。另外，相关的业务规范还可能包含非关键实践，它们不属于成熟度模型的内容，但却属于相关业务规范的内容。

每一个成熟度模型划分为五个成熟度等级，一般来说对应五部不同的业务规范（除了独立出来的关键过程域而外），这些业务规范一般来说应该在业务规范目录表中排列在一起，从低级到高级形成特定成熟度模型相关业务规范的特殊系列。当然也有例外，如文献加工成熟度和业务规范成熟度，它们的不同等级可能分别属于不同的业务范畴。其他成熟度模型也不排除这种情况。

如果图书馆计划在一个新的领域中运用成熟度模型进行管理（例如全面质量管理），那么就应该在理论研究成熟之后、业务实践开始之前首先修订7700这部业务规范，使之包含新领域的成熟度模型的概略描述。然后再制订各个成熟度等级所对应的各部具体业务规范，使之包含所有关键过程域和所有关键实践乃至非关键实践的详细描述。

这部业务成熟度管理规范和其他相关业务规范的作用范围如图11-3所示：

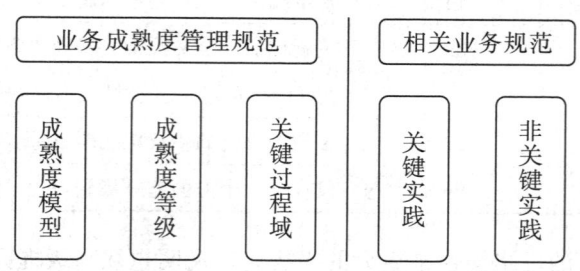

图11-3 业务成熟度管理规范的作用范围

由本章的内容可以得到这样一个结论：现代化图书馆不能忽视在各个重大领域的阶梯式演进过程，这些过程都是可以使用不同的成熟度模型来描述的，各种成熟度模型以特定的视角在一定的意义上"定义"了现代化图书馆。各种成熟度的综合评估也为图书馆行业提供了一种新的不同价值的评估手段，丰富了评估的体系，使我们能以全新的视角看待现代化图书馆。通过各种成熟度模型，我们在崭新的高度上俯瞰到现代化图书馆的一个全面的、丰富而又壮观的业务图景，这个图景将会是未来相当长时期图书馆行业梦寐以求的图景，也将会是图书馆行业需要长久面对的艰难挑战。

第十二章　若干高级论题

本章按照业务规范管理的自然深化发展趋势，进入知识管理领域，对业务知识管理一探究竟。从知识表示、主题图到知识库都缺乏成熟技术的应用实例，因此它们可能不是一个可以合理期望的未来问题。本章无法提供这些问题的任何具体解决方案甚至相对具体的技术框架。技术的发展是否可以支持一个智能化业务支撑系统为馆员提供基本的甚至高级的业务知识服务，我们将拭目以待。

对业务要素类型，我们应该积极加以研究，在不远的将来彻底弄清图书馆的所有业务要素及其类型，因为它是构建下一代业务系统的关键所在，也是业务规范成熟度的关键一环。

第一节　业务要素类型

业务要素类型是高度抽象的业务定义机制。本节我们研究图书馆所有的业务要素类型并提供业务要素类型目录。

对业务要素进行分类，是科学化的业务管理所要求的，也是精细化的规范管理所要求的，同时也便于对图书馆的所有业务要素有一个宏观上的把握。正如第十章第二节所描述的，从业务要素开始探究其本质特征，我们可以得到一个逐步抽象的序列：

业务要素→要素类型→要素范畴→哲学范畴

反过来，我们从哲学范畴开始分析图书馆业务要素，就可以得到相反的具体化的序列：

哲学范畴→要素范畴→要素类型→业务要素

哲学范畴用于对一般化的人类生活实践的分析和研究。对人类任何实践的分析，都是按照从主客体、规律、实践活动的顺序开始并逐步细化和具体化。图书馆业务实践也不例外。参与图书馆业务实践的主客体就是业务人员和业务对象，这是最一般化的概念。图书馆业务实践的规律体现在业务规则和业务逻辑中，是可以具体化、准确描述、简单判定的逻辑概念。业务实践活动可以按照其内在的特性分为活动和事务两方面的内容，这种划分也为技术上的精细管理提供方便。

值得注意的是，由于统一业务管理的需要，广义的一般化的业务要素包括了业务实践活动范畴；狭义的业务要素则仅包括主客体和规律范畴的内容，即：人员、对象、规则和逻辑。在非特指的情况下，业务要素都指广义的业务要素。

各个范畴包括的具体业务要素类型简单描述如下。

业务人员范畴包括和业务人员相关的业务要素类型，可能有：分馆（Branch）、部门（Section）、组（Group）、用户（User）、角色（Role）、权限（Authority）。

这里的核心是用户，即参与业务的具体人员（自然人），其他概念包括小组、部门和分馆都是建立在具体人员概念之上的抽象概念，我们忽略它们的非业务属性（例如分馆的地址、电话、邮编），仅仅关注其业务属性。

分馆（Branch）描述图书馆的分支机构（分馆）在业务系统中的属性，一般有代码、名称、类型、管理代码、采访控制代码、流通控制代码、典藏控制代码。

部门（Section）描述业务部门在业务系统中的属性，一般有代码、名称、类型、管理代码、所属分馆。

组（Group）描述业务小组在业务系统中的属性，一般有代码、名称、类型、管理代码、所属部门。

用户（User）描述具体业务人员在业务系统中的属性，一般有姓名、登录名、密码、组、管理代码、代理人、角色表。

角色（Role）描述业务角色在业务系统中的属性，一般有代码、名称、类型、管理代码。

角色具有层次等级关系，例如：

  编目员
   实习编目员
   普通编目员
   高级编目员
  审校员
    普通审校员
    高级审校员
    编目质量总监

下位角色会继承上位角色的所有权限并可以拥有更多的权限。

权限（Authority）描述业务角色的权限属性，一般有代码、名称、活动标识、权限。

业务对象范畴包括数据（Data）、数据类（Class）、数据集（Sets）、表单（Form）、报告（Report）、聚合（Aggregate）、目标（Target）、实体（Entity）。

数据（Data）描述简单数据的类型，例如，代码、名称、标识。

数据类（Class）描述组合数据的类型，例如，范围（range）、序列（sequence）、集合（collection）等。

数据集（Sets）包含进入数据库系统中的数据表，是业务系统的核心成份，不同的系统会有非常大的差异。这里我们只列举常见的数据库表。

文献要素方面，应该有书目表、单册表、卷册表、订单表，等等；读者要素方面应该有读者信息表、读者权限表、流通活动表（外借表、预约表）、流通事务表，等等；管理要素方面有预算表、货币表、记到表、批次信息表、标目表，等等。

统一业务视图（UBV）的基本作用就是以别名（alias）统一业务数据集，使不同的系统呈现统一的外观。

表单（Form）描述业务工作人员为完成任务需要填写的表单，其构成元素有编辑框、复选框、组合框、列表框、微调框，等等。

报告（Report）描述业务功能的输出结果，其构成元素有文档、图像、图表、报表、条形码、二维码，等等。

聚合（Aggregate）描述具有一致性边界的业务对象集合，作为业务功能处理的对象。

目标（Target）描述数据集中的任意业务对象的集合，不需要有一致性关系。

实体（Entity）描述业务所需要的物理实体（不属于数据集）的属性数据，物理实体包括数字化实体，例如，服务器、系统等。

业务规则范畴包括参数（Parameters）、描述（Describe）、断言（Assertion）、例外（Exception）、触发器（Trigger）。

参数（Parameters）包括所有业务参数表，是系统的组成部分。但从理论上说，它们是业务活动的内秉性质，应该不依赖于系统，任何系统都应该完全实现对参数的自由设置和访问。

描述（Describe）包括对业务规则的规范化描述。为了严格地表述规则并使系统可以识别，为领域设计一种简单而专用的规则描述语言（Rule Description Language, RDL）是一个恰当的选择。例如，可以参考下列语言列表：

表 12-1　规则语言列表

语言缩写	英文	含义	类型
SRL	Structured Rule Language	结构化规则语言	结构化
DRL	Drools Rule Language	Drools 规则语言	结构化
RuleML	Rule Markup Language	规则标记语言	XML
SRML	Simple Rule Markup Language	简单规则标记语言	XML
BRML	Business Rules Markup Language	业务规则标记语言	XML
SWRL	Semantic Web Rule Language	语义网规则语言	XML
DRDL	Dynamic Rule Description Language	动态规则描述语言	N/A
LRDL	Logic Rule Description Language	逻辑规则描述语言	N/A

断言（Assertion）是业务活动过程中必须成立的逻辑判定形式的假设，用以控制业务活动结果的正确性和一致性。断言激活时会触发一个通知（Notice）或消息（Message）。

例外（Exception）包括业务活动的异常结果，需要特别处理。

触发器（Trigger）是保证业务活动一致性的自动机制，是和特定业务对象相关联的一个内部过程。

业务逻辑范畴包括条件（Condition）、约束（Constraint）、关联（Relation）、不变式（Invariant）。

条件（Condition）是业务对象满足的任意条件。

约束（Constraint）是业务对象有效或有意义的条件。

关联（Relation）是不同业务对象的关联关系。

不变式（Invariant）是特定业务活动处理之后不应该发生变化的业务条件表达。

业务活动范畴包括任务（Task）、规程（Regulation）、应答（Reply）、会话（Session）、业务流（Flow）。

任务（Task）包括所有业务用例的实现，也是业务活动的具体体现。

规程（Regulation）是完成一个微小业务流程的规范化过程。

应答（Reply）是业务活动过程中系统对用户选择的反应。

会话（Session）是完成业务活动的完整过程，由规程和应答组成。

业务流（Flow）是连续完成的业务任务序列。

这里的设计思想需要说明。作者认为，以领域的业务配置描述语言描述业务活动，是解决业务系统适应永远变化的业务需求的理想模式，因而任何业务任务都应该以一种统一的方式来实现，那就是一个会话过程。会话过程由多个步骤的规程和应答构成，它们均能以业务配置描述语言加以准确描述，从而构成任何业务任务的处理序列或逻辑链条。

业务事务范畴包括作业（Job）、消息（Message）、信号（Semaphore）、通知（Notice）、事件（Event）、日志（Log）。

作业（Job）是定时执行的业务任务。

消息（Message）是全域或局域传递的信息。

信号（Semaphore）是全域或局域传递的状态指示。

通知（Notice）是一对一传递的信息，可能包含读取回执。

事件（Event）是业务系统中任何主动或被动变更的事件的总称。

日志（Log）是所有业务活动的记录。

业务要素类型目录汇总如下：

业务要素类型目录

业务人员（P）
　　分馆（Branch）
　　部门（Section）
　　组（Group）
　　用户（User）
　　角色（Role）
　　权限（Authority）
业务对象（O）

数据（Data）
　　数据类（Class）：范围（range）、序列（sequence）、集合（collection）
　　数据集（Sets）：数据库表
　　表单（Form）
　　报告（Report）
　　聚合（Aggregate）
　　目标（Target）
　　实体（Entity）
业务规则（R）
　　参数（Parameters）：参数表
　　描述（Describe）
　　断言（Assertion）
　　例外（Exception）
　　触发器（Trigger）
业务逻辑（L）
　　条件（Condition）（T）
　　约束（Constraint）
　　关联（Relation）
　　不变式（Invariant）
业务活动（A）
　　任务（Task）
　　规程（Regulation）（G）
　　应答（Reply）
　　会话（Session）
　　业务流（Flow）
业务事务（T）
　　作业（Job）
　　消息（Message）
　　信号（Semaphore）
　　通知（Notice）
　　事件（Event）
　　日志（Log）

　　这是笔者以自身的有限视野究极研究，初步拟定的业务要素类型目录，其局限性在所难免，并且每一项都有待进一步深入研究，包括其属性表。业务规则和业务逻辑的划分可能还存在问题，需要将两者的基本要素内容确定之后再行抽象分析，从而得到更加清晰的概念图景。

　　显然，作者在这个目录表中借鉴了设计层面的很多概念，例如，聚合、触发器、不变式、信号，等等，并非是要让业务人员去掌握设计概念，而是要将设计概念切入业务管理层面并转换为管理语言，使管理过程支持业务技术的精细控制。事实上，为了让业务配置描述语言能够在较高的层次上精确描述业务，将设计层面的概念提升到业务管理层面是必须的，否则无法实施统一的元业务管理（见第十章）。

除了数据集（Sets）而外，每一个业务要素类型对应一份表格式业务规范。而数据集单独对应大约一百份表格式业务规范，它们是图书馆的信息系统需要处理的所有数据表的描述。参数（Parameters）也对应大量的表格（可能多达几百份），代表业务处理过程中的参数表格，是系统的组成部分。所有这些描述可以称为图书馆业务数据的管理元数据。

对图书馆管理元数据的管理是一个元业务管理课题。采用适当的元数据管理工具，应使图书馆元数据管理达到如下的能力：

元数据采集能力

元数据存储能力

元数据查找能力

元数据关系分析能力

基于角色的访问控制和分层

元数据变更控制能力

元数据对比分析能力

数据生命周期管理能力

与其他系统的集成能力

元数据管理工具或管理平台应该具有如下特征：

支持 CWM（公共仓库元模型）[①] 规范

可定制的元模型管理

自动获取和关联元数据

强大的分析功能

多粒度的分析结果展现

完整的生命周期和版本管理

全机构的信息地图

包括如下的功能：

元数据采集

元数据查询

元数据导出

元数据维护

元数据视图管理

---

① CWM（Common Warehouse Metamodel，公共仓库元模型）是 OMG（对象管理组织）在数据仓库系统中定义的一套完整的元模型体系结构，用于数据仓库构建和应用的元数据建模，旨在推动数据仓库、智能商务和知识管理方面元数据的共享和交换。

元数据版本管理

元数据变更管理

图书馆所有管理元数据的范围远远超过文献的元数据（书目数据），但它们仍然和信息技术密切相关。实际上，离开信息技术根本无法对管理元数据进行有效管理，也无法对绝大多数业务要素进行有效管理。而忽视了业务要素，更深入的业务规范管理工作根本无法进行。因此，从信息技术出发，以系统架构的视角审视业务要素并加以描述和管理，是有效进行精准深入的业务规范管理的必要条件，也是统一业务管理的必要条件。

第二节 业务规范知识表示

知识表示（Knowledge Representation）是概括智能行为的模型。在知识工程领域中，"表示"是对自然世界进行描述的计算机模型，它应该满足计算机这一实体的具体限制，因此，"表示"可以理解为一类数据结构及在其上的一组操作。更简单地说，知识表示就是利用计算机能够接受并进行处理的方式来表示人类的知识。

业务规范中包含有客观专业知识，这是十分明显的。事实上，业务规范本身在一定的程度上就是业务知识的反映。如何表示业务规范中的知识，使其成为计算机可识别的知识，就成为业务规范管理的一个高级课题。

传统人工智能研究领域的知识表示方式有产生式表示法、语义网络表示法、框架表示法、谓词表示法、面向对象表示法、基于范例表示法、神经元网络表示法、基于语言场表示法和基于知识体表示法等。所有这些表示法都有其针对性和局限性，都只能运用于特定人工智能领域以解决特定的问题。

选择业务规范的知识表示模式要满足以下几个条件：

1. 适合业务规范中的特定知识

为了充分表达业务规范中的知识，既要全面适应文本知识的共同特点，也需要考虑图书馆行业的特殊性。有时采用单一的一种知识表示方式不能充分反映出知识结构关系，就需要将多种知识表示方式结合在一起。但这种结合也必须有共同的基础，因而是有机的结合。

2. 便于知识的维护和管理

基本的业务规范知识管理和维护包括了依据业务规范进行知识的增补、修改甚至删除，进行这些工作时，又需要多方面检测以保证知识的一致性和完整性等。可见，业务知识的维护和管理是一个极其繁杂而困难的任务，知识表示模式应该清晰地支持简化这种管理任务而不是加重困难。从长远来看，知识表示模式应该支持自动化的管理维护能力的开发，也就是一种自动化的技术和知识表示技术相结合以完成自动化地维护知识库的目的。

3. 有利于运用知识进行推理

把业务规范中所包含的知识表示出来并加以组织管理、存储到知识库中，目的是为了利用这些知识为用户（馆员）提供知识服务，其中一个重要的知识服务就是利用知识进行推理，以便求解现实问题。推理与知识表示有着密切关系，良好的表示方法可以提高推理的效率，而提高了推理的效率也就提高了系统求解问题的能力，即解决业务难题的能力。

4. 便于和其他技术相结合

知识表示不是一个孤立的技术，它必须和业务规范管理中的其他技术相结合共同完成知识组织的任务。因此采用目前信息处理技术中的通行标准是一个明智的选择。采用通行标准为基础表示的知识还能够达到人类便于理解、计算机便于实现的双优效果。

那么具体来说，应该采用什么样的模型来表示业务规范的知识，才能达到精细化地管理业务规范知识的目的呢？

我们知道，语义网（Semantic Web）的基本思想是在 Web 上提供机器可处理的数据语义，并应用语义元数据进行自动化的信息访问，最终目标是让计算机能够理解 Web 上的任何内容，从而使用户可以从中获取知识甚至创新服务。

业务规范的知识表示是一个十分局限的领域，但从基本原理来讲，它和语义网在不同的背景上有相同的目的，或者说业务规范的知识表示和语义网有相同的目的（计算机理解知识），因而也就可以有相同的构造。从这种基本的认识出发，我们参考语义网模型，可以提出一种基于业务规范文本的五层知识表示模型（我们把业务规范文本当成是特定领域的一种特殊文献）。

（1）物理层

物理层是知识表示的样本空间，这里就是由业务规范体系构成的文本数据库。具备全文处理能力的文本数据库基本上是一个成熟的技术，它将提供业务规范体系中知识表示的物理基础。

物理层对应于语义网的第一层，它要求文本内容的表示应采用 URI（Uniform Resource Identifier），即统一资源定位符，用于唯一标识文本数据库中的一份文本，它可能是一部条款式业务规范，也可能是活页式业务规范的一页，还可能是表格式业务规范的一张表。

（2）载体层

载体层是单件的数字化文本，它以 XML、XML 模式和命名空间表示文本。一种可能就是采用现有的标准 DocBook，或其他文本库的标准。

可扩展标记语言 XML（eXtensible Markup Language）以一种开放的自我描述方式定义数据结构，为数据和信息的表示以至知识的表示提供了广阔的技术空间，便于各种智能工具的开发，也适合网络应用（比如数据的交换、各种表示的转换、系统的互操作等）。

DocBook 是基于 XML 的文档描述标准，它将文献内容与文档样式信息分开处理，便于对文档进行深加工，适合作为文献载体层的标准。一种将业务规范文本自动转换为 DocBook 文档的工具是可以期待的。

(3) 对象层

普通的业务规范管理停留在电子版本的业务规范文档这一层，不能提供更加细粒度的规范加工处理。高级的业务规范管理及其更进一步的演进就需要更加深入的知识表示技术。

对象层是电子化业务规范中的可描述资源，不局限于业务要素，它以资源描述框架 RDF 和 RDF 模式（RDFs）描述业务规范内容。这里的关键是从 DocBook 文本中发掘出数字对象的形式化技术。

从业务规范的文献实体到其内涵知识有不同粒度的数字资源，需要不同层次的元数据标准加以描述。RDF 的目标正是建立一种供多种元数据标准共存的框架。如果把 XML 看作为一种标准化的元数据语法规范的话，那么 RDF 就可以看作为一种标准化的元数据语义描述规范。RDF 模式（RDF Schema，RDF（s）或 RDFs）使用一种机器可以理解的体系来定义描述资源的词汇，其目的是提供词汇嵌入的机制或框架，在该框架下多种词汇可以集成在一起实现对数字资源的描述。

(4) 表示层

表示层是数字资源所包含的知识元，知识元一般为一个公式、一个定理、一段叙述或一组图表等，它是知识的基本单元，由不能再分割的框架结构表示。知识元在表示层仍然是文献的一个片段，以元数据进行标记、本体（ontology）技术概念化、语义链接、构成对象化知识实体。在本模型中，核心的问题是：让 RDF 和包含业务规范领域全部客观知识的总体本体或顶层本体（Top ontology）相结合。

本体技术是表示层的关键技术。本体的最终目标是"精确地表示那些隐含（或不明确的）信息"。在本模型中，本体技术将实现知识元的机器可理解，因而可以实现基于知识元的知识服务。但在这里还并未达到理解业务规范文本中每一字句的程度，知识元也还不能构成知识库，这就需要逻辑层的表示。

(5) 逻辑层

逻辑层是知识元概念逻辑，也是知识搜索和提问的逻辑，以概念层次网络 HNC (Hierarchical Network of Concept) 理论为基础。HNC 是计算机理解自然语言的重大技术突破（黄曾阳，1997），是面向整个自然语言理解的理论框架，以语义表达为基础，对语义表达概念化、层次化和网络化，为文献片段向知识片段的转换创造了基本条件。以此理论为指导可以建立起这样的技术，即从知识元中获取到知识，联系传统人工智能的知识表示并存储到知识库。

根据以上描述，本模型的目的就是让业务规范文献显现其语义，让业务规范中的知识成为计算机可见、可理解和处理的知识。通过从第一层到第五层的多种技术的融合，可以实现从业务规范到知识库的映射，为建立业务规范知识库打下基础。

知识表示和知识组织尚处于一个复杂且不成熟的领域，它是知识工程、专家系统和人工智能研究、语言学等多方面知识的综合运用。要解决业务规范管理中的知识组织问题，以至达到让计算机读懂业务规范从而实现对图书馆员的业务知识服务，还有相当长的路要走。

第三节　业务概念主题图

主题图（Topic Maps，或译为主题地图）是一种用于描述信息资源的知识结构的元数据格式，它可以定位某一知识概念所在的资源位置，也可以表示知识概念间的相互联系。

基于 XML 的主题图（XTM）标准详细规定了用于创建主题图的 XML 标签集和相应的语法规范。现实世界中的客观事物往往具有其自身的某些特征，比如名称、位置、存在的特定范围以及一件事物和其他事物之间的联系等，这些事物在主题图中的反映就是一组主题。这些主题同样也包含自身的特征集合，最基本的特征是：主题的名称、主题所在的资源出处及它与其他主题间的关联。一个主题图就是一个由主题（Topic）、关联（Association）以及资源出处（Occurrences）组成的集合体（TAO）。

ISO（国际标准化组织）推行的标准《ISO/IEC JTC1/SC34：Information Technology－Document Description and Processing Languages（信息技术－文档描述和处理语言）》和相关标准对主题图的描述分为如下几个部分：

　　ISO 13250-2：Topic Maps-Data Model（主题图-数据模型）
　　ISO 13250-3：Topic Maps-XML Syntax（主题图-XML 语法）
　　ISO 13250-5：Topic Maps-Reference Model（主题图-参考模型）
　　ISO 13250-6：Topic Maps-Compact Syntax（主题图-紧凑语法）
　　ISO 19756：Topic Maps Constraint Language（主题图约束语言）
　　ISO 18048：TMQL-Topic Maps Query Language（主题图查询语言）

该标准对主题图的定义是：

主题图是一种编码知识的技术，它将编码的知识连接到相关的信息资源。主题图是围绕"主题"组织起来的，它代表语篇的主题；"关联"表示主题之间的关系和"出处"将主题与相关信息资源联系起来。

该标准引入 UML（Unified Modeling Language，统一建模语言）图的表示法表示主题图概念体系，具有八种基本的 UML 图表示法。

最顶层是抽象的类层次（The class hierarchy）：

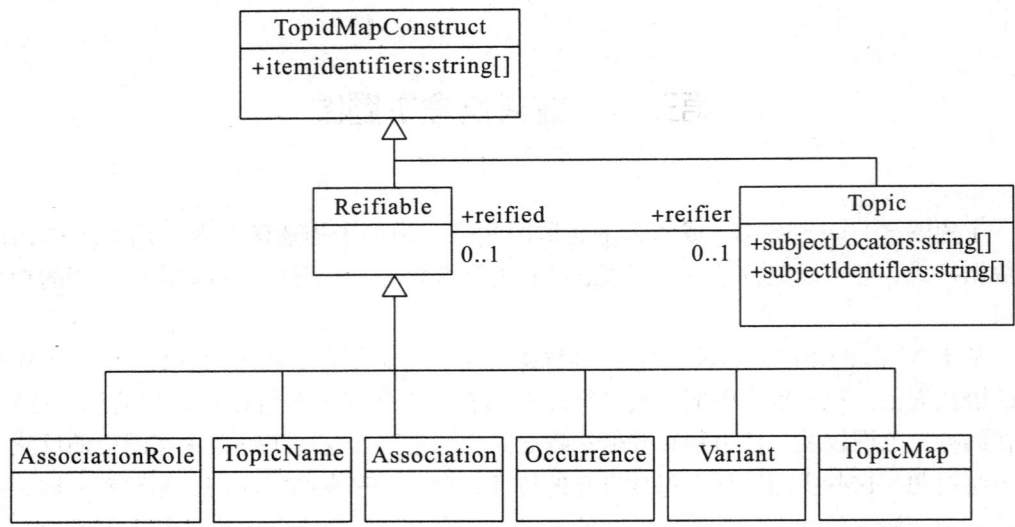

图 12-1 主题图-类层次

主题图条目（The topic map item）：

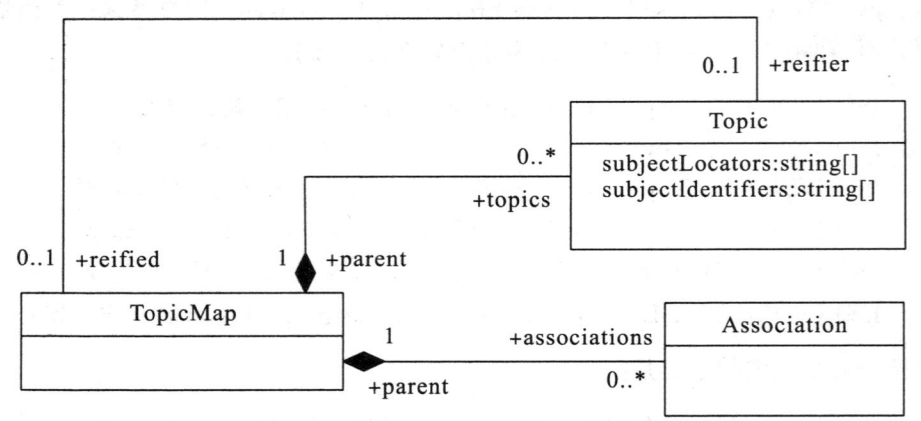

图 12-2 主题图-主题图条目

主题条目（The topic item）：

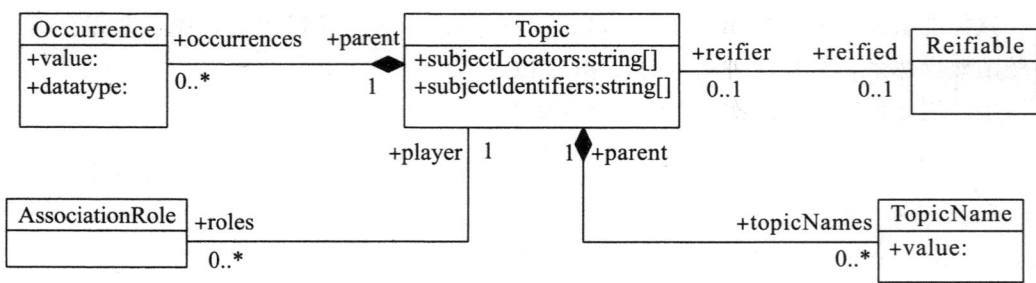

图 12-3 主题图-主题条目

主题名字条目(The topic name item):

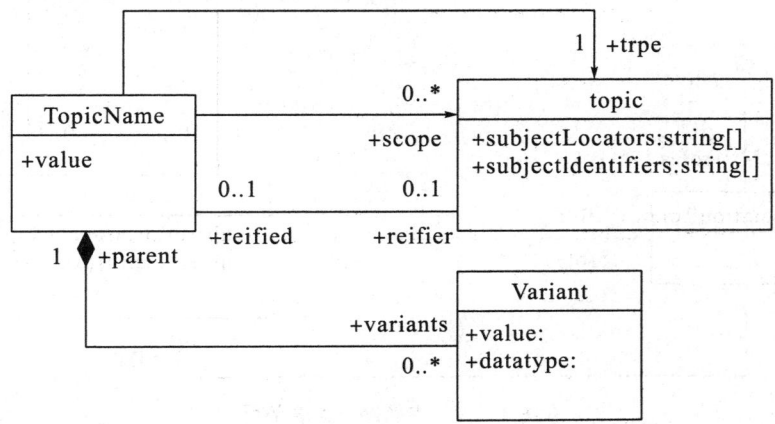

图 12-4 主题图-主题名字条目

变体名称条目(The variant name item):

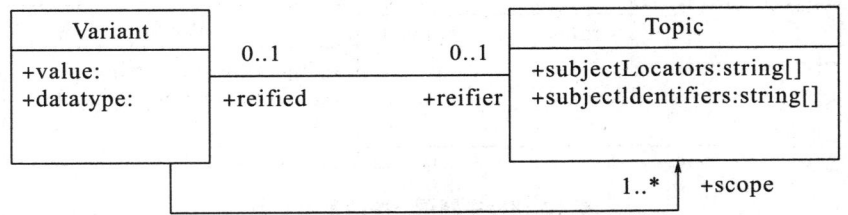

图 12-5 主题图-变体名称条目

出处条目(The occurrence item):

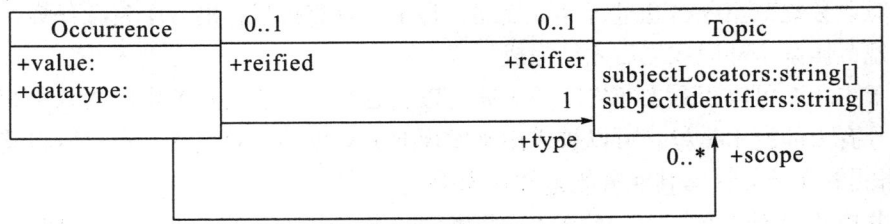

图 12-6 主题图-出处条目

关联条目(The association item):

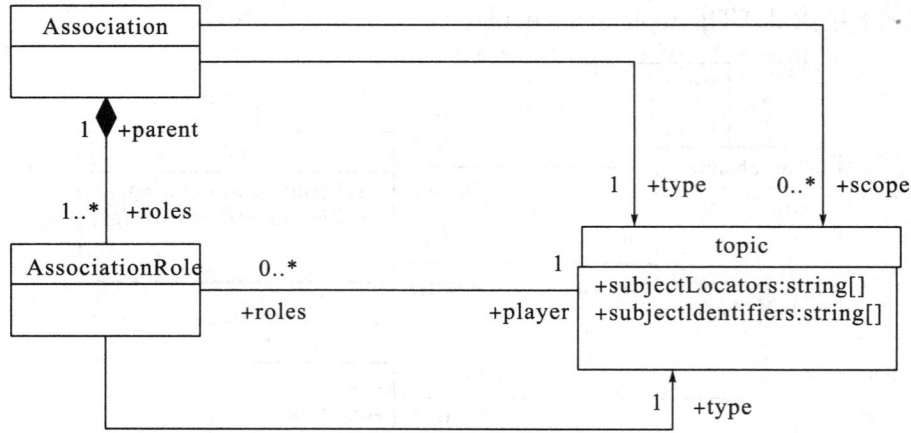

图 12-7 主题图-关联条目

关联角色条目（The association role item）：

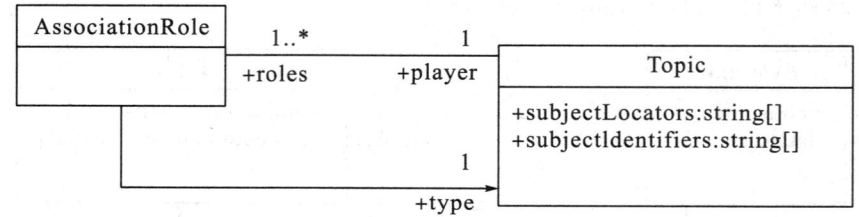

图 12-8 主题图-关联角色条目

  限于篇幅和论题范围，本书不对主题图的数据模型、参考模型、语法和查询语言进行详细描述和展开讨论，需要阅读的读者请参考国际标准和相关文献。图书馆如何运用主题图对业务规范主题概念进行详细描述，是未来具有挑战性的一个复杂任务，并且要在业务规范体系全部完成之后才能完成。

  由于主题图可以表示主题之间的关联，以主题图描述业务规范中的概念主题将会是一种十分有力的技术措施，可以被借用来发现业务规范的依赖关联，也可以将其转换为 XML 格式的文档并存储到业务规范知识库中。

  业务规范的概念索引（TMN138）和概念的主题图具有对等的关系，以概念索引来引领主题图的构建是一个非常合理的选择。主题图也使概念索引提升为形式化的知识表示，为计算机理解业务规范概念奠定基础。

  主题图的创建方式有人工方法和机器自动创建两种。人工方法创建的主题图内容丰富，质量较高，但耗费的人力非常大。机器自动创建主题图要视信息源的结构而定。一般而言，如果信息源结构化较强，自动创建的主题图效果会较好；如果结构化不强，则需要多种自然语言处理工具的辅助。在自动创建主题图时，通常需要一个强大的文本编辑器。也有一些专门的主题图编辑软件和主题图自动生成软件可以使用。由于业务规范文本本身的规范、严格、准确的特点，它特别适合主题图的自动创建。

第四节　业务概念本体

本体（ontology）是信息科学领域的核心概念，是语义网的核心技术，也是知识库的核心技术。本体论（Ontology，大写）原是哲学的分支，研究客观事物存在的本质。它与认识论（Epistemology）相对，认识论研究人类知识的本质和来源。也就是说，本体论研究客观存在，认识论研究主观认知。而本体（ontology，小写）的含义是形成现象的概念实体，是一种"形式化的，对于共享概念体系的明确而又详细的说明"（格鲁伯最早定义，后经波尔斯特和施图德改进）。

本体提供的是一种共享词表，也就是特定领域之中那些存在着的对象类型或概念及其属性和相互关系；或者说，本体就是一种特殊类型的术语集，具有结构化的特点，且更加适合于在计算机系统之中使用；或者说，本体实际上就是对特定领域之中某套概念及其相互之间关系的形式化表达。作为一种关于现实世界或其中某个组成部分的知识表达形式，本体目前的应用领域包括但不限于：人工智能、语义网、软件工程、生物医学信息学、图书馆学以及信息架构，等等。

就现有的各种本体而言，无论其在表达上采用的究竟是何种语言，在结构上都具有许多的相似性。大多数本体描述的构成要素都是个体（实例）、类（概念）、属性以及关系。常见的本体构成要素包括：

个体（实例）：基础的或者说"底层的"对象。

类：集合（sets）、概念、对象类型或者说事物的种类。

属性：对象（和类）所可能具有的属性、特征、特性、特点和参数。

关系：类与个体之间的彼此关联所可能具有的方式。

函数术语：在声明语句当中，可用来代替具体术语的特定关系所构成的复杂结构。

约束（限制）：采取形式化方式所声明的，关于接受某项断言作为输入而必须成立的情况的描述。

规则：用于描述可以依据特定形式的某项断言所能够得出的逻辑推论的，if—then（前因—后果）式语句形式的声明。

公理：采取特定逻辑形式的断言（包括规则在内）所共同构成的本体在相应应用领域当中所描述的整个理论。这种定义有别于产生式语法和形式逻辑当中所说的"公理"。

事件（哲学）：属性或关系的变化。

本体构造的五个准则（格鲁伯提出）：

清晰（Clarity）：本体必须有效说明所定义术语的意思。定义应该是客观的，与背景独立的。当定义可以用逻辑公理表达时，它应该是形式化的。定义应该尽可能的完整。所有定义应该用自然语言加以说明。

一致（Coherence）：本体应该是一致的，也就是说，它应该支持与其定义相一致的推理。它所定义的公理以及用自然语言进行说明的文档都应该具有一致性。

可扩展性（Extendibility）：本体应该为可预料到的任务提供概念基础。它应该可以支持在已有的概念基础上定义新的术语，以满足特殊的需求，而无须修改已有的概念定义。

编码偏好程度最小（Minimal encoding bias）：概念的描述不应该依赖于某一种特殊的符号层的表示方法。因为实际的系统可能采用不同的知识表示方法。

本体约定最小（Minimal ontological commitment）：本体约定应该最小，只要能够满足特定的知识共享需求即可，这可以通过定义约束最弱的公理以及只定义通讯所需的词汇来保证。

在计算机科学中有不同类型的本体：

通用本体（common ontology）是从概念的根结点出发的抽象的元素，例如，事物（entity）、时间（time）、空间（space）、数量（quantity）、行为状态（action-state）和属性（attribute）。

领域本体（domain ontology）是对领域知识的抽象，概念明确，容易形式化和共享。例如，生物学领域知识本体（domain-specific ontology of botany）、考古学领域知识本体（domain-specific ontology of archeology）以及我们所关注的图书馆行业知识本体和业务规范知识本体。

语言本体（language ontology）是一个词表，它描述了单词和术语之间的概念关系，例如词网（WordNet）。概念结点如果是专业术语，就叫做术语知识本体（terminology ontology）。

形式本体（formal ontology）对概念和术语的分类很严格，要按一定的原则和标准，明确地定义概念之间的显性和隐性关系，明确概念的约束和逻辑联系。领域本体或术语本体经过进一步的抽象和提炼，就可发展成形式本体。

本体一般都是采用本体语言来编制的。本体语言是一种用于编制本体的形式化语言。目前，存在着许许多多此类的本体语言，既包括专有的，也包括基于标准的：

普通逻辑（Common logic）就是 ISO 标准 24707；这是关于一种本体语言家族的技术规范，其中的本体语言彼此之间可以准确地相互转换。

Cyc[①] 项目有其自己的，基于一阶谓词演算，且具有某些高阶扩展的本体语言（即 CycL）。

Gellish[②] 语言之中包括了关于自身扩展的规则，因而集成了一部本体和一种本

---

① Cyc 是位于美国德州奥斯汀的 MCC（Microelectronics and Computer Technology Corporation）公司的人类常识库研究项目。OpenCyc 是 Cyc 的开源项目。
② GELLISH（Generic Engineering Language）是一种独立于自然语言的形式语言，尽管它的概念在各种自然语言中都有名称和定义。GELISH 是一种通用的、可扩展的概念数据建模语言。因为它包括特定领域的术语和定义，它也是语义数据建模语言，GELLISH 建模方法是语义建模方法家族的成员。

体语言。

IDEF5 是一种用于编制和维护准确的，具有可复用性的领域本体的软件工程方法。

知识交换格式（Knowledge Interchange Format，KIF）是基于 S-表达式[1]的一种一阶逻辑语法。

规则交换格式（Rule Interchange Format，RIF）与 F-逻辑（F-Logic）[2] 可将各种本体和规则结合起来。

OWL（Web Ontology Language）是一种用于编写本体声明（ontological statements）的语言。OWL 的发展继承了 RDF 和 RDFS 以及一些早期的本体语言项目，包括本体推理层（Ontology Inference Layer，OIL）、DARPA[3] 智能体标记语言（DARPA Agent Markup Language，DAML）以及 DAML+OIL。OWL 旨在应用于万维网之上；而且，其构成要素（类、属性和个体）均被定义为 RDF 资源，并采用 URI 加以标识。

一些上层或抽象的本体实例有：

基本形式化本体（Basic Formal Ontology）：一部设计旨在为科学技术研究工作提供支持的形式化上层本体。

通用形式化本体（General Formal Ontology，GFO）：是一个集成过程和对象的上层本体，它展示了一个由抽象顶层、抽象核心层和基本层组成的三层元本体体系结构。

基础性核心语言学本体（Foundational, Core and Linguistic Ontologies）。

通用上层模型（Generalized Upper Model）：一部用于在客户系统与自然语言技术之间发挥中介作用的，带有语言学动机的本体。

推荐上层合并本体（Suggested Upper Merged Ontology，SUMO[4]）：是一种上层本体，旨在作为各种计算机信息处理系统的基础本体。它定义类、相关规则和关系的层次结构。

Cyc：一部关于常识论域之形式化表达的基础本体。

COSMO[5]：属于一部基础本体（当前版本为 OWL），其设计旨在收录所有那些从逻辑上明确说明任何领域实体的含义之时所需的原初型概念（primitive concepts）。起初，它只是 OpenCyc 和 SUMO 本体之中基本构成要素的合并产物。目前，已经采用其他的本体构成要素（类型、关系）对其加以补充，从而便于收录

---

[1] 所谓"S-表达式"或"符号表达式"，是指一种以人类可读的文本形式表达半结构化数据的约定。
[2] F-logic（frame logic，框架逻辑）是一种知识表示和本体语言。F-逻辑结合了概念建模与面向对象、基于框架的语言的优点，并提供了描述性、紧凑和简单的语法，以及基于逻辑语言的明确定义的语义。
[3] 美国国防高级研究计划局（Defense Advanced Research Projects Agency）。
[4] SUMO（Suggested Upper Merged Ontology）是由 IEEE 标准上层知识本体工作小组所创建的通用上层本体，是为了发展标准的上层知识本体 SUO（Standard Upper Ontology），促进数据共享性、信息检索、自动推理和自然语言处理的发展。
[5] COmmon Semantic MOdel.

朗文词典定义词汇表之中所有单词的表达形式。

DOLCE：即语言学与认知工程描述型本体（Descriptive Ontology for Linguistic and Cognitive Engineering）。

Gellish 英语词典：是一部包括有词典和分类法的本体；其中，收录有一部上层本体和一部下层本体（lower ontology），侧重于工程、技术以及采购方面的工业及商业应用。

GOLD：即语言描述通用本体（General Ontology for Linguistic Description）。

IDEAS 工作组：澳大利亚、加拿大、英国以及美国的国防部正在共同构建的一部关于企业架构（enterprise architecture）的形式化本体。

WordNet：一个词汇参考系统（Lexical reference system）。

以下是一些通用的本体构成的静态库：

DAML 本体库（DAML Ontology Library）：保存的是那些采用 DAML 格式的历史遗留本体。

Protégé[①] 本体库（Protégé Ontology Library）：收录的是一套采用 OWL 格式、基于框架的格式以及其他格式的本体。

SchemaWeb：一个由采用 RDFS、OWL 以及 DAML+OIL 格式所表达的 RDF 模式（RDF schemata）而构成的目录。

OntoSelect Ontology Library（OntoSelect 本体库）：提供多种类似的，适用于 RDF/S、DAML 以及 OWL 本体的服务。

Ontaria 是一个可以搜索和浏览的语义网数据目录，且侧重于 RDF 词表以及 OWL 本体。

业务规范领域本体（Business norms ontology，BNO）是本体技术应用于业务规范需要研究的基础内容。它有下列重要的作用：

（1）规范化描述：有助于确定知识库的需求和规范；

（2）知识获取：以本体为起点和基础来实现业务知识的获取可以提高效率；

（3）通讯：为人与人之间或组织与组织之间或各种自动代理角色之间的通讯提供共同的词汇；

（4）互操作：在不同的建模方法、范式、语言和工具之间进行翻译和映射，以实现不同系统之间的互操作和集成；

（5）重用：本体是领域内重要实体、属性、过程及其相互关系形式化描述的基础，这种形式化描述可成为知识库系统中可重用和共享的组件（component）。

业务规范领域本体可以借鉴上述各种本体实例和本体库的技术，它至少要解决以下不同类型概念的规范化描述：

---

① Protégé 软件是美国斯坦福大学医学院生物信息研究中心基于 Java 语言开发的本体编辑和知识获取软件，或者说是本体开发工具，也是基于知识的编辑器，属于开放源代码软件。

规范条款（Clause）

规范适用的角色（Role）

规范知识概念（Concept）

规范包含的规则（Rule）

规范行为（Action）

规范解释（Explain）

为了构建领域本体，需要采用本体工程的技术。本体工程，又称为本体构建、本体编制或本体开发，是一个旨在研究有关构建本体的方法和方法学的领域。本体工程研究的内容包括本体开发过程、本体生命周期、本体构建方法及方法学，以及为这些方面提供支持的工具包和语言。

本体工程旨在让软件应用系统、组织机构以及特定领域业务操作过程之中所包含的那些知识变得明确清晰。本体工程为解决语义障碍（例如那些与业务术语和软件类的定义相关的障碍）所造成的互操作性问题指出了一个方向。本体工程实际上就是一套与特定领域之中的本体开发与编制工作相关的任务。

构建领域本体的方法因系统和领域的不同而异。国外常见的几种构建领域本体的方法有：

(1) IDEF5 法：用于描述和获取企业本体的方法；

(2) TOVE 法：是指多伦多虚拟企业，专用于构建关于企业建模过程的知识本体；

(3) METHONTOLOGY 法：非常接近软件工程的领域本体构建方法；

(4) 骨架法：专门用于构建企业本体，也是关于企业建模过程中知识本体的开发方法；

(5) KACTUS 工程法：是针对技术系统生命周期过程中的知识复用问题而构建的一个关于多用途复杂技术系统的知识建模工程；

(6) SENSUS 法：是关于电子领域的用于自然语言处理的本体构建方法；

(7) CommonKADS 法：是问题求解模型研究方面的本体构建法，也特别适合于知识工程。它定义了技能模型（Model of Expertise）、解释模型（Interpretation Model）和任务模型（Task Model）等重要概念。

构建领域本体还需要其他类型本体的支持，例如，一般世界知识本体、问题求解本体和知识表示语言本体。

构建业务规范领域本体的目的，就是为了支持基于本体的业务规范知识管理和业务规范知识库。本体知识管理或基于本体的知识管理（ontology-based knowledge management）可实现语义级知识服务，提高知识利用的深度。本体知识管理还可以支持对隐性知识进行推理，方便异构知识服务之间实现互操作，方便融入领域专家知识及经验知识结构化等。

本体知识管理一般要求满足以下基本功能：

(1) 支持本体多种表示语言和存储形式，具有本体导航功能；

(2) 支持本体的基本操作如本体学习、本体映射、本体合并等；
(3) 提供本体版本管理功能，支持本体的可扩展性和一致性；
(4) 基于本体管理提供业务知识的有效管理，包括查询、问题解决和推理等。

构建本体的软件有：Protégé、OntoEdit、OilEd、ODE、WebOnto 等，其中最为常用的软件是由斯坦福大学开发的 Protégé。Protégé 提供了本体概念类、关系、属性和实例的构建，并且屏蔽了具体的本体描述语言，用户只需在概念层次上进行领域本体模型的构建。

对 Protégé 的特点的简单概括：Protégé 是一组自由开源的工具软件，用于构建域模型与基于知识的本体化应用程序。Protégé 提供了大量的知识模型架构与动作，用于创建、可视化、操纵各种表现形式的本体。可以通过用户定制实现领域友好（领域相关）的支持，用于创建知识模型并填充数据。Protégé 可以通过两种方式进行扩展：插件和基于 Java 的 API（Application Programming Interface，应用程序编程接口）。

使用 Protégé 来构建业务规范本体的简单步骤包括：
(1) 列出业务规范所涉及的概念，即词条（terms）；
(2) 按照词条的固有属性和专属特征进行归纳和修改，对词条建立类（class）以及层级化的分类模型（taxonomy）；
(3) 加入关系（relation）联系词条（terms）和分类系统（taxonomies）；
(4) 按照需要，添加实例（instance）作为概念的具象。

关于本体，已经有大量的研究文献，本节的很多内容都来自于网络但又比较分散，难以一一标注。本节也只是一个指引，可以形成一个以本体技术研究业务规范知识概念的一般印象。业务规范知识库所需要的业务概念知识本体，需要在业务规范全部制订完成之后系统性地构建并加入到业务规范知识库中。这将是图书馆行业未来具有挑战性的长期工作。

第五节　业务规范知识库

知识库是人工智能的一个分支——知识工程领域和数据库领域相结合的产物。知识工程领域的核心是知识系统，知识型的人工智能也是从知识系统开始的。知识系统是基于知识对实际问题进行求解的系统，它的核心部件是知识库。知识库中的知识是高度结构化的符号数据。知识系统的性能取决于知识库中的知识质量（结构、完备性、有效性、一致性）以及使用知识的方式（推理）。从以搜索为主的人工智能发展到以知识为主的人工智能，这个发展可以看作是人工智能发展中的一大突破性进展。知识库也是智能控制系统、智能机器人、智能决策支持系统、专家系统等现代计算机技术系统的关键部件和基础。

业务规范知识管理是图书馆整个知识管理体系的组成部分，而知识管理体系总体上分为知识管理理念和知识管理的软硬件两大部分。其中,知识管理理念确立业务规范知识作为机构的知识资产,应该加以科学有效的管理。知识管理的硬件对应的是知识管理平台,它是一个支撑机构知识收集、加工、存储、传递和利用的平台,通过网络等工具将知识和应用有机整合。知识管理的软件对应的是知识管理系统,它是一个建立在管理信息系统基础之上的实现知识的获取、存储、共享和应用的综合系统,通过文件管理系统、群件技术、搜索引擎、专家系统和知识库等技术工具,使机构的显性知识和隐性知识得到相互转化和高效利用。

业务规范知识管理系统的核心是业务规范知识库。业务规范知识库可以认为是一个专家系统或决策支持系统,它的结构如图12-9所示:

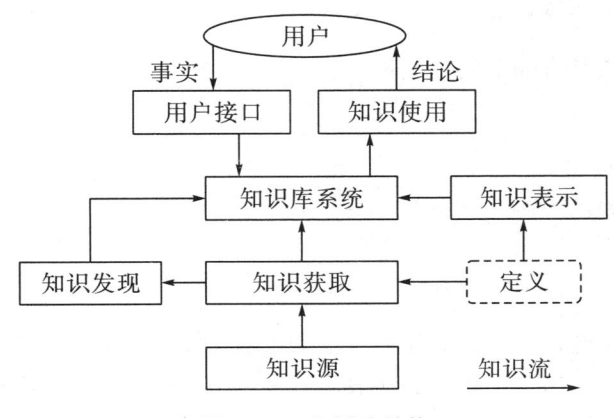

图 12-9　知识库结构

其中,知识源就是所有的业务规范,知识获取是从业务规范中抽取出业务知识,知识发现是从业务知识中挖掘出隐性知识,用户则是图书馆的任何员工。

业务规范知识库具有如下的功能或作用:

(1) 使业务规范信息和知识有序化,成为知识资产。

建立业务规范知识库,必定要对原始的业务规范文本做一次大规模的整理和格式化加工,按照一定的方法进行分类保存,并提供相应的检索手段。经过这样一番处理,大量隐含的业务知识被编码化和数字化,知识便从原来的隐含或混乱状态变得有序化。这样就方便知识的检索,并为有效使用打下基础。

(2) 加快业务知识的流动,有利于知识的共享与交流。

知识实现了有序化,其寻找和利用时间大大减少,便自然加快了流动。知识库为图书馆员工提供知识服务,使员工获得新知识的速度大大加快。员工之间进行业务知识的交流变得方便快捷。

(3) 知识库有利于组织的协作与沟通。

当不同的员工对业务规范有不同的理解时,除了业务规范的书面解释而外,业务规范知识库可提供更进一步的帮助,有利于组织内部的合作与沟通。不同的业务部门需要协调一致完成某项业务时,业务规范知识库可提供协调一致的咨询服务。

(4) 知识库在员工的培训中可以发挥关键的作用。

无论是新入职的员工还是变更业务部门的老员工，在新的业务工作岗位上都需要完整的培训。业务规范知识库可以提供生动丰富、灵活自由的培训活动，在员工的培训上承担关键作用。

知识库管理系统（KBMS）是针对知识库进行管理的软件系统，承担对知识库的管理任务，它由四部分组成：

（1）知识库使用关系型数据库来存放知识，包括事实与规则；
（2）查询模块实现推理机对知识库的知识查询；
（3）搜索模块实现知识库和推理机之间的知识搜索与传递；
（4）一致性、完整性检查模块在知识库中的知识发生变动时对知识库中的知识进行一致性、完整性检查。

知识库管理系统具有如下的功能：

知识表示
知识的操纵
知识的控制
知识的搜索
知识推理

知识库中的知识通常用一种或几种方法来表示。知识表示的方法决定了知识库的结构，因此，建立知识库的关键在于如何表达知识。当前适用于知识库的知识表示方法有以下几种：产生式规则（Production rule）、语义网络（Semantic net）、谓词演算（Predicate calculus）、框架（Frames），等等。

知识的操纵包括对知识库中知识的插入、删除及修改，其中知识的删除是删除知识库中的某些知识，知识的插入是在知识库中添加一些知识，知识的插入涉及添加的知识与数据库中的知识的相容性、冗余性等。所谓相容性即是添加的知识与知识库中的知识是否相矛盾。所谓冗余性即是指所添加的知识是多余的，它可以从原有知识库中经演绎而推出，而没有添加这些知识的必要。知识的修改涉及删除与插入两个部分，因此也存在与知识库的相容性与冗余性等问题。

知识的控制包括知识的一致性和完整性控制、知识共享、知识安全、并发控制、故障恢复等，这都类似于数据库管理系统（DBMS）。根据 KBMS 的功能可以看出，从功能范围看，KBMS 实际上是 DBMS 的一个扩充，即 KBMS 包括了 DBMS 的一切，因此在构建 KBMS 时就可以尽可能地利用现有的 DBMS 的功能来实现 KBMS，也就是将 KBMS 集成到 DBMS 中。

建立知识库的重要目的之一是有效地运用知识求解复杂的问题，问题求解的过程本质上即为知识的匹配和搜索过程。在搜索过程中，知识库中的知识通常可看成具有层次关系的树状式、网状式结构。即从某一结点出发的有向图。搜索就是从该点出发对有向图的遍历，即沿着有向弧按特定次序访问有向图中的每一个结点：搜索的目地是寻找某些满足一定条件的结点的集合，搜索方法基本上可分为"盲目搜索"和"启发式搜索"两大类。

所谓推理，是指从已有的知识推导出某种蕴涵的未知知识或发现新的知识。知识推理技术如何从给定的前提或假设推导出某种理论，或在要求达到某种结论的情况下，去寻找什么样的前提才能导致给定的结论。知识推理是专家系统的核心任务之一，是设计实用专家系统的关键技术。知识推理技术多种多样，有演绎和归纳、单调和非单调、确定的和不确定的等。其中，对于确定的知识处理和演绎推理是基于知识推理的核心内容。推理的方向有正向和逆向两种，对于不同的推理方向，往往有不同的控制策略。而在专家系统中，我们要寻求的是那些功能强大且能描述和解决一大类有用问题的通用方法。目前，有关确定的、以演绎推理为基础的有效推理技术主要包括：归结反演技术、规则演绎技术、启发式技术和黑板技术等。

业务知识库管理系统将以科学的业务知识管理从技术上深刻影响业务规范的管理，未来将成为图书馆业务管理体系的关键一环。

业务规范知识库的建立依赖于多方面的技术，例如，成熟的知识表示技术、全面完整的业务知识本体描述、普遍适用的知识库技术以及知识获取、知识发现、知识挖掘和知识推理，等等。我们可以预期的是，一个业务知识支撑系统能够针对不同业务角色提供不同的知识服务，藉以辅导业务工作，解决业务问题，提供能力提升的训练。这样一个系统将会是图书馆的无形资产和核心知识财富，在图书馆的现代化进程中发挥举足轻重的作用。

本章小结

本章初步探讨了业务规范管理的一些高级论题，包括业务要素类型和业务规范作为业务知识的管理在未来可能会有的面貌。知识工程和知识管理是一个包含重大价值的业务领域，是尚待挖掘的金矿，人工智能正躺在金矿的深处等待开采。未来的业务规范知识库将为业务人员提供全面的业务知识服务，包括智能化的业务知识问答和咨询，为业务人员解决业务技术问题或按需提供培训。

与此相关，在业务规范体系中可能会有如下的业务规范：

7150	业务规范文本库管理规范	NTB
7160	业务规范知识表示规范	NKR
7170	业务规范概念主题图运用规范	NTM
7180	业务规范概念本体构建规范	NOC
7190	业务规范知识库管理规范	NKB

这些业务规范和成熟度模型的五个等级非常相似，但这里不存在任何成熟度模型。这些规范之间既不存在层层递进的关系，也不存在完全的包含关系或依赖关系，它们仅仅是针对业务规范的文本和知识进行管理的几部独立规范；它们不是元规范，不具有实质性的规范普通规范的作用，或者说，它们对普通业务规范的作用是服务性质的而不是管理性质的，普通业务规范对它们来说是"只读（read-only）"的，不可更改的。

但是这里有另外一种关系，就是业务规范成熟度模型的业务知识管理成熟度等级（等级Ⅴ），包括和业务知识管理有关的业务规范，在第十一章中仅仅列出了一部《业务知识管理规范》(7140)，这是概要性的业务规范。业务知识管理成熟度等级还应该包括7160~7190的业务规范，分别对应于业务知识管理成熟度等级的四个关键过程域。

《业务规范知识库管理规范》和知识管理成熟度模型的共享级知识库管理关键过程域具有隶属关系，即知识库管理包括了业务规范知识库的管理，当然还包括行业知识库的管理和其他相关领域知识库的管理。这从技术上梳理清楚了业务规范作为机构知识库的组成部分，也是机构知识资产的组成部分。这是本书的核心论题，即追求业务规范体系作为图书馆知识库的价值。可见它绝不仅仅是一句空洞的口号，而是有实实在在的技术支撑。本书相信，图书馆行业在未来（哪怕是非常遥远的未来）一定能够达成这个目标。

由于本章内容的探索和指引性质，读者可能很难从中获得具体的裨益，作者也对此颇感遗憾。对当前图书馆来说，本章的很多内容属于未来的业务图景或目标，但毕竟我们都需要首先迈出第一步，才会有将来。这第一步是本书第六章所阐述的基础业务规范，它们原则上和技术无关。

本书对图书馆业务规范的体系化构思，强调技术支持，深入技术细节，探讨高级问题，形成了区别于其他业务管理理念的独特理念，本章更是对行业未来的特别期望，虽然可能远离现实。这是一个具有技术背景的研究者对管理问题的个性化思考和贡献。切入点是独特的，结论却未必是科学的。笔者欢迎行业内的大家提出切中肯綮的批评。

人们在衡量和评估一种思想观念的价值时不得不考量它的现实性和可行性。笔者希望图书馆行业能够快速地奔向现代化的目标，然而当我们面对业务规范化的具体实施过程时，却不得不对很多问题做出妥协和折中，同时以符合现实的管理水平为评判依据。换句话说，我们可能不得不放弃一些高端领域和精深问题来满足我们最迫切的现实需求，并且还需要关注是否忽略了基本业务和核心业务中最重要的方面，包括技术和管理。本书不可能解决业务规范化的所有问题。一方面，本书提出的业务规范体系是笔者作为一个具有技术背景的专业人员对图书馆业务进行梳理的结果，它不会是唯一的，其科学性也有待反复验证，其他研究者完全可以提出截然不同的业务规范体系；另一方面，从本书的基本理念可以看到，业务规范化管理的核心是大规模的业务规范的制订和实施，而任何一部业务规范的科学制订和完善都是对相关业务的精细化研究的过程，不仅是一个现实业务问题的梳理过程，也是一个旨在提升未来业务水平的科学研究过程。图书馆的任何业务都需要彻底的精细化研究才可能全面规范化，而我们可能才刚刚起步。我们前面，尚有无数的荆棘之路需要共同负重前行，将来会遇到何种问题和困难目前尚难逆料，但我们不能止步不前。二十多年前出现的数字图书馆是工业界的一次巨大冒险，几乎要将传统图书馆淘汰，但图书馆行业正确应对了这次无情的挑战。接下来我们还将面对何种惊涛骇浪？应付不知来自何处的全新挑战？一个现代化的图书馆应该具备应对各种挑战的能力，图书馆行业也应该具备应对行业挑战和化解行业危机的能力。笔者感受到，下一次的挑战很可能来自于人工智能、知识工程与数字图书馆的合流——一个活的"世界3"（卡尔·波普尔）正在我们的前面向我们招手。如果我们反应稍微迟钝，那真可能就失去鼎故革新的机会了。笔者虽视野有限，但看到了图书馆现代化变革的一个关键的方面，那就是业务的全面规范化、管理的科学化和精细化，乃至业务规范的知识化和服务系统的智能化。于是不揣浅陋、费尽心力，写就了本拙著，其中所提出的问题可能远多于解决的问题，尤其是最后这一章，笔者没有精力解决其中的任何一个问题。在本书结束之际，笔者的最大心愿，是本书提出的未解决问题都能被详细彻底地研究并最终解决。笔者祈望能看到这个光明的未来，这不是笔者自己的未来，而是整个行业的未来。

后　记

　　读者可能会有疑问：图书馆的业务规范需要如此复杂吗？不是制订几部业务规范来规定采、编、流、刊、藏等业务工作就行了吗？

　　图书馆的业务规范本质上来看是复杂的。笔者认为，业务规范是客观存在，它就是业务工作的客观规律，业务规范管理只不过是发现和展示它的过程。业务规范如此复杂的根本原因是业务工作如此复杂，而业务工作如此复杂的根本原因是核心业务对象——客观专业知识的表现形式——文献、信息、知识是极端复杂的。业务规范构成了图书馆业务工作客观规律的表现形式殿堂，本书只不过是初探这个殿堂，其丰富多彩、神奇玄妙和博大精深就已经令人叹为观止！从业务规范的成熟度模型来看，尚有大量的高级课题需要深入研究，因此有待同行们戮力齐心，探赜索隐，钩深致远，以获取更精深的研究成果，推动图书馆的现代化进程。

　　图书馆的现代化进程需要踏上多个关键台阶，或者说需要达成多个关键战略目标。首先，基础业务的自动化就是一个重要的台阶。图书馆自动化是图书馆现代化和信息化的基础构成成份，是图书馆信息技术的核心。图书馆自动化基于传统基础业务，是信息技术在图书馆基础业务中的运用。没有基础业务的自动化，其他现代技术的应用均无从谈起。

　　第二个台阶是数字图书馆。数字图书馆是使图书馆真正成为知识库并提供知识服务的核心技术。仅仅数字化文献不是数字图书馆，仅仅标引出知识单元也不是先进的数字图书馆。数字图书馆的发展方向是不仅仅标引出知识单元，还要采用人工智能技术提供主动的知识服务和高级知识服务。

　　第三个台阶就是业务规范管理。业务规范是图书馆现代化的关键标志之一。没有规范的业务工作不是现代化图书馆的业务工作，而是手工作坊的前现代工作方式，现代化的图书馆不能接受这样的工作方式。

　　第四个台阶是战略规划管理。战略规划管理着眼于图书馆远景战略规划的制订和管理。为实现战略规划目标，需要相应的技术管理和大量专业技术的支持，也需要业务规范管理的支持。

　　第五个台阶是全面质量管理。全面质量管理着眼于图书馆实施全面质量管理的可能性和必要性以及可操作性方法。先进的图书馆着眼于馆藏质量、数据质量、资源质量、研究质量和服务质量等方面的管理目标。

　　第六个台阶是研究开发管理。研究开发管理着眼于图书馆的科研职能，聚焦图书馆行业科学研究和技术开发的管理，在行业内跟踪学科前沿、引进先进技术、推动技术革新。

后 记

  第七个台阶是统一业务管理。统一业务管理从技术上精确刻画未来图书馆的业务和服务，为图书馆业务的灵活配置、元业务管理和虚拟数字图书馆的建设奠定坚实的基础。

  第八个台阶是业务成熟度管理。业务成熟度管理利用成熟度模型的原理描述图书馆多个业务领域的阶梯式发展演进过程，使图书馆在多个业务领域的未来深化发展遵循一套严格、全面、体系化并且可控制可度量的模式，为图书馆建立通向现代化道路上的深远战略规划和更多精细的业务技术台阶，实现全面现代化的终极目标。

  每一级台阶都需要业务规范化管理的支持，并且走完了这八级台阶，图书馆才有可能得心应手地为社会提供增值服务，在多种增值服务工作中实现图书馆的核心价值，使图书馆真正成为现代化的先进图书馆，在社会进步、经济发展和文化繁荣的过程中起到关键的助推作用。

  本书从多方面借鉴立法体系、软件评审、企业架构、流程管理、配置管理、成熟度模型、知识管理等领域的研究工作方法和成果，对图书馆的业务规范从描述、分析、划分、组织到管理进行了深入研究，以超越普通规范管理而达到精细强化的统一业务规范视角出发，全面考察了图书馆业务规范体系的各个方面；并借助能力成熟度模型观察业务规范的发展演进道路，触及业务规范作为机构知识库的本质特征及所需要的深度技术管理手段，取得了部分非同寻常的精细化研究成果，在一定的理论高度上展现了业务规范的丰富性、全面性及其宏大而严密体系的客观表征。本质上说，这是图书馆业务工作客观规律的自然反映。可以设想，未来的图书馆将会有一个强大的智能化业务支撑系统，包括在线教育平台，它向所有馆员和管理者随时随地提供有关图书馆专业和有关数字图书馆本身的知识服务，解决业务工作和读者服务中遇到的绝大部分问题。在通向这样一个现代化图书馆的道路上，充满各种技术的和管理的艰难挑战，图书馆界无法逃避这种挑战。本书正是怀抱巨大的期望初探这种挑战的起跑线，笔者便看到了一个宏大的知识体系出现在地平线上。这至少对笔者而言是一个值得永远铭记的重要时刻，正如笔者第一次听到数字图书馆一样。在接下来的可能是十分漫长的岁月里，地平线上那个海市蜃楼般的缥缈目标都将成为笔者魂牵梦萦的壮丽风景。

附 录

为了使本书具备更多的借鉴作用，除了第六章对基础规范的一般介绍和第七章提供了几部重要规范而外，这里再以附录的形式提供几部核心业务规范和业务规范的相关文件，供图书馆研究参考。

一、业务规范管理规范

业务规范管理规范

目录
第一章　总则
第二章　业务规范的范围
第三章　业务规范的形式
第四章　业务规范的制订
第五章　业务规范的实施
第六章　业务规范的管理
第七章　附则

第一章　总则

第一条　为了提升图书馆业务工作的现代化水平，增强图书馆的服务能力，需要对图书馆的业务工作进行规范化管理。为了规范图书馆业务工作，需要制订一系列业务规范。为了规范对业务规范的制订和管理，特制订本规范。

第二条　本规范是对业务规范的规范，即元规范。

第三条　本馆所有业务规范的制订、批准、发布、培训、执行、检查、修订、废止等，均适用本规范。

第二章　业务规范的范围

第四条　本规范所称的业务规范，是用以指导业务工作的标准文件，它用严格的语言描述业务需求、业务规则、业务逻辑和业务过程，是业务工作的全面、完整、准确和细致的说明。

第五条　业务规范是所有业务人员对业务工作流程和方法达成的共识，是业务工作必须遵循的法规。本馆的所有业务工作，均需按照一定的业务规范来开展。

第六条　业务规范也是机构所有业务人员的业务经验和知识的总结，是机构知识库的重要组成部分，是机构的无形资产和文化传承的核心，也是机构现代化的关键标志之一。

第七条　图书馆需要对业务规范进行标准化的管理，包括常设业务规范管理机构，并配置人员、经费、工具和资源等。

第八条　业务规范包括但不限于传统图书馆业务工作的规范，这里是指传统图书馆的六大部分业务工作：采访、编目、流通、报刊、典藏和咨询。

第九条　业务规范包括但不限于图书馆自动化系统的规范，除了包括传统图书馆六大部分业务工作的自动化实现而外，还包括联机检索（OPAC）、网络流通、馆际互借、联合编目、网络咨询以及移动图书馆业务。

第十条　业务规范包括但不限于数字图书馆业务工作的规范，包括数字图书馆标准建设、设备配置、系统部署、资源建设、运行管理、服务提供、推广培训以及项目开发。

第十一条　业务规范包括但不限于数字图书馆产品运维的规范，包括资源发现与获取系统、学术资源门户系统、开放链接系统、电子资源管理系统、数字资产管理系统以及数字出版系统等产品。

第十二条　业务规范包括但不限于图书馆高级业务管理工作的规范，包括业务规范管理、知识资源管理、战略规划管理、全面质量管理、公共关系管理、研究开发管理以及培训大纲。

第十三条　业务规范包括但不限于图书馆增值服务工作的规范，包括定题情报服务、情报分析服务、综合数据服务、高级知识服务、专业智库服务、教育培训服务、立法咨询服务以及决策支持服务等。

第三章　业务规范的形式

第十四条　业务规范有三种形式：

（一）条款式；

（二）活页式；

（三）表格式。

第十五条　条款式业务规范适用于可预见的、不易分割、自成体系的连续性业务工作，如采访、编目等传统业务。

第十六条　活页式业务规范适用于不可预见的、容易分割、离散的、偶然性业务工作，如系统维护等业务。

第十七条　表格式业务规范适用于描述业务要素及其特征，业务要素包括业务人员、业务对象、业务规则和业务逻辑。

第十八条　条款式业务规范参照本规范书写。

第十九条　条款式业务规范包括但不限于下列章节：

（一）第一章　总则

（二）第二章　业务定义

（三）第三章　业务原则

（四）第四章　业务方法

（五）第五章　业务过程

（六）第六章　实施细则

（七）第七章　附则

第二十条　活页式业务规范以标准单页的形式描述一项业务规范。

第二十一条　活页式业务规范有下列类型：

（一）维护手册；

（二）应急响应程序；

（三）例外业务活动指南；

（四）非常规业务事务流程；

（五）其他适用活页式的业务规范。

第二十二条　维护手册用于指导信息系统的维护工作。

第二十三条　维护手册包括但不限于下列项目：

（一）范围（系统和子系统名称、设备名称、日常任务等）；

（二）问题（问题描述，通常是故障）；

（三）诊断（对问题的初步诊断）；

（四）任务（要完成的维护任务，通常不是故障）；

（五）资源（所需要的资源，如软件包）；

（六）解决（解决方法和步骤）；

（七）备注（注释、参见、引用等）。

第二十四条　应急响应程序用于指导对突发事件的应急响应。

第二十五条　应急响应程序包括但不限于下列项目：

（一）事件范围；

（二）事件描述；

（三）事件类型；

（四）事件级别；

（五）处置方法；

（六）资源保障。

第二十六条　例外业务活动指南用于指导关联例外业务要素的业务活动。针对一般业务要素的业务活动已经在相关的业务规范中明确规定，未加以明确规定的业务要素就是例外业务要素。

第二十七条　例外业务活动指南包括但不限于下列项目：

（一）范围；

（二）业务要素；

（三）例外原因；

（四）解决方法；

（五）量化分析；

（六）影响后果。

第二十八条　非常规业务事务流程用于指导非常规业务事务的处置方法。非常规业务事务是指由于某种特殊原因不按照常规业务事务的处置方法进行处置的业务事务。

第二十九条　非常规业务事务流程包括但不限于下列项目：
（一）范围；
（二）事务描述；
（三）常规处置分析；
（四）非常规处置原因；
（五）非常规处置方法；
（六）影响后果。

第三十条　对其他适用活页式的业务规范，需先确定其功能并制定适用其内容的模板，并报业务规范管理机构批准。

第三十一条　对表格式业务规范中的业务要素的描述参照资源描述框架（RDF）进行。

第三十二条　业务规范管理机构维护全馆的业务要素类型目录表。

第三十三条　不同形式的业务规范所描述的内容可以有交叉重复，即同样的内容可以用不同形式的业务规范加以描述，便于从不同的角度理解相关业务规范。

第三十四条　各业务部门根据自身业务特点和业务规范的内容选择业务规范的形式，同一部门根据需要可以选择多种业务规范的形式。

第三十五条　如果需要其他形式的业务规范，由业务部门提出，经业务规范管理机构批准之后实行。

第三十六条　业务规范依照业务工作由宏观到微观分为不同的层次等级，所有业务规范形成一个层次等级目录表。业务规范管理机构维护全馆业务规范的层次等级目录表。

第三十七条　任何级别任何形式的业务规范都有本规范第四条至第六条规定的和其他级别其他形式业务规范同等的内涵、性质、作用和价值。

第四章　业务规范的制订

第三十八条　业务规范的制订分为草创、测试、修改、审核、批准、发布六个阶段。

第三十九条　业务规范的草创由所属的业务部门承担。所属业务部门认为如有必要，可以通过业务规范管理机构协调，邀请其他相关业务部门共同参与。

第四十条　涉及多个业务部门的业务规范由业务规范管理机构和相关业务部门协调，共同制订。业务规范管理机构应直接参与制订。

第四十一条　全局性的、非特定业务部门的业务规范由业务规范管理机构独立制订，或者协同业务管理协调部门共同制订。

第四十二条　业务规范的测试即是按照草创的业务规范进行开展业务工作的测试。测试所需的资源由所属业务部门提出，业务规范管理机构按照本规范第七条的规定，为业务规范的测试配置所需的人员、经费、工具和资源等。

第四十三条　测试发现业务规范不符合业务需求的，即时根据业务需求进行修改。无论草创还是修改，均应听取直接相关业务人员的意见。

第四十四条　遇无法确定之业务难题时，应选择按照下列方法进行处理：

（一）咨询并借鉴其他图书馆的解决方案；
（二）请教同行业的资深专家；
（三）立项进行科学研究；
（四）向国家图书馆请求业务辅导。

第四十五条　业务规范的测试和修改是一个循环过程。直到所属业务部门认为业务规范已经没有问题，可以提交馆领导批准。

第四十六条　条款式业务规范和其他较高级别业务规范必须经过馆领导批准；其他其他形式的业务规范或较低级别的业务规范可以由相关业务部门负责人批准，业务规范管理机构备案。

第四十七条　首次发布业务规范或每有重要修订时，在馆领导批准业务规范之前，业务规范管理机构应当组织相关人员对业务规范进行审核。

第四十八条　审核工作包括查证业务规范是否符合业务需求，可行性和一致性，和其他业务规范的相容性和依赖关系以及成本效益分析等等。

第四十九条　业务规范不可与行业的业务标准相冲突，也不可与图书馆的规章制度相冲突，更不可与国家的法律法规相冲突。

第五十条　批准之后的业务规范在全馆范围内发布，馆内存档，所属业务部门和相关业务部门存档。

第五十一条　业务规范需公开提供给所属业务部门员工随时方便地查阅。不存在任何秘而不宣的业务规范，也不允许将业务规范束之高阁。

第五十二条　如果需要，图书馆可以委托专业机构制订专业的业务规范，例如项目审计规范、质量评估规范等。受托机构需熟悉图书馆的元规范和其他相关政策并作为业务规范的制订部门承担相关责任。

第五十三条　委托制订的业务规范，其审核批准和发布的流程和其他业务规范相同。

第五章　业务规范的实施

第五十四条　业务规范的实施分为培训、考核、执行、检查四个方面。

第五十五条　业务规范的培训由相关业务部门组织，对需要开展相关业务工作的相关业务人员进行定期或不定期的培训。

第五十六条　培训工作必须纳入机构的培训计划中，严格按照相关培训计划进行。

第五十七条　业务规范培训后应当进行考核，考核的方式由相关业务部门自定。相关业务部门应制定出培训考核计划，报业务规范管理机构批准。

第五十八条　培训考核计划包括但不限于下列内容：培训对象、培训教材、培训流程、考核标准、再培训条件。

第五十九条　业务部门对新进入的业务人员（包括从本馆其他部门调入的业务人员）应首先进行相关业务规范的培训，考核合格后再指派业务工作。

第六十条　业务规范的执行就是相关业务部门严格按照既定的业务规范开展日常业务工作，满足相关业务需求。

第六十一条　尚未有业务规范的偶然性业务工作仍然应当按照一定的规范进行。为了应急，业务部门可以制订临时的规范，这种规范可以在本业务部门内取得共识之后立即执行。

第六十二条　对于前述条款所述之临时业务规范，相关业务部门应当尽快提出相关业务规范的修订请求，使之包含该临时业务规范，然后报业务规范管理机构批准。

第六十三条　全馆定期或不定期对各业务部门的业务规范执行情况进行检查。检查由馆领导组织相关人员进行，相关人员包括业务规范管理机构的人员。

第六十四条　检查发现未按照业务规范开展业务工作的情况，应当责令相关业务部门立即整改，并在全馆范围内通报批评。造成任何不良后果的，应对相关责任人进行行政处罚。

第六十五条　全馆定期或不定期对业务规范的实施效果进行评估，分析相关的定性和定量的指标，为相关业务规范的完善提供研究或佐证的材料。

第六十六条　业务规范管理机构应制订出业务规范实施评估指南，用以指导全馆的业务规范实施评估工作。

第六章　业务规范的管理

第六十七条　业务规范的管理由馆内特定的业务规范管理机构负责，例如可以由业务规范委员会负责，或者由馆领导确定的其他机构负责。

第六十八条　业务规范管理机构的职责是常态化持续性地管理全馆所有的业务规范，包括业务规范工作的所有方面。

第六十九条　业务规范管理机构仅仅承担和业务规范相关的工作，管理和维护业务规范本身以及其他附属设施。业务规范管理机构并不直接影响或干预各业务部门的日常业务工作。

第七十条　业务规范的管理除上述有关条款已经包括之内容外，还包括业务规范的解释、宣讲、修订、废止、评审、推广、出版发行等。

第七十一条　业务规范的解释，就是针对业务规范的含义、内容、概念、术语以及适用条件等所做的说明。

第七十二条　业务规范的解释分为批准前的解释和批准后的解释。

（一）业务规范批准前的解释权和解释义务属于业务规范制订部门。

（二）业务规范批准后的解释权和解释义务属于业务规范管理机构。业务规范管理机构认为如有必要，可以请求业务规范的制订部门参与对业务规范的解释。

第七十三条　对业务规范的解释可以是口头的，也可以是书面的。

（一）当业务规范管理机构为组织审核业务规范而向业务规范制订部门提出解释请求时，业务规范制订部门应当提供书面的解释；

（二）当业务部门为制订新的业务规范需要参考已有业务规范而为之提出解释请求时，业务规范管理机构应当提供书面的解释。

第七十四条　业务规范管理机构提供的业务规范书面解释和业务规范本身具有同等效力。

第七十五条 全馆任何职工都有权利了解任何业务规范，并且也有权利请求对任何业务规范的解释，但原则上不应该影响业务规范管理机构和相关业务部门的日常业务工作。

第七十六条 业务规范管理机构应当定期或不定期在全馆范围内举办业务规范的宣讲和讨论活动，以便在所有职工中普及并强化对业务规范的认识。

第七十七条 当业务工作有所变动，相关业务规范不适应新的业务工作需求时，应当对相关业务规范进行修订或废止。

第七十八条 业务规范的修订由相关业务部门提出修订计划，报业务规范管理机构批准。

第七十九条 业务规范的修订计划包括但不限于下列内容：业务工作现状、原规范的基本内容、需要修订的原因、建议的修订方案、修订后需要回溯的工作。

第八十条 对业务规范进行修订的过程参考本规范第四章业务规范的制订，同样需要分为草创、测试、修改、审核、批准、发布六个阶段，每个阶段均可参考第四章执行。

第八十一条 修订后的业务规范，其形式可以将修订条款和未修订条款合并成新的业务规范版本，也可以将修订条款单列文本。

第八十二条 业务规范管理机构应当记录业务规范的修订史。

第八十三条 当业务规范发生变动时，业务规范管理机构应在第一时间通告全馆，使全馆职工及时了解变动情况。

第八十四条 当一项业务工作全面中止或者其内容发生重大变化并且已经针对新的业务工作内容制订出新的业务规范时，原有旧的业务规范可以废止。

第八十五条 业务规范的废止由相关业务部门提出，经馆领导批准后废止。

第八十六条 对业务规范的废止应当格外慎重，相关业务部门应当对废止业务规范的后果作出科学准确的评估，报馆领导作为决策的参考。

第八十七条 废止后的业务规范应当作为档案保留、封存，同时从业务规范层次等级目录表中剔除。

第八十八条 当一项业务工作暂停而非永久中止时，经馆领导批准，业务规范管理机构可以将相关业务规范冻结。

第八十九条 当一部分细小的业务工作暂停时，经馆领导批准，业务规范管理机构可以将相关业务规范的部分相关章节或条款范围冻结。

第九十条 被冻结的业务规范或其条款范围不作任何改变，其书面解释也不作任何改变。

第九十一条 被冻结的业务规范或其条款范围不参与业务规范实施和管理的任何活动，部分冻结的业务规范非冻结部分除外。

第九十二条 当暂停的业务工作恢复进行时，被冻结的相关业务规范或其条款范围应予解冻。

第九十三条 被冻结的业务规范或其条款范围的解冻按如下程序进行：

（一）全馆范围内公示，公示周期为一周；

(二) 公示的同时征求解冻后是否需要修订的意见;

(三) 如果有修订的需求,启动修订的程序并完成修订。

第九十四条　业务规范管理机构在组织审核业务规范时可以考虑是否需要同行评审(Peer Review)。

第九十五条　业务规范管理机构应制订出业务规范内部审核指南和同行评审指南,用以指导业务规范的内部审核和同行评审。

第九十六条　本馆领导可以确定本馆业务规范的保密级别和传播范围,从馆外保密、同行传播到公开出版。

第九十七条　业务规范管理机构可以确定业务规范是否具有行业推广价值并实施行业推广。

第九十八条　业务规范管理机构应制订出业务规范行业推广规范,用以指导业务规范的行业推广工作。

第九十九条　业务规范管理机构的职能还包括业务规范的其他技术性管理工作,例如对全馆的业务规范进行分类、编号、标识、编辑、复制、归档以及对业务标准和业务要素进行管理。

第一百条　业务规范管理机构应制订出业务标准管理规范和业务标准实施指南,用以指导全馆业务标准化的相关工作。

第一百〇一条　业务规范管理机构应制订出业务要素管理规范和业务要素量化评估标准,用以指导对全馆业务要素的管理和量化评估分析,为图书馆评估定级提供严格科学的数据支持。

第一百〇二条　业务规范管理机构通过业务规范的制订规划、年度制订计划等形式,加强对业务规范制订工作的统筹安排,提高业务规范制订工作的及时性、针对性和系统性。

第一百〇三条　当图书馆决定实施创新业务或服务时,业务规范管理机构应在第一时间和相关机构协调,共同制订出相应的创新业务管理规范或创新服务工作规范。

第一百〇四条　当图书馆拓展了新的高级业务管理领域时,业务规范管理机构应在第一时间和相关机构协调,共同制订出相应的高级业务管理规范。

第一百〇五条　当图书馆确定了新的战略规划目标时,业务规范管理机构应在第一时间和相关机构协调,共同制订出为实现新的战略目标所需要的所有业务规范。

第一百〇六条　业务规范管理机构应积极投入业务规范相关的科研工作,解决业务规范管理的任何高级课题,必要的话立项进行研究。

第一百〇七条　业务规范管理的高级课题包括但不限于:

(一) 新形式的业务规范的研究;

(二) 业务要素类型的研究;

(三) 业务要素数据库的研究;

(四) 业务规范知识的管理和服务;

（五）业务规范管理的成熟度研究和成熟度评估。

第七章 附则

第一百〇八条 本馆制订的所有业务规范均不得与本管理规范相冲突。

第一百〇九条 联盟或行业统一业务规范的管理需要另外制订规范。

第一百一十条 本管理规范经馆领导批准后实施。

二、业务规范技术性管理规范

业务规范技术性管理规范

目录

第一章 总则

第二章 业务规范的技术属性

第三章 业务规范的目录和标识

第四章 业务规范的关联

第五章 业务规范的引用

第六章 业务规范的批准和发布

第七章 业务规范修订版和修正案

第八章 业务规范的解释

第九章 其他技术性管理

第十章 附则

第一章 总则

第一条 为了科学管理和高效实施图书馆的业务规范，需要对业务规范运用过程的相关技术进行标准化的管理，为此，根据《业务规范管理规范》第九十九条，特制订本规范。

第二条 本规范规定业务规范的技术性管理工作的各个方面，包括业务规范的技术属性、业务规范目录、业务规范的关联和引用、业务规范的批准程序和发布形式、业务规范的修订版和修正案等等。

第三条 本规范是《业务规范管理规范》的技术性补充，同样具有元规范的性质。本馆所有业务规范的所有技术性管理工作，均适用本规范。

第四条 本规范包含的原则性条款（非技术性条款），视为《业务规范管理规范》的原则性补充。

第二章 业务规范的技术属性

第五条 图书馆的所有业务工作是一个有机的整体，所有业务规范也是一个有机的整体，它们在逻辑上满足一致性、完整性、关联性和非冗余性的要求。

第六条 一致性要求所有业务规范的所有内容或条款均不存在矛盾，也不存在矛盾的书面解释。

第七条 任何时候发现不同的业务规范中有矛盾的阐述或因歧义而造成或可能

造成同一事物的不同解释或处置的，相关业务规范必须进行修订以保持严格的一致。

第八条 任何时候发现不同的业务规范的书面解释中有矛盾的阐述或因歧义而造成或可能造成同一事物的不同解释或处置的，相关业务规范的书面解释必须进行修订或者重新解释以保持严格的一致。

第九条 完整性要求所有业务规范覆盖图书馆的所有业务工作，特定业务规范覆盖相关业务工作的所有方面。

第十条 任何时候发现某一项业务工作缺少业务规范时，相关业务部门应尽快提请制订对应的业务规范或者要求将对应业务规范的制订纳入业务规范管理机构的近期业务规范制订计划之中。

第十一条 业务规范管理机构参考业务规范层次等级目录表系统性地制定业务规范的制订计划或规划。

第十二条 任何时候发现特定业务规范没有覆盖相关业务工作的所有方面，存在重大遗漏时，相关业务部门必须对相关业务规范进行修订，补充完善其遗漏内容以保持其完整性。

第十三条 关联性要求不同业务规范的不同部分内容应体现出业务工作客观存在的逻辑上的关联，它客观地反映不同部分业务工作的内在联系。

第十四条 任何时候发现不同的业务规范存在之前未认识到的关联关系时，业务规范管理机构应对相关业务规范进行仔细核查，以确定相关业务规范是否需要修订或技术性修订。

第十五条 业务规范管理机构应优先将关联的业务规范纳入业务规范制订计划之中，避免特定业务规范已经制订但与其关联的业务规范长期空缺的状况。

第十六条 非冗余性要求不同的业务规范没有大量相同的冗余内容描述，也没有大量的极度相似从而可以抽象归纳合并描述的内容。

第十七条 业务规范的个别条款或极少量条款在不同的业务规范中重申或者从不同的角度重申，不认为是冗余内容。

第十八条 业务规范管理机构在制定业务规范目录时应该回避可能具有冗余描述的业务规范，尽可能将相同或极度相似的内容提取作为基本的或主要的业务规范并以另外的业务规范描述其具有区分的部分。

第十九条 业务规范制订或修订过程中发现冗余内容应该对业务规范的地位进行重新评估，去掉其冗余内容而仅仅描述其区分的部分，对冗余内容应加以引用或声明遵循。

第二十条 声明遵循就是声明的业务规范遵照执行相关业务规范的规定，等同于在声明的位置重复阐述所遵循的业务规范的相关内容。声明遵循仅限条款式业务规范，但可以声明遵循相关业务规范的任何章节或条款范围。

第三章 业务规范的目录和标识

第二十一条 业务规范层次等级目录表包含所有业务规范的层次分类排列。每项业务规范的记载包括但不限于下列内容：编号、题名、标识和可能需要的说明。

第二十二条　所有条款式业务规范都有一个唯一的编号，编号由四位数字组成，编号的规则匹配业务规范的层次等级关系。

第二十三条　为了便于业务规范的引用尤其是在表格中的引用，所有条款式业务规范都给予一个唯一的标识，标识由一到四个大写英文字母组成，所有标识不重复。

第二十四条　顶层业务规范代表业务规范的一个范畴或者概括性的大类，其标识由一个大写英文字母组成。

第二十五条　上层的业务规范代表具体一方面的业务工作类型，其标识由两个大写英文字母组成。

第二十六条　下层的业务规范代表重要的细分业务项目，其标识由三个大写英文字母组成，部分标识如果不产生冲突，也可以由两个大写英文字母组成。

第二十七条　个别底层业务规范的标识因冲突或需要符合业务常规可采用四个大写英文字母，但应该尽量避免此种情况的出现。

第二十八条　其他形式的业务规范如有可能，也应尽量给予编号和标识。

第二十九条　业务规范管理机构维护全馆业务规范的所有标识。

第三十条　为体现业务规范体系的系统性、科学性和逻辑性，业务规范的编号和标识可以变更，业务规范管理机构维护所有这种变更。

第四章　业务规范的关联

第三十一条　业务规范的关联有结合关联、依赖关联和交叉引用三种。

第三十二条　结合关联是两部或多部业务规范结合在一起共同构成某项业务工作的完整规范。这些业务规范一般是从不同的角度描述同一业务工作的不同方面。

第三十三条　业务规范的结合关联也视为一种松散的一般依赖关联。

第三十四条　业务规范的结合关联应在关联的业务规范中明确声明。

第三十五条　依赖关联是一部业务规范密切依赖于另一部业务规范，多方面受其影响，并且在技术上必须跟随变动的情况。依赖可以是双向的依赖，就是两者必须联动的情况。

第三十六条　密切依赖关联取决于业务工作的内在逻辑，因此是业务规范的内秉性质，不一定有明确的指称或引用。

第三十七条　业务规范管理机构应建立科学的方法或流程用以识别业务规范的依赖关联并维护全馆的业务规范依赖表。

第三十八条　业务规范制订部门可以主动声明业务规范的依赖关联，业务规范管理机构应在经过审核后作如实的记录。

第三十九条　当被依赖的业务规范发生变更时，依赖它的业务规范应该进行技术性修订。技术性修订不是普通修订，它对业务规范没有实质性的改变而仅仅是调整正确的关联关系，因此一般不需要经过审核和批准。但业务规范管理机构应仔细核查所有依赖关联，以判定或权衡这种技术性修订是否需要升级为普通修订。

第五章　业务规范的引用

第四十条　业务规范的交叉引用是各部业务规范在其行文内容中相互整体引用

另一部业务规范或其个别条款，以此阐明**依据**、**参考**、**解释**、**使用**、**扩展**或**替代**之目的、作用或效果。

第四十一条 业务规范的交叉引用也是一种依赖关联，是明确指称的依赖关联。

第四十二条 业务规范的交叉引用包括业务规范的相互引用和业务规范对自身条款的引用。

第四十三条 为了简洁地表达业务规范的交叉引用并使所有引用保持永久一致，需要对引用的方式进行标准化管理。

第四十四条 业务规范的引用方式有编号引用法、题名引用法、条款序号引用法和标识引用法。

第四十五条 整体引用一部业务规范时采用编号或题名引用法，分别引用业务规范的特定条款内容时采用条款序号引用法或标识引用法。

第四十六条 对条款式业务规范的特定条款内容的引用一般采用业务规范题名加条款序号的方式，如"《某某规范》第二十三条"或"《某某规范》第二十三条第二款"。

第四十七条 为了在注释或表格中简洁地引用条款式业务规范，可以采用规范标识加条款序号数字的方式，如果有款和项的序号则用点分隔。例如本条款就是"业务规范TMN47条款"，可以简写为TMN47。

第四十八条 条款式业务规范引用其自身条款时，不允许向下引用，即不允许引用截止到引用条款时尚未阐述的被引用条款。

第四十九条 对活页式业务规范的引用是完整引用一项业务规范。

第五十条 对活页式业务规范的引用采用规范标识加序列号的方式，例如对维护手册中的《盘点》的引用就是"业务规范MM3512"，可以简写为MM3512。

第五十一条 活页式业务规范的序列号由业务规范制订部门按照一定的规则编制，并且应该尽量匹配业务规范层次等级目录表的编号规则。

第五十二条 活页式和表格式业务规范不允许整体引用自身，也不允许通过连续的"引用链"回到自身，即不允许构成引用环。

第五十三条 对表格式业务规范内容的引用是引用表格中的一个元素，该元素是业务要素的组成部分。

第五十四条 对表格式业务规范元素的引用采用规范标识加元素行列地址的方式。例如XY13F表示表格XY的13行F列。

第五十五条 表格式业务规范可以在表格元素中引用自身有意义的任意元素，只要符合表格本身的逻辑性要求并且具有确定的业务意义。

第五十六条 表格式业务规范的元素引用也不允许构成引用环。

第五十七条 若有其他无法给予标识的业务规范，被引用时采用编号引用法或题名引用法。

第五十八条 业务规范管理机构维护全馆的业务规范交叉引用表。

第五十九条 当有任何业务规范发生变更时（包括技术性修订），业务规范管理机构应在第一时间重新清理业务规范交叉引用表，修改所有需要修改的关联交叉引用并同时通告全馆关注所有修改。

第六十条　非业务规范的其他文件需要引用业务规范的，适用本规范的相关规定，但首次引用或可能造成歧义或理解障碍时应加以注释。当被引用的业务规范发生变更时，引用者或责任人有责任自行修改引用文本所指的位置。

第六章　业务规范的批准和发布

第六十一条　业务规范的批准流程包括内部审核或同行评审、表决通过、批准发布和归档。

第六十二条　业务规范管理机构对所有提交批准的业务规范进行技术性初审，符合《业务规范管理规范》（0000）和本规范的规定并且质量达到或基本达到工作级的予以通过，通过后提交审核会议进行正式审核或提交评审会议进行正式评审。

第六十三条　对于活页式和表格式业务规范，一般可以由业务规范制订部门负责人批准，业务规范管理机构备案。业务规范制订部门或业务规范管理机构认为确有必要审核的，应提交审核。

第六十四条　若有新的活页式业务规范类型应首先批准其模板，然后将首部新类型的活页式业务规范提交审核。若有新的业务要素类型，应提交审核。

第六十五条　若有新的业务规范形式，应首先批准新的形式，然后将首部新形式的业务规范提交审核或评审。

第六十六条　审核会议或评审会议应按照业务规范内部审核指南或业务规范同行评审指南的规定对业务规范条款进行逐条的核查并通过。

第六十七条　业务规范审核结束后提交馆领导批准，批准后连同批准单一并发布。

第六十八条　业务规范批准单包括下列项目内容：审核会议、批准文号、业务规范名称、范畴、质量等级、保密级别、编号、标识、版本号、发行号、起草人、部门、日期、修改者、标准化、技术审核、批准人、备注。

第六十九条　业务规范的范畴是业务规范的概括性大类，分为元规范范畴、基础范畴、自动化范畴、数字图书馆范畴和高级业务范畴。

第七十条　业务规范的质量等级是指业务规范的编辑质量等级，分为预备级、工作级和出版级。预备级是草稿，工作级是业务规范管理机构认可的标准化文本，出版级是可以出版的编辑质量等级。

第七十一条　业务规范的标准化是指编辑整理业务规范使之符合业务规范管理机构认可的标准业务规范形式的过程，批准单中的标准化项目特指为标准化承担责任的人员。

第七十二条　业务规范的技术审核人员是指业务规范管理机构中为业务规范进行技术性初审的人员。

第七十三条　业务规范的批准人应为图书馆的主要馆领导。

第七十四条　业务规范的行文和编辑格式应该统一。业务规范管理机构可以制定推荐性质的业务规范用语规范，用以指导业务规范的书写风格。

第七十五条 业务规范可以以白皮书的方式发布，发布时需遵循图书馆有关白皮书的运用规范或指南。

第七十六条 业务规范可以进入图书馆的业务档案中，并按照业务档案管理规范进行管理和使用。

第七章 业务规范修订版和修正案

第七十七条 业务规范的修订适用本规范规定的批准和发布流程。

第七十八条 全馆任何职工发现任何业务规范存在问题或不够完善均可向业务规范管理机构提出书面的修订建议，业务规范管理机构应当会同业务规范制订部门进行检查研究，确定是否采纳修订建议。

第七十九条 业务规范制订部门发现相关业务规范存在问题或不够完善，应向业务规范管理机构提出修订请求，业务规范管理机构无条件启动审核批准和发布流程。

第八十条 因业务工作的变动，业务规范制订部门可以提出相关业务规范的详细修订计划，以使业务规范适应新的业务工作。

第八十一条 业务规范管理机构发现业务规范存在问题或不够完善，应书面告知业务规范制订部门，若能取得业务规范制订部门的一致意见，则可以由业务规范制订部门提出业务规范的修订请求。业务规范制订部门另有不同看法的，应提交相关业务规范条款的书面解释。

第八十二条 当业务规范进行了较大程度的修订或者条款数量发生变化时，应整体发布业务规范的修订版本，原版本同时废止。

第八十三条 如果需要，业务规范管理机构应保留业务规范的重要中间版本而非仅仅保留最终版本。

第八十四条 结合关联的业务规范可以在修订中合并成单一的业务规范。新的业务规范替代原来的所有关联业务规范，原来的所有关联业务规范均同时废止。

第八十五条 一部业务规范的某方面内容过于庞大时，可以在修订中将其分割独立出来作为结合关联的另一部业务规范。两者均应以适当的条款互相声明结合关联的关系。

第八十六条 业务规范在修订时如果有修订到被其他业务规范声明遵循的章节或条款范围（TMN20），应将所有声明遵循的业务规范进行全面考查，维持整体的一致性并尽可能保持声明遵循不受影响。

第八十七条 业务规范被废止时应该核查下列事项并解决相关的问题：

（一）和它有结合关联关系的业务规范必须按照TMN84条款进行修订；

（二）和它有依赖关联关系的业务规范必须仔细核查依赖关系可能导致的一切业务和技术问题并进行必要的修订或修正；

（三）引用它的业务规范必须进行适当的修订或修正。

第八十八条 业务规范被废止时，如果有针对它的声明遵循的业务规范（TMN20），应该针对所有声明遵循的业务规范进行逐一检查，对每一项声明遵循在相同声明遵循的业务规范中选择一部具有代表性或引领作用的业务规范进行修订，将声明遵循的章节或条款范围转移至所选声明遵循的业务规范中，同时修改其他所有的关联声明遵循。

第八十九条 当业务规范只有少量修改并且没有增加和删除条款时，可以单独发布业务规范的修正案。修正案仍需经过审核和批准的流程。

第九十条 业务规范修正案中仅包括对业务规范特定条款内容的修改，它替代原业务规范的对应条款，构成业务规范的当前版本。一份修正案可以就一项或多项条款进行修正。

第九十一条 业务规范修正案的条款应当是完整的条款描述，即针对整个原条款进行修正。被修正的原条款包含款或项的，修正条款允许只对原条款的部分款或项进行修正，也允许增删款和项。

第九十二条 对业务规范修正案的管理，遵循《业务规范管理规范》（0000）的规定，技术性管理遵循本规范的规定，审核或评审遵循相关指南的规定。

第九十三条 业务规范修正案优先于业务规范修订版，即能采用修正案解决的修改问题就用修正案而不用修订版。

第九十四条 业务规范修正案不是独立的业务规范，它在逻辑上完全隶属于对应的业务规范文本，在任何情况下都应该将其视为一个整体。

第九十五条 任何时候需要以任何方式发布业务规范时，均应同时发布业务规范及其所有修正案。

第九十六条 业务规范修正案发布时应声明发布的是所属业务规范第几版的第几修正案。发布时可以省略批准单，也不以白皮书的方式发布，但必须和对应业务规范一起归档。

第九十七条 业务规范在制订修正案时如果有修正到被其他业务规范声明遵循的章节或条款范围（TMN20），应将所有声明遵循的业务规范进行全面考查，维持整体的一致性并尽可能保持声明遵循不受影响。

第九十八条 业务规范的技术性修订（TMN39）不产生修正案，更不产生修订版，无论其是否经过审核和批准，均视为原业务规范的合乎逻辑的等同表述。但业务规范的技术性修订仍然需要通告全馆。

第九十九条 业务规范的技术性修订包括并且仅仅包括处理以下情况：

（一）业务规范自身或者被依赖的业务规范的编号或标识发生了变化；

（二）被依赖的业务规范产生了修订版或修正案，部分或全部引用条款的引用位置（条款序号）发生了变化；

（三）被依赖的业务规范因合并结合关联而废止（TMN84），声明的结合关联重新声明，部分或全部引用条款的引用位置变更为新的业务规范；

（四）被依赖的业务规范因分割成结合关联而转移（TMN85），声明的结合关联重新声明，部分或全部引用条款的引用位置变更为新的业务规范；

（五）声明遵循（TMN20）的业务规范被废止，声明遵循的章节或条款范围被转移到其他业务规范（TMN88），声明遵循重新声明。

第一百条 业务规范的技术性修订由业务规范管理机构独立完成。当发现业务规范的技术性修订必须超越技术性范围时，业务规范管理机构应放弃技术性修订并提交业务规范修订版或修正案。

第一百〇一条　业务规范修正案需要修改的，应提交新的修正案代替旧的修正案，同时废止旧的修正案。不允许提交和审核修正案的修正案。

第一百〇二条　当一部业务规范的修正案达到一定数量时，业务规范制订部门可以根据各方面的实际情况研究决定是否启动业务规范的全面修订工作，以便发布完整的业务规范修订版。

第一百〇三条　当发布完整的业务规范修订版时，应将先前所有的修正案合并融入其中，并同时撤消该业务规范的所有修正案。

第一百〇四条　业务规范修正案的撤消和废止是有所区别的管理活动。

（一）修正案的撤消包括并且仅仅包括以下情况：

（1）修正案被合并或被拆分（IAG123）；

（2）被转移合并到新的声明遵循的业务规范中（TMN88）；

（3）业务规范发布了新的修订版。

（二）修正案的废止包括并且仅仅包括以下情况：

（1）被新的修正案代替；

（2）修正案的条款被恢复成修正前的原始条款；

（3）业务规范被废止。

第一百〇五条　业务规范管理机构维护所有业务规范的所有修正案。

第一百〇六条　业务规范或其部分条款被冻结时，已经存在的业务规范或业务规范修正案关联于被冻结的业务规范或其部分条款范围的，不进行任何变更，但其关联的有效性受限制。

第一百〇七条　新制订的业务规范或修订、修正业务规范关联于被冻结的业务规范或其部分条款的，受冻结的限制，不允许下列行为：

（一）合并结合关联（TMN84）被冻结的业务规范；

（二）引用被冻结的业务规范或被冻结的业务规范条款；

（三）声明遵循（TMN20）被冻结的业务规范条款；

（四）触发被冻结的业务规范条款的修正案（IAG57）。

第一百〇八条　整体被冻结的业务规范，其技术性修订和其他管理活动一样暂停进行，待解冻时再核查进行。

第一百〇九条　部分被冻结的业务规范，其冻结部分不受技术性修订的限制，但冻结部分的技术性修订不是必须的，可以留待解冻时再进行。

第一百一十条　业务规范修订版或修正案一旦发布，立即生效。

第八章　业务规范的解释

第一百一十一条　业务规范的书面解释具有和业务规范同等重要的性质、地位、作用和价值。

第一百一十二条　业务规范书面解释的形式由解释条款文本和解释内容文本构成。解释条款本身包含分款和项的，在解释条款文本中可以不包含分款和项的文本，除非解释内容文本需要指明相关款或项。

第一百一十三条　业务规范的书面解释由业务规范制订部门或业务规范管理机构提供。业务规范管理机构首先提出书面解释时应取得业务规范制订部门的认可。

第一百一十四条　业务规范制订部门在任何时候都可以向业务规范管理机构提供相关业务规范的任何条款的书面解释。如果相关条款已经有书面解释，则作为对已有书面解释的修订处理。

第一百一十五条　业务规范条款有下列情形之一的，应该提供书面解释：

（一）它是业务规范的核心原则或关键思想；

（二）它的规定影响深远但不是一目了然；

（三）它的描述无法避免地具有一定的抽象性；

（四）它描述的事物的内涵或外延需要更加具体的规定；

（五）它拥有在条款中不便表述的默认意义；

（六）它引入了一个新的概念，但定义中的描述并不完全；

（七）它借用了同行可能不熟悉的其他领域的概念；

（八）它建议或拟定采用一种非众所周知的专业技术；

（九）它产生了和其他业务规范的依赖关系；

（十）它依赖于非业务规范的其他文件；

（十一）它产生了新的业务要素类型；

（十二）它包含和业务活动匹配的测试项目；

（十三）它需要引用参考文献；

（十四）它需要向下引用所属业务规范的自身条款；

（十五）它是经过审核的业务规范修正案条款并且原条款有书面解释；

（十六）它是业务规范修订版条款并且存在对应的原条款有书面解释；

（十七）它在具体实施的过程中有不明确的事项需要说明；

（十八）它援引了尚未实施的业务标准；

（十九）它援引了尚未实施的高级业务管理工作或者新的战略规划；

（二十）业务规范制订部门认为需要解释的其他情况。

第一百一十六条　业务规范修正案的解释权属于业务规范管理机构。

第一百一十七条　业务规范管理机构维护所有业务规范及其所有修正案的所有书面解释。

第一百一十八条　业务规范的书面解释由业务规范管理机构审核批准。

第一百一十九条　业务规范管理机构有权修改业务规范的书面解释，但修改时应该征询业务规范制订部门的意见。

第一百二十条　业务规范制订部门有权要求修改业务规范的书面解释，业务规范管理机构原则上应无条件支持业务规范制订部门的要求。

第一百二十一条　对业务规范书面解释的修改或修订，参考业务规范修正案的批准和发布流程进行，是否需要审核由业务规范管理机构决定。

第一百二十二条　当发布业务规范修正案时，若被修正的原条款有书面解释，则修正案的新条款应该重新解释。

第一百二十三条　当发布业务规范修订版时，其修订版的书面解释可以参考以前的书面解释重新解释。如果对应的条款没有任何变化，则修订版的书面解释可以完全继承以前的书面解释。

第一百二十四条　当发布业务规范修订版时，若有业务规范修正案的书面解释，应跟随修正案合并融合到修订版中（TMN103），成为修订版的书面解释。

第一百二十五条　业务规范或业务规范修正案的书面解释永远依附对应的业务规范而存在，除非它在审核时被吸收为业务规范或业务规范修正案条款（IAG140），或者对应的业务规范被废止。

第一百二十六条　业务规范被废止后，其所有的修正案和所有的书面解释同时废止。业务规范修正案被废止（TMN104.2）后，其书面解释同时废止。

第一百二十七条　业务规范被废止后，所有与之关联的业务规范和业务规范修正案均需要仔细核查，以确定其是否需要修订或技术性修订。

第一百二十八条　业务规范被废止后，所有与之关联的业务规范的书面解释均需要仔细核查，以确定其是否需要修订或重新解释。

第一百二十九条　当业务规范制订部门认为业务规范的书面解释已经没有存在的必要或意义时，可以请求将书面解释撤消。撤消由业务规范管理机构批准。业务规范管理机构保留被撤消的书面解释版本。

第一百三十条　撤消书面解释时应保留存根，以表明对应条款曾经有书面解释。存根的形式为不含解释文本的孤立的业务规范条款。

第一百三十一条　撤消书面解释的条款将来也允许重新解释。

第一百三十二条　业务规范的书面解释发生变更时，应通告全馆。

第九章　其他技术性管理

第一百三十三条　条款式业务规范可以根据业务规范层次等级目录表提取一个类别及其所有下位类别的业务规范合并发布或出版。

第一百三十四条　活页式业务规范积累到一定程度时可以装订成册，以便以其他形式发布。发布时同类活页式业务规范应该全部包括在内作为整体发布，或者以业务规范的范畴或大类进行划分。

第一百三十五条　表格式业务规范可以通过两条技术路径的高级管理工作提升其业务和学术价值。

（一）以资源描述框架（RDF）构造业务要素的属性表，为网络化访问和管理业务要素奠定基础；

（二）以数据库管理系统管理业务要素，建立业务要素的科学管理体系，并为业务要素的灵活配置管理提供强大的数据库支持。

第一百三十六条　业务规范管理机构可以编制业务规范的参考文献。所有业务规范的所有参考文献统一合并编制。

第一百三十七条　条款式业务规范或业务规范修正案不允许直接引用业务规范的参考文献。只有下列范围的文件可以引用业务规范的参考文献：

（一）业务规范的审核说明文件；
（二）业务规范的书面解释；
（三）业务规范的修订计划；
（四）业务规范测试项目的说明；
（五）业务规范的审核总结报告；
（六）业务规范的培训考核计划；
（七）活页式或表格式业务规范中的备注；
（八）其他针对业务规范的非业务规范文件。

第一百三十八条　为了方便通过特定概念查找所有业务规范的规定，业务规范管理机构可以编制业务规范的概念索引。

第一百三十九条　概念索引对业务规范的引用采用标识引用法。但概念索引不是业务规范，因此不进入业务规范的交叉引用表中。

第一百四十条　业务规范管理机构可以编制业务规范概念的主题图（Topic Maps），并且由此进一步发现和识别业务规范的依赖关系。

第一百四十一条　业务规范管理机构可以编制业务规范概念的知识本体（ontology）描述，并且由此进一步研究业务规范的形式化说明和知识表示，为业务规范真正成为机构知识库的核心构件奠定基础。

第一百四十二条　概念主题图和知识本体均可以概念索引为基础而编制。

第十章　附则

第一百四十三条　本规范未尽事宜，由业务规范管理机构制定相关指南或工作手册予以具体规定。

第一百四十四条　本规范的解释权属于业务规范管理机构。

第一百四十五条　本规范经馆领导批准后实施。

三、业务规范内部审核指南

业务规范内部审核指南

目录

第一章　总则
第二章　审核条件
第三章　审核方法
第四章　审核流程
第五章　表决和征求意见
第六章　审核后事项
第七章　修订版和修正案的审核
第八章　其他形式的审核
第九章　附则

第一章 总则

第一条 为了规范化地管理图书馆业务工作，需要制订一系列业务规范。为了保证制订出科学可行的业务规范，需要对业务规范进行全面、详细、严格的审核。为此，根据业务规范 N95 条款[①]，特制订本指南。

第二条 本指南规定业务规范的内部审核流程和方法及其他相关事项。

第三条 本指南是图书馆业务规范的组成部分，服从业务规范的管理规范。

第四条 内部审核是业务规范批准过程中的一个环节，其目的是针对提交批准的业务规范草案进行全面的核查，为其发现矛盾、消除缺陷、解决争议、提高质量并补充完善。

第五条 内部审核由内部审核会议负责进行，内部审核会议由业务规范管理机构组织召开。

第六条 内部审核会议根据业务规范管理机构的统筹不定期召开。当有业务规范的审核需求并且具备审核条件时，业务规范管理机构就组织召开一届内部审核会议。

第七条 内部审核会议由下列人员组成：
（一）主要馆领导和分管相关业务的馆领导；
（二）业务规范管理机构的所有人员；
（三）业务规范制订部门的人员，包括负责人和起草人；
（四）如果有相关的业务部门，则包括相关业务部门的负责人；
（五）如果图书馆有学术委员会，则包括相关的学术委员；
（六）如果图书馆有业务研究委员会，则包括相关的业务专家委员；
（七）主要馆领导指定的其他有关人员。

第八条 内部审核会议由业务规范管理机构负责人召集并主持，负责人因故无法主持的，由主要馆领导指定其他人员主持。

第二章 审核条件

第九条 业务规范草案提交批准时，应同时提交草案文本及其说明和解释，并提供必要的参考资料。修订或修正业务规范的，还应当提交业务规范修改前后的对照文本。

第十条 业务规范草案的说明应当包括制订或修订业务规范的基本思想、总体原则、必要性、可行性和业务规范的主要内容以及可能存在的测试项目情况或者解决业务技术难题的过程情况。

第十一条 业务规范草案的说明还包括业务规范制订部门主动声明的业务规范依赖关系和业务规范交叉引用关系以及可能产生的新的业务要素类型。

第十二条 当业务规范制订部门或业务规范管理机构认为必要时，业务规范制订部门应对拟提交批准的业务规范提供书面的解释。这种书面解释是业务规范审核过程中的重要参考，业务规范管理机构可以在业务规范审核通过并批准之后将其接

[①]《业务规范管理规范》第九十五条。

纳为管理机构的书面解释。

第十三条 提交批准的业务规范必须满足下列全部条件才能提交内部审核：

（一）必须是在全馆的业务规范制订计划中待制订的业务规范；

（二）它所描述的业务工作是正在进行中或者即将实施的业务工作而非远景规划；

（三）它所依赖的业务规范已经制订出来或者正在制订的过程中；

（四）它所需要的任意测试项目均已通过测试，并且不存在任何有待解决的业务技术难题；

（五）它在业务规范的制订部门内部已经表决通过；

（六）通过了业务规范管理机构的技术性初审，排除了技术性缺陷并编辑到工作级质量。

第十四条 提交批准的业务规范应当客观描述相关业务工作，保证内容真实、准确、完整，避免任何虚假记载、误导性陈述或重大遗漏。

第十五条 虚假记载是指业务规范中描述记载了并未实施并且短期内也无计划实施的业务工作内容。这种内容应该在将来预备实施之前记载于相关业务规范的修订版本中。

第十六条 如果业务规范中记载的事项是当前业务体系所包含的细节性的、偶然的、非常规业务事项，只要它在当前业务体系中有可能发生，就不认为是虚假记载。即使这种事项从来没有发生过，也不认为是虚假记载。

第十七条 误导性陈述是指业务规范的陈述和相关的实际业务工作内容有较大的差异，为使业务规范本身看上去更完善而超越了业务工作实际水平的陈述。

第十八条 业务规范工作的目的之一是提升业务工作的水平，如果业务部门计划短期内按照提交审核批准的业务规范来改善业务工作并且也有切实可行的实施办法，则相关业务规范的更完善的相关陈述就不认为是误导性陈述。

第十九条 重大遗漏是指相关业务工作的部分重要内容或重要方面在业务规范中未加描述而被忽略的情况，并且被忽略的事项具备足够的重要性和足够的预估规模。无论什么原因造成的重大遗漏，业务规范制订部门都应该尽快将业务规范补充完善，并重新提交本届审核会议进行审核。

第二十条 如果业务规范制订部门认为相关业务工作的某些重要内容或重要方面无法在所提交的业务规范中全面描述，必须另外制订一部业务规范来描述，则此种情况属于业务规范的结合关联（TMN32），不认为是重大遗漏。

第二十一条 结合关联的业务规范提交批准时，所关联的业务规范需当作一般依赖关联并符合本指南第十三条第三款的规定，或者关联的业务规范已经被业务规范管理机构纳入业务规范的制订计划中。

第三章 审核方法

第二十二条 内部审核会议应该召开一次或多次工作会议对提交审核的业务规范进行全面的审核。

第二十三条 首次召开工作会议之前，审核会议的所有审核人员均应提前阅读提交审核的业务规范文本和相关说明材料并准备好自己所关注的和将要提出的问题，包括必须修改的问题和轻度疑问问题。

第二十四条　业务规范的审核工作需要首先从总体上查证如下事项：

（一）业务规范是否是相关业务工作的客观描述，是否真实、准确、完整，不存在任何虚假记载、误导性陈述或重大遗漏；

（二）业务规范是否符合《业务规范管理规范》（0000）的相关规定；

（三）业务规范和已有的业务规范是否存在矛盾条款或歧义条款；

（四）业务规范自身是否存在矛盾条款或歧义条款；

（五）业务规范和其他业务规范的依赖关系，包括结合关联关系；

（六）业务规范 N48 条款规定的其他事项。

第二十五条　业务规范的详细审核过程应针对提交审核的业务规范进行逐条地解释、分析、研究、推敲和讨论，并决定是否通过。

第二十六条　具有适当性描述的业务规范条款应当满足下列条件：

（一）对业务工作的描述准确、细致；

（二）没有矛盾和歧义；

（三）用词严谨，语句规范，表述完整，避免省略；

（四）使用标准的书面语言，不用口语、俗语、俚语和方言；

（五）使用专业术语或借用法律用语，不用夸张的修辞手法；

（六）可以适度抽象，但不存在理解障碍。

第二十七条　业务规范条款有原则性条款和技术性条款的区分。

（一）原则性条款规定业务活动的抽象的原则性方针；

（二）技术性条款规定业务活动的具体的措施和方法。

第二十八条　业务规范的条款应该划分清晰、含义明确、条理分明、层层递进，采取自顶向下、由纲及目的路径，从抽象到具体、从原则到措施、从方针到方法循序展开描述相关业务工作。

第二十九条　业务规范的一项条款应明确描述一项业务工作规定，多项业务工作规定应采用多项条款描述。密切相关的多项规定可以一条多款描述，这种多款描述应该是并立的关系而不是层层递进的关系。

第三十条　同一部业务规范的不同条款应避免对同一事物进行重复或部分重复的描述。关联的不同业务规范可以对同一事物进行不同程度的描述，必要的话，可以加以引用。

第三十一条　业务规范审核时应完整记录所有问题，形成问题清单。

第三十二条　问题清单的条目包括但不限于下列内容：

（一）条款号：某些问题可能无条款号，例如重大遗漏；

（二）条款表述：照原样记载；

（三）问题性质：包括微小错误表述、待修改事项、一般性遗漏、虚假记载、误导性陈述、重大遗漏等；

（四）问题原因：自由描述问题原因，例如矛盾性、歧义性、用语不当、条理不清、不合实际等等；

（五）处理方法：包括修改、补充、删除；

（六）处理结果：新的条款表述。

第三十三条　审核会议应首先汇总审核人员提前准备好的问题，将其中审核人员认为必须修改的问题（非一般轻度疑问性质的问题）汇总到问题清单并作为审核工作文档保留。

第三十四条　问题清单按业务规范条款的顺序排列，以便按顺序进行审核。

第三十五条　如果需要，业务规范管理机构可以划分或提取特定性质问题的清单，例如微错清单（Typo List）、待修改事项清单等等。

第三十六条　审核会议应首先核查业务规范的重大遗漏事项，若存在重大遗漏事项应当由业务规范管理机构责成业务规范制订部门尽快补充完善，并在本届审核会议中补充提交审核或者等待下届审核会议进行审核。

第三十七条　业务规范制订部门若能在本届审核会议终止之前将重大遗漏事项补充完善，则可以统一在本届审核会议中进行审核，无需等待下一届审核会议。

第三十八条　能够在审核会议现场确定修改结果的问题，均记入微错清单。微错清单包含的问题不需要再次审核。

第三十九条　一般性遗漏清单也就是补充条款清单，应在下次审核工作会议中进行审核。

第四十条　当出现连续不间断的补充条款清单达到或超过一定数量时，审核会议或业务规范管理机构有权决定将此种情况视为重大遗漏。

第四十一条　待修改事项清单包括广义的其他问题性质所形成的所有待修改问题清单。

第四十二条　当出现下列情况之一时，审核会议或业务规范管理机构有权决定将业务规范驳回：

（一）业务规范的重大遗漏事项超过一定数量或者超过业务规范总篇章数量的一定比例；

（二）除重大遗漏事项外的问题清单超过一定数量或者超过业务规范总条款数量的一定比例。

第四十三条　业务规范被驳回后，内部审核会议自然终止。

第四十四条　业务规范制订部门应对被驳回的业务规范进行全面的修改和补充完善，待修改完成后重新提交审核。

第四十五条　对业务规范条款的审核，应视条款的性质决定是否需要和具体业务工作进行严格的匹配对照检查。需要在业务工作场所进行核查的应尽量通过现场核查。

第四十六条　业务规范包含测试项目的，应同时核查测试项目材料。任何审核人员对测试项目材料有疑问都可以要求业务规范制订部门在业务工作现场再现测试项目。因技术原因无法再现的测试项目或因安全原因不能再现的测试项目则不要求再现测试。

第四十七条　为了简化审核流程，业务规范制订部门可以通过移动设备将业务规范和业务工作的匹配对照检查以及业务规范测试项目的再现测试带到审核会议现场进行演示。

第四十八条　无法带到审核会议现场的对照检查和再现测试应在业务工作现场进行，业务规范制订部门应事先预计到此种情况并为此准备好必要的业务技术条件。需要业务规范管理机构提供协助的，应提前提出要求并在业务规范管理机构的协助下配置完成所需的业务技术条件。

第四章　审核流程

第四十九条　对业务规范条款的审核按照业务规范条款的顺序依次进行。

第五十条　不在必须修改的问题清单中的条款，如果审核人员有轻度疑问问题，也必须进行审核。

第五十一条　所有审核人员均无异议也无疑问的条款可以直接通过。

第五十二条　审核业务规范的具体条款时，应从下列几个方面进行核查：

（一）条款叙述的适当性，即是否符合本指南第二十六条的规定；

（二）条款是否存在矛盾或缺陷；

（三）条款是否有歧义从而引起不同审核人员的争议；

（四）条款是否被审核人员以不同的观点否定；

（五）条款规定的业务工作内容是否是完整的规定，有没有一般性细节的遗漏（非重大遗漏）；

（六）条款是否有重复或部分重复的描述；

（七）条款是否产生了对其他业务规范的依赖关系；

（八）条款是否产生了新的业务要素类型；

（九）条款内容和实际业务工作的匹配是否存在问题；

（十）条款的顺序是否符合逻辑。

第五十三条　审核发现业务规范条款叙述不适当的，应现场修改成适当的叙述并记入微错清单。

第五十四条　审核发现业务规范的条款存在矛盾或缺陷的，由审核会议责成业务规范制订部门进行修改。能够现场提出修改意见的，业务规范制订部门应现场记录修改意见。

第五十五条　对于业务规范条款与其他业务规范的相关规定不一致的，业务规范制订部门应当予以说明并提出处理意见。

第五十六条　为避免矛盾，业务规范制订部门可以针对其他业务规范提出修改相关条款的提议，业务规范管理机构决定是否同意这种提议并在本次审核会议中或者另外召开审核会议对这种提议的具体内容进行审核。

第五十七条　依据前述条款最终决定修改其他业务规范的，应发布对应目标业务规范的修正案，该修正案仍需经审核和馆领导批准。

第五十八条　审核时如果出现不同的审核人员对业务规范条款有争议或不同的理解，表明业务规范描述的事项未排除歧义，应该进行修改。不同的意义可以分割成两条或多条分别予以阐述。

第五十九条　审核时如果审核人员对业务规范条款的规定另有不同看法的，业务规范制订部门可以进行解释或争辩，分歧太大的应留待进一步研究确定，或者启动同行评审。

第六十条　审核发现业务规范的条款没有完整地阐述业务工作内容（非重大遗漏事项）的，审核人员可以提出补充条款的建议。业务规范制订部门应及时将补充的条款增加到相关条款的前面或后面。

第六十一条　审核发现业务规范条款有重复或部分重复描述的，应该删除重复或部分重复的描述。包括在其他关联业务规范中已经存在的描述，也不应该完全重复进行描述。

第六十二条　若审核人员认为业务规范条款是多余的描述，删除它并不影响前后条款和业务规范整体的一致性和完整性，则应该在经过全体审核人员认可之后将其删除。

第六十三条　审核发现业务规范条款只是对上一条款的补充规定，应酌情考虑将其合并到上一条款，必要的话，改写成一条多款描述。

第六十四条　审核发现相邻的两条业务规范条款所描述的是同一事物的两个方面，可酌情考虑将其合并成一条两款描述。

第六十五条　审核发现业务规范条款过于庞大，规定或描述了多个事项，应酌情考虑将其拆分成多项条款，便于管理和引用。

第六十六条　审核发现业务规范条款和其他业务规范条款具有确定的依赖关系的，应仔细核查这种依赖关系是否是业务工作内在的、固有的特性，即依赖关系是不可排除的。

第六十七条　审核发现业务规范条款产生了新的业务要素类型的，应首先审核新的业务要素类型，重点核查其科学性、逻辑性、抽象性和普遍适用性。

第六十八条　审核发现业务规范条款内容和实际业务工作的匹配存在问题的，业务规范制订部门应提出解决方案，或者修改业务规范条款，或者按照业务规范条款对业务工作进行整改。

第六十九条　审核还包括核查业务规范条款的顺序关系，若有不合逻辑或条理不清的，应作适当的调整。

第七十条　审核还需要核查业务规范的规定是否符合业务工作的技术性、逻辑性、科学性要求以及是否符合图书馆的行业惯例。

第七十一条　审核过程中若出现新的对业务规范修改的情况（不属于本指南第五十二条的各款），审核应按前述条款的要求继续进行。业务规范管理机构应核查该审核方法的普遍性，决定是否在适当的时机依据该审核方法对本指南第五十二条进行扩大修正。

第七十二条　审核时还应该查证业务规范条款的其他可能存在事项，例如可行性、实施成本等等。业务规范制订部门应针对其他可能存在事项提交说明材料。

第七十三条　业务规范条款的可行性包括可操作性，即是否有切实可行的方法来达成业务规范的规定。应完全排除不可操作的业务规范规定。

第七十四条 业务规范条款若涉及实施成本，则应对该成本的现实性和可接受性进行审核。如果需要，审核会议应邀请相关财务专家参与审核工作。

第七十五条 当发现业务规范和行业的业务标准相冲突时，应修改业务规范使其运作之效果不违背相关的业务标准。

第七十六条 当发现按照业务工作的客观规律阐述的业务规范和图书馆的规章制度相冲突时，应修改规章制度，避免这种冲突。

第七十七条 审核人员可以建议增加业务规范条款的书面解释，若审核会议认可，则将其作为业务规范管理机构的正式书面解释保留。

第七十八条 对于审核人员提出的一般轻度疑问，业务规范制订部门应进行解释，解释需要获得全体审核人员共同的认可。无法给出合理解释的，应作为待修改事项加入问题清单中。

第七十九条 业务规范制订部门应在审核过程中记录所有需要修改的事项。除了重大遗漏事项而外，其他需要修改的事项应及时修改并提交下次审核工作会议进行重新审核。重大遗漏事项待其他修改事项重新审核结束后再重新提交审核。

第八十条 审核工作会议应在确定的时间期间内及时召开，每次工作会议结束前应确定下次工作会议的召开时间。

第八十一条 再次召开的审核工作会议应首先确认前次审核工作会议的所有待修改事项都已经修改完成，并且应首先重新审核这些修改事项。如果其中又产生新的待修改事项，则统一计入本次审核工作会议的待修改事项中。

第八十二条 如果一次审核工作会议通过了所有待审核条款而没有产生新的待修改事项（包括重大遗漏事项），审核工作即告完成。

第八十三条 如果业务规范存在重大遗漏事项并且业务规范制订部门无法在短期内增补完成，审核会议应该终止，待业务规范制订部门增补完成业务规范之后重新启动下一届审核会议。

第八十四条 重新启动的审核会议对已经部分审核过的业务规范应该从头重新审核，先前的部分审核结果只能作为参考。

第五章 表决和征求意见

第八十五条 当提交审核的业务规范的所有条款均通过了审核后，审核会议宣告审核工作技术性完成并将业务规范交付第一次表决。

第八十六条 参与内部审核会议的人员中，业务规范制订部门的人员无表决权，除此而外的其他所有人员均参与表决。

第八十七条 表决意见有赞成、反对和弃权三项，表决以达到或超过三分之二的赞成为通过。

第八十八条 表决通过后，业务规范作为征求意见稿在全馆范围内公布并进入广泛征求意见期或同行评审期。

第八十九条 征求意见期的长短由审核会议根据业务规范的规模灵活设置，例如可以从三天到三个月不等。

第九十条 全馆任何职工发现征求意见的业务规范存在问题或不够完善均可向业务规范管理机构提出书面的修改意见，业务规范管理机构应当会同业务规范制订部门进行检查研究，确定是否采纳修改意见。

第九十一条 业务规范管理机构可以根据馆领导的决定或自行决定在业务规范第一次表决通过后或征求意见期满后启动业务规范的同行评审。

第九十二条 当征求意见期满并且同行评审（如果有的话）技术性完成时，内部审核会议需再次召开工作会议，根据汇总的业务规范修改意见和同行评审意见对业务规范进行最终的修改。

第九十三条 最终修改完成后，业务规范进行第二次表决。第二次表决采用和第一次表决相同的规则。

第九十四条 第二次表决通过后，业务规范内部审核终止并进入批准发布流程。

第九十五条 业务规范第一次表决未获通过的，业务规范管理机构收集所有反对者的反对意见，提交业务规范制订部门并责成其进一步全面修改业务规范，修改后重新提交内部审核。

第九十六条 提交审核的业务规范在交付第一次表决前，业务规范制订部门有权要求撤回。要求撤回时应当说明理由，经业务规范管理机构同意并向馆领导报告，对该业务规范的审核即行终止。

第九十七条 已经表决通过并进入征求意见期的业务规范不可撤回。

第九十八条 已经撤回的业务规范，其部分审核结果作废。

第九十九条 撤回后的业务规范将来再次提交审核时，业务规范制订部门需要在说明材料中说明上次撤回的理由和再次提交审核的理由。

第六章 审核后事项

第一百条 业务规范内部审核终止后，内部审核会议即结束并解散。

第一百〇一条 业务规范管理机构应保留业务规范审核过程的各种文档。

第一百〇二条 业务规范管理机构根据业务规范的审核过程修改业务规范依赖表和业务规范交叉引用表。

第一百〇三条 如果新的业务规范产生了新的业务要素，业务规范管理机构应针对新的业务要素进行有效管理，包括修改业务要素类型目录表。

第一百〇四条 业务规范管理机构应在审核终止后提交业务规范的审核总结报告，作为业务规范管理机构的工作报告予以保留。

第一百〇五条 业务规范审核总结报告包括但不限于下列内容：

（一）审核会议届次和日期范围；

（二）审核业务规范的题名和副题名（如果有的话）；

（三）业务规范管理机构分配的编号和标识；

（四）业务规范制订部门和适用部门；

（五）审核会议人员名单；

（六）审核人员的所有正式意见；

（七）所有问题清单和所有修改事项；
（八）对业务规范依赖表和业务规范交叉引用表的更新部分；
（九）对业务要素类型目录表的更新部分和新的业务要素的描述方法；
（十）审核结果说明以及其他事项（例如其他业务规范的修正案）。

第一百〇六条　所有业务规范审核总结报告均按照业务规范层次等级目录表的模式进行一一对应地编号、标识和管理。必要的话，应加上业务规范的版本标识。

第一百〇七条　驳回或撤回的业务规范无须提供审核总结报告。

第七章　修订版和修正案的审核

第一百〇八条　业务规范修订版和修正案的审核，适用本指南的相关规定。

第一百〇九条　业务规范修订版的审核，可以只审核修订条款的内容，包括修改条款和新增条款。但审核时应将修订条款和未修订条款作为一个整体对待，以便发现它们可能存在的矛盾或其他关系事项。

第一百一十条　由图书馆职工发起的业务规范修订建议被采纳的（TMN78），其修订版或修正案的审核会议应当邀请发起人参加，在审核会议期间发起人对修订建议的内容拥有解释权。

第一百一十一条　业务规范制订部门有详细修订计划的，业务规范管理机构应全面支持业务规范制订部门的修订计划，待相关业务规范的修订稿完成后进行正式审核。

第一百一十二条　业务规范修正案提交批准时，形式上仍然需要经过《业务规范技术性管理规范》（0100）和本指南规定的审核和批准的流程。

第一百一十三条　业务规范修正案首先由业务规范管理机构进行技术性初审，是否需要正式审核由业务规范管理机构根据业务规范修正案的具体内容研究决定。

第一百一十四条　业务规范修正案有下列情形之一的，必须进行正式审核：
（一）它的条款叙述的适当性存在问题（IAG26）；
（二）它同时提交了新的书面解释或者修改了以前的书面解释；
（三）它包含的条款产生了新的依赖关系或交叉引用关系，或者取消了先前的这种关系；
（四）它包含的条款产生了新的业务要素类型；
（五）它包含的条款具有新的测试项目；
（六）它包含的条款和具体业务工作的匹配需要核查而非一目了然；
（七）它包含的条款所修正的原条款出现在原业务规范审核过程的问题清单中（微错清单除外）；
（八）它要求触发其他业务规范的修正案（IAG57）；
（九）它是被其他业务规范或业务规范修正案触发的修正案；
（十）业务规范管理机构认为必须审核的其他情况。

第一百一十五条　业务规范修正案的审核，由业务规范管理机构召开临时审核会议进行审核。临时审核会议不计届次，仅在工作报告中记录审核日期。

第一百一十六条　业务规范修正案的审核方法和审核流程可以酌情简化，但表决和审核后事项不可省略。即使无需审核，业务规范管理机构也应按照本指南第一百零二条和第一百零三条的规定进行核查，完成相关表格所需要的维护管理工作。

第一百一十七条　由其他业务规范或业务规范修正案审核时触发的业务规范修正案（IAG57），其审核过程可以在触发它的业务规范或业务规范修正案的审核过程中进行，其审核工作报告也可以在触发它的业务规范或业务规范修正案的审核工作报告中附带阐述。

第一百一十八条　业务规范修正案包含的连续多项条款应该自然地理解为整体替代原业务规范的对应同等数量的连续多项条款，审核时作为一段内容相关的整体，不考虑原业务规范对应连续多项条款的逻辑关系。

第一百一十九条　业务规范修正案审核时，不允许出现修正案的条款数量发生变化的情况。若审核会议认为必须进行如此的修改，则审核应该终止，然后启动业务规范修订版的审核并最终发布业务规范修订版。

第一百二十条　业务规范修正案审核时，若发生修正案条款需要扩大修正原业务规范条款范围的情况，必须保证所扩大修正的原业务规范条款不存在其他修正案；否则应该提交新的修正案代替旧的修正案，同时撤消已经存在的旧的修正案。

第一百二十一条　提交新的修正案代替旧的修正案时，新修正案的条款必须包括旧修正案的所有条款，即使部分条款未作修改也应照录。不允许对修正案进行部分代替，不允许单独提交修正案的部分修正案。

第一百二十二条　对业务规范条款的部分款或项进行修正的修正案（TMN91），不排斥同一条款的其他部分款项修正案。但所有这种修正案均不允许存在交叉。

第一百二十三条　业务规范管理机构可以将同一条款的部分款项修正案进行合并，如果需要的话，也可以进行拆分。对同一部业务规范不同条款的修正案也可以进行合并或拆分。

第一百二十四条　对业务规范修正案的合并和拆分操作具有部分技术性修订的性质，但不属于技术性修订，必须具有适当的业务、技术或管理的理由并且必须取得业务规范制订部门的认可。

第一百二十五条　发布业务规范修正案时，被修正案修正的原条款视为被废止。修正案的条款中只对原条款的部分款或项进行修正的（TMN91），视为原条款对应的部分款或项被废止。

第八章　其他形式的审核

第一百二十六条　除条款式之外的其他形式的业务规范需要审核的，参考本指南对业务规范修正案的审核规定进行，审核方法和审核流程也允许适当的简化（但具有研究性和创新型的业务要素类型除外）。

第一百二十七条　新的活页式业务规范类型提交审核时，应首先提交模板，审核时也应首先审核其模板的科学性、专业性、技术性和逻辑性，通过之后再审核首次提交的该类型业务规范。

第一百二十八条　包含新的业务要素类型的表格式业务规范提交审核时，应首先审核其业务要素类型在所有业务要素类型目录表中的分类地位,其次根据资源描述框架(RDF)审核其业务要素类型的属性表的构造,通过之后再审核首次提交的该类型业务规范。

第一百二十九条 条款式业务规范的条款或活页式业务规范的项目内容或新的业务规范形式中包含新的业务要素类型的,审核时适用前述条款的规定。

第一百三十条 业务要素类型是高度抽象的业务定义机制,增加新的业务要素类型时应该特别慎重,能用已经存在的业务要素类型表示的业务要素原则上不增加新的业务要素类型。

第一百三十一条 初始的业务要素类型目录表由业务规范管理机构研究制定,业务规范管理机构可以聘请或委托有关行业专家参与制定。

第一百三十二条 无论业务要素类型的来源如何,业务规范管理机构拥有对业务要素类型目录表的最终管理权和变更裁决权。

第一百三十三条 具有新的业务规范形式的业务规范提交审核时,应首先审核新的业务规范形式,重点核查其必要性、充分性和普遍适用性,通过之后再审核首次提交的该形式的业务规范。

第一百三十四条 新的活页式业务规范类型或新的业务规范形式批准后,应对《业务规范管理规范》(0000)进行修订,使之包含新类型或新形式的描述,或者另外制订相应的活页式业务规范类型或新业务规范形式的运用指南。

第一百三十五条 业务规范的书面解释需要审核的,参考业务规范修正案的审核方法进行。是否需要审核的条件也参考业务规范修正案的审核条件进行判定。

第一百三十六条 初次审核业务规范或审核业务规范修订版时,应该对同时提交的业务规范的书面解释进行审核。

第一百三十七条 业务规范修正案需要审核的,修正案的书面解释也需要一并审核。

第一百三十八条 业务规范的书面解释应遵循如下原则:
(一)合规性原则:解释和规范的原则规定必须保持一致;
(二)合理性原则:解释应该符合业务工作的科学原理;
(三)现实性原则:解释不能超越业务工作实践的现实状况。

第一百三十九条 业务规范的书面解释应该简单明了,不存在理解障碍。任何人对任何书面解释有疑问均可要求业务规范管理机构进行口头解释,但不支持对书面解释提供另外的书面解释。

第一百四十条 业务规范的书面解释应该看成是业务规范条款的同义反复,一般不应该增加或补充全新的意义。必须要增加或补充意义的,应该将其作为新的业务规范修订版或修正案条款。

第一百四十一条 当审核业务规范的修订版时,可以考虑将某些具有补充意义的书面解释作为新的业务规范条款,只要它和已有条款的规定不重复。

第一百四十二条 当审核业务规范的修正案时,可以考虑将对应条款的具有补充意义的书面解释融入修正条款中,只要它和修正条款的规定不重复。

第一百四十三条 业务规范的书面解释可以根据《业务规范技术性管理规范》第一百一十五条（TMN115）的相关款的规定进行详细的描述。

第一百四十四条 不在TMN115的各款范围内的书面解释，由书面解释提供者进行适当描述，业务规范管理机构对此进行归纳抽象并以此为依据决定是否在适当的时机对TMN115条款进行扩大修正。

第一百四十五条 当审核发现业务规范或业务规范修正案的书面解释和其他业务规范条款有矛盾时，应核查书面解释对应的业务规范条款和其他业务规范条款是否存在矛盾。若对应的业务规范条款存在矛盾则应该提交相应的业务规范修正案或修订版，否则应该对业务规范的书面解释进行修改或重新解释。

第一百四十六条 当审核发现业务规范或业务规范修正案的书面解释和其他书面解释有矛盾时，应核查两者对应的业务规范条款是否存在矛盾。若对应的业务规范条款存在矛盾则应该提交相应的业务规范修正案或修订版，否则应该对业务规范的书面解释进行修改或重新解释。

第一百四十七条 当审核业务规范修订版或修正案时，若审核会议认为（或一致认可）修改后的新条款不需要书面解释，则被修订或修正的原条款的书面解释（如果有的话）应该随原条款一起废止。这种废止不是撤消，不保留存根。

第一百四十八条 当业务规范发生变更时，业务规范的书面解释可能需要技术性修订。业务规范管理机构应核查并完成需要的技术性修订。

第九章 附则

第一百四十九条 本指南未尽事宜，由业务规范管理机构制定相关工作手册予以具体规定。

第一百五十条 业务规范同行评审活动可以在普遍的同行评审原则指导下援引本指南的技术方法进行评审。

第一百五十一条 本指南的解释权属于业务规范管理机构。

第一百五十二条 本指南经馆领导批准后实施。

四、业务规范同行评审指南

业务规范同行评审指南

目录

第一章 总则

第二章 同行评审专家

第三章 评审条件

第四章 评审方法

第五章 评审结果处理

第六章 其他事项

第七章 附则

第一章 总则

第一条 为了规范化地管理图书馆业务工作,需要制订一系列业务规范。为了保证制订出科学可行的业务规范,根据业务规范 N95 条款[①],特制订本指南。

第二条 本指南规定业务规范同行评审的流程和方法及其他相关事项。

第三条 本指南是图书馆业务规范的组成部分,服从业务规范的管理规范。

第四条 同行评审是审核的另一种方式,它是在内部审核会议中引入同行专家并使其主导整个审核过程的方式。

第五条 同行评审也包括在内部审核通过之后再次进行的同行专家复核评审过程。

第六条 同行评审的目的是使业务规范除了能够经受内部规范管理理念的检验而外,还能经受更大范围的同行专家的检验,从而为业务规范赋予更多的科学性和专业性。同行评审还可以带来同行专家在相同业务工作领域的经验和智慧,使业务规范遵循普遍的行业惯例或采纳行业先进技术和经验。

第七条 同行评审由馆领导或业务规范管理机构决定,内部审核会议启动并提供全部业务支持。

第二章 同行评审专家

第八条 同行专家是行业内知名的资深专家或学科带头学者,包括但不限于业务专家、技术专家、管理专家等。

第九条 同行专家应在全行业内遴选,不限图书馆类型、地区、规模和隶属系统,需要的话,还可以包括其他相关专业或相关机构的专家。

第十条 同行专家的遴选应该具备下列条件:

(一) 具有副高级或以上的职称;

(二) 具有丰富的业务工作经验或业务管理经验或科学研究经验;

(三) 在所服务的机构中是业务、技术或管理方面的骨干或负责人;

(四) 在行业内具有一定的知名度和影响力。

第十一条 同行专家应具备下列能力之一:

(一) 精通图书馆业务,能够独立完成最复杂的业务工作;

(二) 精通图书馆技术,能够独立完成最复杂的技术支持工作;

(三) 精通图书馆管理,能够独创科学的管理方式;

(四) 精通图书馆学术,是著名的学术专家;

(五) 精通与图书馆业务相关的其他某种专业,是该专业领域的专家。

第十二条 同行专家的专业应该和图书馆业务工作的相关专业吻合,包括但不限于:

(一) 图书馆基础业务包含的专业,例如文献编目、古籍修复;

(二) 图书馆自动化相关的专业,包括系统分析、业务架构等;

(三) 数字图书馆相关专业,包括知识工程和人工智能;

---

① 《业务规范管理规范》第九十五条。

（四）图书馆高级管理相关的专业，例如质量管理、知识管理、公共关系管理等；

（五）为提供增值服务所需要的专业，包括大数据分析、知识服务等。

第十三条　图书馆应建立同行专家库，以持续支持业务规范的同行评审。

第十四条　当需要同行评审时，应从同行专家库中随机选取同行专家，邀请其参与同行评审。随机选取的具体方法由业务规范管理机构确定。

第十五条　每一次同行评审至少应选取两位专家。

第十六条　对同行专家库的管理是图书馆公共关系管理职能的组成部分。如果没有特定的管理机构，则可由业务规范管理机构负责管理维护。

第十七条　对同行专家应按照细分专业和研究方向进行分类标识和管理。选取同行专家时，也应根据业务规范的专业领域选取相符合的同行专家。

第三章　评审条件

第十八条　同行评审相对于内部审核是一个程序更复杂、周期更长、成本更高的审核过程，应谨慎从事。

第十九条　业务规范必须满足下列全部条件，才能启动同行评审：

（一）满足内部审核的条件（IAG13）；

（二）业务规范不属于元规范范畴；

（三）业务规范分章节描述，具有一定的规模和复杂度；

（四）业务规范相关的业务工作是图书馆共性的或可能共性的业务工作而非本馆专有的特殊业务工作；

（五）业务规范包含需要同行评审的内容，例如借鉴于同行的经验或行业惯例，或同行专家更加精通的内容；

（六）业务规范管理机构一致同意启动同行评审。

第二十条　业务规范满足前述条款的条件并且有下列情形之一的，可以启动同行评审：

（一）主要馆领导建议同行评审；

（二）参与内部审核的人员太少，代表性不足；

（三）业务规范包含业务技术难题或业务技术上的创新；

（四）业务规范和经过了同行评审的业务规范具有结合关联关系；

（五）业务规范依赖于经过了同行评审的业务规范；

（六）业务规范大量引用经过了同行评审的业务规范；

（七）业务规范声明遵循（TMN20）经过了同行评审的业务规范；

（八）业务规范管理机构认为需要启动同行评审的其他情况。

第二十一条　业务规范有下列情形之一的，必须进行同行评审：

（一）业务规范制订部门要求同行评审；

（二）业务规范产生了新的业务要素类型；

（三）业务规范相关的业务工作和同行有密切的关系，例如馆际互借；

（四）业务规范相关的业务工作和图书馆联盟业务有密切的关系；

（五）业务规范相关的业务工作是首次预备实施的创新性业务工作；

（六）业务规范相关的业务工作领域具有独立性和专业性，并且有一套成熟的特定管理理论或特别技术手段；

（七）业务规范是委托制订的专业业务规范（N52）；

（八）业务规范被认定为统一业务规范，从而可能供其他图书馆使用；

（九）业务规范在内部审核中分歧太大，无法进行下去；

（十）业务规范在内部审核的第一次表决中通过，但投反对票的审核人员提供了大量的或根本的反对意见。

第二十二条 同行评审可以在不同的时间点决定并启动。

（一）在内部审核开始的时间点；

（二）在内部审核进行过程中；

（三）在内部审核第一次表决通过后；

（四）在业务规范征求意见期满之后。

第二十三条 在不同的时间点启动的同行评审只是同行评审进行的不同的方式，其具体的评审方法是一致的，其本质也是相同的，其结果也只有一个。

第二十四条 业务规范管理机构应使内部审核和同行评审的各种不同情况达成合乎逻辑的有机结合，形成一致性的整体过程，包括表决。

第四章 评审方法

第二十五条 同行评审有三种方式。

（一）参与型同行评审；

（二）复核型同行评审；

（三）混合型同行评审。

第二十六条 参与型同行评审是同行专家全程参与内部审核过程，审核和评审同步进行的方式。

第二十七条 复核型同行评审是在业务规范内部审核第一次表决通过后或征求意见期满时（IAG91）将其提交同行专家进行评审的方式。

第二十八条 混合型同行评审是同行专家部分参与内部审核过程，在审核工作征求意见期满之后又集中进行复核评审的方式。

第二十九条 根据前述三项条款的表述，同行评审是内部审核机制的增强或补充而不是和内部审核无关的独立进行的评审过程。具体的评审方法和流程亦遵循《业务规范内部审核指南》的相关规定进行（IAG150）。

第三十条 同行专家必须充分了解业务规范内部审核指南和同行评审指南并按照指南对业务规范进行仔细的审核或评审。

第三十一条 参与型同行评审应保证同行专家能够参加持续或间断召开的所有审核工作会议。

第三十二条 在审核过程的问题清单条目中应特别标记同行专家的问题。

第三十三条 参与型同行评审过程中，同行专家应主导审核过程，发挥重要的作用。

第三十四条 参与型同行评审过程中，若同行专家认为业务规范有重大遗漏，审核会议应记录该项重大遗漏并按审核流程进行处理。

第三十五条 参与型同行评审过程中，若同行专家和其他审核人员对业务规范的理解有分歧，审核会议应优先考虑同行专家的意见。

第三十六条 同行评审过程中，若同行专家对业务规范的规定另有看法并有更加科学的实践经验证明的，应采纳同行专家的意见。

第三十七条 对本指南第二十一条第九款的情况，应由同行专家进行裁决。

第三十八条 同行评审的表决过程中，同行专家的表决投票每票按两票计算。

第三十九条 复核型同行评审启动时，内部审核会议暂停于征求意见期满和批准之前，待收回同行专家的评审意见之后继续进行。

第四十条 复核型同行评审或混合型同行评审的复核阶段可以以通信评审的方式进行。业务规范管理机构应建立和同行专家之间有效的沟通渠道，同行专家最后的正式评审意见也返回到业务规范管理机构。

第四十一条 复核型同行评审可以以专家匿名的方式进行，但匿名的范围不包括业务规范管理机构。

第四十二条 复核型同行评审时，审核会议应向同行专家提供内部审核过程的所有文档，包括审核人员的反对意见。

第四十三条 对本指南第二十一条第十款的情况，同行专家应提供评审意见，决定是否应该采纳内部审核人员的那些反对意见。

第四十四条 同行专家在通信复核评审的过程中，若需要和业务规范制订部门进行沟通，应通过业务规范管理机构进行。不允许业务规范制订部门直接和同行评审专家建立联系。

第四十五条 混合型同行评审时，无论同行专家是前期部分参与内部审核还是中途部分参与内部审核抑或是后期部分参与内部审核，均不影响复核阶段的评审，并且均应参与复核阶段的评审。

第四十六条 当业务规范管理机构回收到所有同行专家的评审意见后，复核评审技术性完成。

第四十七条 同行专家复核评审技术性完成后，内部审核会议恢复进行。内部审核会议应根据同行专家汇总返回的评审意见对业务规范进行修改和再次审核直到技术性完成，然后最终表决。

第四十八条 再次审核时，内部审核会议对同行专家确定的修改意见本身（即最终修改文本），不应再次进行修改。

第四十九条 再次审核时，若发现不同的同行评审专家对业务规范的同一条款有不同的评审意见，则应建立同行专家之间的实时沟通协商渠道，对业务规范进行沟通协商，确定一致性的评审意见。

第五十条 同行专家如果建议了业务规范的书面解释，再次审核时应将其吸收为业务规范管理机构的正式书面解释。

第五十一条 再次审核技术性完成时，同行专家无论是否参与表决投票，均视为认可业务规范的最终修改文本。

第五十二条 内部审核会议最终表决时，若同行专家不在现场，仍需计算同行专家默认的赞成票，且每票按两票计算。

第五十三条 按本指南第二十二条第一款或第二款启动的同行评审，其评审完成后的表决既是第一次表决，也视为最终表决。

第五章 评审结果处理

第五十四条 业务规范审核总结报告应记录同行专家参与评审的详细情况，包括同行专家的所有意见。

第五十五条 业务规范审核总结报告应记录业务规范的哪些条款经过同行专家的修改。

第五十六条 业务规范审核总结报告应分析业务规范在何种程度上受益于同行评审。

第五十七条 发布业务规范时，可以明确标明该业务规范经过同行评审。

第五十八条 业务规范管理机构应简单记录哪些业务规范经过了同行评审，以便在将来修订时决定是否需要同行评审。

第六章 其他事项

第五十九条 业务规范修订版的审核和业务要素类型的审核适用本指南的规定，可以启动同行评审。

第六十条 业务规范修订版的审核过程中，若修订条款的原条款经过同行专家的修改，则修订版也必须经过同行评审。

第六十一条 业务规范修正案的审核过程中，若被修正的原条款经过同行专家的修改，则修正案也必须经过同行评审。

第六十二条 新的业务要素不需要同行评审，新的业务要素类型需要同行评审。

第六十三条 其他形式业务规范的审核不适用同行评审。

第七章 附则

第六十四条 本指南未尽事宜，由业务规范管理机构制定相关工作手册予以具体规定。

第六十五条 本指南的解释权属于业务规范管理机构。

第六十六条 本指南经馆领导批准后实施。

五、业务规范依赖表

业务规范依赖表

编号	题名	标识	依赖编号	依赖标识	性质
＃＃＃＃		＃＃	0000	N	元规范
＃＃＃＃		＃＃	0100	TMN	技术性

续表

编号	题名	标识	依赖编号	依赖标识	性质
＃＃＃＃		＃＃	0200	IAG	审核
＃＃＃＃		＃＃	0300	PRG	评审
1200	规章制度规范	RR	1100	OS	组织
2400	报刊工作基础规范	BS	2100	BA	引用
2400	报刊工作基础规范	BS	2200	BB	引用
2800	少儿读者工作基础规范	CR	2300	BC	引用
3100	自动化系统采访工作基本规范	AA	2100	BA	结合
3200	自动化系统编目工作基本规范	AB	2200	BB	结合
3300	自动化系统流通工作基本规范	AC	2300	BC	结合
3400	自动化系统报刊工作基本规范	AS	2400	BS	结合
3500	自动化系统典藏工作基本规范	AH	2500	BH	结合
3600	自动化系统参考工作基本规范	AR	2600	BR	结合
4100	自动化系统共同采购工作规范	JP	3100	AA	引用
4200	自动化系统联合编目工作规范	UC	3200	AB	引用
4300	自动化系统网络流通工作规范	NC	3300	AC	引用
4400	自动化系统馆际互借工作规范	IL	3300	AC	引用
4500	自动化系统移动图书馆系统规范	ML	3300	AC	引用
4600	自动化系统网络咨询工作规范	WC	3600	AR	引用

这是业务规范依赖表的不完全展示，符号＃＃代表可以匹配任何业务规范。

六、业务规范交叉引用表

业务规范交叉引用表

编号	题名	位置	引用条款	性质	备注
0000	业务规范管理规范	N37	N4~6	多条	
0000	业务规范管理规范	N42	N7		
0000	业务规范管理规范	N62	N61	隐含	
0100	业务规范技术性管理规范	TMN1	N99		
0100	业务规范技术性管理规范	TMN3	0000	整体	
0100	业务规范技术性管理规范	TMN4	0000	整体	
0100	业务规范技术性管理规范	TMN50	MM3512	举例	
0100	业务规范技术性管理规范	TMN62	0000	整体	

续表

编号	题名	位置	引用条款	性质	备注
0100	业务规范技术性管理规范	TMN86	TMN20		
0100	业务规范技术性管理规范	TMN87.1	TMN84		
0100	业务规范技术性管理规范	TMN88	TMN20		
0100	业务规范技术性管理规范	TMN92	0000	整体	
0100	业务规范技术性管理规范	TMN97	TMN20		
0100	业务规范技术性管理规范	TMN98	TMN39		
0100	业务规范技术性管理规范	TMN99.3	TMN84		
0100	业务规范技术性管理规范	TMN99.4	TMN85		
0100	业务规范技术性管理规范	TMN99.5	TMN20		
0100	业务规范技术性管理规范	TMN99.5	TMN88		
0100	业务规范技术性管理规范	TMN104.1.1	IAG123		
0100	业务规范技术性管理规范	TMN104.1.2	TMN88		
0100	业务规范技术性管理规范	TMN107.1	TMN84		
0100	业务规范技术性管理规范	TMN107.3	TMN20		
0100	业务规范技术性管理规范	TMN107.4	IAG57		
0100	业务规范技术性管理规范	TMN124	TMN103		
0100	业务规范技术性管理规范	TMN125	IAG140		
0100	业务规范技术性管理规范	TMN126	TMN104.2		
0200	业务规范内部审核指南	IAG1	N95		
0200	业务规范内部审核指南	IAG20	TMN32		
0200	业务规范内部审核指南	IAG21	IAG13.3		
0200	业务规范内部审核指南	IAG24.2	0000	整体	
0200	业务规范内部审核指南	IAG24.6	N48		
0200	业务规范内部审核指南	IAG52.1	IAG26		
0200	业务规范内部审核指南	IAG57	IAG56	隐含	
0200	业务规范内部审核指南	IAG71	IAG52		
0200	业务规范内部审核指南	IAG71	IAG70	隐含	
0200	业务规范内部审核指南	IAG110	TMN78		
0200	业务规范内部审核指南	IAG112	0100	整体	
0200	业务规范内部审核指南	IAG114.1	IAG26		
0200	业务规范内部审核指南	IAG114.8	IAG57		

续表

编号	题名	位置	引用条款	性质	备注
0200	业务规范内部审核指南	IAG116	IAG102~103	多条	
0200	业务规范内部审核指南	IAG117	IAG57		
0200	业务规范内部审核指南	IAG122	TMN91		
0200	业务规范内部审核指南	IAG125	TMN91		
0200	业务规范内部审核指南	IAG129	IAG128	隐含	
0200	业务规范内部审核指南	IAG134	0000	整体	
0200	业务规范内部审核指南	IAG143	TMN115		
0200	业务规范内部审核指南	IAG144	TMN115		
0300	业务规范同行评审指南	PRG1	N95		
0300	业务规范同行评审指南	PRG19.1	IAG13		
0300	业务规范同行评审指南	PRG20	PRG19	隐含	
0300	业务规范同行评审指南	PRG20.7	TMN20		
0300	业务规范同行评审指南	PRG21.7	N52		
0300	业务规范同行评审指南	PRG27	IAG91		
0300	业务规范同行评审指南	PRG29	PRG26~28	隐含	
0300	业务规范同行评审指南	PRG29	IAG150		
0300	业务规范同行评审指南	PRG37	PRG21.9		
0300	业务规范同行评审指南	PRG43	PRG21.10		
0300	业务规范同行评审指南	PRG53	PRG22.1		
0300	业务规范同行评审指南	PRG53	PRG22.2		
3000	自动化系统基本工作规范	A62	A58~61	多条	
3500	自动化系统典藏工作基本规范	AH82~83	AH36		

这是业务规范交叉引用表的不完全展示。

七、业务角色清单

业务角色清单

【说明】

1. 本文件作为示例，建立图书馆所有业务角色的清单；

2. 角色和图书馆的岗位设置密切相关，应根据岗位设置进行设置；

3. 业务角色具有层次等级关系，下位角色继承上位角色的所有权限并且可以拥有更多的权限；

4. 很多角色都还可以根据处理文献的范围进一步划分，例如中文编目和西文编目；

5. 真实的用户可以具有多种角色，不限于上下位角色关系。

  文献采访
   书商
   采选人员
    中文文献采选
    西文文献采选
   采购人员
   采集人员
   高级采访
   验收人员
    总括登记
    个别登记
   财经管理
   采访业务管理
  文献编目
   实习编目员
   普通编目员
   高级编目员
   审校员
    普通审校员
    高级审校员
    编目质量总监
   编目业务管理
  文献加工
   基本加工
   智能标签处理
   回溯加工
   知识标引
  报刊处理
   记到
   装订
   装订验收
   目录处理
   期刊研究
   报刊业务管理
  流通
   读者管理
   流通服务

　　　　阅览服务
　　　　分馆管理
　　　　流通业务管理
　　典藏
　　　　入藏登记
　　　　典藏维护
　　　　盘点
　　　　典藏业务管理
　　参考咨询
　　　　前台咨询
　　　　参考咨询馆员
　　　　高级参考咨询
　　　　咨询档案管理
　　　　参考咨询管理

　　从这份不完全的清单可以看出，业务角色和业务功能是密切相关的，但又不完全等同于业务功能。图书馆在实施业务规范管理的过程中应不断完善自己的业务角色清单。

八、业务成熟度管理规范

业务成熟度管理规范

目录
第一章　总则
第二章　成熟度模型
第三章　文献编目成熟度
第四章　文献加工成熟度
第五章　数字图书馆成熟度
第六章　知识管理成熟度
第七章　业务规范成熟度
第八章　成熟度评估
第九章　其他成熟度模型
第十章　附则

第一章　总则

　　第一条　为了在图书馆的多个业务领域中精确描述业务发展演进的过程，需要使用成熟度模型。为了在图书馆全面运用成熟度模型，特制订本管理规范。
　　第二条　成熟度模型类似于生命周期理论，是用于描绘许多系统的阶梯式发展演进过程的有力工具。图书馆使用成熟度模型，是为了描绘图书馆业务的若干分领域从低级到高级的阶梯式发展演进过程。

第三条　本规范将规定图书馆可以运用成熟度模型的几个分领域、所有成熟度模型的各个成熟度等级、所有的关键过程域、各个成熟度模型相关的业务规范概览以及成熟度的综合评估。

第四条　本规范是成熟度模型的运用框架，仅描述成熟度模型的宏观构造。对成熟度模型中详细的关键实践和非关键实践均在相关的业务规范中详细描述。

第五条　本规范是图书馆业务规范的组成部分，服从业务规范的管理规范。

第二章　成熟度模型

第六条　本规范所称的成熟度模型，是业务过程的一种评估标准。它是从业务的关键要素来评估业务的实际水平，测定业务能力和潜力及对增强服务能力的贡献程度。

第七条　每一个成熟度模型都将相关业务划分为五个阶梯式上升的成熟度等级，每个成熟度等级包含若干个关键过程域，每个关键过程域中又包含若干关键实践。

第八条　所有成熟度模型的所有成熟度等级依据相关业务的本质特征预先妥善定义，一般来说不可更改。确需更改时需立项进行理论研究。

第九条　所有成熟度等级的所有关键过程域依据相关业务的实践经验预先妥善定义，一般来说不宜更改。确需更改时需启动创制新业务的规范程序。

第十条　所有关键过程域的所有关键实践依据相关业务的实际过程详细描述并保证内容真实、准确、完整，一般来说需要经常修订完善。修订时按照常规业务规范的修订程序进行。

第十一条　图书馆在下列几个分领域中可以运用成熟度模型：

（一）文献编目

（二）文献加工

（三）数字图书馆

（四）知识管理

（五）业务规范

第十二条　如果图书馆需要在一个新的分领域中运用成熟度模型，则应该首先立项开展相关的理论研究，待具备了完整的研究成果之后实施目标领域的成熟度模型。

第十三条　建立一个新的成熟度模型需要依次解决下列问题：

（一）确定成熟度模型有几个成熟度等级（一般应该为五个）

（二）确定每个成熟度等级的名称，应考虑匹配合适的业务规范名称

（三）确定各个成熟度等级划分或识别的关键要素

（四）从各个关键要素方面对成熟度等级的划分进行描述

（五）确定每个成熟度等级包括哪些关键过程域

（六）仔细研究是否有关键过程域需要独立出业务规范

（七）制订成熟度等级相关的业务规范，对所有的关键实践进行详细描述，每个关键过程域可能是一篇或一章。

第三章 文献编目成熟度

第十四条 文献编目成熟度模型需要解决如下问题：从最简单的编目提升到完整编目，并进一步提升到高级编目，同时跟踪编目学术界的最新理论，支持最新的编目理念。

第十五条 文献编目成熟度模型包含如下五个成熟度等级：

（一）简单编目

（二）基本编目

（三）主题标引

（四）规范控制

（五）高级编目

第十六条 简单编目成熟度等级包含如下关键过程域：

（一）简单书目记录

第十七条 基本编目成熟度等级包含如下关键过程域：

（一）文献分类

（二）MARC 记录

第十八条 主题标引成熟度等级包含如下关键过程域：

（一）主题标引

第十九条 规范控制成熟度等级包含如下关键过程域：

（一）规范记录

第二十条 高级编目成熟度等级包含如下关键过程域：

（一）MARC RDF/XML

（二）BIBFRAME

（三）FRBR/FRAD

（四）RDA

第二十一条 为适配文献编目成熟度模型，相应的业务规范包括：

（一）《文献编目成熟度－简单编目规范》

（二）《文献编目成熟度－基本编目规范》

（三）《文献编目成熟度－主题标引规范》

（四）《文献编目成熟度－规范控制规范》

（五）《文献编目成熟度－高级编目规范》

第四章 文献加工成熟度

第二十二条 文献加工成熟度模型需要解决如下问题：从基本的文献处理提升到文献成分的形式处理、文献内容的处理，以及文献中知识的处理，为数字图书馆提供知识整合的基础材料。

第二十三条 文献加工成熟度模型包含如下五个成熟度等级：

（一）基本文献处理

（二）目录全文处理

（三）对象管理

（四）知识元标引

（五）知识发现计划

第二十四条　基本文献处理成熟度等级包含如下关键过程域：

（一）编目和标识

（二）订单和财产帐

第二十五条　目录全文处理成熟度等级包含如下关键过程域：

（一）目录和封面

（二）非检索全文

（三）可检索全文

第二十六条　对象管理成熟度等级包含如下关键过程域：

（一）对象识别

（二）对象标引

（三）对象查询

第二十七条　知识元标引成熟度等级包含如下关键过程域：

（一）知识元识别

（二）知识元标引

（三）知识元查询

第二十八条　知识发现计划成熟度等级包含如下关键过程域：

（一）知识发现

（二）知识挖掘

（三）知识综合

第二十九条　为适配文献加工成熟度模型，相应的业务规范包括：

（一）《文献加工成熟度－基本文献处理规范》

（二）《文献加工成熟度－目录全文处理规范》

（三）《文献加工成熟度－对象管理规范》

（四）《文献加工成熟度－知识元标引规范》

（五）《文献加工成熟度－知识发现计划规范》

第五章　数字图书馆成熟度

第三十条　数字图书馆成熟度模型需要解决如下问题：从数字化图书馆提升到数字图书馆，再提升到智慧图书馆或智能图书馆，为读者提供智能化的知识服务，进一步提升到具备自主知识的知识生命体。

第三十一条　数字图书馆成熟度模型包含如下五个成熟度等级：

（一）文献提供级

（二）全文检索级

（三）信息整合级

（四）知识整合级

（五）自主优化级

第三十二条　文献提供成熟度等级包含如下关键过程域：

（一）基本文献数字化
（二）初步全文服务
第三十三条　全文检索成熟度等级包含如下关键过程域：
（一）全文内容加工
（二）全文内容检索
第三十四条　信息整合成熟度等级包含如下关键过程域：
（一）数字资源获取
（二）元数据处理
（三）特定媒体处理
第三十五条　知识整合成熟度等级包含如下关键过程域：
（一）知识获取
（二）知识组织
（三）本体开发
（四）自然语言处理
第三十六条　自主优化成熟度等级包含如下关键过程域：
（一）自主知识获取
（二）自主知识组织
（三）自主知识管理
（四）自主知识交流
（五）自主学习
第三十七条　为适配数字图书馆成熟度模型，相应的业务规范包括：
（一）《数字图书馆能力成熟度－文献提供规范》
（二）《数字图书馆能力成熟度－全文检索规范》
（三）《数字图书馆能力成熟度－信息整合规范》
（四）《数字图书馆能力成熟度－知识整合规范》
（五）《数字图书馆能力成熟度－自主优化规范》

第六章　知识管理成熟度

第三十八条　知识管理成熟度模型需要解决如下问题：从混乱无序的知识状态进行有效的管理，达到有序管理机构知识的状态，进一步达到主动性地管理和维护机构知识库的自觉状态，并和业务规范知识库的管理协同发展，支持图书馆的所有业务活动。

第三十九条　知识管理成熟度模型包含如下五个成熟度等级：
（一）初始级
（二）简单级
（三）认知级
（四）确信级
（五）共享级
第四十条　初始知识管理成熟度等级包含如下关键过程域：

（一）被动知识记录

第四十一条　简单知识管理成熟度等级包含如下关键过程域：

（一）知识意识

（二）内容捕获

（三）基本信息管理

第四十二条　认知知识管理成熟度等级包含如下关键过程域：

（一）知识技术基础设施

（二）培训大纲

（三）内容结构管理

（四）集成知识管理

第四十三条　确信知识管理成熟度等级包含如下关键过程域：

（一）用户定制

（二）知识协作管理

（三）知识配置管理

（四）定量知识管理

第四十四条　共享知识管理成熟度等级包含如下关键过程域：

（一）知识整合

（二）知识杠杆

（三）知识库管理

（四）创新管理

第四十五条　为适配知识管理成熟度模型，相应的业务规范包括：

（一）《知识管理成熟度－初始知识管理规范》

（二）《知识管理成熟度－简单知识管理规范》

（三）《知识管理成熟度－认知知识管理规范》

（四）《知识管理成熟度－确信知识管理规范》

（五）《知识管理成熟度－共享知识管理规范》

第七章　业务规范成熟度

第四十六条　业务规范成熟度模型需要解决如下问题：从基础的业务规范制订提升到业务规范本身的规范管理，再提升到对业务要素进行精细化的管理，进而建立起统一业务管理的体系，最终实现对业务知识的管理。

第四十七条　业务规范成熟度模型包含如下五个成熟度等级：

（一）基础业务规范

（二）业务规范管理

（三）业务要素管理

（四）统一业务管理

（五）业务知识管理

第四十八条　基础业务规范成熟度等级包含如下关键过程域：

（一）基础业务规范制订

第四十九条　业务规范管理成熟度等级包含如下关键过程域：
（一）业务规范的规范管理
（二）业务规范技术性管理
（三）业务规范审核
（四）业务规范评审

第五十条　业务要素管理成熟度等级包含如下关键过程域：
（一）业务要素管理
（二）业务要素规范描述
（三）业务要素网络管理
（四）业务要素数据库

第五十一条　统一业务管理成熟度等级包含如下关键过程域：
（一）统一业务管理
（二）业务活动管理
（三）业务流程管理
（四）业务配置管理

第五十二条　业务知识管理成熟度等级包含如下关键过程域：
（一）业务规范知识表示
（二）业务概念主题图
（三）业务概念本体
（四）业务规范知识库

第五十三条　为适配业务规范成熟度模型，相应的业务规范包括：
（一）《业务规范管理规范》
（二）《业务规范技术性管理规范》
（三）《业务规范内部审核指南》
（四）《业务规范同行评审指南》
（五）《业务要素管理规范》
（六）《统一业务管理规范》
（七）《业务配置管理规范》
（八）《业务知识管理规范》

第八章　成熟度评估

第五十四条　对图书馆在各个方面的成熟度进行综合评估，是运用成熟度模型的重要业务方面。评估的目的，首先应确定图书馆在特定的成熟度模型中处于哪一个成熟度等级，其次应分析要达到更高一级的成熟度需要实施哪些尚未实施的关键过程域，或者目前已经完成的百分比。

第五十五条　图书馆在某一个成熟度模型中完全实施了某一个成熟度等级和更低等级中的全部关键过程域，但没有完全实施更高一级的全部关键过程域（或者已经是最高级），就称图书馆在这个特定的成熟度模型中达到了该成熟度等级。

第五十六条　对于图书馆的整体成熟度，可以借鉴多维度能力雷达图来进行综合评估，即建立成熟度雷达图。

第五十七条 综合评估有定性的方法和定量的方法。

（一）定性方法适用于对两个图书馆的成熟度进行概略比较；

（二）定量方法适用于对两个图书馆的成熟度进行数值比较，也适用于计算图书馆在所有成熟度模型中的成熟度完成程度。

第五十八条 定量的方法可以将成熟度等级数值化，计算其总和、平均值和成熟度完成比，等等。

第九章 其他成熟度模型

第五十九条 为了全面反映图书馆在各种不同领域的发展演进，除了本规范第十一条的描述而外，图书馆还可以运用多种不同的其他成熟度模型。包括但不限于：

（一）知识服务成熟度模型

（二）数据管理成熟度模型

（三）质量管理成熟度模型

（四）风险管理成熟度模型

（五）危机管理成熟度模型

（六）项目管理成熟度模型

（七）业务架构成熟度模型

（八）业务流程成熟度模型

（九）业务配置成熟度模型

（十）其他信息技术支持成熟度模型。

第六十条 知识服务成熟度模型着眼于为读者提供知识服务的能力的发展演进，全面描述从基础的知识服务到高级知识服务和智能化知识服务的详细过程。

第六十一条 数据管理成熟度模型着眼于为提供数据服务而实施的数据管理能力的发展演进，根据相关国家标准（GBT36073-2018）全面描述从初始的数据管理到高级量化和优化的数据管理的详细过程。

第六十二条 质量管理成熟度模型着眼于实施全面质量管理的能力的发展演进，全面描述从初始的质量管理、简单的质量管理到确信的和量化的质量管理的详细过程。

第六十三条 风险管理成熟度模型着眼于对未知风险进行控制的能力的发展演进，全面描述从初步的风险管理到良好定义和控制的风险管理能力的详细过程。

第六十四条 危机管理成熟度模型着眼于对危机产生进行控制的能力的发展演进，全面描述从初步的危机管理到良好定义和控制的危机管理能力的详细过程。

第六十五条 项目管理成熟度模型着眼于对项目管理的能力的发展演进，根据相关国际标准（OPM3）全面描述从应急式项目管理、反应式项目管理到程序化项目管理和卓越项目管理的详细过程。

第六十六条 业务架构成熟度模型着眼于对业务架构进行控制的能力的发展演进，根据相关国际标准（NASCIO-EAMM）全面描述从非正式架构、可重复架构到已管理架构和持续改进架构的详细过程。

第六十七条　业务流程成熟度模型着眼于对业务流程进行控制的能力的发展演进，全面描述从初始流程管理、良好定义的流程管理到严谨的和优化的流程管理的详细过程。

第六十八条　业务配置成熟度模型着眼于对业务要素和业务流程的配置能力的发展演进，全面描述从参数级配置、功能级配置到语言级配置和共享级配置的详细过程。

第六十九条　图书馆的信息技术支持还可以参考其他信息技术支持的成熟度模型，例如，ITSS信息技术服务－运行维护服务能力成熟度模型，开发运维一体化（DevOps）能力成熟度模型，信息技术服务－数据中心服务能力成熟度模型（GBT 33136－2016），业务－IT匹配成熟度模型，IT服务能力成熟度模型等。

第十章　附则

第七十条　图书馆实施任何成熟度模型时应先制订出与对应模型相关的所有业务规范。

第七十一条　本规范的解释权属于业务规范管理机构和业务成熟度管理机构（如果有的话）。

第七十二条　本规范经馆领导批准后实施。

这部规范尚不完善，每个关键过程域还缺乏基本的描述，有待将来补充。

九、统一业务管理规范

统一业务管理规范

目录
第一章　总则
第二章　业务要素管理
第三章　业务要素统计
第四章　业务活动管理
第五章　业务流程管理
第六章　业务配置管理
第七章　业务集成和重组
第八章　业务移植
第九章　附则

第一章　总则

第一条　为了提升图书馆业务工作的现代化水平，增强图书馆的服务能力，需要对业务工作进行规范化管理。为了统一管理针对业务活动的跨部门跨系统业务活动和工作，特制订本规范。

第二条　本规范规定统一业务活动和管理工作的各个方面，包括业务要素管理、业务活动管理、业务流程管理、业务配置管理、业务集成和业务重组等。

第三条 统一业务活动是指在统一业务框架下进行的跨部门跨系统的高级业务活动，它是针对普通业务活动进行管理和控制的业务活动，具有元（Meta）业务活动的性质，在一定的程度上代表图书馆对业务活动的控制能力。

第四条 统一业务框架是图书馆业务的宏观架构，它和图书馆信息系统的架构密切相关。本规范全面支持面向服务的统一业务架构并以此作为本规范的充分必要条件。

第五条 本规范可以看成是图书馆全面实施面向服务体系架构（SOA）之后的技术规则和逻辑在业务管理层面上的表达。

第六条 本规范是元业务管理规范，不是元规范。它规范的是抽象的业务要素、业务活动、业务流程和业务配置。图书馆所有统一地被组件化划分的业务均遵循本规范的规定。

第七条 本规范是图书馆业务规范的组成部分，服从业务规范的管理规范。

第二章 业务要素管理

第八条 业务要素是图书馆业务工作中涉及的所有因素的总和，是可以明确识别和描述的、构成图书馆业务工作过程的各种组成成分的总和。

第九条 图书馆的业务要素分为下列几个范畴：

（一）业务人员

（二）业务对象

（三）业务规则

（四）业务逻辑

（五）业务活动

（六）业务事务

第十条 每一个业务要素范畴之下的业务要素分为若干不同的类型。

第十一条 业务要素类型应该足够抽象，以适应大范围长时期的业务分析和规划的需要。

第十二条 业务部门需要新的业务要素或者业务要素需要变更时，应该向业务规范管理机构提出申请。业务规范管理机构按照业务要素的科学管理原则和方法进行管理和维护，使新的业务要素融入业务规范体系之中。

第十三条 技术支持部门为新的业务要素融入业务应用系统中提供技术支持，也为业务要素的其他变更提供技术支持。

第十四条 当业务要素有任何变更时，业务规范管理机构应通告全馆。

第十五条 新的业务要素类型只能体现在业务规范中。业务部门需要启用新的业务要素类型时，应提交相关业务规范的修订版或修正案或新的业务规范，使之包含新的业务要素类型的描述。不支持在业务规范没有变更的情况下启用新的业务要素类型，不支持日常性的拓展新的业务要素类型。

第十六条 当业务部门需要启用新的业务要素类型时，在相关业务规范的审核中应该启动同行评审。

第十七条　业务规范管理机构维护所有业务要素表格,保证其一致性和完整性。

第十八条　当图书馆具备条件时,业务规范管理机构应建立业务要素的网络访问机制,使业务要素可以通过网络进行管理。

第十九条　当图书馆具备条件时,业务规范管理机构应建立业务要素数据库,使业务要素可以作为业务元数据进入数据库管理。

{以下略}

十、业务规范体系管理规范

这部规范仅供参考,尤其是第九章,各图书馆可按需要另行制订。

业务规范体系管理规范

目录
第一章　总则
第二章　业务规范体系
第三章　目录管理
第四章　活页和表格管理
第五章　查询平台
第六章　业务规范制订计划
第七章　培训考核计划
第八章　修订计划
第九章　委员会管理
第十章　附则

第一章　总则

第一条　为了科学管理业务规范体系,为图书馆的业务规范化工作提供全面的支持,特制订本规范。

第二条　本规范规定业务规范体系的管理办法和为业务规范化工作提供业务支持和服务的办法。

第三条　本规范不包括任何元规范成份,而是对业务规范作为一个客观体系和客观业务知识的管理规范。

第四条　本规范也包括对业务规范化工作过程的管理规范以及业务规范管理机构的管理规范。

第五条　本规范是图书馆业务规范的组成部分,服从业务规范的管理规范。

第二章　业务规范体系

第六条　业务规范体系是图书馆所有业务规范的总和,它是一个有机的整体,从理论、管理和技术各方面为图书馆的业务规范化工作提供业务支持和服务。

第七条　业务规范体系包括所有条款式业务规范，除了每一部条款式业务规范的正式文本而外，还包括但不限于如下相关文件：

（一）所有修正案；

（二）审核说明；

（三）批准单；

（四）书面解释；

（五）审核问题清单；

（六）修订计划；

（七）审核总结报告；

（八）测试项目说明；

（九）中间版本；

（十）培训考核计划。

第八条　业务规范体系包括所有活页式业务规范，也参考条款式业务规范分为不同的范畴和大类。

第九条　业务规范体系包括所有表格式业务规范，并按业务要素类型进行划分和标识。

第十条　业务规范体系包括其他可能的业务规范类型，例如可能包括：

（一）目录；

（二）清单；

（三）列表；

（四）流程；

（五）视图；

（六）模板；

（七）配置。

第十一条　业务规范体系包括所有的培训计划和培训课程说明。

第十二条　业务规范体系包括所有业务规范作为业务知识的客观体系，它们在知识管理领域可划分为下列客观实体：

（一）业务规范文本库；

（二）业务规范知识表示；

（三）业务规范概念主题图；

（四）业务规范概念本体；

（五）业务规范知识库。

第十三条　业务规范体系包括针对前述条款的所有研究成果，只要它们能够用于业务规范化工作的业务和技术支持。

第三章　目录管理

第十四条　业务规范化工作的启动应从编制业务规范目录开始。

第十五条　业务规范目录由业务规范管理机构编制。

第十六条　业务规范目录应全面反映图书馆的业务工作范围和职能，可以包含图书馆暂时没有开展的业务工作。

第十七条　初始的业务规范目录需在扩大的内部审核会议中进行审核，所有业务部门的负责人和所有的学术委员均应参加审核。

第十八条　业务规范目录审核通过后应在全馆范围内发布，使所有员工知晓。

第十九条　业务规范目录的修订由业务规范管理机构负责进行，需要审核时，由业务规范管理机构组织内部审核。

第二十条　业务规范目录应保持稳定，不宜经常进行修订。

第四章　活页和表格管理

第二十一条　所有的活页式和表格式业务规范均由相关业务部门自行管理，但需要报业务规范管理机构备案。

第二十二条　新的活页类型和新的表格需要提交审核和批准。

第二十三条　业务规范管理机构可协助相关业务部门确定初始的表格式业务规范。

第二十四条　业务规范管理机构应定期或不定期通报所有活页和表格的类型和数量。

第二十五条　全馆任何职工都可以要求查询任何活页和表格，但不应该影响相关业务部门的日常业务工作。

第五章　查询平台

第二十六条　业务规范管理机构应建立业务规范的查询平台，供业务规范化工作使用。

第二十七条　查询平台包括业务规范体系的全部内容，即所有业务规范及其附属设施。

第二十八条　查询平台可用于下列业务场景：

（一）内部审核；

（二）同行评审；

（三）实施评估；

（四）业务规范管理机构日常工作；

（五）员工咨询；

（六）培训活动；

（七）同行交流；

（八）其他场景。

第六章　业务规范制订计划

第二十九条　业务规范管理机构应制定业务规范的制订计划并推动实施。

第三十条　业务规范制订计划中需要制订的业务规范必须已经在业务规范目录表中，否则应该首先修订业务规范目录表。

第三十一条　业务规范制订计划包括但不限于下列内容：

（一）中期制订规划；

（二）年度制订计划；

(三)责任人;
(四)业务整改措施;
(五)审核或评审的计划。

第七章 培训考核计划

第三十二条 业务规范培训考核计划用于业务规范制订部门和相关业务部门在实施业务规范时对承担相关业务工作的员工的培训和考核。

第三十三条 业务规范培训考核计划由业务规范制订部门制定。

第三十四条 业务规范培训考核计划适用于业务规范制订部门和相关的业务部门。

第三十五条 业务规范培训考核计划包括但不限于下列内容:
(一)培训对象;
(二)培训教材;
(三)培训流程;
(四)考核标准;
(五)再培训条件。

第八章 修订计划

第三十六条 当业务规范制订部门或相关业务部门需要全面修订业务规范时,应提交相关业务规范的修订计划。

第三十七条 只有业务规范的制订部门或相关业务部门可以提出相关业务规范的修订计划。

第三十八条 业务规范修订计划由提出修订请求的业务部门制定并由相关业务部门联合签署同意。

第三十九条 业务规范修订计划包括但不限于下列内容:
(一)业务工作现状;
(二)原规范的基本内容;
(三)需要修订的原因;
(四)建议的修订方案;
(五)修订后需要回溯的工作。

第九章 委员会管理

第四十条 业务规范管理机构可以以委员会的形式进行组织,即"业务规范委员会"承担业务规范管理机构的所有职责。

第四十一条 业务规范委员会设立主任一人,副主任一至二人,委员若干人。

第四十二条 业务规范委员会主任也可称为业务规范总监,副主任可称为副总监。

第四十三条 业务规范委员会主任由资深业务专家担任或兼任,向主要馆领导汇报工作,对主要馆领导负责。

第四十四条 业务规范委员会主任和副主任的人选由主要馆领导确定。

第四十五条 业务规范委员会委员由所有或部分业务部门(非行政部门)主要

负责人兼任。

第四十六条　业务规范委员会委员的人选由业务规范委员会主任推荐，主要馆领导批准。

第四十七条　业务规范委员会委员任期两年，可连任。

第四十八条　业务规范委员会委员因故不能继续担任时，应以书面形式提出申请并获业务规范委员会主任批准，然后报告主要馆领导。

第四十九条　业务规范委员会主任可以根据具体需要，提出增补个别委员的名单，提交委员会全体会议通过后，报主要馆领导批准。

第十章　附则

第五十条　本规范的解释权属于业务规范管理机构。

第五十一条　本规范经馆领导批准后实施。

参考文献

北京图书馆. 1985. 北京图书馆业务工作规范（一九八五年一月二十四日馆务会议批准试行）[J]. 国家图书馆学刊，(1)：14—27.

布和宝力德. 2017. 人工智能技术在图书馆的应用、挑战及发展趋势 [J]. 图书与情报，(06)：48—54.

初景利，孙杰. 2018. 图书馆出版：新领域、新能力、新挑战 [J]. 图书情报知识，(06)：86—93.

东莞图书馆. 2016. 图书馆规范管理工作手册 [M]. 北京：国家图书馆出版社.

董和生. 2003. 论图书馆工作规范化管理 [J]. 内蒙古财经学院学报（综合版），(04)：84—85.

杜杏叶，李亚峰，李贺，等. 2014. 我国图书馆联盟管理与运行机制现状调查研究 [J]. 图书情报工作，58（09）：37—45.

亢琦，孙泽. 2018. 图书馆纸质资源建设的读者众筹模式研究 [J]. 图书情报知识，(02)：69—76.

何新贵，等. 2000. 软件能力成熟度模型 [M]. 北京：清华大学出版社.

化柏林，李广建. 2017. 智能情报分析系统的架构设计与关键技术研究 [J]. 图书与情报，(06)：74—83.

黄红梅，李彩虹，王微. 2009. 数字图书馆主动服务模式优化研究 [J]. 图书馆学刊，31（09）：61—63.

黄曾阳. 1997. HNC 理论概要 [J]. 中文信息学报，11（4）：11—20.

李东来. 2019. 灰色文献与图书馆核心业务演变 [J]. 图书馆建设，(02)：4—9.

李广建，江信昱. 2018. 论计算型情报分析 [J]. 中国图书馆学报，44（02）：4—16.

刘国钧. 2013. 图书馆学要旨 [M]. 北京：国家图书馆出版社.

刘兹恒. 2010. 图书馆危机管理手册 [M]. 北京：国家图书馆出版社.

刘兹恒. 2010. 图书馆文献采访工作规范 [EB/OL]. http://www.doc88.com/p-77940900910.html

刘兹恒. 2016. 图书馆未来发展的十大趋势 [N]. 中国出版传媒商报，2016-04-08.

毛雅君. 2017. 国家图书馆业务规范 [M]. 北京：国家图书馆出版社.

莫如定. 1992. 试谈图书馆业务工作的规范化 [J]. 图书馆论坛，(02)：45—47.

盛剑锋. 2012. 图书馆知识管理与服务研究 [M]. 北京：科学出版社.

盛小平. 2007. 图书馆知识管理引论 [M]. 北京：海洋出版社.

汪建康，肖久灵，彭纪生. 2011. 企业知识管理成熟度模型比较研究 [J]. 情报杂志，

30（10）：112−117.

王春生. 2018. 数字资源循证采购简论［J］. 图书馆杂志，37（07）：4−9.

王芳，慎金花. 2014. 国外数据管护（Data Curation）研究与实践进展［J］. 中国图书馆学报，40（04）：116−128.

王珊. 2013. 我国图书馆法律法规体系化建设研究［J］. 现代情报，33（07）：52−55.

王秀香，李丹. 2017. 我国图书馆标准规范体系构建研究［J］. 图书馆，(09)：9−12.

王知津，曹文振. 2017. 我国图书馆新媒体服务研究展望——基于高被引论文的分析［J］. 图书馆论坛，37（09）：62−69+78.

王子舟. 2017. 论"读者资源建设"的几个理论问题［J］. 图书馆杂志，36（05）：4−15.

吴建中. 2005. 战略思考：图书馆管理的10个热门话题［M］. 上海：上海科学技术文献出版社.

吴建中. 2017. 人工智能与图书馆［J］. 图书与情报，(06)：1−5.

肖久灵，汪建康. 2012. 企业知识管理成熟度模型比较与借鉴［J］. 图书情报工作，56（16）：102−107.

谢蓉，刘炜，朱雯晶. 2019. 第三代图书馆服务平台：新需求与新突破［J］. 中国图书馆学报，45（03）：25−37.

徐志熹. 2017. 主体——知识网格中的自主计算单元［J］. 信息记录材料，18（11）：75−78.

杨晓伟，李东来. 2017. 图书馆影响力及其评估初探［J］. 山东图书馆学刊，(02)：61−65.

尤霞光. 2011. 知识管理成熟度模型比较分析［J］. 情报科学，29（03）：338−341.

曾建勋. 2016. 推进图书馆智库服务［J］. 数字图书馆论坛，(5)：1−1.

张海燕. 2005. 论图书馆评估标准与业务管理规范化［J］. 四川图书馆学报，(03)：14−17.

Deming W E. 1986. Out of Crisis［R］. MIT Center for Advanced Engineering Study，Cambridge，MA.

Humphrey W S, Sweet W L. 1987. A Method for Assessing the Software Engineering Capability of Contractors［R］. Software Engineering Institute Technical Report. U/SEC−87−TR−23，ADA 187320，September 1987.

Juran J M. 1989. Juran on Planning for Quality［M］. New York：The Free Press.

Kochikar V P. 2000. The Knowledge Management Maturity Model − A Staged Framework for Leveraging Knowledge［EB/OL］. http：//www. infotoday. com/KMWorld2000/presentations/kochikar. ppt

OMG. 2011. Business Process Model and Notation (BPMN). Version 2. 0［EB/OL］. http：//www. omg. org/spec/BPMN/2. 0

Zachman J A. 1987. A Framework for Information Systems Architecture［A］. In：IBM Systems Journal，vol 26，no 3. IBM Publication G321−5298.